ANTON RAUSCHER (Hrsg.)

Besinnung auf das Subsidiaritätsprinzip

Soziale Orientierung

herausgegeben von
Anton Rauscher

Band 23

Besinnung auf das Subsidiaritätsprinzip

Herausgegeben von

Anton Rauscher

Duncker & Humblot · Berlin

Bibliografische Information der Deutschen Nationalbibliothek

Die Deutsche Nationalbibliothek verzeichnet diese Publikation in
der Deutschen Nationalbibliografie; detaillierte bibliografische Daten
sind im Internet über http://dnb.d-nb.de abrufbar.

Alle Rechte, auch die des auszugweisen Nachdrucks, der fotomechanischen
Wiedergabe und der Übersetzung, für sämtliche Beiträge vorbehalten
© 2015 Duncker & Humblot GmbH, Berlin
Fremddatenübernahme: Konrad Triltsch GmbH, Ochsenfurt
Druck: Meta Systems Publishing & Printservices GmbH, Wustermark
Printed in Germany

ISSN 0720-6917
ISBN 978-3-428-14713-7 (Print)
ISBN 978-3-428-54713-5 (E-Book)
ISBN 978-3-428-84713-6 (Print & E-Book)

Gedruckt auf alterungsbeständigem (säurefreiem) Papier
entsprechend ISO 9706 ∞

Internet: http://www.duncker-humblot.de

Vorwort

Prinzipien werden nicht erfunden, sie sind immer schon am Wirken und werden früher oder später entdeckt. Dies gilt auch für das Subsidiaritätsprinzip, das in der Sozialenzyklika *Quadragesimo anno* (1931) erstmals formuliert wurde und das in den letzten Jahrzehnten eine wachsende Aufmerksamkeit erfährt. Es bringt uns zum Bewusstsein, dass nicht der Mensch für die Gesellschaft da ist, sondern der soziale Zusammenhalt die Entfaltung der Menschen ermöglicht. Das, was der Begriff „subsidiär" beinhaltet, bringt der Grundsatz der katholischen Soziallehre gut zum Ausdruck, wonach die menschliche Person Ursprung, Träger und Ziel allen gesellschaftlichen Lebens ist. Jede Gesellschaft wird geformt durch die Menschen, die in wechselseitiger Zusammenarbeit ihre geistigen Fähigkeiten und Initiativen, ihre schöpferische Arbeit, nicht zuletzt ihre Verantwortung entfalten. Auch in der Agrargesellschaft waren es die Menschen, die in Großfamilien zusammenlebten und die soziale, wirtschaftliche, kulturelle und politische Entwicklung bestimmten. Obwohl patriarchalisch organisiert, war der Zusammenhalt der Menschen subsidiär: Die Entscheidungen wurden von den Menschen getroffen, die sie auch zu tragen hatten.

Mit dem Aufkommen der Industriegesellschaft sind die Großfamilien, die drei Generationen umfassten und Jahrtausende der bestimmende Faktor der gesellschaftlichen Entwicklung waren, nahezu verschwunden. Der Mensch wurde sich immer mehr seiner Freiheit bewusst. Zu den Familien, die für die Nachkommenschaft und ihre Erziehung sorgten, traten neue gesellschaftliche Lebenskreise: die arbeitsteilige Wirtschaft, Schule und Bildung, Erholung, Sport und Reisen, um nur diese zu nennen. Die Verdichtung der Lebens- und Arbeitsräume hat der gesellschaftlichen Entwicklung ihren Stempel aufgedrückt. Dies hat zur Folge, dass die Selbstbestimmung der Menschen mehr und mehr auf den eigenen Lebensbereich geschrumpft ist, aber zugleich die gesellschaftlichen Abhängigkeiten gestiegen sind. Gewiss: in der Demokratie können die Bürger ihre Abgeordneten alle vier oder fünf Jahre wählen und damit die Grundrichtung des staatlichen Lebens mitbestimmen. Die Möglichkeiten jedoch, in wichtigen Sachfragen ihre eigene Auffassung zur Geltung bringen zu können, sind geringer geworden. Dies führt einerseits dazu, dass die Beteiligung an Wahlen, wenn nicht eine außerordentliche Situation eintritt, zurückgeht, andererseits bilden sich Gruppen, die auf ihre Rechte als Minderheiten pochen. In beiden Fällen bleibt das Gemeinwohl leicht auf der Strecke.

Die Begeisterung der Bürger für Europa hat lange die Bildung der Europäischen Union begleitet. Wenn seit geraumer Zeit bei der Bevölkerung in vielen Mitgliedsstaaten ein Unbehagen und eine kritische Einstellung spürbar werden, dann deshalb, weil die Menschen den Eindruck gewinnen, dass mit der Europäischen Kommission in Brüssel ein Zentralisierungsprozess in Gang gekommen ist, der sich nicht mehr auf die gemeinsamen Grundlagen beschränkt, sondern eine Gleichschaltung aller Verhältnisse betreibt. Nun ist es gerade der Reichtum Europas, dass die Bürger in den verschiedenen Ländern ihre eigene Sprache sprechen, ihre eigene Geschichte haben, ihre eigene Kultur, ihre Traditionen und ihr Brauchtum entfalten. Auch die wirtschaftlichen und sozialen Strukturen sind nicht deckungsgleich. Viele Bürger haben das Gefühl, dass die Eigenprägung ihrer Lebensverhältnisse mehr und mehr gefährdet ist.

Um dieser problematischen Entwicklung gegenzusteuern, haben die Regierungen im Maastrichter Vertrag das Subsidiaritätsprinzip entdeckt, das der Zentralisierung von Macht und der Bürokratisierung der Verantwortlichkeiten entgegensteht. Das Bekenntnis und die Besinnung auf das Subsidiaritätsprinzip können einer Entwicklung vorbeugen, die nicht die Union stärkt, sondern ein Gegeneinander heraufbeschwört. Deutschland ist mit seiner föderalen Kultur, die in unserer Geschichte ihre Wurzeln hat, nicht schlecht gefahren. In einer zusammenwachsenden Welt sind subsidiäre Lebensverhältnisse eine Barriere, die die Macht in Schranken hält.

Das 13. Deutsch-Amerikanische Kolloquium, das vom 18. bis 23. Juli 2014 im Bildungszentrum Wildbad Kreuth stattfand, befasste sich mit dem Thema „Besinnung auf das Subsidiaritätsprinzip". Die Referate und die anschließenden Diskussionen haben die Bedeutung und die Reichweite dieser Frage für die künftige Entwicklung aufgezeigt. Infolge der modernen Kommunikationsmöglichkeiten wächst die Welt zusammen. In allen Kontinenten zeichnen sich ähnliche Problemsituationen ab. Prinzipien zeigen die Wege an, die beachtet werden müssen. Ob sie bewältigt werden, dies hängt von uns selbst ab. Das Subsidiaritätsprinzip mahnt unsere Verantwortung an.

Allen, die zum Gelingen des Kolloquiums beigetragen haben, vor allem den Referenten, gebührt unser Dank. Die Aktualität des Subsidiaritätsprinzips ist in den Vorträgen und Diskussionen deutlich geworden. Hier sei die bewährte Zusammenarbeit mit meinem Kollegen William A. Frank hervorgehoben, der für die Gewinnung der amerikanischen Teilnehmer, für die Organisation und auch für die druckfertigen Manuskripte gesorgt hat. Erwähnt sei die ausgezeichnete Übersetzungsleistung der beiden Dolmetscherinnen, die besonders in den Diskussionen gefordert war. Frau Wilma Cremer, die bei vielen deutsch-amerikanischen Kolloquien mitwirkte, danke ich für ihren unermüdlichen Einsatz bei der Vorbereitung und für den reibungslosen Ablauf des Kolloquiums. Dass das Kolloquium wiederum im Bildungszentrum Wildbad Kreuth stattfinden konnte, dafür danke ich der Hanns-Seidel-Stiftung für die großzügige Förderung. Nicht zuletzt gilt meine Anerkennung dem Verlag Duncker & Humblot für die Herstellung des Berichtsbandes in der Reihe „Soziale Orientierung".

Mönchengladbach/Augsburg, im März 2015   *Anton Rauscher*

Inhaltsverzeichnis

Anton Rauscher
Das Subsidiaritätsprinzip und seine Formulierung in „Quadragesimo anno" 9

William A. Frank
Personal Being and the Principle of Subsidiarity 19

Bruno Kahl und *Andreas Kerst*
Subsidiarität in ihrer Bedeutung für öffentliche Unternehmen 35

Richard Dougherty
Federalism and American Politics: The Founders and the Modern State 51

Lothar Roos
Subsidiäres Denken bei Bischof Ketteler in der Auseinandersetzung mit dem Liberalismus 65

John Hittinger
The Family and the Polis: On the Perfect and Imperfect 77

Klaus Stüwe
Subsidiarität und Subsidiaritätskontrolle im politischen System der Europäischen Union 95

Jürgen Aretz
Von den Katastrophen der Weltkriege zur europäischen Einheit 117

Markus Ferber
Europa braucht subsidiäre Strukturen 139

Douglas Ryan
Keeping the White Horse in the Barn: The Restoration of Subsidiarity in the Face of Conflict and Natural Disasters 143

Robert C. Koons
Political Representation, Human Nature, and the Problem of Scale 157

Manfred Spieker
Subsidiarität. Anthropologische Voraussetzungen und sozialethische Konsequenzen 167

Ronald J. Pestritto
The Fate of Subsidiarity in the American Administrative State 179

H.E. Cardinal George Pell and Michael A. Casey
Subsidiarity and Organizational Reforms in the Catholic Church 199

Stefan Mückl
Das Subsidiaritätsprinzip im kirchlichen Organisationsrecht 209

Thomas C. Kohler
Structuring Subsidiarity, Grounding Solidarity 221

Nicholas T. Pinchuk
Subsidiarity and the Multinational Corporation 229

Elmar Nass
Solidarität nicht ohne Subsidiarität. Überlegungen zur Währungsethik für Europa   249

Jeffrey J. Langan
Subsidiarity and the National Economy 265

Robert G. Kennedy
Subsidiarity and the Management of Associations 275

Andreas Püttmann
Tugendethische Voraussetzungen der Subsidiarität 287

Wolfgang Bergsdorf
Aufbruch in die digitale Medienwelt 301

Autorenverzeichnis 311

Das Subsidiaritätsprinzip und
seine Formulierung in „Quadragesimo anno"

Anton Rauscher

Seit geraumer Zeit wächst in Deutschland und in anderen Ländern der Europäischen Union die Besinnung auf das Subsidiaritätsprinzip. Dies hängt damit zusammen, dass viele Bürger den Eindruck haben, dass die Politik der Europäischen Kommission in Brüssel sich nicht mehr damit begnügt, die gemeinsamen Aufgaben anzugehen, sondern immer mehr die Lebensverhältnisse der Bürger zu reglementieren und sie gleichzuschalten.[1] Nun besteht der Reichtum Europas gerade in der Vielheit der je eigenen Sprache, der je eigenen Geschichte, der je eigenen Kultur, der je eigenen Tradition. Die Bürger wehren sich dagegen, dass diese Verschiedenheiten einem Einheitsmuster weichen sollen und in Europa die Bürokratisierung und Zentralisierung voranschreitet. Man erinnert sich, dass im Vertrag von Maastricht über die Europäische Union vom 7. Februar 1992 ausdrücklich in Art. 3 b auf das Subsidiaritätsprinzip Bezug genommen und die Zuständigkeit der europäischen Institutionen festgelegt wird: Sie sollen nur tätig werden, „sofern und soweit die Ziele der in Betracht gezogenen Maßnahmen auf der Ebene der Mitgliedsstaaten nicht ausreichend erreicht werden können"[2].

I. Der Entwurf für die Enzyklika

Es war Pius XI., der im Jahre 1931 das Subsidiaritätsprinzip im Rundschreiben *Quadragesimo anno* ins öffentliche Bewusstsein brachte – 40 Jahre nach der ersten Sozialenzyklika *Rerum novarum*, die den Grundstein der Sozialverkündigung der katholischen Kirche bildet. Anlass für das Rundschreiben war die erste Weltwirtschaftskrise, die 1929 der Börsenkrach in New York auslöste und den Zusammenbruch vieler Unternehmen und eine verheerende Arbeitslosigkeit in den USA und in Europa nach sich zog. Der Papst hält es für seine Pflicht, in der damaligen Krisensituation nicht zu schweigen, sondern sich zu Wort zu melden und nach Wegen zu suchen, wie die zerrüttete gesellschaftliche Ordnung wiederhergestellt werden

---

[1] *Erwin Teufel*, Europa vom Kopf auf die Füße stellen, in: Frankfurter Allgemeine Zeitung, Nr. 74, 28. März 2014, S. 20.

[2] *Helmut Lecheler*, Das Subsidiaritätsprinzip. Strukturprinzip einer europäischen Union, in Reihe: Anton Rauscher (Hrsg.), Soziale Orientierung, Bd. 8, Berlin 1993. – Dazu die Untersuchung von *Josef Isensee*, Subsidiaritätsprinzip und Verfassungsrecht, Berlin 1968.

kann. Damals gab es in Rom noch keinen „Päpstlichen Rat für Gerechtigkeit und Frieden", der über den notwendigen Sachverstand zur Analyse der Ursachen der schweren Krise verfügte und über die Entwicklung von sittlichen Grundsätzen für eine Neuordnung der Gesellschaft nachdachte. Deshalb wandte sich der Papst an den Jesuitengeneral P. Ledóchowski, ob es im Orden Wissenschaftler gebe, die sich mit den Problemen der Industriegesellschaft befassen und einen Entwurf vorbereiten könnten. P. Oswald von Nell-Breuning, der gerade seine Dissertation über die Börsenmoral an der Universität in Münster abgeschlossen hatte, erhielt den Auftrag, zusammen mit anderen katholischen Sozialwissenschaftlern einen Entwurf für das beabsichtigte Lehrschreiben zu erstellen. Der Kreis traf sich im Herbst 1929 jeweils im Hause der Christlichen Gewerkschaften in Königswinter. Ihm gehörte auch P. Gustav Gundlach an, der ebenfalls seine Promotion in Nationalökonomie an der Humboldt-Universität in Berlin abgeschlossen hatte.

Wie P. von Nell-Breuning im Rückblick schreibt, war P. Gundlach der führende Kopf dieses Kreises.[3] Von ihm stammt die Idee und die Formulierung des Subsidiaritätsprinzips, die der Papst sich ohne Änderung zu eigen machte. In Nr. 79 der Enzyklika wird das Subsidiaritätsprinzip als „gravissimum principium" bezeichnet, an dem „nicht zu rütteln noch zu deuten ist: wie dasjenige, was der Einzelmensch aus eigener Initiative und mit seinen eigenen Kräften leisten kann, ihm nicht entzogen und der Gesellschaftstätigkeit zugewiesen werden darf, so verstößt es gegen die Gerechtigkeit, das, was die kleineren und untergeordneten Gemeinwesen leisten und zum guten Ende führen können, für die weitere und übergeordnete Gemeinschaft in Anspruch zu nehmen; zugleich ist es überaus nachteilig und verwirrt die ganze Gesellschaftsordnung. Jedwede Gesellschaftstätigkeit ist ja ihrem Wesen und Begriff nach subsidiär; sie soll die Glieder des Sozialkörpers unterstützen, darf sie aber niemals zerschlagen oder aufsaugen."[4]

Die Enzyklika sieht in der Missachtung des Subsidiaritätsprinzips die Hauptursache dafür, dass die Gesellschaft damals völlig aus den Fugen geraten war. Diese Analyse muss denjenigen überraschen, der den Börsenkrach in erster Linie nur als eine Folge der Börsenspekulation und -manipulation sieht, die dann die Märkte und ihre Funktionsfähigkeit blockierten. Für die Enzyklika greift eine derartige Analyse zu kurz und trifft nicht den Kern der Katastrophe. Dieser liegt, folgt man den Überlegungen Gundlachs, in der Vermachtung des gesellschaftlichen Lebens. Sie besteht darin, dass der in

---

[3] *Oswald von Nell-Breuning*, Der Königswinterer Kreis und sein Anteil an „Quadragesimo anno", in: Johannes Broermann/Philipp Herder-Dorneich (Hrsg.), Soziale Verantwortung. Festschrift für Goetz Briefs zum 80. Geburtstag, Berlin 1968.

[4] Im „Kompendium der Soziallehre der Kirche", das 2004 vom Päpstlichen Rat für Gerechtigkeit und Frieden herausgegeben wurde, wird das Subsidiaritätsprinzip in Nr. 185 ff. genannt und auch die Bezeichnung in der Enzyklika als „oberstes Prinzip der ‚Sozialphilosophie'" wiederholt. Die italienische Originalausgabe erschien in der Libreria Editrice Vaticana, die deutsche Ausgabe folgte 2006. Die Nummerierung der Abschnitte, der Texte und übernommenen Zitate ist in allen Sprachen gleich, weshalb diese Dokumentensammlung das internationale Gespräch über die Inhalte der katholischen Soziallehre erleichtert.

Theorie und Praxis so hoch gepriesene Wettbewerb als Ursache allen Fortschritts immer mehr abgelöst wurde von der Macht des Stärkeren, sodass das Wirtschaftsgeschehen ganz von den großen Konzernen und Kartellen beherrscht wurde. Von der Wirtschaft ausgehend hat dieses Gesetz der Macht alle übrigen Bereiche des gesellschaftlichen Lebens erfasst, nicht zuletzt den Staat, der formal ein Rechtsstaat und eine Demokratie war, in Wirklichkeit aber seiner Vermachtung nicht gegensteuerte. Dies hat die Gegensätze zwischen den Arbeitern und den Kapitalisten, zwischen den kleinen Selbständigen und der Großindustrie und Banken immer mehr verschärft.

Der Königswinterer Kreis hatte bei seinen Beratungen die sich damals zuspitzende Krisensituation in Deutschland im Auge. Die extremen Parteien auf der Rechten und auf der Linken bekamen immer mehr Zulauf. Die Weimarer Republik war zwar bemüht, unter den damaligen schwierigen Verhältnissen die Lösung der „sozialen Frage" weiter voranzutreiben, aber nicht stark genug, die kapitalistische Klassengesellschaft aufzubrechen. Dass das Subsidiaritätsprinzip mit einer Diktatur, ob sie nun rot, gelb, braun oder schwarz schimmert, unvereinbar ist, darüber bestand Einigkeit. Aber das Verhältnis von Person und Gesellschaft wieder vom Kopf auf die Füße zu stellen, dazu fehlte die Kraft.

Aber, so möchte man fragen, wie kommt es, dass eine so grundlegende Erkenntnis über das Verhältnis von Einzelmensch und Gemeinschaft erst im verflossenen Jahrhundert entdeckt wurde? Warum haben die großen Philosophen der griechischen und der römischen Klassik, warum haben die Scholastiker im christlichen Mittelalter, warum haben auch die großen Denker der Moderne weder den Begriff der Subsidiarität entwickelt noch sich Gedanken gemacht über eine subsidiäre Ordnung des Zusammenlebens? Wer geistesgeschichtlich forscht, wird allerdings auch bei einem anderen Sachverhalt auf ähnliche Fragen stoßen. Denn auch das Solidaritätsprinzip, das heute in aller Munde ist und auf das sich die verschiedensten Gruppierungen, Gewerkschaften und politischen Parteien berufen, hat sich erst im 19. Jahrhundert verbreitet, und zwar in der Auseinandersetzung mit der „sozialen Frage". In Frankreich waren es die Frühsozialisten, die für „Solidarité" und gegen den kapitalistischen Egoismus kämpften. Im damaligen Deutschland regte sich ebenfalls Widerstand gegen die Auflösung des sozialen Zusammenhalts der Menschen nicht nur bei den sogenannten Romantikern, sondern auch bei den Vertretern der historischen Schule der Nationalökonomie im 19. Jahrhundert. Hier muss auch der soziale Katholizismus genannt werden, der gegen den liberalen Individualismus in Theorie und Praxis und für die soziale Verantwortung zu Felde zog. Eine Gesellschaft von sich selbst genügenden Individuen, die miteinander im Wettbewerb auf den Märkten stehen, ist noch keine Gesellschaft, sondern ein Haufen von Egoisten. Dieser Begründungszusammenhang hat Heinrich Pesch bewogen, seine Gesellschaftsauffassung in Abgrenzung zum Liberalismus und zum Sozialismus als „Solidarismus" zu bezeichnen.[5]

---

[5] *Heinrich Pesch SJ*, Lehrbuch der Nationalökonomie, Bd. 1: Grundlegung, Freiburg i. Br. ³/⁴1924, S. 408–455.

II. Die Person als Subjekt der Gesellschaft

Wenn sowohl die Subsidiarität als auch die Solidarität, obwohl sie die Grundlagen der christlichen Gesellschaftsauffassung sind, erst in der Moderne ins Bewusstsein getreten sind, dürfte dies hauptsächlich auf zwei komplexe Sachverhalte zurückzuführen sein. Der erste betrifft die sozialphilosophischen Denkansätze. Bei der Klärung des Verhältnisses von Einzelmensch und Gemeinschaft spielte seit Plato die Frage der Individuation eine Rolle: Der Einzelmensch hat teil an der natura humana; erst alle Menschen zusammen sind der „große Mensch", die ganze menschliche Natur. Für Plato und auch seinen Schüler Aristoteles war der Begriff „Person" eine Unbekannte. Erst im Hellenismus, vor allem aber in der Periode des frühen Christentums wurde der Begriff der „Person" zusammen mit demjenigen der „Natur" von Bedeutung. Die Geheimnisse des christlichen Glaubens: dass der eine Gott in drei Personen lebt und Jesus Christus wahrer Gott und wahrer Mensch ist, wie es das Credo des Ökumenischen Konzils von Nicaea festhält, wurden für die suchende Vernunft nur mit Hilfe der beiden Begriffe Person und Natur verstehbar. Sie bilden den Schlüssel zur Beendigung der trinitarischen und christologischen Streitigkeiten im frühen Christentum. Während „Natur" alles beinhaltet, was zum Menschsein gehört, bezeichnet „Person" den konkreten Menschen, der das „In-sich-Sein" besitzt, der in Freiheit entscheidet und handelt, der selbständig ist und die Fähigkeit zur Selbstbestimmung hat. Thomas von Aquin knüpft an die Definition des Menschen bei Boethius an und vollzieht die Unterscheidung zwischen der natura humana, die allen Menschen gemein ist, und der persona, die einmalig und unwiederholbar ist: „Persona significat id quod est perfectissimum in tota natura, scilicet subsistens in rationali natura."[6] Der Mainstream verblieb jedoch bei der überkommenen Auffassung vom Verhältnis Einzelmensch und Gemeinschaft.

Diese Sicht – und damit wird der zweite komplexe Sachverhalt angesprochen – stützt sich auf die Erfahrung für das Leben und Überleben des Einzelmenschen in der Gemeinschaft, sei es die Großfamilie, die Sippe oder der Stamm, die Wohnbevölkerung im Dorf oder in der Stadt. Die Abhängigkeit des Menschen und seine Eingebundenheit in die Gemeinschaft hat auch sein Denken bestimmt. Dies ändert sich erst seit der Aufklärung, die ein neues Menschenbild hervorbringt: Jeder Mensch ist Person, Subjekt, der eine unantastbare Würde und Grundrechte von Geburt an besitzt, die ihm nicht von der Gemeinschaft, auch nicht vom Staat verliehen werden. Allmählich ändern sich auch die Begriffe: Man spricht weniger vom Einzelmensch und Gemeinschaft, sondern von Person in der Gesellschaft. Auch die Sozialverkündigung der Kirche blieb zunächst noch der überkommenen Terminologie verhaftet. In der Enzyklika *Quadragesimo anno* ist noch die Rede von der Doppelseitigkeit des Eigen-

---

[6] Dazu: *Anton Rauscher*, Kirche in der Welt. Beiträge zur christlichen Gesellschaftsverantwortung, Bd. 1, Würzburg 1988, S. 19. – Hier wird auch auf die thomistische Anthropologie verwiesen, wie sie *Leo J. Elders* herausgearbeitet hat: Die Naturphilosophie des Thomas von Aquin (Schriftenreihe der Gustav-Siewerth-Akademie, Bd. 17), Weilheim-Bierbronnen 2004, S. 96 ff.

tums: von der Individual- und Sozial-Natur des Eigentums (Nr. 45), ebenso von der Individual- und Sozial-Natur der Arbeit (Nr. 69). Erst unter Pius XII. (1939–1958) wird das personale Fundament der Sozialverkündigung der Kirche offenkundig. Er übernimmt in der Weihnachtsansprache 1942 die von Gustav Gundlach geprägte Formulierung: Ursprung, Träger und Ziel allen gesellschaftlichen Lebens ist die menschliche Person.[7] Diese Einsicht, auf der auch das Subsidiaritätsprinzip beruht, bestimmt nunmehr die Sozialverkündigung der Kirche. Damit war auch der Weg frei für die Übernahme der Menschenrechte, zu denen sich die Vereinten Nationen nach dem Zweiten Weltkrieg in einer feierlichen Deklaration bekannten, in die Sozialverkündigung der Kirche. In der Sozialenzyklika *Pacem in terris* (1963) nennt Johannes XXIII. unter ständiger Bezugnahme auf Aussagen Pius' XII. die Menschenrechte. Von verschiedener Seite wurde der katholischen Kirche vorgeworfen, sie habe lange gebraucht, bis sie ihre frühere Machtposition in der Gesellschaft aufgegeben und die revolutionäre Wende vollzogen und den Menschen nicht mehr als Untertanen, sondern als Subjekt mit seinen Grundrechten anerkannt habe. Dies ist eine ideengeschichtliche Verdrehung der Tatbestände. Wenn die katholische Kirche die Menschenrechte, wie sie die französische Nationalversammlung im Auge hatte, sich nicht zu eigen machen konnte, dann geschah dies deshalb, weil der zeitgenössische Liberalismus die Menschenrechte als vom Staat dem Bürger verliehene Rechte sah. Demgegenüber besteht die christliche Tradition darauf, dass jeder Mensch vom ersten Augenblick seiner Existenz im Mutterleib, weil von Gott in die Welt gerufen, eine unantastbare Würde und damit die Freiheitsrechte besitzt, die aller irdischen Autorität, auch dem Staat und der Kirche vorgegeben sind. Man sollte auch nicht vergessen, dass die französische Nationalversammlung kein Wort über das Grundrecht der Religionsfreiheit sagt und, was das Recht auf Privateigentum angeht, eine soziale Bindung, auf der der moderne Sozialstaat beruht, nicht kennt.

Benedikt XVI. sieht im Prinzip der Subsidiarität ein „Zeichen der Liebe und Leitkriterium für die brüderliche Zusammenarbeit von Gläubigen und Nichtgläubigen". Das Prinzip ist „Ausdruck der unveräußerlichen Freiheit des Menschen. Die Subsidiarität ist vor allem eine Hilfe für die Person durch die Autonomie der mittleren Gruppen und Verbände. ... Die Subsidiarität achtet die Würde der Person, in der sie ein Subjekt sieht, das immer imstande ist, anderen etwas zu geben."[8]

Im Übrigen muss bedacht werden, dass die Prinzipien der Gesellschaft nicht erst Wirklichkeit werden, wenn der Mensch über einen Sachverhalt nachdenkt und die Philosophen bemüht sind, das Erkannte in Begriffe zu fassen. Prinzipien sind weder eine kulturabhängige Einbildung, noch schweben sie in luftleeren Höhen der Abstraktion, deren Gipfel nur wenige zu erklimmen vermögen. Sie verflüchtigen sich auch nicht zu einem „idealen" Dasein, als ob sie dem realen Menschen eher

---

[7] *Pius XII.*, Rundfunkbotschaft vom 24.12.1942, in: Arthur-Fridolin Utz/Joseph-Fulko Groner (Hrsg.), Aufbau und Entfaltung des gesellschaftlichen Lebens. Soziale Summe Pius XII., Bd. 1, Freiburg (Schweiz) 1954, Nr. 227. – Vgl. auch: Kompendium der Soziallehre der Kirche, Nr. 125.

[8] Enzyklika „Caritas in veritate", 29. Juni 2009, Nr. 57.

fremd wären. Prinzipien leben ursprünglich in jedem Menschen und wirken über seine Vernunft und seine Freiheit auf sein Denken und Handeln. Auch ohne dass er sich dessen bewusst ist, sind sie für den gesunden Menschenverstand eine Selbstverständlichkeit, die den praktischen Alltag bestimmt.[9]

III. Hilfe zur Selbsthilfe

Das Subsidiaritätsprinzip hat, als es 1931 verkündet wurde, zunächst keine sonderliche Resonanz weder in der Politik noch in der Wissenschaft noch in den Medien gefunden. Auch im sozialen Katholizismus waren die Erwartungen darauf gerichtet, was die Enzyklika zur Wirtschaftskrise, zur Arbeitslosigkeit, zur kapitalistischen Klassengesellschaft und zum Sozialismus sagt. Wie sollte man den Zusammenhang zwischen dem Subsidiaritätsprinzip und der Wiederherstellung der gesellschaftlichen Ordnung verstehen? Auch war es schwierig, die von der Enzyklika empfohlene „berufsständische Ordnung", die auf die Überlegungen im Königswinterer Kreis zurückging, mit der Realität der kapitalistischen Wirtschaftsweise zusammenzubringen. Der Gedanke an eine „soziale Marktwirtschaft", die mit dem Subsidiaritätsprinzip korrespondiert, war damals außer Reichweite. Noch nach dem Zweiten Weltkrieg wurde das Subsidiaritätsprinzip in der ersten und zweiten Auflage des Evangelischen Soziallexikons als ein katholisch-mittelalterliches Relikt abqualifiziert.

In dem Begriff Subsidiarität steckt das Wort „subsidium", das in der römischen Militärsprache Hilfe im Sinne von Verstärkung der in Bedrängnis geratenen Truppen der vorderen Kampflinie bedeutete. Am ehesten wird dem Wort subsidium der heute geläufige Begriff der „Hilfe zur Selbsthilfe" gerecht. Wenn alle Gesellschaftstätigkeit ihrem Wesen und Begriff nach subsidiär ist, dann heißt dies, dass alle Gesellschaft dazu da ist, die Tätigkeit, die Initiative, das Engagement der Personen, die gemeinsame Ziele verfolgen, zu unterstützen und zu fördern. Gemeinschaft ist kein Selbstzweck, sondern immer ausgerichtet auf die Personen, die Ursprung, Träger und Ziel allen sozialen Denkens und Handelns sind. Das Gegenmodell zu dieser Auffassung waren die totalitären Systeme des Nationalsozialismus und des Kommunismus, in denen jede Eigeninitiative und Eigenverantwortung erstickt wurde und die Kommandoherrschaft alles im Griff hatte. Es herrschte das ideologische Kollektiv, wohingegen die Bürger zu Befehlsempfängern wurden. Die Folge war, dass das gesellschaftliche Leben, und zwar auf allen Gebieten, mehr und mehr erstarrte und sich in von der Partei organisierten Aufmärschen vollzog.

Der Begründung des Subsidiaritätsprinzips geht in *Quadragesimo anno* die Feststellung voraus, es verstoße „gegen die Gerechtigkeit, das, was die kleineren und un-

---

[9] *Anton Rauscher*, Das Subsidiaritätsprinzip als sozialphilosophische und gesellschaftspolitische Norm, in: Ordo Socialis, H. 4, 12. Jg., Osnabrück 1964, S. 161. Wieder abgedruckt in: ders., Kirche in der Welt. Beiträge zur christlichen Gesellschaftsverantwortung, Bd. 1, Würzburg 1988, S. 296.

tergeordneten Gemeinwesen leisten und zum guten Ende führen können, für die weitere und übergeordnete Gemeinschaft in Anspruch zu nehmen", was die ganze Gesellschaft verwirrt. Was ist mit „kleineren" und „weiteren", mit „unter-" und „übergeordneten" Gemeinwesen gemeint? Die Ausdrucksweise leuchtet ein, wenn man den regionalen Aufbau einer Gesellschaft vor Augen hat, der von der Familie über die Nachbarschaft, die Dorfgemeinschaft, die Städte, die Bezirke, die Länder bis hin zum Staat und zu den internationalen Vereinigungen und Institutionen reicht. Joseph Höffner sprach gerne von „konzentrischen Kreisen", in denen das gesellschaftliche Leben sich vollzieht. Die Ausdrucksweise bezieht sich aber auch auf die Wirtschaft, die Schulen und Bildungseinrichtungen, die Medien, um nur diese beispielhaft zu nennen. Im Rezeptionsprozess des Subsidiaritätsprinzips wurde auch die Meinung vertreten, dass grundsätzlich den kleineren Einheiten der Vorrang vor den größeren zukomme. Die Vorstellung jedoch „je kleiner, desto besser" bedenkt nicht, dass es verschiedene Zwecke und Ziele sind, zu deren Verwirklichung die Menschen jeweils eine Gemeinschaft bilden. Wenn eine dieser Gemeinschaften – aus welchen Gründen auch immer – die Erreichung ihrer Ziele nicht mehr gewährleistet, dann ist die „weitere" Gemeinschaft, die über mehr Mittel verfügt, verpflichtet, der kleineren Gemeinschaft beizuspringen, und zwar so lange, bis diese wiederum in der Lage ist, ihre Aufgaben selbst zu erfüllen.

In vielen Fällen wird gegen das Subsidiaritätsprinzip dadurch verstoßen, dass die größere Gemeinschaft, nachdem sie ihre „Hilfe zur Selbsthilfe" geleistet hat, sich nicht wieder zurückzieht, sondern ihren originären Aufgabenbereich erweitert. Es sind die Vielfalt und die verschiedenen Lebensverhältnisse, die von einem bürokratisch-zentralistischen Einheitsdenken bedroht sind. Hier müssen auch die Bestrebungen genannt werden, die Lebensverhältnisse anzugleichen. Der Gleichheitswahn kann die bestehende Vielfalt in einem Staatsgebilde, auch in der Europäischen Union, zerstören. Ein derartiger Prozess kann zur Vermachtung einer Gesellschaft und damit zu einer Lähmung der Initiativkräfte führen. Die Entmachtung der kleineren Lebenskreise wäre das Gegenteil der Hilfe zur Selbsthilfe. Der weiteren Gemeinschaft fehlt meistens die Nähe und Vertrautheit mit den Problemen und Aufgaben, die auf der niedrigen Ebene anfallen.

Aus dem Subsidiaritätsprinzip kann auch nicht, wie manche aus sozialem Übereifer gemeint haben, eine Verstärkung des Solidaritätsprinzips abgeleitet werden. Die subsidiäre Struktur der Gesellschaft ist darauf gerichtet, die Personen zu befähigen, ihre Aufgaben selbst zu verwirklichen. Mit Recht sagt Elmar Nass: „Eine subsidiaritätsvergessene Solidarität sät eine Kultur des Unfriedens."[10]

---

[10] *Elmar Nass*, Die Kirche und das Euro(pa)dilemma, in: Frankfurter Allgemeine Zeitung, Nr. 191, 17. August 2012, S. 12.

IV. Subsidiäre Kultur der modernen Gesellschaft

Welche Entwicklungen bedrohen heute die subsidiäre Struktur unserer Gesellschaft und damit auch das personale Fundament des Zusammenlebens? Mit der Industrialisierung, mit der Mobilität und mit den neuen Kommunikationsmöglichkeiten setzte eine Entwicklung ein, die die Gesellschaft von Grund auf verändert hat. Das starke Wachstum der Bevölkerung zunächst in den Industriestaaten, heute in den Schwellenländern und auch in den Entwicklungsländern – möglich wurde dies durch die intensive Bewirtschaftung des Bodens und den gewaltigen Anstieg der Arbeitsproduktivität sowie die Fortschritte in der Medizin und Hygiene – vollzieht sich ein ständiger Prozess weg von den früheren Siedlungsstrukturen hin zur städtischen Zivilisation. Schätzungen gehen davon aus, dass schon bald bis zu 80 Prozent der Weltbevölkerung in Groß- und Megastädten leben und arbeiten wird. Das Zusammenleben in riesigen Wohnkomplexen, das Arbeiten in Großbetrieben und Unternehmen, der Verkehr auf den Straßen und Schienen verändern die gesellschaftlichen Strukturen. Anstelle der Nachbarschaft herrscht nicht selten die Anonymität. Die Abhängigkeit der Menschen von Entscheidungen, die sie nicht beeinflussen können, nimmt zu. Zwar gilt immer noch der Grundsatz: My home is my castle. Auch ist die Solidarität nicht verschwunden, wie die Hilfsbereitschaft bei großen Naturkatastrophen zeigt. Dennoch wachsen zwischen den Menschen die Distanz und auch das Misstrauen. Man lebt aneinander vorbei. Man merkt gar nicht, ob dem Nachbarn etwas fehlt, ob er krank oder in Not ist. Es mehren sich Meldungen, dass erst nach Wochen auffällt, wenn ein Nachbar nicht mehr gesehen und in seiner Wohnung tot aufgefunden wird. Man fühlt sich nicht mehr verantwortlich für die Gemeinschaft und hat auch keine Zeit mehr, um die Kontakte, soweit sie nicht den engen Familien- und Freundeskreis betreffen, zu pflegen. Wir überlegen zu wenig, wie auch in der modernen Gesellschaft subsidiäre Strukturen entwickelt werden können, um die Lebensverhältnisse und die Verantwortlichkeiten der Personen für die gemeinsamen Belange zu stärken.[11]

Ähnliche Probleme treten heute im politischen Bereich auf. Auch in Ländern, in denen die Demokratie funktioniert und die politischen Parteien bemüht sind, ihre Vorhaben und Ziele dem Wahlvolk zu vermitteln, wächst die Unzufriedenheit darüber, dass die Bürger auch bei wichtigen Fragen keinen Einfluss auf die Entscheidungen nehmen können. Die Medien sind dafür kein Ersatz. Nun ist sicherlich die repräsentative Demokratie die bessere Möglichkeit, eine handlungsfähige Regierung zu bilden. Allerdings stellt sich im Hinblick auf das Subsidiaritätsprinzip die Frage, ob der Kontakt zu den gewählten Vertretern während der Legislaturperiode nicht verstärkt werden kann. Auch die Diskussion über Volksbefragungen, wie sie in der Schweiz stattfinden, ist in diesem Zusammenhang zu bedenken. Benedikt XVI. sieht in der Subsidiarität „ein besonders geeignetes Prinzip, um die Globalisierung zu lenken und sie auf eine echte menschliche Entwicklung auszurichten. Um

---

[11] Dazu: Handwerkskammer Düsseldorf (Hrsg.), Welche Chancen hat Subsidiarität in Europa? 6. Röpke-Symposium, Düsseldorf 2014.

nicht eine gefährliche universale Macht monokratischer Art ins Leben zu rufen, muß die Steuerung der Globalisierung von subsidiärer Art sein, und zwar in mehrere Stufen und verschiedene Ebenen gegliedert, da sie die Frage nach einem globalen Gemeingut aufwirft, das zu verfolgen ist; eine solche Autorität muß aber auf subsidiäre und polyarchische Art und Weise organisiert sein, um die Freiheit nicht zu verletzen und sich konkret wirksam zu erweisen."[12]

Allerdings gibt es auch problematische Entwicklungen. Der Schutz von Minderheiten ist ein wichtiges Anliegen in der Demokratie und im Rechtsstaat. Aber die Minderheiten müssen sich auch an die Verfassung halten. Wenn heute kleinere, aber einflussreiche Gruppierungen Ziele durchsetzen wollen, die mit dem Grundgesetz nicht vereinbar sind, dann können sie sich nicht auf die Toleranz oder auf das Recht berufen, auch nicht auf die Subsidiarität. Leider erhalten solche Gruppierungen durch die Medien nicht selten ein öffentliches Gewicht, das ihnen nicht zusteht.

Gefährdet ist die subsidiäre Struktur unserer Gesellschaft auch, wenn die Eltern nicht mehr ihrer vornehmsten Aufgabe nachkommen, ihre Kinder zu erziehen. Es sind nicht nur die ersten drei Lebensjahre eines Kindes, die für die Bildung seines Charakters und seiner Persönlichkeit entscheidend sind. Auch in den Folgejahren tragen die Eltern die Verantwortung für ihre Kinder, auch wenn große Teile des Lernprozesses in den Kindergärten und Schulen erfolgen. Es sind die Sorge und das Beispiel der Eltern, die die heranwachsenden jungen Menschen brauchen, um zu begreifen, was Verantwortung beinhaltet. Die Gesellschaft muss alles tun, damit die Jugendlichen nicht auf Abwege geraten. Die Familie ist und bleibt der wichtigste Lebenskreis für den Menschen.

Das Subsidiaritätsprinzip gilt auch für die Kirche, wie Pius XII. in seiner Ansprache an die neuernannten Kardinäle am 20. Februar 1946 betonte. Vorausgegangen war ein Dissens. Der damalige Sekretär des Heiligen Offiziums – den Vorsitz dieses Gremiums hatte traditionsgemäß der Papst selbst – Monsignore Ottaviani hatte Bedenken. Er war der Auffassung, dass das Subsidiaritätsprinzip für die weltliche Ordnung gelte, aber nicht für die Kirche, die eine hierarchische Struktur besitzt. Um diese Frage zu klären, forderte Pius XII. von Pater Gundlach eine Stellungnahme mit einer Begründung an. Gundlach klärte die Sachlage, indem er darlegte, dass das Subsidiaritätsprinzip ebenso wie das Solidaritätsprinzip oder das Gemeinwohl für jede Gesellschaft gelte, ob es sich um eine Demokratie, um eine Monarchie oder um die Kirche handele. Um möglichen Missverständnissen vorzubeugen, fügte Pius XII. hinzu: „unbeschadet ihrer hierarchischen Struktur". Die Kirche ist, wie das Zweite Vatikanische Konzil betont, das Volk Gottes, dem die Nachfolger der Apostel vorstehen, um das Evangelium allen Menschen zu verkünden.

In seinen Vorlesungen wies Gustav Gundlach darauf hin, dass das Leben der Kirche sich nicht nur vom Zentrum in die Peripherie ergieße, sondern dass auch umgekehrt von der Peripherie ins Zentrum immer neue Anstöße ausgehen. Das Zweite Va-

---

[12] Enzyklika „Caritas in veritate", a. a. O.

tikanische Konzil ist diesem Gedanken gefolgt und hat die Bedeutung des Volkes Gottes für die Entfaltung und Wirksamkeit der Kirche betont. Inzwischen ist die katholische Kirche in allen Erdteilen gewachsen und zur Weltkirche geworden. Sie steht vor der Herausforderung, welche subsidiären Strukturen jetzt und in Zukunft notwendig sind, damit sie ihre Sendung heute erfüllen kann. Die Besinnung auf das Subsidiaritätsprinzip ist in unserer Zeit drängender als je zuvor.

Personal Being and
the Principle of Subsidiarity

William A. Frank

> When those responsible for the public good attune themselves to the natural human desire for self-governance based on subsidiarity, they leave space for individual responsibility and initiative, but most importantly, they leave space for love.
>
> (*Benedict XVI*, Address to the Pontifical Academy of Social Science, 2008)

In this essay I shall explore the principle of subsidiarity in relation to a philosophy of the person. I am interested in how an adequate notion of the human person sheds light on why it is good that we human beings dwell in societies ordered in accordance with the principle of subsidiarity.[1] I open with reflections on the curious fact that in the history of political and social philosophy the principle of subsidiarity remained unnoticed and unnamed until the nineteenth and twentieth centuries. Why did it arise then? Is the principle a thoroughly contemporary idea? Or were there anticipations of

---

[1] As a term, the "principle of subsidiarity" is open to a variety of different interpretations and applications. A recent scholar suggests that if there seems to be consensus in its usage, it is a unity that "has been gained only by obfuscation." He holds that the principle "regulates authority within a political order, directing that powers or tasks should rest with the lower-level sub-units of that order unless allocating them to a high-level central unit would ensure higher comparative efficiency or effectiveness in achieving them." He details five distinct theories of justification for the principle of subsidiarity: Althusian confederation of social pillars, decentralized federalism, fiscal federalism, Catholic personalism, and liberal contractualism. See *Andreas Føllesdal*, Survey Article: Subsidiarity, in: Journal of Political Philosophy, Vol. 6, No 2 (1988), 190–218. Russell Hittinger presents subsidiarity as a model for securing and maintaining civil society as an order of a multitude of plural group-persons each of which possesses in its own right its own limited self-determining authority. Subsidiarity is here contrasted with several devolution models of civil society characterized by the state's monopoly on authority. See *his*, The Coherence of the Four Basic Principles of Catholic Social Doctrine: An Interpretation, in: Pursuing the Common Good: How Solidarity and Subsidiarity Can Work Together, edited by Margaret Archer (Pontifical Academy of Social Sciences: Vatican City, 2008), 75–123. *Christian Waldhoff* understands the principle of subsidiarity as one of the principles of Catholic social doctrine but explains how its social-ethical core becomes diversely attenuated in the various legal and political uses to which it is put in discussions of the German Constitution and the European Union. See *his*, Das Subsidiaritätprinzip zwischen Ordnungsprinzip der katholischen Soziallehre und rechtlicher Verwertbarkeit, in: Verantwortung in einer komplexen Gesellschaft/Responsibility: Recognition and Limits, edited by Anton Rauscher (Berlin: Duncker & Humblot, 2010), 85–101.

it in the tradition of philosophical wisdom? After discussing these questions, the main argument of the paper begins with an interpretation of the nature of mediating institutions and the central role that authority plays in their identity. It is followed by a sketch of a contemporary notion of the human person which emphasizes the essential relational and active conditions of personal being. The overall point is to better see why it is that human persons flourish through participation in mediating institutions. How is it that the reality of intermediate associations complements the reality of human persons? Insofar as a social-political order that adheres to the principle of subsidiarity fosters a multitude and variety of mediating institutions, it follows that the good and the truth of the principle is tied to the truth of what it means to be a human person. In short, this paper explores the personalist basis of the principle of subsidiarity.

I. Contemporary Origins

> No body nor individual may exercise any authority which does not proceed directly from the nation.
> (Declaration of the Rights of Man, Art. 3, 1789)

> Philosophy itself can be a higher mode of ignorance.
> (J. Budziszewski)

One can find in pre-modern philosophy basic elements of the concept of subsidiarity as a principle of social/political order. The principle itself, however, was never named, and the notion was not the subject of direct consideration. Modern developments in philosophical theory and new systems of political order emptied the space between the atomistic individual and the sovereign nation of any essential intermediate social bodies. Contemporary concerns with subsidiarity have their proximate origins in reactions to several centuries' worth of experience with modernity's new order.

In fact, it wasn't until the nineteenth-century work of thinkers such as Luigi D'Azeglio Taparelli, Alexis de Tocqueville, Wilhelm von Ketteler, and later in the first half of the twentieth century Gustav Gundlach and Oswald von Nell-Breuning that the idea of subsidiarity as a principle of social reality received its decisive articulation. Even then, it was only in 1931 that Pius XI gave the principle its proper name.

No doubt the establishment of the *novus ordo*, epitomized in the great revolutions of America and France, brought about dramatic restructurings of civil society. The politics of democracy and the nation state along with the economics of industrialization and capitalism forced into consideration elements of social reality that had until then enjoyed the invisibility of being taken for granted. Accompanying the political and social developments were the ideas of philosophers such as Thomas Hobbes and John Locke who provided theoretical rationales for the new age of political liberalism. The new theories grounded political legitimacy in the idea of the autonomous individual. Moreover, they tended to mass political authority of the new sovereign nation-states at the summits of government. When these notions of individualism and a governmental center point of sovereign authority are applied to a body of people, the diagonal of the two forces results in civil society that orphans the multitudes of more limited spheres of authority which previously had structured participatory and hierarchical forms of social-political life.

The experience of modern political and social life grounded in the two principles of freedom and equality of the autonomous individual and the consolidation of authority in a centralized power resulted in the disenfranchisement of intermediate associations or institutions, of what Russell Hittinger calls "group-persons". Mediating societies did not disappear. Likely they even grew in number. But increasingly they became instrumentalized by the twin powers of individualism and statism. The late modern and postmodern interest in subsidiarity is an attempt to reclaim some of the social space between the individual and the state.[2] It was the gradual diminishment of the integral significance of mediating institutions that brought the principle of subsidiarity out into consideration. The eclipse of a role for subsidiary, either in the practice or the theory of politics, was bound to call attention to itself when major permutations of political liberalism seemed to have exhausted its promises of equality and dignity in a new order. That exhaustion is no more evident than in the confrontations with the nineteenth century "social question" and the twentieth-century totalitarianisms.[3]

II. Premodern Anticipations

> The inclination toward truthfulness ... defines us as human beings or persons and establishes us as responsible agents.
> (*R. Sokolowski*, Phenomenology of the Human Person, 3)

> To be-out-for that which is beneficial to the other, that is, that which fulfills the other's being-out-for, is what we call benevolence.
> (*R. Spaemann*, Happiness and Benevolence, 97)

All agree that as a species human beings congregate. But so do bees and sheep. Why is it that only human animals dwell in civil societies and political associations,

---

[2] *Robert K. Vischer* in his, Conscience and the Common Good: Reclaiming the Space Between Person and State (Cambridge/New York: Cambridge University Press, 2010), through a study of American case law, documents the contemporary struggle to maintain a legal status for the identity and dignity of mediating institutions.

[3] Even if, as *David Walsh* argues so well, there remains in liberal politics much untapped potential for good and there is as yet no better alternative, still, significant weaknesses have been exposed. One such weakness is the poverty of the role it allots to the principle of subsidiarity. See *his*, Are Freedom and Dignity Enough? A Reflection on Liberal Abbreviations, in: In Defense of Human Dignity: Essays for Our Times, edited by Robert R. Kraynak/ Glenn Tinder (Notre Dame, IN: University of Notre Dame Press, 2003), 165–91.

while the other animals live in hives, flocks, prides, herds, troops, colonies? The answer is that among the species of animals, only humans are persons. The character of human society befits the character of personal being.

Aristotle acknowledges as much when he that says a city comes about from the communion of groups of men and women who hold in common judgments as to what is advantageous and harmful, just and unjust, as made evident through reasoned speech (*logos*).[4] He also says that it is the special dignity of a man to share in the work of deliberation and judgment that sustains the city as a community in which human life flourishes.[5] He introduces the idea that the social-political life is constituted in and through the capacity of men for participating in those sorts of deliberations and judgments that bring about the good and the just of a common life. Put in different terms, it is by virtue of our inherent inclinations toward truthfulness that we can be responsible for bringing about what is good and just for ourselves and others. There is an especial dignity in being responsible for the good of a community in which members can flourish.

It remained for Cicero, several centuries later, to draw out the essential identity between human sociability and rationality. Commonly acknowledged as the human animal's specific difference "it is Reason ... that has inspired man with a relish for his kind; she has produced a natural conformity both of language and of habit; she has prompted the individual, starting from friendship and from family affection, to expand his interests, forming social ties first with his fellow-citizens and later with all mankind."[6] Reason, to put it simply, is man's *social faculty*.[7] It is the concept *honestas* that provides the linkage between man's rationality with his sociability. *Honestas* names that which is "intrinsically or naturally good",[8] an objective quality of

---

[4] Politics I, 1253a14–17.

[5] Politics III; 1275b18, 1378a34-b5.

[6] De finibus bonorum et malorum, translated by H. Rackman, 2nd edition (Cambridge MA/London: Harvard University Press, 1931), 2.45; see also De finibus 2.133 and De officiis 1.11; 1.50. For a fuller discussion of these ideas see *my*, Cicero's Civic Metaphysics As a Basis for Responsibility, in: Verantwortung in einer komplexen Gesellschaft/Responsibility: Recognition and Limits, edited by Anton Rauscher (Berlin: Duncker & Humblot, 2010), 175–92.

[7] The expression is taken from the 18th century Catholic philosopher, H. S. Gerdil, who continues: "[I]ntelligent natures [are] made to fill a place in the moral world, which is nothing other than the order of society, [and] cannot break ties which attached them, without denaturing themselves and depriving themselves of the exercise of their most noble functions, namely, those that derive from their relationships or their obligations in regard to other intelligent beings. In educating a man for himself, therefore, he should be educated for others." "To make a man reasonable is to make him sociable. ... [N]o man can be educated for himself, without being educated for others also." *H. S. Gerdil*, The Anti-Emile: Reflections on the Theory and Practice of Education against the Principles of Rousseau, translated and with Introductory Essay by William A. Frank (South Bend, IN: St. Augustine's Press, 2011), 13–14.

[8] *Andrew R. Dyck*, A Commentary on Cicero, De Officiis (Ann Arbor: The University of Michigan Press, 1996), 97–98, citing *A. A. Long*, Cicero's Politics in *De officiis*, in: Justice

things, events, and especially actions or deeds that is intelligible and recognizable. The main point here is to note that it is an inherent part of human rationality to discern the *honestum*. There is something transcendent and other-regarding to the experience of what is honorable.[9] Cicero counterpoises it to a secondary species of the good called *utile*, which names the sort of goods that are beneficial or expedient or useful. Examples of beneficial goods are health, wealth, and fame. Things that are *utile* "help man to withstand the vicissitudes of fortune".[10] It is interesting to note that the goods of use are not wholly or securely in our control; the forces of fortune and evil can both give them and take them away, our best efforts notwithstanding. But the achievement and maintenance of what is honorable or noble in one's person cannot be given by any other, nor can any it be taken away, save by one's personal surrender. In Cicero's view, to be shameful, the polar opposite of the noble, is the worst harm that can befall a person. It de-humanizes him. It violates his reason, which is to say, his capacity by word and deed to build up and sustain the web-of-human-relationships. No man, he seems to think, can be incognizant of his inhumanity when he does shameful things. He cannot equitably endure not being trusted or honored by others. In sum, for Cicero, our capacity for recognizing and acting on behalf of goods of intrinsic worth, of what is noble, is a peak achievement of our rationality; it also establishes the essential bonds of society. Absent this capacity, our actions on behalf of other persons would engage them only as objects of our pleasure, expedience, or utility.

Thomas Aquinas deepens our understanding of the human dignity grounded in our care for truth and the good of society by virtue of our innate capacity for reason. In the second part of his *Summa Theologiae*, he considers the set of inherent inclinations in the human heart that orient men and women toward the beatitude that is their final end. More proximately, these inclinations lay down the broad outlines of an order to life, accessible to human reason and actionable by free will. This ensemble of free will, capacity for reasoned judgment, and inclinations toward basic goods, inherent to the human soul, sets the condition by which we are, each in our own role, expected to be provident for ourselves and others. The natural dignity of man, evident in our twofold capacity for self-determination and care for others, is further elevated in that Aquinas thinks of it as a participation in Divine Providence. In other words, men and women are unique among the things of material creation in that through our own deliberations, judgments, and decisions we are responsible, as individuals and communities, for achieving the perfection of life we are meant for. In the case of all other created things, the impulses of and guidance to the order they display are func-

---

and Generosity: Studies in Hellenistic Social and Political Philosophy. Proceedings of the Sixth Hellenisticum (Cambridge, 1995), 213–40.

[9] *William A. Frank*, Cicero, Retrieving the Honorable, in: Studia Gilsoniana, Vol. 4, no. 1 (2014): 63–83.

[10] De officiis 2.19–20; see *Marcia L. Colish's* discussion of Cicero in *her*, The Stoic Tradition from Antiquity to the Early Middle Ages. I. Stoicism in Classical Latin Literature (Leiden/Brill, 1985).

tions of the necessities and contingencies of agencies extrinsic to them. Men and women alone among material creatures are provident for themselves and others.[11]

In this section we have followed a thread in premodern philosophy maintaining that man's especial dignity lies his capacity for active involvement in securing the well-being of others as well as his own. The pursuit of one's own good essentially involves care for the good of others. In the previous section we had introduced the concept of subsidiarity as a principle of social life that passed unremarked until moments of social crisis in the nineteenth and twentieth centuries. It is an assumption of this paper that generally and for the most part men and women express their dignity as agents responsible for the well-being of themselves and others through immediate, active involvement in mediating associations lying between the individual person and the nation. In one of the ironies of history, the pursuit of freedom and personal autonomy through the development of liberal political structures has diminished the significance of the very social structures where this freedom and self-determination are destined to develop.

In the next sections I shall explore how it is that participation in mediating associations is grounded in or required by essential characteristics of human personhood. What is it that mediating institutions provide for the flourishing of human persons? How are we to understand the mutuality of mediating associations and the structure and dynamics of personal existence? First, I will discuss the centrality of authority in the understanding the dynamics and identity of mediating associations. In the final section I will introduce certain key characteristics of the human person.

III. Authority and the Identity of Mediating Associations

> L'idée de subsidiarité répond à la question: pour-quoi l'authorité? quelle finalité doit-elle servir? Quell rôle doit-elle jouer?
> (*C. Delsol*, La principe de subsidiarité, 3)

> The principal act of social life is immanent in the souls of men. It is a communion in some belief, love, or aversion.
> (*Y. Simon*, A General Theory of Authority, 125)

The essential role for the principle of subsidiarity in society and the state is based on an understanding of the conditions for a flourishing civil society.[12] At issue are the

---

[11] *Thomas Aquinas,* Summa Theologiae 1–2, esp, qq. 91, a 2–3 and 94, a 2.

[12] On the importance of a flourishing civil society see, for instance, *Jean Bethke Elshtain*, What Is 'Civil Society' and How Does It Develop, in: Democracy – Some Acute Questions, Pontifical Academy of Social Sciences, Act 4 (Vatican City, 1999), 207–19, and *her*, Civil Society, Religion, and the Formation of Citizens, in: Making Good Citizens: Education and Civil Society, edited by Diane Ravitch/Joseph P. Viteritti (New Haven/London: Yale University Press, 2010), 97–120; also see *MaryAnn Glendon*, The Ever-Changing Interplay between

conditions that make for a broad level of participation in a host of vertical and horizontal, overlapping mediating associations. Mediating associations are active centers that channel interests, talents, resources (material, intellectual, and spiritual) and judgment into common action ordered to common good of the community and its members. Such centers require organization. Each group will have its activities directed by its own authorities internal to the group. These associations are fields and schools for the play of responsibility, freedom, and the dignity of providing for the well-being of others beyond one's self and one's own private interests. By belonging and participating in them, we exercise thoughtful care for the common good of our communities. Participation in intermediate groups provides occasion for self-realization in the exercise of moral and civil virtues.

Subsidiarity's principal role is to maintain varied and flourishing mediating associations. This care happens two ways. First, when mediating associations fail, they might well merit the aid of subordinating or parallel associations. The terms of aid should be decidedly ordered to the restoration of the identity and proper working of the stressed association. Secondly, and more commonly, adherence to the principle of subsidiarity will show in the on-going provision of social-political conditions necessary for the establishing and maintaining a variety of mediating institutions. Generally and for the most part, this concern belongs to the larger and more embracing state. For instance, the state chiefly provides for rule of law, support for the exercise of basic freedoms or rights, access to the resources and benefits of transportation and commerce, economic and tax policies that encourage growth and participation in mediating associations, and so forth. The principle of subsidiarity best plays its role in a political culture that respects the integrity of diverse centers of authority and honors participation in and leadership of the social life in mediating associations.

Leo XIII aptly observes that "[it is] the natural tendency of man to dwell in society".[13] To dwell, in the primary sense, implies a meaningful relationship between a man and his physical encompassing environment. It indicates a stable or enduring settling into a place and finding there nourishment and protection for one's basic personal and interpersonal life. Like our buildings so also do our social associations sponsor forms of belonging and life that are deeply human. Dwellings of either kind – buildings or group associations – have each their distinctive identities.

The identity of intermediate bodies is a function of the ends it serves and the purposes it pursues through the efforts of its various members. To be effective there must be unity of actions. In other words, the multiple and diverse contributions need to be coordinated and trained on the common target. It is authority that guides the many vectors of participation in the participants' common action toward realization of the group's common good. Persons in authority have the distinct responsibility of concretely envisioning the ends and purposes of the group. Moreover, it's an essential

---

Democracy and Civil Society, in: Pontifical Academy of Social Sciences, Act 6 (Vatican City, 2001), 97–120.

[13] Rerum Novarum no. 51.

role of the leaders to judge on the basis of this understanding what must be done in order to achieve those ends and purposes. Their judgments provide the basis for the unity of order that effectively coordinates the various efforts of the many participants. To be a member of a mediating association is to participate in its actions. As participants, the members are co-agents of the unified action.

The order established in the life of a social group nourishes the particularities of the distinct individuals in the society. Because of the order sustained by authority, members have a place in the society. They each have their own work and mutually recognize one another for it. "Work" is probably not the best word choice if it suggests a kind of fungible energy harnessed by a role which is ordered toward achieving some common purpose. Such an image would imagine members of an association rather like the parts of a machine. One can switch out a worn out ball bearing with another bearing identical to the original. Its function is to play in all similar machines identically the same role as the previous one. The sort of members we have in mind, however, act out of their own capacities for responsible self-determination. Each represents an aspect of partiality. Participating in the common work or life of the community, each member acts autonomously even as he adapts his efforts to the order governing the whole.

The goals achieved in the common action of a community fall into two categories: extrinsic and immanent. To take the simple example of a soccer team, the extrinsic end would be victory in a game or winning the league championship. Obviously the "life" of the team from pre-season to the last game of the playoffs is ordered to victory. Each member – owner, coach, player, trainer – has his distinct role to play within the ordered work of the team as a dynamic whole. Just how those roles are played is an important consideration from within a philosophy of personal and social reality. The composite of an individual participant's personal talents, skills, gifts, personality is formed by his spiritual qualities of intelligence, judgment, decision, moral character. As important as each such contribution is to the achievement of the group's extrinsic purposes, the ordered whole of these manifold contributions achieves a proper end of a different sort: an immanent end. Yves Simon holds that "the principal act of social life is immanent in the souls of men. It is a communion in some belief, love, or aversion."[14] By "communion" he means the subjective experience of a "we" made present in the team's ordered action. Such a "we" gathers the manifold actions of the different "I's." Not only does each "I" stand within itself as an autonomous totality and so individually responsible in his own agency, but each "I" experiences himself as ordering his actions to the actions of others within an order, itself understood as grounded in the judgment of other persons. In the communion of immanent action a participating member of a group recognizes himself as a totality in the totality that is the community.

---

[14] *Yves Simon*, A General Theory of Authority, with an Introduction by A. Robert Caponigri (Notre Dame, IN: University of Notre Dame Press, 1962), 125.

Belonging and participating make ethical demands on members of a group. A group's common action materializes to the extent that its members are able to distance themselves from the dominance of their individual private interests. Consider what is required of a group's leader in order that he serve the common good against the importunities of his own private interests or those of his family, friends, or sponsors. He needs to marginalize his private interests in order to create a space for judgments, decisions, and actions that prize the common good. Other members of the group who will act within that established order are similarly asked to arrest their particular views and direct their efforts in accordance with the judgments and desires of persons in authority. Both the exercise of authority and obedience to the judgments of authority hold in common the need to act outside the limits of atomistic individualism. Activity in intermediate societies requires the personal capacity to find satisfaction and self-realization in a communion of desire, judgment, and commitment. The idea of communion, in turn, requires a kind of personal autonomy that engages other persons in their autonomy outside the constraints of self-centeredness.

IV. The Dignity and Autonomy of Persons

> Subsidiarity respects personal dignity by recognizing in the person a subject who is always capable of giving something to others. It fosters freedom and participation through the assumption of responsibility.
>
> (*Benedict XVI*, Caritas in Veritate, no. 53)

At this point we look for an account of the individual human being which is a more truthful alternative to the prevailing concept of the autonomous individual. The alternative way of conceiving what it means to be a human person will add coherence and consistency to our understanding of subsidiarity. It will also, I believe, better enable us to envision the attractive possibilities for human flourishing through the dynamics of intermediate associations, each with its own proper authority and relative autonomy.

In the prevailing understanding, the concept of an "autonomous individual" signifies the atomistic single person whose ties to other persons are extrinsic and arbitrary, however necessary they may be from a practical point of view. In its extreme form, man's autonomy implies his right to make himself whatever it is he wishes to be. Pierre Manent characterizes this individualism as a bourgeois idea of "*modern* man in *modern* society", namely, as the kind of man "who by withdrawing into himself distinguish[s] his own good from the common good. But to find his own good, he need[s] others, on whom he [is] dependent while seeking to exploit them."[15] His formulation nicely captures the self-centered character of autonomous individualism. In

---

[15] *Pierre Manent*, An Intellectual History of Liberalism, translated by Rebecca Balinski (Princeton, NJ: Princeton University Press, 1995), 67.

the inevitable concern for others, the measure of that caring action is its contribution to the agent's own good. It is noteworthy that one's own good is distinct from the common good and the good of others. And from the agent's perspective the good of one's neighbor is a matter of utility. From the standpoint of a political order grounded on the notion of the person as autonomous individual, it becomes the duty of the state to identify and protect those rights which liberate this sort of individualism. Group identities must yield to the claims of an individual's identity. Intermediate institutions, lying between the individual person and the state, will be understood as simply instrumental to the individual's purposes.

A more truthful notion of the human person would undercut the unmitigated self-centeredness of the prevailing view. As a consequence, it would help us appreciate why intermediate bodies are so important. The alternative notion of the person which I offer represents the work of the German philosopher, Robert Spaemann, principally developed in his book, *Persons: The Difference Between 'Someone' and 'Something' / Personen: Versuche über den Unterschied zwischen 'etwas' und 'jemand.'*[16]

Spaemann's concept of the person involves distinguishing between "person" and "nature" and drawing out the implications of the distinction. He says, for instance, that it is the "non-identity with their nature that entitles us to call human beings 'persons'".[17] And, "a person 'has' a nature, but that nature is not what person *is,* because the person has the power to relate freely to it."[18] A consequence of the distinction is that "to recognize a person means preeminently to restrain my own potentially unlimited urge for self-expansion. It means to resist the inclination to see the other only as a factor in my own life-project."[19] The point here is that as individual human beings we each have a composite of generic and distinguishing features that condition how we are in the world. These functions and attributes are the necessities of human nature and the accidents and contingencies that derive from environmental and cultural influences. Jacques Maritain refers to them as the innumerable features of one's "individuality".[20] They include factors such as gender, disposition, intellectual capabilities, language, culture, family influences, and schooling. All of which belong to the overall schematic of each individual human being. They can be measured or described. By and large, they are communicable, in the sense that many individuals can belong to the same family or have comparable intellectual capabilities. These features, each in its own manner, condition the ways that we engage the world. Our powers of intelligence and desire direct us to objects beyond ourselves. In this regard we

---

[16] Oxford: Oxford University Press, 2006/Suttgart: Klett-Cotta, 1996.

[17] Persons, 81.

[18] Persons, 216.

[19] *Spaemann*, Persons, 186.

[20] See for instance *his*, The Person and the Common Good, translated by John J. Fitzgerald (New York: Scribner's, 1947), 21–36; and *his*, Education at the Crossroads (New Haven/London: Yale University Press, 1943), 7–10, 33–36.

are like any animal, in that we're each centers of our own world and are drawn through our individual array of drives to engagement with other things.

So far in this description, we have not touched upon what Maritain calls human "personality" or what Spaemann identifies as a human being's status as a person in contradistinction to the reality of his nature. As with the other animals, life for men and women is a matter of "going-out-for" things in our environment.[21] The tendency outward proceeds from a center of inwardness with multiple vectors of interest, conditioned as we've already observed by biological and psychological natures as well as by cultural and individual histories. The range of the human environment extends as far as imagination, intellect, and ingenuity will stretch. No matter what object we intended in our acts of "going-out-for", the tie to our self's center can remain unbroken and directive. We can speak in a pejorative way of this sort of being human in the world as "egoism" or self-centeredness. In more elevated language, we talk of the eudemonistic desire for our own happiness. There is in all this, Spaemann thinks, nothing particularly personal.[22] Among the marks of personal being are transcendence, responsible agency, wholeness or totality, incommunicable solitude, and relationality.[23]

Transcendence shows itself in our capacities for truth and for benevolent love. Only humans care about the truth. Our capacity for truth at its most fundamental level is an openness of mind that permits the reality of things to reveal themselves as just what they are, and therefore they are not altogether reducible to aspects seen through the drives, needs, interests of our organism and psyche. Josef Pieper has illustrated this point with the biologist Jacob von Uexküll's account of jackdaws which are programmed by evolutionary development to recognize grasshoppers as a natural source of food, but can recognize them only when they are moving. The jackdaw only "sees" the insect in virtue of the part that it plays in the bird's environment. Apart from the bird's particular conditioning to "go out for" predetermined types of food sources, the grasshopper is not and cannot be an object of its awareness.[24] By contrast, we can transcend the limits of our received organic and psychological natures and our received culture and histories. We can know the jackdaw ... as jackdaw, and not just as pet or as pest.

---

[21] *Robert Spaemann*, Happiness and Benevolence, Afterword by Arthur Madigan, translated by Jeremiah Alberg (Notre Dame, IN/London: University of Notre Dame Press, 2000), 96–97.

[22] Persons, 11–15.

[23] "To be a person means to assume a place in the community of all persons"; "... every person relates to every other as participant in a community ..." Persons, 222–23.

[24] *Josef Pieper*, The Philosophical Act, in: *his* "Leisure: The Basis of Culture", translated by Alexandr Dru, with an Introduction by T. S. Eliot (Indianapolis: Liberty Fund, 1952), 83–88.

Furthermore, only humans find felicity by taking delight in other persons.[25] It is a distinctive mark of personal being that we can pursue the well-being of others in a spirit of benevolence, by virtue of which I can take as the end of my action precisely that which is the end of the others' achieving their ends.[26] We can do this because we can enter into a recognition of the profound, incommunicable solitude at the center of other persons. "Persons are beings for whom the self-being (*Selbstsein*) of another is real, and whose own self has become real to another."[27] It is not that I would enter into the solitude of another. First of all, it is incommunicable, unshareable, wholly and exclusively one's own. Secondly, were I to try, my efforts would aim at a kind of pre-empting or taking into possession as my own what is essentially another's ownmost. It would amount to my denial of the other's dignity as a person. For in recognizing one another's personal status we respect one another as distinct, inviolable totalities. "The center of being (*Selbstsein*) that evokes our recognition and respect, the other person, stands to us in a relation of reciprocity. I am part of her world, as she is part of mine. It is a reality that for me that I exist for her and that she knows she exists for me."[28] I may accompany her, but in so doing, I let her be in her solitude and she lets me be in mine. Reciprocity of this sort makes it possible for one to take delight in the joy of another. It is, to be sure, my delight, and so hardly a matter of indifference to me. But I find my delight by taking myself out of the center of the picture so as to appreciate the other's joy precisely as it is her joy.

Whether as agents of truthfulness or as agents of benevolent love, we experience moments of transcendence. These are the moments in which we can say: "*I* said that, and *I* know it to be true", or: "*I* did that, *I* am responsible for the good (or the harm) done", or: "*I* promise *you* this; *I* forgive *you* that." In such encounters, the words spoken and the deeds done do not just happen in the flow of things. They arise from the mind and the heart of a unique, identifiable *someone* who stands apart from all other things and within himself so that he can let things be as *they* are. Spaemann describes the possibility for this sort of transcendence as what might be called a "de-centering". As an agent I remove myself from having to be the center of my world; I marginalize myself. Others can then emerge as at the center of their own world and not just as an

---

[25] *Spaemann* frequently invokes the expression, "felicity as taking delight in others (*delectatio in felicitate alterius*)" when he insists that it is of the very nature of the human person to have as equally primordial and irreducible an interest in the well-being of another as in the desire for one's own happiness. See especially: The Paradoxes of Love, in: *his*, Love & the Dignity of Human Life: On Nature and Natural Law (Grand Rapids, MI/Cambridge: Eerdmans, 2012), 1–26; and Happiness and Benevolence, chapter 8, "Benevolence" (Notre Dame and London: University of Notre Dame Press), 92–105.

[26] On incommunicable solitude as a distinct feature of personal being, see, for instance, Persons, 35–37, 80

[27] Persons, 77–78.

[28] Persons, 78. *Holgar Zaborowski* gives a sustained treatment of Spaemann's understanding of personal being and its relationality and self-transcendence in *his*, Robert Spaemann's Philosophy of the Human Person: Nature, Freedom, and the Critique of Modernity (Oxford: Oxford University Press, 2010).

appendage of my own. In a certain sense, by marginalizing myself I permit the other to manifest herself as something or someone in itself. When the other is a human being, by my act of de-centering myself, I enter in a sphere where persons immediately recognize one another.[29]

In the language of love, we can identify two basic forms: either self-centered love or the self's decentered love of others. By decentering oneself a person lets the other person be as she is. Decentered love is an act of transcendence.[30] An ordinary example might be experienced on an occasion where I find myself being looked at. "And if the other's gaze does not objectify me, inspect me, evaluate me or merely crave for me, but reciprocates my own" – then in that interaction, we have each experienced "personal existence". Spaemann consolidates the point: "Persons are beings for whom the self-being (*Selbstsein*) of another is real, and whose own self has become real to another."[31] "The center of being (*Selbstsein*) that evokes our transcendence, the other person, stands to us in a relation of reciprocity. I am part of her world, as she is part of mine. It is a reality that for me that I exist for her and that she knows she exists for me. On this reciprocal relation is founded the metaphysical realism that is decisive for persons."[32]

Letting something or someone be as it is, whether to allow it to show itself to the mind that would articulate its reality, or to render to it a good that is due it with indifference to my own case – such an action is a moment of self-transcendence through which I know myself as a responsible agent. In such instances of responsible agency we stand in ourselves as a kind of whole, an "I", an absolute. Permit me to cite at some length a passage in which Spaemann summarizes the major points introduced above and also draws a connection to the dignity of human persons.

A human being is one who can stand back and relativize herself. ... She can submit her own interests and agendas to a wider conversation because she can recognize other people's interests and agendas as being worthy of equal consideration (while also taking into consideration the positions and differences of each). She does not simply make everything a feature of her own environment. On the contrary, she realizes that she herself constitutes an environment for other things and other people. In thus relativizing her own finite "I", her own desires, interests and intentions, the person expands to become an Absolute. She becomes incommensurable and able to offer herself in the service of interests not immediately her own, even up to the point of self-sacrifice ... [Because] a person can relativize her own interests, she may demand to be respected in her absolute status as subject ... For one reason

---

[29] Persons, 182, 186.
[30] Persons, 77.
[31] Persons, 77.
[32] Persons, 78.

and one reason only human beings possess what we call "dignity" – because as moral beings they represent the Absolute.[33]

Any human act occurs in the midst of various impulses and inclinations, conditioned by forces of necessity and habit, but we are responsible for our actions because we can resist such inclinations and are not determined by those conditions. We possess dignity because we are free *from* the necessity of our own inclinations and interests and free *for* the recognition of and care for other persons.

If indeed the dignity of the human person is based on our capacity for acts of self-restraint that let others be, can we say how this dignity shows itself? In the primary sense, personal dignity just is evident; it is a priori manifest. It should not need to be brought out of hiding nor inferred from something more evident. To be a human being is to be a person among other persons in which persons take note of each other (*wahrnehmen*). However, we are not without some positive phenomena that allow us to take notice of personal dignity. For instance, we notice it in actions that we recognize as virtuous when we say, for instance, that the agent acted thus or so because it was noble, for a motive beyond any calculus of pleasure, praise, or utility. Also, we notice dignity when we admire one who conquers difficulties, refusing to be determined by the limitations of his condition. The orphan in the story of Father Flanigan's Boy's Town illustrates the point: With his brother on his shoulders he says "He ain't heavy, Father, he's my brother." Or consider what is required of a legislator in order that he serve the common good against the importunities of his own private interests or those of his family, friends, or sponsors. He shows it is possible to de-center himself and thereby create a space for judgments and decisions that prize the common good over private interests. What we see in such actions can happen because of the non-identity of human persons with their nature. A human being "is fully visible as a person" in the decision whether the individual [shall realize] his personality by grasping life in an act of self-transcendence that sees the world as more than an ecological *niche*, or whether, alternatively, he or she falls back into a natural, biological, and non-personal self-centeredness."[34] Personality "is not, like other life, centered on itself. It is not defined by the imperative of self- and species-preservation. Its essential distinguishing mark is self-transcendence, the highest form of which is called love."[35]

The status of being a person is given and cannot be taken away from me. I can, however, forfeit it. I can refuse to de-center myself. In such a forfeiture I thereby claim for myself the status of atomistic individualism. Autonomy, in the pejorative sense, arises from the self-determined decision to refuse recognition of persons and the claims they make for recognition and respect. It is a refusal to enter the space of freedom, which lies in the "affirmation of other centers of being".[36] It's the outcome

---

[33] *Robert Spaemann*, Essays in Anthropology: Variations on a Theme, translated by Guido de Graaff/James Mumford (Eugene, OR: Cascade Books, 2010), 59–60.

[34] Persons, 214.

[35] Persons, 115.

[36] Persons, 216.

of a nolition, a refusal to let the other person be. I would be refusing to restrain my own urge for self-expression. I decide not "to resist the inclination to see the other only as a factor in my own life-project."[37] In a decision for which I am fully responsible, I allow myself to sink back into being the kind of agent who limits himself to viewing other persons as counters in my calculations of means to self-centered purposes rooted in the inclinations and motives determined by what is given in the necessities of my human nature and the contingencies of my environmental and cultural conditions. There is in such a stance no dignity. There is in it no communion of persons.

V. Conclusion

What, then, is the connection between the principle of subsidiarity and what it means to be a human person? Being persons requires settings in which we are each called on to put our legitimate interests aside and serve the common good. It also requires settings in which we can restrain our legitimate desires for self-expansion in order to obey the directive of a community's authority. To be sure, friendship and marriage provide such settings. But so do the multitude and variety of more public, intermediate associations that constitute the body of civil society. For this reason the role of the principle of subsidiarity is important to a social-political culture that respects the integrity of diverse centers of authority and honors participation in the social life of mediating associations. Adherence to the principle shows up two ways. First and more commonly, it will show in the on-going provision of social-political conditions necessary for the institution and maintenance of a variety of mediating institutions. For the most part, this concern belongs to the larger and more embracing institutions of society and the state. For instance, the state chiefly provides for rule of law, support for the exercise of basic freedoms or rights, accessible entries to the resources and benefits of transportation and commerce, economic and tax policies that encourage growth and participation in mediating associations, and so forth. The concern for the role of subsidiarity pertains as well to various cultural and social agents. In general, the good of a society's plural associations should be a part of that society's public philosophy, cultivated in its various spheres of education and celebrated in its public festivities.

Secondly, when mediating associations fail, they might well merit the aid of subordinating or parallel associations. The terms of aid, however, will be decidedly ordered to the restoration of the identity and proper working of the stressed association. The main point to draw from these remarks is that the role for the principle of subsidiarity in society and the nation does not take care of itself. It needs to be self-consciously cultivated through education and secured by legislation, especially legislative restraint, and through juridical practice.

---

[37] Persons, 186.

Political liberalism, as an extended moment in history,[38] may or may not be suffering its last gasps. Hopes for its continuance will rest on whether it can find in the depths of its theoretical and practical resources, dedicated to personal freedom and equality, a basis for securing the essential integrity of a plurality of mediating institutions. If this should happen, then the effort to amass political power at the summits of government will be recognized as a dangerous temptation. And authority at the more encompassing level of the society and the state will, in part, "de-center" itself and take as one of its ends the fostering and protection of the essential identities of the mediating institutions that it encompasses. Any such re-visioning of the nature and role of mediating institution will benefit from a prevailing and attractive concept of the human person that is more truthful than the dominant image of the autonomous individual.

Where is it in the actual presence of other people that we manifest and recognize the reality of human dignity? Participation in the political or social body at the most encompassing level is realistically substantive for only a few, and for most of us, it's largely anonymous and invisible. Earlier we mentioned that marriage and friendship provide occasion for display of human dignity. Our social nature, however, will stretch beyond the privacy of marriage, family, and friendship. The fullness of human life requires integral intermediate associations. In such communities, the group is sustained by personal acts of truthfulness, generosity, justice, tolerance, forgiveness, sacrifice, and care for the common good in acts of authority and obedience. When, however, social groups are conceived as functional appendages of a larger sovereign whole, it is the power, judgment, and oversight of that superior whole that accounts for the substantive well-being of the group. Participants within such subordinate groups have little responsibility for the character of the group's work that is distinctive or personal. If, however, it not the role of the superior body to instrumentalize inferior social groups, but rather to protect and foster their relative autonomy and integral identities, then the existence and operation of intermediate associations will be experienced as occasions for drawing richly upon our personal and interpersonal resources.

The conclusion I wish to draw, then, is that what it means to be human persons and the existence of integral intermediate associations require one another. The truth about human persons and the identity of intermediate associations become or befit one another in ways I have suggested in this paper. We can therefore see the personalist basis of the principle of subsidiarity in that a social-political order that adheres to the principle will sustain healthy intermediate associations. And, by contrast with a society conceived on the grounds of atomistic individualism, members of a society conceived on personalist foundations will be more cognizant of the splendor of human dignity.

---

[38] See *Pierre Manent*, An Intellectual History of Liberalism, translated by Rebecca Balinski (Princeton, NJ: Princeton University Press, 1995).

Subsidiarität in ihrer Bedeutung für öffentliche Unternehmen

Bruno Kahl und Andreas Kerst

I. Einleitung

Der Staat, die kommunalen Gebietskörperschaften und andere Verwaltungsträger nehmen in vielfältiger Art und Weise am Wirtschaftsleben teil. Mit ihrer wirtschaftlichen Betätigung verfolgt die öffentliche Hand dabei unterschiedliche Ziele. Zum einen stellt sie Güter und Dienstleistungen bereit, die die Grundversorgung der Bürgerinnen und Bürger flächendeckend und zu angemessenen Preisen sichern sollen. Die Leistungen der Daseinsvorsorge werden dabei oftmals durch öffentliche Unternehmen erbracht, die öffentlich-rechtlich oder privatrechtlich organisiert sein können. Eine Beteiligung des Staates an privaten Unternehmen kann sich auch aus anderen staatlichen Interessen ergeben. So war beispielsweise in der Finanzkrise die staatliche Beteiligung des Bundes an systemrelevanten Banken zur Stabilisierung des Finanzsystems erforderlich. Neben der Teilnahme der öffentlichen Hand am Wirtschaftsverkehr zur Erfüllung von Aufgaben, die allein der Staat leisten kann, kommt als Ziel der wirtschaftlichen Betätigung auch die Gewinnerzielung in Betracht, um zusätzliche Einnahmen für die öffentlichen Haushalte zu generieren. Ferner kann die Kooperation mit einem privatwirtschaftlichen Unternehmen im Rahmen einer öffentlich-privaten Partnerschaft (ÖPP) dazu dienen, dass Verwaltungsaufgaben flexibler und effizienter erledigt werden (z.B. im Bereich der IT-Unterstützung der Verwaltung).

Ausgehend von der ordnungspolitischen Grundsatzentscheidung in der Bundesrepublik Deutschland zu Gunsten der sozialen Marktwirtschaft, die die Effizienz der Märkte anerkennt und vom Vorrang des privaten Wirtschaftens ausgeht, stellt die staatliche Marktteilnahme eine Ausnahme dar und ist wirtschaftspolitisch begründungspflichtig. Öffentliche Unternehmen werden zuweilen als Fremdkörper im marktwirtschaftlichen System qualifiziert. Die Zulässigkeit öffentlicher Wirtschaftstätigkeit im Allgemeinen wird hingegen in der Jurisprudenz im Grundsatz nicht in Frage gestellt.[1] In einem freiheitlichen Gemeinwesen obliegt aber der öffentlichen

---

[1] Siehe dazu *Michael Ronellenfitsch*, Wirtschaftliche Betätigung des Staates, in: Josef Isensee/Paul Kirchhof (Hrsg.), Handbuch des Staatsrechts der Bundesrepublik Deutschland, Bd. IV, Heidelberg ³2006, § 98 Rn. 32.

Hand die Legitimationslast auch für ihre wirtschaftliche Betätigung.[2] Die Darlegungslast folgt ferner aus dem Umstand, dass der Staat und seine Organe bzw. Gebietskörperschaften nicht in den Genuss der allgemeinen Handlungsfreiheit kommen, die ein Privatpersonen vorbehaltenes Grundrecht ist und diesen eine grundrechtlich geschützte „Gewerbefreiheit" garantiert.

Als Grenze staatlicher Eingriffe in die Wirtschaft bzw. als Maßstabsprinzip für die Marktteilnahme öffentlicher Unternehmen ist seit jeher das Subsidiaritätsprinzip angesehen bzw. diskutiert worden, demzufolge die Wirtschaftsteilnahme der öffentlichen Hand nur zulässig ist, wenn Private nicht in der Lage sind, die betreffende Aufgabe selbst durchzuführen.[3] Das Subsidiaritätsprinzip berührt sich insofern mit dem Konzept der sozialen Marktwirtschaft.[4] Im vorliegenden Beitrag soll die Tragweite und Bedeutung des Subsidiaritätsprinzips für die öffentlichen Unternehmen näher beleuchtet werden.

II. Subsidiarität und Öffentliche Unternehmen

Zur Konkretisierung des Untersuchungsgegenstandes sind zunächst die Begriffe „Subsidiarität", „öffentliches Unternehmen" und „Träger öffentlicher Unternehmen" genauer zu bestimmen und in Bezug zueinander zu setzen.

Das Subsidiaritätsprinzip gilt seit der Sozialenzyklika „Quadragesimo anno" Papst Pius' XI. vom 15. Mai 1931 als ein wichtiger Bestandteil der katholischen Soziallehre. In der Enzyklika wird der Vorrang des Einzelmenschen vor der Gesellschaft und der kleineren gesellschaftlichen Einheit vor der weiteren, übergeordneten Einheit postuliert.[5] Wörtlich heißt es hierzu: „Wie dasjenige, was der Einzelmensch aus eigener Initiative und mit seinen Kräften leisten kann, ihm nicht entzogen und der Gesellschaftstätigkeit zugewiesen werden darf, so verstößt es gegen die Gerechtigkeit, das, was die kleineren und untergeordneten Gemeinwesen leisten und zu gutem Ende führen können, für die weitere und übergeordnete Gemeinschaft in Anspruch zu nehmen."[6] Ferner wird in der Enzyklika „Quadragesimo anno" eine Kompetenzansammlung bei höheren Stufen des Gemeinwesens kritisiert und u.a. ausgeführt, dass „Angelegenheiten von untergeordneter Bedeutung, die nur zur Abhaltung von wichtigeren Aufgaben führen müßten, ... den kleineren Gemeinden überlassen" bleiben sollen, denn „je besser durch strenge Beobachtung des Prinzips der Subsidiarität die Stufenordnung der Vergesellschaftungen innegehalten wird, umso stärker

---

[2] *Michael Ronellenfitsch,* a.a.O., § 98 Rn. 32.

[3] *Stefan Storr,* Der Staat als Unternehmer, Tübingen 2001, S. 429 f.

[4] *Josef Isensee,* Subsidiaritätsprinzip und Verfassungsrecht, Berlin ²2001, S. 137 f.

[5] *Thomas Mann,* Die öffentlich-rechtliche Gesellschaft, Tübingen 2002, S. 25.

[6] Zitiert nach *Helmut Schnatz* (Hrsg.), Päpstliche Verlautbarungen zu Staat und Gesellschaft, Originaldokumente mit deutscher Übersetzung, Darmstadt 1973, S. 407 (Tz. 79).

stehen gesellschaftliche Autorität und gesellschaftliche Wirkkraft da."[7] Überträgt man diese Prämissen des Subsidiaritätsprinzips allgemein auf unseren heutigen Verfassungsstaat (grundrechtsorientiertes Menschenbild, mehrere Ebenen des Staatsaufbaues), so ist von einem Autonomievorrang der kleineren Einheit auszugehen, soweit diese in der Lage ist, ökonomische Aufgaben wirksam und zuverlässig zu lösen.[8] Das Subsidiaritätsprinzip dient damit als Argumentationstopos in den unterschiedlichsten Bereichen: vom Staatsorganisationsrecht bis zum Sozialrecht.[9]

Im Staatsorganisationsrecht beispielsweise verbindet sich mit dem Subsidiaritätsprinzip ein dezentraler und föderaler Staatsaufbau. Für die Staatsaufgabenlehre folgt als Leitidee, dass die Übernahme öffentlicher Aufgaben und staatliche Regelungen grundsätzlich nur bei fehlender gesellschaftlicher Selbstregulierung legitim sind.[10] Die möglichen wirtschaftsverfassungsrechtlichen Folgerungen werden im Anschluss an die Begriffsbestimmung „öffentliches Unternehmen" kurz dargelegt.

Unter dem Begriff „öffentliches Unternehmen" wird eine sehr heterogene Gruppe von Wirtschaftseinheiten zusammengefasst, die sich sowohl in den Organisations- und Rechtsformen als auch nach ihrem Betriebszweck unterscheiden. Nach der verallgemeinerungsfähigen Abgrenzung der europäischen Richtlinie über die Transparenz der finanziellen Beziehungen zwischen den Mitgliedstaaten und den öffentlichen Unternehmen (Art. 2 lit. b der Richtlinie 2006/111/EG vom 16. November 2006)[11] ist unter dem Begriff des „öffentlichen Unternehmens" jedes Unternehmen zu verstehen, auf das die öffentliche Hand aufgrund Eigentums, finanzieller Beteiligung, Satzung oder sonstigen Bestimmungen, die die Tätigkeit des Unternehmens regeln, unmittelbar oder mittelbar einen beherrschenden Einfluss ausüben kann.

Mit dem Kriterium der Beherrschung durch die öffentliche Hand lassen sich öffentliche Unternehmen sachgerecht von privaten Unternehmen unterscheiden. Je nach Ausprägung der Unternehmerstellung der öffentlichen Hand lässt sich der Oberbegriff „Öffentliche Unternehmen" weiter aufgliedern. Unternehmensträger bzw. Eigentümer öffentlicher Unternehmen[12] können der Bund, die Länder, die Landkreise und Städte/Gemeinden sowie die Gemeindeverbände sein (direkt oder indirekt über andere öffentliche Unternehmen und Körperschaften). Zu den öffent-

---

[7] Zitiert nach *Helmut Schnatz* (Hrsg.), a.a.O., S. 407 (Tz. 80).
[8] *Rolf Stober*, Allgemeines Verwaltungsrecht, Stuttgart [17]2011, § 12 I 1, S. 91.
[9] Siehe dazu *Thomas Würtenberger*, Das Subsidiaritätsprinzip als Verfassungsprinzip, Zeitschrift Staatswissenschaft und Staatspraxis 1993, S. 621.
[10] *Thomas Würtenberger*, a.a.O., S. 621.
[11] Vgl. ABl. Nr. L 318 vom 17. November 2006.
[12] Die Begriffe „öffentlicher Unternehmensträger" und „Eigentümer öffentlicher Unternehmen" werden oftmals synonym verwendet. Diese Anknüpfung an die Eigentums- und Besitzverhältnisse ist in einigen Fällen ungenau, da das Eigentum am Unternehmen nicht zwangsläufig die Unternehmerschaft begründet. Die Eigentums- und Besitzverhältnisse spiegeln nicht unbedingt die Herrschaftsverhältnisse in einem Unternehmen wieder, so dass die Direktionsgewalt der öffentlichen Hand das entscheidende Kriterium für die Begründung der Unternehmerschaft ist. Siehe *Stefan Storr*, a.a.O., S. 46 f.

lichen Unternehmen gehören somit die Gebietskörperschaften selbst (z. B. die Gemeinde Kreuth mit ihrem Eigenbetrieb Wasserversorgung, das Landratsamt mit seiner Abteilung „Abfallwirtschaftsbetrieb"). Wenn eine bestimmte öffentlich-rechtliche Körperschaft alleiniger Unternehmensträger eines rechtlich selbständigen Unternehmens ist, spricht man von „Eigengesellschaften bzw. -unternehmen".[13] Unternehmen, die von mehreren Hoheitsträgern betrieben werden, werden als „gemischtöffentliche Unternehmen" bezeichnet. Unternehmen, die von der öffentlichen Hand gemeinsam mit Privaten betrieben werden, sind unter dem Begriff der „gemischtwirtschaftlichen Unternehmen" zusammengefasst. Zur Feststellung der Unternehmensträgerschaft kommt es in der letzteren genannten Unternehmensform nicht allein auf die Kapitalmehrheit an, sondern auf die Direktionsgewalt im Sinne eines beherrschenden Einflusses. Auch öffentliche Minderheitsbeteiligungen können ausgehend von diesem Verständnis zur Annahme eines „öffentlichen Unternehmens" im weiteren Sinne führen, wenn das Unternehmen faktisch von der öffentlichen Hand beherrscht wird (z. B. weil die öffentliche Hand ein Vetorecht besitzt).[14] Bei bloß untergeordneten Kapitalanteilen und fehlenden Einflussmöglichkeiten auf die Unternehmensführung handelt es sich um eine reine „Unternehmensbeteiligung" der öffentlichen Hand, die zum öffentlichen Finanzvermögen gehört. Ein öffentliches Unternehmen liegt in diesen Fällen nicht vor, auch wenn der Anteilseigner öffentlichrechtlichen Bindungen unterliegt oder sogar unmittelbar einen öffentlichen Zweck verfolgt.

Öffentliche Unternehmen sind in allen Wirtschaftszweigen anzutreffen, ihre sektorale Bedeutung ist jedoch überaus unterschiedlich. Während in einigen Bereichen (z. B. der Wasserversorgung) nahezu ausschließlich öffentliche Unternehmen tätig sind, kommt ihnen in einer Reihe von Sektoren wie der Industrie, dem Handel und der Landwirtschaft eine wesentlich geringere oder keine Bedeutung zu. Der Schwerpunkt der deutschen öffentlichen Unternehmen liegt in den infrastrukturnahen Sektoren Versorgung mit Energie und Wasser sowie Verkehr und im Sektor öffentliche Banken – und damit im Bereich der Daseinsvorsorge.[15]

Wäre das Subsidiaritätsprinzip als rechtswirksamer Grundsatz auf das Verhältnis des Staates zur Privatwirtschaft anwendbar, so würde dies bedeuten, dass wirtschaftliche Eigenverantwortung und Kooperation der Staatsverantwortung vorginge und privatwirtschaftliche unternehmerische Entfaltung Vorrang vor staatlicher Eigenwirtschaft hätte. Die Marktteilnahme des Staates durch öffentliche Unternehmen und Konzerne ist dann nur subsidiär gegenüber den freien wirtschaftlichen Kräften möglich (Vorrang privater Unternehmen vor öffentlichen Unternehmen). Dieser Ausnahmecharakter der Staatswirtschaft bzw. wirtschaftsverfassungsrechtliche Grundsatz entspräche auch den heute gültigen Überzeugungen in der Wirtschaft. Leitbild

---

[13] *Thomas Mann*, a.a.O., S. 12.

[14] *Thomas Mann*, a.a.O., S. 13.

[15] *Peter Breitenstein*, Öffentliche Unternehmen, in: Volker Arnold/Otto-Erich Geske (Hrsg.), Öffentliche Finanzwirtschaft, München 1988, S. 289 f.

der sozialen Marktwirtschaft ist die Eigenverantwortung der privaten Wirtschaftssubjekte. Privaten Unternehmen soll grundsätzlich der Vorrang vor staatlichen Markteingriffen gebühren. Dort wo es zu einem Marktversagen und gemeinwohlschädlichen Wirtschaftsergebnissen kommt, hat der Staat steuernd einzugreifen.[16] Folge der Geltung des Subsidiaritätsprinzips im öffentlichen Sektor wäre im Umkehrschluss die stete Frage, welche öffentlichen Aufgaben nicht besser durch private Wirtschaftssubjekte erbracht werden können und welche öffentlichen Unternehmen daher zu privatisieren sind.[17]

Eine rechtliche Bindung der öffentlichen Hand bei ihrer Marktteilnahme an das Subsidiaritätsprinzip setzt voraus, dass dieses verfassungsrechtlich oder einfach-gesetzlich verankert ist.

III. Subsidiaritätsprinzip und Grundgesetz

Da das Grundgesetz ein allgemeines Subsidiaritätsprinzip an keiner Stelle ausdrücklich statuiert, sondern erst seit der Neufassung des Art. 23 des Grundgesetzes (GG) im Jahre 1992 ein Subsidiaritätspostulat allein in Bezug auf die Europäische Union enthält, ist die verfassungsrechtliche Begründung der Subsidiarität staatlichen Wirtschaftens umstritten bzw. wird eine verfassungsrechtliche Verankerung sogar abgelehnt.[18]

Andere betrachten das Subsidiaritätsprinzip als ein dem positiven Verfassungsrecht vorgegebenen Naturrechtssatz.[19] Ansatzpunkt dieser Ansicht ist, dass sich der Bonner Verfassungsgeber zu vorgegebenen, überpositiven Rechten bekannt habe.[20] Aus Gründen der Rechtssicherheit operiert das Bundesverfassungsgericht (BVerfG) mit einem Rückgriff auf überpositives Recht jedoch zurückhaltend, um fundamentale Fragen dem Streit zu entziehen.[21] Eine andere Ansicht sieht den Geltungsgrund des Subsidiaritätsprinzips in dem Bekenntnis des Grundgesetzes zur Menschenwürde und deutet die Ausgestaltung des Bund-Länder-Verhältnisses, insbesondere in den Art. 70 ff. GG und 83 ff. GG als lediglich exemplarische normative Ausprägung eines allgemein wirkenden Subsidiaritätsprinzips.[22]

---

[16] *Rolf Stober*, a.a.O., § 4 IV 2, S. 35 f.
[17] *Thomas Würtenberger*, a.a.O., S. 621.
[18] Vertiefend dazu *Thomas Mann*, a.a.O., S. 25 ff.
[19] *Günther Küchenhoff*, Zuständigkeitsgrenzen in der Jugend und Sozialhilfe, NJW 1968, S. 433, 435.
[20] *Josef Isensee*, a.a.O., S. 220.
[21] BVerfGE 10, 59 (81).
[22] *Hans Peters*, Die kommunale Selbstverwaltung und das Subsidiaritätsprinzip, AfK 6 (1967), S. 5, 10; *Wilhelm Wertenbruch*, Grundgesetz und Menschenwürde, Berlin 1958, S. 202.

Nach *G. Dürig* folgt das Subsidiaritätsprinzip aus einer Gesamtinterpretation des Grundgesetzes.[23] Das Bekenntnis des Grundgesetzes zur kommunalen Selbstverwaltung (Art. 28 GG) und zum Föderalismus (Art. 20, 79 GG) soll in Beziehung zum Recht des Menschen auf personales Sein (Art. 1 GG), zum Recht auf Familie (Art. 6 GG) und zum Recht der Kooperationsbildung/zur Vereinigungsfreiheit (Art. 9 GG) gesetzt werden.[24]

J. Isensee hingegen stellt zur Herleitung eines allgemeinen Subsidiaritätsprinzips auf das Rechtsstaatsprinzip ab.[25] Ausgangspunkt seiner Betrachtung ist wie bei den Rechtsmeinungen zuvor die Würde des Menschen mit seiner wesentlichen Fähigkeit zur verantwortlichen Selbstbestimmung. Der Staat steht unter Rechtfertigungsdruck, wenn er in die durch das Grundgesetz verbürgten Freiheitsrechte seiner Bürger eingreift.[26] Die öffentliche Gewalt soll die Freiheit der Bürger zur bestmöglichen Entfaltung bringen, darf sie aber nicht verdrängen.[27] Einen ähnlichen Ansatz verfolgt *H. P. Ipsen*, in dem er das Subsidiaritätsprinzip unmittelbar aus Art. 2 Abs. 1 GG entnimmt.[28]

Ein spezielles, die wirtschaftliche Betätigung der öffentlichen Hand einschränkendes Subsidiaritätsprinzip entwickelte *H. C. Nipperday* aus seiner Lehre von der grundgesetzlichen Garantie der sozialen Marktwirtschaft.[29]

Der Anerkennung des Subsidiaritätsprinzips als ungeschriebenes Element des positiven Verfassungsrechts ist zuzustimmen.

Eine allgemeine Verankerung des Subsidiaritätsprinzips im GG ist wie von *J. Isensee* dargelegt insbesondere im Rechtsstaatsprinzip zu sehen. Gemäß der in Art. 20 Abs. 3 GG niedergelegten Rechtsstaatserklärung hat das Grundgesetz eine materielle Wertentscheidung für eine freiheitliche Ordnung getroffen.[30] Um der Freiheit willen müssen das staatliche Handeln beschränkt und staatliche Verfahren transparent und berechenbar organisiert werden.[31] Oder anders formuliert: Die rechtsstaatliche Verfassung zieht der Staatstätigkeit dort Schranken, wo sie die freiheitliche Selbstbestimmung der Grundrechtsträger, der sie zu dienen bestimmt ist, gefährdet. Das Rechtsstaatsprinzip unterwirft allein die Akte der öffentlichen Gewalt dem Zwang sich formell und materiell zu legitimieren.[32] Wo immer Private Aufgaben

---

[23] *Günter Dürig*, Verfassung und Verwaltung im Wohlfahrtsstaat, JZ 1953, S. 193, 198.

[24] Vertiefend zum Ansatz von G. Dürig siehe *Stefan Storr*, a.a.O., S. 434.

[25] *Josef Isensee*, a.a.O., S. 270 ff.

[26] Vertiefend zum Ansatz von J. Isensee siehe *Stefan Storr*, a.a.O., S. 434.

[27] *Josef Isensee*, a.a.O., S. 272.

[28] *Hans Peter Ipsen*, Rechtsfragen zur „Ausgliederung" des Werbefernsehens, NJW 1963, S. 2102, 2107.

[29] *Hans Carl Nipperdey*, Soziale Marktwirtschaft und Grundgesetz, Bonn ³1965, S. 24 ff., 64.

[30] *Josef Isensee*, a.a.O., S. 270.

[31] *Josef Isensee*, a.a.O., S. 270.

[32] *Josef Isensee*, a.a.O., S. 271.

sachgerecht erfüllen, hat der Staat diese nicht an sich zu ziehen.[33] „Nur soweit die freie Initiative die Forderungen des Gemeinwohls nicht erfüllt, darf die öffentliche Gewalt tätig werden."[34]

Bezogen auf die wirtschaftliche Betätigung des Staates bedeutet dies, dass ausgehend vom Rechtsstaatsprinzip sowie im Hinblick auf die individualbezogenen Grundrechte der Art. 2, 3, 12 und 14 GG (Wirtschaftsfreiheiten) von einem Regel-Ausnahme-Verhältnis im Sinne eines Vorrangs von privater Initiative vor staatlichem Unternehmertum auszugehen ist. Staatseingriffe in die Wirtschaftsfreiheit sind nur gerechtfertigt, wenn überragenden Forderungen des Gemeinwohls durch die Selbstregulierung des Marktes nicht entsprochen werden kann.[35] In einem freiheitlichen Gemeinwesen obliegt damit dem Staat die Legitimationslast für seine Marktteilnahme.

IV. Notwendige Zweckprogrammierung staatlicher Eigenwirtschaft als Ausfluss des Subsidiaritätsprinzips

Als Ausfluss des so eben aus der Verfassung abgeleiteten Subsidiaritätsprinzips ist als Voraussetzung für die wirtschaftliche Betätigung der öffentlichen Hand das Kriterium des „öffentlichen Zweckes" zu nennen[36], wenn auch die begrenzende Kraft dieses Kriteriums nicht überschätzt werden darf. Danach müssen die öffentlichen Wirtschaftsaktivitäten wie jedes andere staatliche Handeln auch final programmiert sein, d. h. dem Allgemeininteresse und dem Gemeinwohl dienen (sog. allgemeiner Funktionsvorbehalt gemeinwohlorientierter Aufgabenwahrnehmung).[37] Dieses aus dem Republik- und Rechtsstaatsprinzip abgeleitete Gemeinwohlgebot erfordert, dass der Staat und die kommunalen Gebietskörperschaften einen öffentlichen Zweck angeben müssen, wenn sie sich wirtschaftlich betätigen wollen. Der Zweck muss über die Erzielung von Einnahmen hinausgehen.[38] Letztlich sichert das Kriterium des öffentlichen Zwecks eine Plausibilitätskontrolle und ist eine Absicherung gegen Willkür.

Die Ausrichtung öffentlicher Unternehmen an dieser Zweckprogrammierung folgt auch aus der Grundrechtsbindung der öffentlichen Hand. Die Grundrechte schützen jedoch nicht grundsätzlich vor öffentlicher Konkurrenz.[39] Ein grundrecht-

---

[33] *Josef Isensee*, a.a.O., S. 272.

[34] *Josef Isensee*, a.a.O., S. 273.

[35] *Ernst Rudolf Huber*, Der Streit um das Wirtschaftsverfassungsrecht, DÖV 1956, S. 205.

[36] *Josef Isensee*, a.a.O., S. 278; *Andreas Musil/Sören Kirchner*, Das Recht der Berliner Verwaltung, Heidelberg ³2012, S. 258 f.

[37] *Thomas Mann*, a.a.O., S. 80 ff.

[38] *Hans J. Wollf/Otto Bachof/Rolf Stober/Winfried Kluth*, Verwaltungsrecht II, Ein Studienbuch, München ⁷2010, § 92 Rn. 104.

[39] BVerwGE 39, 329. Entgegen dieser Ansicht besteht nach Teilen der Literatur ein allgemeiner Fiskusabwehranspruch aus Art. 2, 12 und 14 GG gegen die privatwirtschaftliche

lich erheblicher „Eingriff durch Konkurrenz" kommt nur in Betracht, wenn ein Gesetz dem öffentlichen Unternehmen Vorrechte wie ein Verwaltungsmonopol einräumt oder die öffentliche Wirtschaftstätigkeit nach Zielsetzung oder Wirkung so gravierende Auswirkungen auf die grundrechtlich geschützte private Konkurrenz entfaltet, dass diese als der öffentlichen Hand zurechenbare Eingriffe qualifiziert werden müssen (im Grunde eine interventionistische Wirtschaftstätigkeit).[40]

Ein öffentlicher Zweck liegt unzweifelhaft bei der Erbringung von Leistungen der Daseinsvorsorge vor.[41] Die öffentliche Hand ist im Rahmen ihrer sozialstaatlichen Verantwortung sogar verpflichtet, gemeinwohlorientiert Waren und Dienstleistungen zur Verfügung zu stellen, so dass öffentliches Unternehmertum unter Beachtung der einfach-gesetzlichen Vorgaben hier jederzeit möglich ist. Der Begriff der Daseinsvorsorge ist jedoch nicht statisch[42], sondern unterliegt gesellschaftlichen Wandlungen und passt sich an die sich ändernden Bedürfnisse an. So hat sich das Grundverständnis der Daseinsvorsorge nachhaltig geändert. Mittlerweile zählen neben den klassischen Bereichen Sicherheit, Gesundheit, Abfallentsorgung sowie Energie- und Wasserversorgung auch die Gebiete Infrastruktur, Mobilität und Kommunikation dazu. Ebenso wie sich Inhalt und Reichweite der Daseinsvorsorge verändert haben, so haben sich mittlerweile auch die Formen der Erbringung von gemeinwohlorientierten Leistungen geändert. Die öffentliche Hand hat die Wahlfreiheit, ob sie die Grundversorgung und Infrastrukturleistungen selbst erbringt oder „nur" die Bereitstellung gewährleistet.[43]

Ein öffentlicher Zweck bzw. ein öffentliches Interesse liegt auch bei der Unterstützung von Staatsaufgaben durch öffentliche Unternehmen vor (z. B. Bereitstellung von hoheitlichen Ausweisdokumenten durch die Bundesdruckerei GmbH oder Dienstleistungen bei der Haushalts- und Kassenfinanzierung der Bundesrepublik Deutschland durch die Bundesrepublik Deutschland – Finanzagentur GmbH).

Betätigung der öffentlichen Hand. Siehe bespielhaft *Rolf Stober*, a.a.O., § 24 V 4, S. 193. Erfolgt die wirtschaftliche Betätigung im öffentlichen Interesse, wäre nach dieser Ansicht der Eingriff gerechtfertigt.

[40] *Peter Michael Huber*, Öffentliches Wirtschaftsrecht, in: Friedrich Schoch (Hrsg.), Besonderes Verwaltungsrecht, Berlin [15]2013, S. 408.

[41] Daseinsvorsorge meint die durch das Gemeinwesen sicherzustellende Versorgung mit wesentlichen Gütern und Dienstleistungen, die für ein menschenwürdiges Dasein notwendig sind. Siehe zur Begriffsbestimmung *Peter Badura*, Wirtschaftsverfassung und Wirtschaftsverwaltung, Tübingen [4]2011, S. 230.

[42] Die Grenzen der Bestimmung der Bereiche der Daseinsvorsorge sind umstritten. Bei diesem Streit setzt sich die Diskussion „Privat vor Staat" fort. Zur Diskussion und den beteiligten Interessen siehe beispielhaft *Janbernd Oebbecke*, Die örtliche Begrenzung kommunaler Wirtschaftstätigkeit, ZHR 164 (2000), S. 375, 376.

[43] Werden Aufgaben der Daseinsvorsorge durch private Leistungserbringer erbracht, so trifft den Staat eine Gewährleistungsverantwortung, welche aus dem Sozialstaatsprinzip folgt und durch die jeweilige gesetzliche Aufgabenzuweisung konkretisiert wird. Siehe dazu unter *Abschnitt VIII.* im Beitrag.

V. Subsidiaritätsbestimmungen im Haushaltsrecht

Das Haushaltsrecht des Bundes und der Länder legt die Voraussetzungen fest, unter denen der Staat sich an einem Unternehmen in einer Rechtsform des Privatrechts beteiligen darf[44] und in welcher Weise der Einfluss des öffentlichen Interesses im Rahmen der gesellschaftsrechtlichen Möglichkeiten zu sichern ist.[45]

Als spezifischer Subsidiaritätsgrundsatz[46] im Bundesrecht ist § 65 Abs. 1 Nr. 1 der Bundeshaushaltsordnung (BHO)[47] zu nennen. Nach dieser Regelung soll sich der Bund an der Gründung eines Unternehmens in einer Rechtsform des privaten Rechts oder an einem bestehenden Unternehmen in einer solchen Rechtsform nur beteiligen, wenn ein wichtiges Interesse des Bundes vorliegt und der vom Bund angestrebte Zweck mit der Beteiligung nicht besser und wirtschaftlicher durch Private erfüllt werden kann.[48] Leitlinie für den Bund ist damit die Ausrichtung auf das öffentliche Interesse, das mit einer unternehmerischen Beteiligung erfüllt werden soll, sowie das Gebot des „Besser-Erreichen-Könnens".[49] Letzteres ist nichts anderes als ein Synonym für Subsidiarität. Wichtige Bundesinteressen finden sich vorwiegend in folgenden Bereichen: Infrastruktur, Forschung, Wissenschaft und Technologie, Entwicklungspolitik und wirtschaftliche Zusammenarbeit, Wirtschaftsförderung (Start-Ups). Auf Landes- und Kommunalebene stehen die Bereiche regionale Wirtschaftspolitik, Infrastruktur, Kunst und Kultur sowie Wohnungswesen im Vordergrund der Beteiligungsinteressen.

Das Fortbestehen des „wichtigen Bundesinteresses" ist regelmäßig zu überprüfen. Frühere Rechtfertigungen für staatliche Beteiligungen können entfallen, neue können hinzukommen. So zieht sich der Bund dort zurück, wo private Initiative zu einer mindestens gleich guten Aufgabenerfüllung führt und begründet neue Beteiligungen nur, wenn wichtige Bundesinteressen es erfordern.[50] Das Bundesministerium

---

[44] Während das verfassungsrechtliche Kriterium des öffentlichen Zwecks unabhängig von der Rechtsform bereits das „Ob" wirtschaftlicher Tätigkeit der öffentlichen Hand reglementiert, ergeben sich rechtsformbezogene Schranken der wirtschaftlichen Betätigung aus dem Haushaltsrecht. Das Erfordernis des öffentlichen Zweckes bezieht sich auf die wirtschaftliche Betätigung als solche, während ein „wichtiges Interesse" an einer Betätigung gerade in privater Rechtsform bestehen muss. Beide Begriffe stehen daher autonom nebeneinander. So *Andreas Musil/Sören Kirchner*, a.a.O., S. 260.

[45] *Peter Badura*, a.a.O., S. 231.

[46] So *Fritz Knauss*, in: Kontrolle öffentlicher Unternehmen, Schriftenreihe der Gesellschaft für öffentliche Wirtschaft und Gemeinwirtschaft, Heft 17, Bd. 1, 1980, S. 62.

[47] Siehe die entsprechenden Regelungen in den Landeshaushaltsordnungen wie z. B. § 65 Landeshaushaltsordnung Berlin.

[48] Diese Vorgabe der BHO gilt sinngemäß für Unternehmen in der Rechtsform einer bundesunmittelbaren juristischen Person des öffentlichen Rechts.

[49] *Stefan Storr*, a.a.O., S. 436.

[50] Vgl. zu den Bundesbeteiligungen und den diesbezüglichen Rahmenbedingungen den jährlichen Beteiligungsbericht des Bundes (herausgegeben vom Bundesministerium der Finanzen, abrufbar auf der Homepage: http://www.bundesfinanzministerium.de).

der Finanzen überprüft daher unter Mitwirkung der anderen Bundesministerien alle zwei Jahre bei jeder Bundesbeteiligung unter strengen Maßstäben, ob weiterhin ein wichtiges Interesse besteht.

Nach § 7 Abs. 1 S. 1 BHO sind bei Aufstellung und Ausführung des Haushaltsplans die Grundsätze der Wirtschaftlichkeit und Sparsamkeit zu beachten. Diese Grundsätze verpflichten zur Prüfung, inwieweit staatliche Aufgaben oder öffentlichen Zwecken dienende wirtschaftliche Tätigkeiten durch Ausgliederung und Entstaatlichung oder Privatisierung erfüllt werden können, § 7 Abs.1 S. 2 BHO. Für alle finanzwirksamen Maßnahmen sind angemessene Wirtschaftlichkeitsuntersuchungen durchzuführen. In geeigneten Fällen ist privaten Anbietern die Möglichkeit zu geben darzulegen, ob und inwieweit sie staatliche Aufgaben oder öffentlichen Zwecken dienende wirtschaftliche Tätigkeiten nicht ebenso gut oder besser erbringen können (Interessenbekundungsverfahren), § 7 Abs. 2 BHO. Die Grundsätze der Wirtschaftlichkeit und Sparsamkeit sind ebenso in § 6 des Gesetzes über die Grundsätze des Haushaltsrechts des Bundes und der Länder (Haushaltsgrundsätzegesetz – HGrG) niedergelegt. Das Wirtschaftlichkeitsprinzip weist insgesamt eine gewisse Nähe zum Subsidiaritätsprinzip bzw. Schnittstellen zu diesem auf. Insbesondere dem Interessenbekundungsverfahren nach § 7 Abs. 2 BHO liegt das Verständnis von Subsidiarität der öffentlichen Aufgabenwahrnehmung zugrunde.[51]

Als Zwischenergebnis lässt sich festhalten, dass das geltende Haushaltsrecht im Hinblick auf die dargestellten Regelungen letztlich die ökonomischen und politischen Grundüberzeugungen wieder gibt, wonach privater Initiative und Eigentümerschaft grundsätzlich gegenüber staatlichen Beteiligungen der Vorrang zu geben ist.[52] Durch die regelmäßige Überprüfung der Beteiligungspolitik des Bundes werden u. a. Freiräume für privates Unternehmertum und für Wettbewerb eröffnet, um dem grundrechtlichen Vorrang wirtschaftlicher Freiheit Genüge zu tun und so auch den Wirtschaftsstandort Deutschland weiter zu stärken.

VI. Das Subsidiaritätsprinzip in den Kommunalordnungen

Zum Kern des Selbstverwaltungsrechtes der Gemeinden gehört im Rahmen der Gesetze die kommunale Wirtschaftstätigkeit als Angelegenheit der örtlichen Gemeinschaft (Art. 28 Abs. 2 S. 1 GG). Zulässigkeit und Grenzen der kommunalen Unternehmen werden vom jeweiligen Landesgesetzgeber je nach Bezeichnung in der Gemeindeordnung, Kommunalordnung oder -verfassung geregelt. Die kommunalrechtlichen Regelungen enthalten hinsichtlich der wirtschaftlichen Betätigung der Kommunen im Kern gleichartige Schranken.

---

[51] *Stefan Storr*, a.a.O., S. 440.

[52] Siehe Ziffer I des Berichtes des Bundesministeriums der Finanzen zur „Verringerung von Beteiligungen des Bundes – Fortschreibung 2014".

Wesentliche Voraussetzungen für die wirtschaftliche Betätigung sind die Grundsätze:

- Öffentlicher Zweck,
- Subsidiarität,
- Leistungsfähigkeit und Bedarf,
- Örtlichkeitsprinzip.

Errichtung, Übernahme und wesentliche Erweiterung wirtschaftlicher Unternehmen bzw. die wirtschaftliche kommunale Betätigung sind nur zulässig, wenn der öffentliche Zweck das Unternehmen rechtfertigt (siehe z. B. Art. 87 Abs. 1 S. 1 Nr. 1 der Gemeindeordnung des Freistaates Bayern). Die reine Gewinnerzielung ist kein öffentlicher Zweck.[53] Diese Verpflichtung entspricht der Gemeinwohlbindung der öffentlichen Hand, hier der Wahrnehmung der Allgemeininteressen der örtlichen Gemeinschaft.

Alle kommunalen Regelungen lassen die wirtschaftliche Betätigung der Gemeinden mit Ausnahme der Daseinsvorsorge nur zu, wenn der Zweck nicht besser und wirtschaftlicher durch einen anderen bzw. privaten Dritten/Anbieter erfüllt werden kann.[54] Einzelne Gemeindeordnungen enthalten sogar qualifizierte Subsidiaritätsklauseln, die den Nachrang des kommunalen Unternehmens bereits für den Fall anordnen, dass ein Privater die Aufgabe nur „ebenso gut und wirtschaftlich" erfüllen kann.[55] Art. 87 Abs. 1 S. 1 Nr. 4 der Gemeindeordnung des Freistaates Bayern lautet zum Beispiel:

„Die Gemeinde darf ein Unternehmen ... nur errichten, übernehmen oder wesentlich erweitern, wenn ..., bei einem Tätigwerden außerhalb der kommunalen Daseinsvorsorge der Zweck nicht ebenso gut und wirtschaftlich durch einen anderen erfüllt wird oder erfüllt werden kann."

Das kommunalwirtschaftliche Subsidiaritätsprinzip ist damit außerhalb der kommunalen Daseinsvorsorge ein wesentliches Strukturprinzip für das Verhältnis der kommunalen zur privaten Wirtschaft. Im Hinblick auf das Erfordernis des öffentlichen Zweckes und auf den Grundsatz der Subsidiarität werden aktuell im Kommunalwirtschaftsrecht Tätigkeitserweiterungen kommunaler Unternehmen zur Kapazitätsauslastung diskutiert. Gerade im kommunalen Bereich versuchen die daseinsvorsorgenden Leistungserbringer, brachliegende öffentliche Ressourcen auch gewerb-

---

[53] *Hans Christian Röhl*, Kommunalrecht, in: Friedrich Schoch (Hrsg.), Besonderes Verwaltungsrecht, Berlin [15]2013, S. 99.

[54] *Hans Christian Röhl*, a.a.O., S. 100. Je nach Ausgestaltung der kommunalrechtlichen Subsidiaritätsklausel kann diese drittschützenden Charakter haben.

[55] Vertiefend dazu *Hans J. Wollf/Otto Bachof/Rolf Stober/Winfried Kluth*, a.a.O., § 92 Rn. 106.

lich zur Gewinnerzielung zu nutzen.[56] Man spricht auch von der Gewinnmitnahme durch Randnutzungen oder Annextätigkeit.[57]

Kapazitätsauslastende Tätigkeitserweiterungen werden überwiegend als zulässig angesehen, wenn sie der sparsamen und wirtschaftlichen Betriebsführung des Daseinsvorsorgeunternehmens dienen und einen gewissen Umfang nicht überschreiten, sich insbesondere nicht organisatorisch verselbständigen.[58] Die Randnutzung partizipiert am öffentlichen Zweck der Haupttätigkeit. Demgegenüber sind kapazitätserweiternde Tätigkeiten öffentlicher Unternehmen grundsätzlich unzulässig, da die Unternehmen aufgrund ihrer Pflichtenbindung öffentliche Aufgaben erfüllen müssen. Eine zulässige Zusatzleistung liegt jedoch vor, wenn diese wirtschaftlich gesehen eine sachliche Ergänzung oder Abrundung der einem öffentlichen Zweck dienenden Hauptleistung des Unternehmens darstellt.[59]

VII. Unionsrechtliche (Privatisierungs-)Vorgaben

Für den Kernbereich öffentlicher Wirtschaftstätigkeit übertrifft das Unionsrecht die nationalen Regelungen mittlerweile bei weitem an Bedeutung.[60] Das Europäische Recht unterwirft die öffentlichen Unternehmen und die Staatstätigkeit zur rechtlichen Ausgestaltung, finanziellen Ausstattung und Steuerung der öffentlichen Unternehmen den Grundfreiheiten und dem unionsrechtlichen Konzept der Wettbewerbswirtschaft.[61] Über die Systementscheidung des Unionsrechts für eine offene Marktwirtschaft mit Wettbewerb (Art. 119 Abs. 1 des Vertrages über die Arbeitsweise der Europäischen Union – AEUV) hinaus beinhaltet dieses jedoch keine Rechtspflicht zur Privatisierung öffentlicher Unternehmen bzw. einen Vorrang Privater.[62] Das in Art. 5 des EU-Vertrages verankerte unionsrechtliche Subsidiaritätsprinzip enthält keine Regelung für das Verhältnis zwischen Staat und Privatwirtschaft, sondern ist eine Kompetenzzuweisungsregelung zwischen den EU-Organen und Mitgliedstaa-

---

[56] Davon zu unterscheiden ist die Gewinnerzielungsabsicht bei Aufgaben der Daseinsvorsorge zur Stabilisierung des Gebührenhaushaltes innerhalb einer Aufgabe (z. B. Gewinne aus der Altpapierentsorgung stützen die Finanzierung der Abfallentsorgung) oder zur Quersubventionierung von defizitären Bereichen wie den Öffentlichen Personennahverkehr durch rentable Bereiche wie die Stromversorgung (Holdingmodell der Stadtwerke).

[57] *Rolf Stober*, a.a.O., S. 183. Beispiele für Annextätigkeiten: Werbung in und an öffentlichen Verkehrsmitteln sowie die Öffnung von städtischen Werkstätten und Waschanlagen für private Kunden.

[58] *Andreas Musil/Sören Kirchner*, a.a.O., S. 259. Andere Ansicht OLG Hamm, NJW 1998, S. 3504.

[59] *Gabriele Britz*, Funktion und Funktionsweise öffentlicher Unternehmen im Wandel, NVwZ 2001, S. 380 ff.

[60] *Stefan Storr*, a.a.O., S. 255 f.

[61] *Peter Badura*, a.a.O., S. 241.

[62] *Hans J. Wolff/Otto Bachof/Rolf Stober/Winfried Kluth*, a.a.O., § 94 Rn. 8.

ten.⁶³ Danach wird die Union nur innerhalb der Grenzen der Zuständigkeiten tätig, die die Mitgliedstaaten ihr in den Verträgen zur Verwirklichung der darin niedergelegten Ziele übertragen haben (Grundsatz der begrenzten Einzelermächtigung).

Art. 345 AEUV lässt die Eigentumsordnung der Mitgliedstaaten unberührt und schützt damit auch die Eigentumsverhältnisse öffentlicher Unternehmen. Das europäische Wettbewerbsrecht – allen voran die Regelungen des Art. 107 ff. AEUV (Beihilfeverbot) – bewirkt jedoch einen mittelbaren Privatisierungsdruck bzw. eine wettbewerbsorientiertere Erbringung staatlicher Daseinsvorsorgeleistungen.

Das Unionsrecht erkennt zwar grundsätzlich an, dass die Erfüllung des staatlichen und kommunalen Gemeinwohlauftrages nicht ausschließlich im Wettbewerb erfolgen kann.⁶⁴ Es enthält sogar eine gemeinschaftsrechtliche Funktionsgarantie für „Dienstleistungen von allgemeinem wirtschaftlichem Interesse" (DAWI). Diesen kommt innerhalb der Union ein hoher Stellenwert zu (Art. 14, 106 Absatz 2 AEUV). Dienste von allgemeinem wirtschaftlichem Interesse sind marktbezogene Leistungen der Daseinsvorsorge, die im Interesse der Allgemeinheit erbracht und daher von den Mitgliedstaaten mit besonderen Gemeinwohlverpflichtungen verbunden werden (z. B. Stromgrundversorgung, Telekommunikation, Post, Verkehr, Wasser- und Abfallwirtschaft).⁶⁵ Die spezifische Gemeinwohlverpflichtung der Daseinsvorsorgeunternehmen ist Grund und Rechtfertigung der Ausnahmestellung der Unternehmen, insbesondere im Hinblick auf die Anwendung der beihilferechtlichen Regelungen. Von der Grundlinie des Wettbewerbs im europäischen Binnenmarkt kann daher abgewichen werden, soweit dies für den Erhalt der gemeinwohlorientierten Dienste notwendig ist (Vorrang Funktionsfähigkeit der DAWI vor dem Wettbewerbsschutz).⁶⁶

Das Recht der Europäischen Union garantiert aber keine Besitzstände, so dass öffentliche Unternehmen der Daseinsvorsorge neuerdings immer mehr in den Fokus des europäischen Wettbewerbsrechts geraten.⁶⁷ Die Europäische Kommission verfolgt zunehmend das Ziel, die Qualität der gemeinwohlorientierten Leistungen zu verbessern, die Kosten zu senken und den freien Marktzugang für die Erbringung von Leistungen der Daseinsvorsorge zu stärken.⁶⁸ Die öffentlichen Unternehmen und ihre Träger haben daher trotz der Sonderstellung der DAWI stets das EU-Wettbewerbsrecht im Blick zu behalten (Art. 101 ff. AEUV). Neben der Einräumung von Ausschließlichkeitsrechten für Daseinsvorsorgeunternehmen (z. B. die Festsetzung

---

[63] *Rolf Stober*, a.a.O., § 12 II, S. 92.
[64] *Hans Christian Röhl*, a.a.O., S. 104.
[65] *Andreas Haratsch Christian Koenig/Matthias Pechstein*, Europarecht, Tübingen ⁸2012, S. 620 mit Verweis auf die Definition der EU-Kommission.
[66] *Rolf Stober*, a.a.O., § 24 III 1, S. 182.
[67] *Rolf Stober*, a.a.O., § 24 III 1, S. 182.
[68] *Rolf Stober*, a.a.O., § 24 III 1, S. 182. Bereichsspezifische Vorgaben durch das sekundäre Unionsrecht haben in letzter Zeit zu einer Marktöffnung in den Bereichen Energieversorgung, öffentlicher Personennahverkehr und Abfallentsorgung gesorgt.

der Pflicht, Altpapier ausschließlich kommunalen Entsorgungsträgern zu überlassen) werden insbesondere die Anwendung der Regelungen des Beihilferechtes bei Ausgleichsleistungen derzeit kontrovers diskutiert.[69]

Viele Leistungen der öffentlichen Daseinsvorsorge werden flächendeckend und als „Rund-um-die-Uhr-Versorgung" erbracht (z. B. öffentlicher Personennahverkehr, Wasserversorgung, öffentliche Krankenhäuser), diese sind aber oftmals nicht kostendeckend und deshalb auf Ausgleichsleistungen des Gewährleistungsträgers angewiesen. Diese Kostendeckungszuschüsse der öffentlichen Hand können dann in Konflikt mit dem Verbot staatlicher Beihilfen gemäß Art. 107 Absatz 1 AEUV geraten. Nach diesem Verbotstatbestand sind staatliche oder aus staatlichen Mitteln gewährte Beihilfen gleich welcher Art, die durch die Begünstigung bestimmter Unternehmen oder Produktionszweige den Wettbewerb verfälschen oder zu verfälschen drohen, mit dem Binnenmarkt unvereinbar, soweit sie den Handel zwischen den Mitgliedstaaten beeinträchtigen. Fehlt es an einer Rechtfertigung der Ausgleichszahlung oder der Einräumung ausschließlicher Rechte, so sind die Zahlungen zurückzufordern bzw. die Rechte aufzuheben. Das Beihilfeverbot verlangt, dass staatliche Kapitalmaßnahmen keinen Subventionscharakter aufweisen, welcher die öffentlichen Unternehmen im Wettbewerb privilegiert.[70]

VIII. Wirtschaftsaufsicht und Regulierung als notwendige Vorbehalte für eine „Staatsfreiheit" der Wirtschaft

Der Vorrang der Privatwirtschaft vor einem staatlichen Unternehmertum führt jedoch nicht zur gänzlichen „Staatsfreiheit" der Wirtschaft. In der sozialen Marktwirtschaft ist es Aufgabe des Staates, die Bedingungen des unverfälschten Wettbewerbs zu gewährleisten und Fehlentwicklungen oder Mängel der marktwirtschaftlichen Verteilung und Allokation sozial- und gesellschaftspolitisch zu korrigieren.[71] Das Instrument der staatlichen Wirtschaftsaufsicht stellt daher sicher, dass gesetzliche Vorgaben im öffentlichen Interesse oder zum Schutz spezifisch betroffener Dritter beachtet werden.[72] In Zeiten der Finanzmarktkrise stand insbesondere die Finanzdienstleistungsaufsicht im Blickpunkt. Die Wirtschaftsaufsicht über die Finanzdienstleistungsbranche dient der Gewährleistung eines bestandssicheren und leistungsfähigen Systems privatwirtschaftlicher Kreditinstitute und Versicherungsunternehmen sowie dem strukturellen Schutz der Bankkunden und Versicherten.[73] Die notwendige staatliche Intervention kann sogar zu einer staatlichen Beteiligung des

---

[69] *Hans Christian Röhl*, a.a.O., S. 104.

[70] *Hans J. Wollf/Otto Bachof/Rolf Stober/Winfried Kluth*, a.a.O., § 94 Rn. 8.

[71] *Peter Badura*, .a .a. O., S. 3.

[72] *Peter Badura*, .a .a. O., S. 194.

[73] *Peter Badura*, .a .a. O., S. 201.

Bundes an systemrelevanten Banken zur Stabilisierung des Finanzsystems führen, wie in der Finanzkrise geschehen.

Eine besondere Form der Wirtschaftsaufsicht ist die „Regulierung". Sie dient zum einen der Gewährleistung des freien und unverfälschten Wettbewerbs. Zum anderen stellt sie in den Bereichen der Daseinsvorsorge, in denen sich der Staat durch Privatisierung zurückzieht, sicher, dass eine flächendeckend bereitzustellende angemessene und ausreichende Dienstleistung im Sinne einer Grundversorgung gewährleistet bleibt.[74] Man spricht auch von Privatisierungsfolgenrecht. Die staatliche Pflicht zur Bereitstellung geeigneter Regelungen und Instrumente zur Sicherung einer infrastrukturellen Grundversorgung folgt aus dem Sozialstaatsprinzip (sog. Gewährleistungsverantwortung).[75] Typisches Regulierungsinstrument ist die Auferlegung einer Universaldienstleistungspflicht für private Infrastrukturanbieter, wonach die Vorhaltung eines Mindestangebotes an Diensten für die Öffentlichkeit festgelegt wird.

IX. Zusammenfassung

Ausgehend von dem aus dem Rechtsstaatsprinzip und den Wirtschaftsfreiheiten abgeleiteten Subsidiaritätsprinzip genießt die private Initiative und Eigentümerschaft grundsätzlich Vorrang gegenüber einer staatlichen Eigenwirtschaft. Dies entspricht auch den geltenden ökonomischen und politischen Grundüberzeugungen. Für einen konkreten Kompetenzkonflikt zwischen Staat und privatem Unternehmertum ist das regulative Postulat der Subsidiarität zu vage, es kann nur auf die Richtung der Lösung des Konfliktes hindeuten. Praktikabel ist jedoch die Ableitung des Kriteriums des „öffentlichen Zweckes" aus dem Subsidiaritätsprinzip. Eine zulässige Wirtschaftsteilnahme durch öffentliche Unternehmen und Konzerne setzt daher das Vorliegen eines öffentlichen Zweckes voraus, welcher nicht in einer reinen Einnahmenerzielungsabsicht bestehen darf. Bei der Klärung des Verhältnisses zwischen Staat und Privatwirtschaft sind vorrangig die anwendbaren einfach-gesetzlichen Regelungen in den Blick zu nehmen, in denen der normative Zusammenhang zum Subsidiaritätsprinzip sichtbar wird. So verlangen die Haushaltsbestimmungen des Bundes und der Länder, dass diese sich an der Gründung eines Unternehmens in einer Rechtsform des privaten Rechts oder an einem bestehenden Unternehmen in einer solchen Rechtsform nur beteiligen sollen, wenn ein öffentliches Interesse vorliegt und der angestrebte Zweck nicht besser und wirtschaftlicher durch Private erfüllt werden kann. Auch die Kommunalordnungen der Länder verlangen für die Errichtung eines kommunalen Unternehmens die Angabe eines öffentlichen Zweckes und die Beachtung des Subsidiaritätsgebotes. Besondere Bedeutung kommt dem Subsidiaritätsprinzip im Bereich der Daseinsvorsorge im umgekehrten Sinne zu, wenn der Staat

---

[74] *Peter Badura*, .a .a. O., S. 203.

[75] Vertiefend zum Privatisierungsfolgenrecht/Regulierungsrecht *Hans J. Wollf/Otto Bachof/Rolf Stober/Winfried Kluth*, a.a.O., § 95 Rn. 2 ff.

sich auf seine Gewährleistungsfunktion zurückzieht. Dies ist nur zulässig, wenn die subsidiäre Verantwortlichkeit des Staates für die Wahrnehmung der privatisierten öffentlichen Aufgabe erhalten bleibt. Die Regulierungsverwaltung hat dann sicherzustellen, dass private Anbieter ein Mindestgebot an Daseinsvorsorgedienstleistungen erbringen.

Abschließend sei angemerkt, dass die in der bundesstaatlichen Kompetenzordnung in Art. 30, 83 ff. GG niedergelegten Kompetenzzuweisungen auch für die örtliche Zuständigkeit der wirtschaftlichen Betätigung der öffentlichen Hand relevant sind. Im Verhältnis Land – Kreis – Gemeinde sei auf das in den Landesverfassungen und Art. 28 Abs. 2 S. 1 GG niedergelegte Prinzip gemeindlicher Allzuständigkeit für Aufgaben der örtlichen Gemeinschaft verwiesen, wonach eine höherstufige wirtschaftliche Betätigung nur in Betracht kommt, wenn eine gesetzliche Grundlage besteht. Diese staatsorganisatorischen Subsidiaritätsbestimmungen sind daher im Kontext der staatlichen Wirtschaftstätigkeit mit in Blick zu nehmen.

Federalism and American Politics: The Founders and the Modern State

Richard Dougherty

One of the most important and controverted issues that arose at the American Founding was the nature of the relationship between and among the states, and between the states and the general government.[1] By the late 1780 s there was widespread agreement that the then –governing Articles of Confederation were defective, in part because they allotted insufficient power to the united government of the states. The result of the dissatisfaction with the Articles was the call for a convention in Philadelphia in 1787 to remedy the defects of the Articles.[2] The convention was to serve the function of devising "such further provisions as shall appear to them necessary to render the constitution of the Foederal Government adequate to the exigencies of the Union."[3]

The Constitutional Convention, when it convened in 1787, of course produced not a series of corrections to the Articles of Confederation, but instead proposed an entirely new Constitution to replace the Articles. The decision to abandon the task of refining the Articles was made very early on in the Convention, and the delegates turned to the task of crafting a new form of government that would attempt to avoid the problems generated by the Articles. Numerous issues needed to be worked out at the Convention, including the principles of representation, the separation of powers, the establishment of an executive body, and the arrangement of multiple and varied electoral schema for offices under the general government. Critical to the operation of the new government, and also to managing the ratification of the new Constitution, was the establishment of a successful and palatable relationship between the states and the new government.

---

[1] What I have referred to here as the "general government" is also referred to alternatively as the "national", "federal", or "consolidated" government.

[2] The call for a convention was first made at Annapolis in October of 1786, then ratified by the sitting Congress in February of 1787.

[3] "Proceedings of Commissioners to Remedy Defects of the Federal Government", September 14, 1786 in: *The Founders' Constitution*, edited by Philip Kurland/Ralph Lerner, (Indianapolis: Liberty Fund Press, 2000), Volume 1, Chapter 6, Document 2.

I. Federalism and the Founding

The delegates at the Constitutional Convention recognized the necessity of shifting additional powers from the local to the general government. One concern expressed was the failure of the states to protect the rights of citizens. James Madison described the view of many at the Convention in a letter to Thomas Jefferson, in October of 1787:

> The mutability of the laws of the States is found to be a serious evil. The injustice of them has been so frequent and so flagrant as to alarm the most stedfast friends of Republicanism. I am persuaded I do not err in saying that the evils issuing from these sources contributed more to that uneasiness which produced the Convention.[4]

The Convention ended up agreeing to an arrangement of power that concentrated greater authority in the hands of the general government, in part as a way of providing a stable political order with sufficient authority to promote the security of citizens.

Yet, most delegates at the Convention also understood that both practical necessity and good sense required maintaining a significant degree of power at the state and local level. The maintenance of a "federal" form, or of a "compound republic" was critical for getting state approval of the new design, as can be seen in the way Publius in the *Federalist Papers* attempts to persuade the defenders of state authority that the Constitution maintains substantial state power:

> The proposed Constitution, so far from implying an abolition of the State governments, makes them constituent parts of the national sovereignty, by allowing them a direct representation in the Senate, and leaves in their possession certain exclusive and very important portions of sovereign power.[5]

Extending the powers of the federal government beyond those possessed by the government under the Articles of Confederation was not understood by the Framers to mean that those new powers would be unlimited, though. The jurisdiction of the new government, Publius asserts, "is limited to certain enumerated objects, which concern all the members of the republic, but which are not to be attained by the separate provisions of any."[6] As he has put it earlier, in *Federalist* 10, "The federal Constitution forms a happy combination in this respect; the great and aggregate interests being referred to the national, the local and particular to the State legislatures."[7] What are those powers, though? In the context of a later discussion about the number of representatives that would be needed in the general government, Publius argues that members of Congress will not have to know everything about the local needs

---

[4] James Madison to Thomas Jefferson, October 24, 1787, in: *The Founders' Constitution*, Volume 1, Chapter 17, Document 22.

[5] Federalist 9, in: *The Federalist*, edited by Jacob E. Cooke, Middletown, Connecticut: Wesleyan University Press, 1961), 55

[6] Federalist 14, 86.

[7] Federalist 10, 63.

of constituents, but only "[t]hose which are of most importance, and which seem most to require local knowledge, [which] are commerce, taxation, and the militia."[8]

The Anti-Federalist opponents of the Constitution, though, were not persuaded that the state and local interests would in fact be adequately protected with the adoption of the new government. "Brutus", for example, asserted that the new government is not a federal republic, but a national or consolidated one: "although the government reported by the convention does not go to a perfect and entire consolidation, yet it approaches so near to it, that it must, if executed, certainly and infallibly terminate in it."[9] The fear that the states would be undermined, if not abolished, was a constant refrain among the Constitution's opponents.[10] The Anti-Federalist writer "Agrippa" (likely James Winthrop) criticized the proposed Constitution for undermining the authority of the states, arguing that the new arrangement will undermine the people's liberty

> Yet there is, I believe, not one point of legislation that is not surrendered in the proposed plan. Questions of every kind respecting property are determinable in a continental court, and so are all kinds of criminal causes. The continental legislature has, therefore, a right to make rules *in all cases* by which their judicial courts shall proceed and decide causes. No rights are reserved to the citizens.[11]

At the Virginia Ratification Convention Patrick Henry highlighted what he took to be the essential difference between the Articles of Confederation and the new arrangement:

> That this is a consolidated Government is demonstrably clear, and the danger of such a Government is, to my mind, very striking. I have the highest veneration of those Gentlemen – but, Sir, give me leave to demand, what right had they to say, *We, the People*. My political curiosity, exclusive of my anxious solicitude for the public welfare, lead me to ask who authorized them to speak the language of *We, the People*, instead of *We, the States?* States are the characteristics, and the soul of a confederation. If the States be not agents of this compact, it must be one great consolidated National Government of the people of all States.[12]

Henry's emphasis on the distinction between the states as the component members of the Articles and the Constitution's reliance on the people as the constituent members is, in fact, uncontested by defenders of the Constitution. Publius, for example, in addressing the defects of the Articles, refers to what he considers the "great and rad-

---

[8] Federalist 56, 379.

[9] "Brutus", #1, October 18, 1787, in: *The Essential Anti-Federalist*, edited by Herbert J. Storing (Chicago: The University of Chicago Press, 1981), 110.

[10] *William Findley*, for example, at the Pennsylvania Ratification Convention, asserted that "the proposed constitution established a general government and destroyed the individual governments", December 1, 1787, in: *The Founders' Constitution*, Vol. 1, Chapter 8, Document 17.

[11] Agrippa, #4, December 3, 1787, in: *The Essential Anti-Federalist*, 236.

[12] *Patrick Henry*, Virginia Ratification Convention, June 4, 1788; in: *The Essential Anti-Federalist*, 296–97.

ical vice" of the Articles, which is to be found in "the principle of *Legislation* for *States* or *Governments*, in their *Corporate* or *Collective Capacities*, and as contradistinguished from the *Individuals* of which they consist."[13] In Publius's view, the very conception of the states as the constituent member of the union was precisely what needed correcting under or through the establishment of the new government. This alteration of the principle of the union was seen, then, as fundamental for the defenders of the Constitution, but as quite problematic by some of its opponents. This concern is one of the primary reasons why Publius subsequently asserts that there is an "absolute necessity for an entire change in the first principles of the system."[14]

Some of the disagreement at the founding concerning the role of the states turned on the language that was used to describe the new government. In *Federalist* 39, Publius provides an extended discussion of the difference between a federal and a national government, in an attempt to answer the Anti-Federalist charge that the new government is a consolidated one that abolishes the independence and sovereignty of the states.

> The proposed Constitution, therefore, is, in strictness, neither a national nor a federal Constitution, but a composition of both. In its foundation it is federal, not national; in the sources from which the ordinary powers of the government are drawn, it is partly federal and partly national; in the operation of these powers, it is national, not federal; in the extent of them, again, it is federal, not national; and, finally, in the authoritative mode of introducing amendments, it is neither wholly federal nor wholly national.[15]

The description of the government as neither federal not national, but in a way both, is an important element of Publius's argument, as it addresses a powerful weapon in the Anti-Federalist arsenal. Publius thus routinely returns to a defense of the legitimate authority of the state and local governments, and the limitations on the

---

[13] Federalist 15, 93. In Federalist 23 Publius asserts that "there is an absolute necessity for an entire change in the first principles of the system; that if we are in earnest about giving the Union energy and duration, we must abandon the vain project of legislating upon the States in their collective capacities; we must extend the laws of the federal government to the individual citizens of America" (148).

[14] Federalist 23, 148.

[15] Federalist 39, 257. Publius develops this point in an earlier passage: "The difference between a federal and national government, as it relates to the *operation of the Government*, is supposed to consist in this, that in the former the powers operate on the political bodies composing the Confederacy, in their political capacities; in the latter, on the individual citizens composing the nation, in their individual capacities. On trying the Constitution by this criterion, it falls under the *National*, not the *Federal* character; though perhaps not so completely as has been understood. In several cases, and particularly in the trial of controversies to which States may be parties, they must be viewed and proceeded against in their collective and political capacities only. So far the national countenance of the government on this side seems to be disfigured by a few federal features. But this blemish is perhaps unavoidable in any plan; and the operation of the government on the people, in their individual capacities, in its ordinary and most essential proceedings, may, on the whole, designate it, in this relation, a *National* government." (Ibid., 255–56)

new government, as he does in Federalist 40: "We have seen that in the new government, as in the old, the general powers are limited; and that the States, in all enumerated cases, are left in the enjoyment of their sovereign and independent jurisdiction."[16]

II. Interstate Commerce and the Expansion of Federal Authority

Any observer of contemporary American politics can see, though, the vast amount of authority exercised by the federal government, including over matters that might seem quite localized, such as school districts and prison systems and local manufacturers. What, then, has brought about this circumstance? The following is an effort to identify some of the main developments in American law that have produced the current situation.

One critical element in the expansion of the authority and reach of the federal government in the twentieth century has come in the manner in which the power to regulate interstate commerce has been exercised by Congress and endorsed by the Supreme Court. Prior to the New Deal, there were two general principles that guided the regulation of commerce by the federal government. One principle was that Congress could only regulate matters that were directly connected to interstate commerce, and the other was the recognition of the distinction between manufacturing and trade.[17] Trade was subject to regulation, if it was trade across state lines, but manufacturing was generally understood to be by definition not interstate. But these distinctions come to be rejected by the Supreme Court in the New Deal era, opening the door for vast expansions of interstate regulation.

One might expect that the New Deal would produce a case or principle that would acknowledge governmental expansion of its authority. Indeed, the much-maligned but still powerful – and prevailing – decision in *Wickard v. Filburn* filled that role.[18] *Wickard* involved the Agricultural Adjustment Act of 1938, through which Congress attempted to address the problem of fluctuating supply and demand by controlling supply. Mr. Filburn grew 22 acres of wheat, twice his allotted amount under Congress's regulatory scheme, and refused to pay the fine imposed upon him for the overage, claiming that he was not selling the excess wheat but only using it on his farm. Filburn lost his appeal, though, as the Court held that Congress had the author-

---

[16] Federalist 40, 262.

[17] Chief Justice Rehnquist provides a helpful summary account of the Court's interpretation of the commerce clause in his majority opinion in: *United States v. Lopez*, 514 U.S. 549 (1995). His concluding remarks note the continued authority of state governments under this line of jurisprudence: "Under this line of precedent, the Court held that certain categories of activity such as 'production', 'manufacturing', and 'mining' were within the province of state governments, and thus were beyond the power of Congress under the Commerce Clause" (at p. 554).

[18] *Wickard v. Filburn*, 317 U.S. 111 (1942).

ity to control the production as a way of controlling the overall market; the fact that Filburn did not have to purchase the wheat had a sufficient enough effect on interstate commerce that the Court held in favor of the government.[19] In *Wickard* the Court abandons the fine distinctions it had earlier relied on, especially regarding the line between direct and indirect effects on interstate commerce:

> [E]ven if appellee's activity be local and though it may not be regarded as commerce, it may still, whatever its nature, be reached by Congress if it exerts a substantial economic effect on interstate commerce, and this irrespective of whether such effect is what might at some earlier time have been defined as 'direct' or 'indirect'.[20]

From *Wickard* to the present day the expansion of federal authority through the regulation of interstate commerce has continued virtually unabated, with only a few relatively minor limitations on that power.

Perhaps the best-known case which illustrates the later attempt to limit congressional power is the 1995 decision in *United States v. Lopez.*[21] In *Lopez* the Supreme Court issued an opinion which caught many observers by surprise, as it struck down an attempt by Congress to regulate using its interstate commerce powers. In 1990 Congress had passed the Gun-Free School Zone Act, in response to a series of shootings that had taken place near and around schoolyards in the late 1980 s.[22] One of the provisions of the Act sought to prohibit the possession of a weapon within 1000 feet of a school, but the Court declared that the possession of a weapon was not commercial, and so the Act was unconstitutional.

An observer might rightly ask what the possession of a weapon within 1000 feet of a school might have to do with interstate commerce, and the Supreme Court's majority is not convinced that there is such a connection. But Justice Stephen Breyer, in a dissenting opinion in the case, sought to provide that connection. In essence, Breyer's argument is that the purpose of education is to prepare young people to hold jobs, and that a dangerous environment makes that task more difficult. Business owners would be compelled to train their new employees in those skills they had not acquired in school, or would have to hire from across state border, or even have to

---

[19] The Court in *Wickard* addresses the question of the law's regulation of consumption and production in the following manner: "The stimulation of commerce is a use of the regulatory function quite as definitely as prohibitions or restrictions thereon. This record leaves us in no doubt that Congress may properly have considered that wheat consumed on the farm where grown, if wholly outside the scheme of regulation, would have a substantial effect in defeating and obstructing its purpose to stimulate trade therein at increased prices." (317 U.S. 111, at 128–129.)

[20] *Wickard v. Filburn*, 317 U.S. 111, at 125.

[21] *United States v. Lopez*, 514 U.S. 549 (1995).

[22] The Gun Free School Zone Act was passed as part of the Crime Control Act of 1990; the law provided, in part, that "It shall be unlawful for any individual knowingly to possess a firearm that has moved in or that otherwise affects interstate or foreign commerce at a place that the individual knows, or has reasonable cause to believe, is a school zone" (Section 1702, codified as 18 U.S.C. Sec. 922).

move their business across state borders in order to operate. As Thomas Jefferson once put it, in a different context, "who can doubt this reasoning who has ever played at: This is the House that Jack Built?"[23] To be fair, though, Breyer's argument is not all that far from the position the Court had generally accepted in the decades since the New Deal. Thus Chief Justice Rehnquist notes in his opinion in *Lopez* that "Congress normally is not required to make formal findings as to the substantial burdens that an activity has on interstate commerce."[24] Only here the Court does trouble to make such a demand, for in this instance "no such substantial effect was visible to the naked eye."[25]

In 2005 a similar question came before the Court, in regard to the question of whether Congress could prohibit the distribution of marijuana, when doctors, operating under the cover of state law, prescribed it for medical purposes. In *Gonzalez v. Raich*,[26] the Court was dealing with a product, marijuana, that was grown locally (in California), and distributed freely to patients who were authorized to use it under state law. The Court held in *Raich*, though, that Congress has the authority to prohibit the production of marijuana through the Controlled Substance Act, and that as a condition of enforcing the act, it could thus prevent the production of marijuana that might find its way into the stream of interstate commerce. *Raich*, then, like *Wickard*, involves congressional regulation of interstate commerce that involves the prohibition of growing a product that is neither moved interstate nor part of the stream of commerce.

More recently, in the *National Federation of Independent Business v. Sibelius* (2012)[27] case challenging the individual insurance mandate under the Patient Protection and Affordable Care Act of 2010 [ACA], the Supreme Court did declare that the requirement to purchase health insurance could not be justified under the congressional power to regulate interstate commerce. Justice Roberts, joined by the four eventual dissenters in the case, rejected the attempt to use the commerce clause to compel individuals to undertake a commercial activity they otherwise were not voluntarily engaged in. As Roberts puts it in his majority opinion:

> The individual mandate [under the ACA], however, does not regulate existing commercial activity. It instead compels individuals to *become* active in commerce by purchasing a product, on the ground that their failure to do so affects interstate commerce. Construing the Commerce Clause to permit Congress to regulate individuals precisely *because* they are doing nothing would open a new and potentially vast domain to congressional authority.[28]

---

[23] *The Writings of Thomas Jefferson* 8:262 (edited by. Ford), quoted in: Gerald Gunther, *Constitutional Law* (Mineola, NY: The Foundation Press, Inc., 1985, Eleventh Edition), 87.

[24] *United States v. Lopez*, 514 U.S. 549, at 562 (1995).

[25] Ibid., 563.

[26] *Gonzalez v. Raich*, 545 U.S. 1 (2005).

[27] *NFIB v. Sibelius*, 132 S. Ct. 2566 (2012).

[28] *NFIB v. Sebelius*, 132 S. Ct. 2566, at 2587 (emphasis in original).

But the decision was not a simple victory for advocates of limited government, for while the Court did declare that Congress could not impose the mandate through its purported power to regulate interstate commerce, it turned around and said that Congress could effectively do the same thing by imposing the mandate through its power of taxation.[29]

III. The Incorporation Doctrine

Another means by which federal authority has been extended is through the judicial system's treatment in the twentieth century of what are commonly referred to as civil rights cases. In the aftermath of the Civil War and the passage of the "Reconstruction Amendments" to the Constitution (the Thirteenth, Fourteenth, and Fifteenth Amendments), the Supreme Court commenced an interpretation of the Bill of Rights that led to the application of those rights against the state governments. A little background will perhaps clarify the significance of this development.

The First Amendment begins "Congress shall make no law respecting an establishment of religion, or prohibiting the free exercise thereof ..." The restriction on the power of the government in this instance is clearly a restriction on the federal government, not on state or local governments. A notable early historical example of this principle can be seen in the reaction to the Alien and Sedition Acts, passed in 1798. The Federalist Party, as part of an attempt to prepare for an expected war with France, passed a series of laws aimed at limiting possible support for the French government, among which were restrictions on voicing criticism of the government. Thomas Jefferson and James Madison, the former especially being understood by many to be a great defender of political liberty in the Founding era, assisted in the drafting of the Virginia and Kentucky Resolutions in 1798. Critical of the actions of the general government in this instance, Jefferson nonetheless understood that although under the protection of the First Amendment the general government was not authorized to restrict freedom of speech, state governments still retained the authority to exercise such power – provided the state constitution had not placed such a restriction on the state legislature.[30]

---

[29] Some commentators, critical of the Affordable Care Act but perhaps looking for a silver lining in the *Sibelius* decision, have argued that the important part of the decision in the long run will be the limit on interstate commerce regulation; that doesn't seem convincing, and no subsequent challenges to commerce regulation relying on *Sibelius* seem to have been successful, though it has only been two years since the decision (see, for example, http://blogs.law.harvard.edu/billofhealth/2013/11/18/applying-nfib-v-sebelius-in-the-federal-circuits-analysis-of-the-case-law/; accessed June 26, 2014).

[30] See, for example, the argument laid out in the Kentucky Resolution concerning the power of the general government to limit free speech: "... no power over the freedom of religion, freedom of speech, or of the press, being delegated to the United States by the Constitution, nor prohibited by it to the states, all lawful powers respecting the same did of right remain, and were reserved to the states, or to the people; that thus was manifested their determination to retain to themselves the right of judging how far the licentiousness of speech,

In the contemporary American political scene we all can see that cases involving alleged violations of, for example, the First Amendment by state and local governments are often decided by national courts, cases involving free exercise of religion, freedom of speech, rights of accused criminals, and so forth., all of which are covered by the Bill of Rights. How did this expansion of the authority of the federal courts occur?

The answer to the question is that it occurred quite regularly through the adoption of the "Incorporation" doctrine by the Supreme Court, meaning that the Court began to "incorporate" rights protected against the federal government under the Bill of Rights so as to apply those protections against state and local governments as well. This was done largely as an attempt to flesh out the meaning of the due process clause of the Fourteenth Amendment. The clause guarantees that no state shall deprive persons of their "life, liberty, or property, without due process of law", but there is little guidance provided here as to what constitutes, say, liberty. In the twentieth century the Supreme Court began to flesh out what liberties it took to be protected under the clause, and found those liberties largely in the more concrete listing of liberties guaranteed in the Bill of Rights. The Court has never adopted or incorporated those rights wholesale, but on a case-by case basis has extended the protection of rights originally ensured against the federal government to now be protected against the states.[31]

There are some ways in which this incorporation principle could be seen as desirable, of course, as it can be seen as extending protection for individuals over against aggressive state laws that might otherwise inhibit their freedoms. Yet, in most instances, state constitutions themselves already guaranteed the protection of individual rights, to free speech and free exercise of religion, for instance. The consequence of the incorporation doctrine is that these issues now are treated as federal questions, such that virtually any claim against a state or state actor (municipality, public employee, teacher, prison guard, and so forth) is potentially reviewable by a federal court and eventually the Supreme Court. The result of such a state of affairs is the establishment of a more unitary form of law and of social practices. Thus, in the past, while local orders could establish their own standards for the regulation of speech, for example, they no longer can do so; once national standards are set on, say, obscenity, then localities can no longer regulate as they might otherwise wish to.[32]

---

and of the press, may be abridged without lessening their useful freedom ..." (Kentucky Resolutions, November 10, 1798; *The Founders Constitution*, Vol. 5, Amendment 1, Document 18).

[31] A list of the clauses of the Constitution which have been incorporated by the Court can be found at http://law2.umkc.edu/faculty/projects/ftrials/conlaw/incorp.htm (accessed June 27, 2014).

[32] On the abandonment of standards for regulating morality in speech and press, see, for example, David Lowenthal, *No Liberty for License: The Forgotten Logic of the First Amendment* (Dallas: Spence Publishing Company, 1997).

IV. Federal Funding and the Extension of Influence

An additional factor contributed substantially to the expansion of the size and scope of the general government over the past century, and that is the extension of federal funding. I will mention only three areas where that funding has been a critical factor in expanding federal power.

In 1985, the Supreme Court ruled that the San Antonio Metropolitan Transit Authority could not be exempt from federal policies governing minimum wage requirements for its employees.[33] The Transit Authority claimed that it was a local entity, and thus could not be forced into complying with the federal mandate. But the Court held that the Transit Authority had, for 15 years or so, been accepting federal funding for its operating budget, and that it thus properly came under the purview of all federal mandates concerning its operations.[34]

For a second example, consider the Court's action in 1987 upholding the Congressional attempt to mandate federal guidelines for a minimum age for drinking.[35] While the authority to establish a valid drinking age lies with states, Congress attached the acceptance of funds for highways to the demand that states raise the drinking age to 21. The Court held that this was not in fact a mandate, but only a coercive incentive, and that states were left free to set their own standards.[36]

In the field of education, one could point to numerous ways in which federal authority has been expanded, but perhaps it will suffice to note one. In 2001 Congress passed the No Child Left Behind Act, which required schools that received federal funding (virtually all of them do) to establish practices like assessment tests in exchange for significant additional federal education funding.[37] Although the assessments and curriculum were not to be provided by the federal government, the implementation of the program brought federal scrutiny and federal oversight over local school in an unprecedented way. Evidence of the wide reach of the No Child Left

---

[33] *Garcia v. San Antonio Metropolitan Transit Authority*, 469 U.S. 528 (1985).

[34] The guiding principle here is relatively simple – if an entity is willing to accept federal finding for its operation or maintenance, it must adopt the federal regulations that come in its train.

[35] *South Dakota v. Dole*, 483 U.S. 203 (1987). The law under scrutiny was the 1984 National Minimum Drinking Age Act.

[36] As Chief Justice Rehnquist puts it, in the majority opinion of the Court, "Here Congress has offered relatively mild encouragement to the States to enact higher minimum drinking ages than they would otherwise choose. But the enactment of such laws remains the prerogative of the States not merely in theory but in fact" (*South Dakota v. Dole*, 483 U.S. 203, at 211–12).

[37] The No Child Left Behind Act was passed in 2001 as an updated version of the Elementary and Secondary Education Act of 1965.

Behind Act can be seen in the extensive attention given to the act on the official sites of state departments of education.[38]

V. Conclusion

The American Founders saw the principle of federalism as an essential part of the arrangement of power within the new constitutional arrangement. That principle was honored in America for decades, in part because Americans saw the importance of local control for the sustenance of republican government. As Alexis de Tocqueville noted in his *Democracy in America*, written in 1835–1840, local control gave citizens the opportunity to engage in public life, and educated them in the responsibilities of citizenship. The decline of that local authority, from that vantage point, would likely produce a similar diminution in the awareness of the principles of liberty among the citizen body.

Tocqueville famously attributed great significance to the role that townships played in American life, as they served as a kind of grounding for the development of the principle of self-government. Indeed, he held the American Constitution to be "the most perfect of all known federal constitutions", but one that could perhaps succeed only in America:

> Everything is conventional and artificial in such a government, and it can be suitable only for a people long habituated to directing its affairs by itself, and in which political science has descended to the last ranks of society. I never admired the good sense and the practical intelligence of the Americans more than in the manner by which they escape the innumerable difficulties to which their federal constitution gives rise.[39]

The core of the American system, Tocqueville asserts, is "the dogma of the sovereignty of the people", which principle extends to the smallest circles of the community, even within the household. This dogma holds that "Providence has given to each individual ... the degree of reason necessary for him to be able to direct himself in things that interest him exclusively."[40]

Justice Sandra Day O'Connor, in her dissenting opinion in the *Gonzalez v. Raich* case, noted that the concern for the rightful authority of the states was not merely a concern for antiquated constitutional provisions or technicalities, but an important

---

[38] For just two examples of the website coverage of the important reach of No Child Left Behind, see the Texas Education Agency: http://www.tea.state.tx.us/nclb/; and also the Illinois State Board of Education: http://www.isbe.net/nclb/.

[39] Alexis de Tocqueville, *Democracy in America*, translated by Harvey C. Mansfield/Delba Winthrop, (Chicago: The University of Chicago Press, 2000), 156.

[40] *Democracy in America*, 381; see also his earlier discussion of the exercise of local authority and popular sovereignty: "The people reign over the American political world as does God over the universe" (55).

foundation for the structure and form of government established by the American people, and meant to serve the fundamental interests of civil society:

> We enforce the "outer limits" of Congress' Commerce Clause authority not for their own sake, but to protect historic spheres of state sovereignty from excessive federal encroachment and thereby to maintain the distribution of power fundamental to our federalist system of government ... One of federalism's chief virtues, of course, is that it promotes innovation by allowing for the possibility that "a single courageous State may, if its citizens choose, serve as a laboratory; and try novel social and economic experiments without risk to the rest of the country."[41]

O'Connor suggests that one virtue of the principle of federalism is that it allows for a diversity of political arrangements across the country. That broader landscape would promote the likelihood that variegated populations within the nation could find friendly arenas within which to pursue the mode of life most desirable to them, the end product of the "states as laboratories" understanding.

> This case exemplifies the role of States as laboratories. The States' core police powers have always included authority to define criminal law and to protect the health, safety, and welfare of their citizens. Exercising those powers, California ... has come to its own conclusion about the difficult and sensitive question of whether marijuana should be available to relieve severe pain and suffering. Today the Court sanctions an application of the federal Controlled Substances Act that extinguishes that experiment, without any proof that the personal cultivation, possession, and use of marijuana for medicinal purposes, if economic activity in the first place, has a substantial effect on interstate commerce and is therefore an appropriate subject of federal regulation. In so doing, the Court announces a rule that gives Congress a perverse incentive to legislate broadly pursuant to the Commerce Clause–nestling questionable assertions of its authority into comprehensive regulatory schemes–rather than with precision.[42]

Justice O'Connor articulates here an important set of principles for thinking through the desired and appropriate role of the states within our federal system. The vast expansion of the modern state has substantially undermined the capacity of state and local governments to exercise discretion and innovation in addressing significant social problems within the local community, such that decisions about how to solve complicated questions are all too often transferred to distant authorities who lack local knowledge.[43]

One final important factor in the expansion of federal authority is a matter that will undoubtedly be of some importance for those concerned with issues that transcend

---

[41] *Gonzalez v. Raich*, 545 U.S. 1, at 42 (2005; internal citations omitted).

[42] Ibid, 42–43.

[43] This concern for the importance of local control is a central element of Tocqueville's analysis of what makes American-style democracy work; the combination of what he calls "governmental centralization" (national questions being addressed nationally) and "administrative decentralization" (local issues being addressed locally) is critical to avoiding the greatest threat to the success of democratic government, the danger of soft-despotism (see *Democracy in America*, 82–93, and 661–65).

the political realm and touch upon the fundamental social structure of society. One way to frame the issue of expanding federal authority is to think about the historical development of family law in America. Family law in America, which would include laws concerning marriage, divorce, wills, and child-custody, has historically been established and enforced by state law. But over the past decades there has been an increasing amount of federal (or national) law addressing such matters. This practice has developed for a variety of reasons, but a significant part of that shift is the result of the decline of the traditional family structure. The breakdown of the family, brought about in part through readily available divorce and a sizable increase in out-of-wedlock births, has increasingly magnified the need for addressing family matters across state lines (for example, to enforce child-custody decisions or child-support payments), and thus has come to involve the federal government more and more. In addition, the decline of the family has made more and more single-parents dependent on public assistance, and more elderly individuals dependent on Medicare coverage and Social Security payments as the source of their sustenance. Since the source of the funding for so many of these programs is the federal government, it is easy to see how and why citizens may be willing to vest significant power in the hand that feeds them.

Subsidiäres Denken bei Bischof Ketteler in der Auseinandersetzung mit dem Liberalismus

Lothar Roos

I. Wilhelm Emmanuel Freiherr von Ketteler in seiner Zeit

Der spätere Mainzer Bischof (1850–1877) wurde 1811 in Münster als viertes von neun Kindern geboren. Im Internat der Jesuiten in Brig (Schweiz) erhielt er 1824 bis 1828 eine solide, katholisch geprägte Schulausbildung, bevor er 1829 in Münster die Reifeprüfung ablegte. Nach dem Studium der Rechts- und Staatswissenschaften in Göttingen, Berlin, Heidelberg und München trat er 1835 in den preußischen Staatsdienst in Münster ein. Dieser „Dienst" währte allerdings nur zwei Jahre, bevor die entscheidende Wende in seinem Leben eintrat: Als 1837 der Kölner Erzbischof *Droste zu Vischering* wegen seines Widerstands gegen die Anordnungen der preußischen Regierung in der Frage der konfessionellen Mischehen verhaftet wurde, quittierte der westfälische Adelige den Staatsdienst mit den Worten: „Da ich einem Staate, der die Aufopferung meines Gewissens fordert, nicht dienen will, so bin ich eigentlich auf den geistlichen Stand durch den Fingerzeig aller Umstände hingewiesen." Er studierte Theologie in Eichstätt und München und wurde 1844 in Münster zum Priester geweiht. Nach zweijähriger Vikarszeit wurde er Pfarrer in Hopsten in Westfalen. Mit wachem Interesse verfolgte er die drei für ihn damals wichtigsten Probleme: Die „soziale Frage" der frühindustriellen Gesellschaft, die Bemühungen um die politische Einigung Deutschlands sowie die Gewährleistung der Freiheit der Kirche im protestantisch dominierten Obrigkeitsstaat. Vor diesem Hintergrund kandidierte er 1848 als Pfarrer von Hopsten für die Nationalversammlung in der Frankfurter „Paulskirche", der ersten konstitutionellen Versammlung, die die Gründung eines Deutschen Reiches vorbereiten sollte. Nach dem Scheitern der „Paulskirche" wurde Bischof Ketteler 23 Jahre später 1871/72 wiederum Mitglied des „Deutschen Reichstages" des nach dem deutsch-französischen Krieg von 1870/71 nun gegründeten Reiches. Dabei trat er besonders durch die Schrift „Die Katholiken im Deutschen Reiche. Entwurf zu einem politischen Programm" hervor.[1] Wofür hat Bischof Ketteler politisch ge-

---

[1] Vgl. ausführlich *Anton Rauscher/Lothar Roos*, Die Soziale Verantwortung der Kirche. Wege und Erfahrungen von Ketteler bis heute, Mainz (1977), 2. Aufl. 1979, sowie *Lothar Roos*, Wilhelm Emmanuel Frhr. von Ketteler (1811–1877), in: Jürgen Aretz/Rudolf Morsey/Anton Rauscher (Hrsg.), Zeitgeschichte in Lebensbildern, Bd. 4, Mainz 1980, S. 22–36 u. 268 (Quellen).

kämpft? Wie kam es dazu, dass er als Erster in der modernen katholischen Soziallehre das Subsidiaritätsprinzip in seiner Substanz formulierte und in seiner Bedeutung für die Gestaltung der gesellschaftlichen Verhältnisse seiner Zeit entfaltete?

Zur Lösung der angesprochenen Probleme standen damals zwei unterschiedliche staatsphilosophische Positionen einander gegenüber. Sie wurden bereits beim siebten deutsch-amerikanischen Kolloquium 2002 hier in Wildbad Kreuth angesprochen. Es ging dabei um das Verhältnis von Rechtsstaat und Demokratie. Die eine Richtung verbindet sich mit dem Namen *John Locke* (1632–1704). Sie hat wesentlich den Geist der Menschenrechtserklärung der amerikanischen Unabhängigkeitserklärung von 1776 geprägt. Für ihre „Väter" war es selbstverständlich (self-evident), dass die Grundlage des Gemeinwesens vorstaatliche Menschenrechte sind, mit denen alle Menschen deshalb ausgestattet seien, weil sie ihnen von ihrem Schöpfer (by their creator) mitgegeben worden sind. Träger der Grundrechte sind also die Bürger, aus denen die Gesellschaft (society) besteht. Der Staat (government) ist das Instrument, um eine gesellschaftliche Ordnung zu gewährleisten, die den Bürgern möglichst gut hilft, ihre Werte zu leben und zu entfalten. Verstößt der Staat dagegen, fällt die politische Souveränität an die Gemeinschaft der Bürger zurück. Der Staat wird in diesem Denken als ein, wenn auch unkündbarer, „Angestellter" der Gesellschaft gesehen. Dies führt zu einem föderalen Staat, der nur um des Gemeinwohls willen in die Autonomie der Gesellschaft eingreifen darf. Genau in diesem Sinn ist die Grundidee des Subsidiaritätsprinzips zu verstehen.

In grundsätzlicher Spannung dazu steht jene andere politische Philosophie, aus deren Geist die Französischen Revolution hervorging. Sie hat ihre Vorläufer im Denken von *Jean Bodin* (1520–1596), der 1576 die philosophische Grundlage des (französischen) Absolutismus entwarf, ähnlich wie dies 1651 *Thomas Hobbes* (1588–1679) in seinem „Leviathan" für England tat. Entscheidend ist nun, dass in der Konzeption der Demokratie, wie sie *Jean-Jaques Rousseau* (1712–1778) verstand, der Absolutismus der Fürsten faktisch vom Absolutismus des Volkes abgelöst wird. In seinem Denken fallen Staat und Gesellschaft in eins. Ausdrücklich wird die Bildung von „corps intermediaire" (intermediate bodies) verboten, also gesellschaftliche Zusammenschlüsse eigenen Rechts zwischen dem Staat und den einzelnen Bürgern. Die Versammlung aller stimmfähigen Bürger stellt nach *Rousseau* das Staatsoberhaupt dar. Sie kann beschließen, was immer sie will (demokratischer Voluntarismus). Gegen die von ihr formulierte „volonté générale" gibt es keine Appellationsinstanz. Hinter dieser Philosophie steht die intelektuelle Arroganz der Französischen Aufklärung: Würden die Menschen nur von ihrer Vernunft einen richtigen Gebrauch machen, käme es zu einer einstimmigen „volonté générale". Da aber das Volk insgesamt dafür noch nicht genügend gebildet sei, muss an seine Stelle die Oberschicht der Intellektuellen treten, die deshalb das Recht haben, das Ergebnis ihrer Vernunfteinsicht für alle verbindlich zu erklären. Er erkannte klar, dass sich in diesen unterschiedlichen Gesellschaftsphilosophien die von der Französischen Revolution inspirierte *kontinentaleuropäische* von der *angelsächsischen* Demokratietheorie unterscheidet. In der ersteren sah Ketteler die Gefahr eines verkappten Absolutismus. Vor diesem geistesgeschichtlichen Hintergrund wird verständlich, warum Ketteler das Subsidiaritätsprinzip für grundlegend ansah, lange bevor es Papst Pius XI. 1931 in Q*uadragesimo anno* als „*gravissimum illud principium*" bezeichnete.[2] Wie sind bei Ketteler die Volkssouveränität und das Subsidiaritätsprinzip miteinander verknüpft?

II. Ketteler, die wahre Demokratie und das „subsidiäre Recht"

1. Die Gefahr des demokratischen Absolutismus

Als Wilhelm Emmanuel von Ketteler 1848 in die „Frankfurter Paulskirche" gewählt wurde, gab es quer durch alle Parteien zwei Ziele: zum Einen die nationale Einheit (auf dem Gebiet des späteren Deutschen Reiches gab es damals 35 selbstständige fürstliche Eigenstaaten und 4 „Freie Reichsstädte"); zum Anderen eine politische Verfassung mit dem Ziel, die Errungenschaften der Französischen Revolution auch in Deutschland annähernd zu verwirklichen. In den fast dreißig Jahren seines politischen Wirkens zwischen 1848 bis 1877 wurde Ketteler immer klarer, dass es nicht nur einen *feudalistischen*, sondern auch einen *demokratischen* Absolutismus geben kann, vor allem wenn man *Hegels* Staatsphilosophie folgt. In einer berühmten Rede auf dem Freiburger Katholikentag von 1875 stellte Ketteler in diesem Sinne fest: „Im Grunde besteht gar kein Unterschied zwischen Ludwig XIV., welcher seinen uneingeschränkten Willen als Gesetz geltend machte und deshalb ausrief: ‚Der Staat bin ich!', [...] und einem Liberalen unserer Zeit. Was jener sich zuschrieb, das muten diese der Gesetzgebung zu, die sie selbst in Händen haben." Ketteler zitiert an dieser Stelle Saint Just, der in der Französischen Nationalversammlung die Gefahr eines solchen demokratischen Absolutismus mit den Worten karikiert hatte: „Der Gesetzgeber befiehlt die Zukunft. Seine Sache ist es, das Gute zu wollen. Seine Aufgabe ist es, die Menschen so zu machen, wie er will, dass sie seien." – Ketteler dazu: „Das ist Wahnsinn, das ist unerträglich, das ist Sklaverei für alle, die nicht zur Majorität der Gesetzgeber gehören."[3]

Ketteler sah also die Gefahr, dass unter Berufung auf das Mehrheitsprinzip eine Diktatur der Mehrheit entstehen und sich „unter dem Scheine des Rechtes das himmelschreiende Unrecht" verbergen kann. „Um das zu bewirken, genügt es, dass die Majorität der herrschenden Klasse über alle denkbaren Verhältnisse, wenn sie noch so tief in die persönliche Freiheit des Volkes eingreift, Gesetze erlässt [...], dass dann ‚Parteimänner' [...], ‚in die Gerichtshöfe eindringen'", um so durch polizeiliche Gewalt die Mehrheitsentscheidungen durchzusetzen. Ketteler dazu: „Das wäre alles

---

[2] Vgl. zu diesem geistesgeschichtlichem Hintergrund ausführlicher: *Lothar Roos*, Glaube in der Zivilgesellschaft, in: Anton Rauscher (Hrsg.), Die Bedeutung der Religion für die Gesellschaft. Erfahrung und Probleme in Deutschland und den USA (Soziale Orientierung, Bd. 17), Berlin 2004, 261–276.

[3] *Erwin Iserloh/Christoph Stoll*, Bischof Ketteler in seinen Schriften, Mainz 1977 (i.F. Iserloh), 200.

legal, alles gesetzmäßig, und doch könne so alles Recht, alle Freiheit eines Volkes unterdrückt werden". Dem gegenüber forderte Ketteler: „Ein Rechtsstaat im natürlichen Sinn des Wortes ist ein Staat, […], in dem die Untertanen, die Regierung wie die Regierten, der Rechtssprechung unterworfen sind."[4] Ketteler verlangte also im Sinne von *Charles de Montesquieu* (1689–1755) eine Gewaltenteilung, in der ein höchstes Verfassungsgericht nicht nur über die *Legalität*, sondern auch über die *Legitimität* der Gesetze im Blick auf die unveräußerlichen Menschenrechte entscheidet.

Worin Ketteler die Gefahr eines demokratischen Absolutismus damals konkret sah, wird vor allem in der Rede deutlich, die er 1848 in der „Paulskirche" gehalten hat. Dabei ging es um die „Schulfrage", näherhin darüber, was hier Sache des Staates und was Sache der Eltern ist. Um seine Stellungnahme zu verstehen, muss man sich zunächst zwei damalige Gegebenheiten vor Augen führen: Zum Einen war der herrschende Kulturliberalismus der Meinung, dass im öffentlichen Raum die „aufgeklärte Vernunft" an die Stelle der „Religion" zu treten habe. Zum Andern stellten die deutschen Katholiken im mehrheitlich protestantisch geprägten Umfeld eine Minderheit dar. Vor diesem Hintergrund beschwor Ketteler seine Kollegen in der „Paulskirche": „Ich bitte Sie, bauen Sie in Deutschland ein Haus, worin wir alle wohnen können. Suchen sie doch nicht, hier ihre Lieblingssysteme geltend zu machen und die Reichsverfassung dazu zu benutzen, um sie auszuführen. Überlassen sie das der Freiheit und der inneren Kraft, die in jeder einzelnen Konfession, in jedem einzelnen System liegt."[5] Der Staat könne zwar „eine bestimmte Stufe formaler Geistesbildung von jedem Staatsbürger fordern […]. Darüber hinaus hat der Staat aber […] kein Recht; er hat kein Recht, von vornherein die Richtung anzugeben, worin der Vater seine Kinder erziehen lassen soll, das wäre Tyrannei, das wäre der schmachvollste Absolutismus". Um dies zu verhindern, forderte er Gewissensfreiheit für alle: „Sie haben kein Recht zu verlangen, dass der Vater seine Kinder gerade nach ihrem pädagogischen Systeme erziehen lasse; das ist der gewaltsamste Schritt, zu dem sie sich hinneigen könnten. Ich will, dass dem Ungläubigen gestattet sei, seine Kinder im Unglauben zu erziehen; es muss aber auch dem strengsten Katholiken gestattet sein, seine Kinder katholisch zu erziehen."[6]

2. Die „Staatsweisheit des Herrn Thüssing"

Als Ketteler 1848 für die verfassungsgebende Versammlung der „Paulskirche" kandidierte, war sein liberaler Gegenkandidat der Justizkommissar Thüssing aus Warendorf. Ketteler führte gegen ihn einen heftigen Wahlkampf, in dessen Mittelpunkt das Subsidiaritätsprinzip stand. Thüssing, ein Verfechter der „absoluten Staatsidee" im Sinne Hegels, hatte behauptet: „Die Gemeinde ist lediglich ein Institut, welches seine Existenz erst durch den Staat hat und ohne den Staat nicht gedacht werden

---

[4] Ebd., 205.
[5] Ebd., 26.
[6] Ebd., 24.

kann. Die Selbstregierung der Gemeinde beruht auf einer Verleihung des Staates". Aus dem gleichen Ansatz heraus war Thüssing der Ansicht, dass „allein der Staat ein einziges und vollkommenes Recht über die Schulen" habe. Ketteler antwortete Thüssing: „Mir scheint, wenn die Zentralgewalt – Parlament, Regierung – ihre rechtliche Existenz aus sich selbst hat, so hat sie sie nicht aus dem Volke, und wenn sie dieselbe aus dem Gesamtwillen des Volkes hat, so hat sie sie nicht aus sich selbst, sondern nur durch Übertragung von dem Volke. [...] Das Volk, die Individuen im Volke, sind das Rechtssubjekt, das seine rechtliche Existenz aus sich selber hat, der Staat aber, die legislative und exekutive Gewalt im Staate, ist nur sein Bevollmächtigter." Daraus zieht Ketteler den Schluss: „Wenn das aber wahr ist, warum soll dann das Volk nur eine *absolute* und nicht auch eine *beschränkte* Vollmacht ausstellen dürfen, warum soll es seine eigenen Angelegenheiten nicht selbst besorgen, warum soll es im eigenen Hause, in der Gemeinde, nicht nach eigener, freier Selbstbestimmung seinen Haushalt leiten und ordnen? Wie kann es davon abgehalten, wie gezwungen werden, sich den Befehlen seiner Bevollmächtigten in Berlin und Frankfurt in der Angelegenheit zu unterwerfen, die es selbst besorgen kann und will?"[7]

Als ein Meister der politischen Rede karikierte Ketteler in einem offenen Brief an seine Wähler die absolutistische Arroganz des Kulturliberalismus der damaligen Zeit und stellte mit spitzer Zunge fest:

„Der Staat, d. h. die Nationalversammlung, wo die gelehrten Herren sitzen, würde dann dem gesamten Bauernstande und dem ärmeren Bürgerstand sagen: ,Ihr seid zwar die Quelle aller Gewalt, aller Rechte, aller Regierung im Staate, euer Wille ist der Volkswille, der Volkswille muss alles lenken und leiten, ihr dürft aber euren souveränen Volkswillen nur dazu gebrauchen, um zu erklären, dass ihr gar keinen Willen mehr habt, dass ihr gänzlich willenlos sein wollt. Ihr dürft beileibe nicht daran denken, eure Macht selbst anzuwenden; – die Gelehrten – werden in eurem Namen euch schon die Gesetze fertig ins Haus schicken und euch auch sagen, wie ihr eure Kinder von nun an zu erziehen habt. Vielleicht schaffen wir nächstens das Christentum ab und erziehen eure Kinder als bare Heiden, aber das muss euch nicht irre machen, wir tun es ja in eurem Namen. Auch das Nachdenken über unsere Handlungen könnt ihr nur darangeben, wir denken ja für euch, und euer Gewissen braucht euch nicht mehr zu drücken, der Staat, d. h. wir Herren in der Nationalversammlung, haben allein den wahren Willen, die höchste Einsicht, das ausschließliche Gewissen [...]. Das ist die Quintessenz der Staatsweisheit des Herrn Thüssing, dies ist das Ideal seiner Freiheitsgedanken. Mir ist es dagegen das System der entwürdigendsten Knechtschaft, des schmachvollsten Absolutismus, der nur den Namen verändert und sich statt von Gottes Gnaden – von des Volkes Gnaden nennt."[8]

---

[7] Wilhelm Emmanuel von Kettelers Schriften, Bd. I: Religiöse, kirchliche und kirchenpolitische Schriften, hrsg. von Johannes Mumbauer, Kempten/München 1911, 394–403, passim.

[8] Ebd., 402 f.

3. Die Begründung und Entfaltung des „subsidiären Rechts"

Ketteler begründet und entfaltet, gegen die „Staatsweisheit des Herrn Thüssing", nun das Subsidiaritätsprinzip unter dem Begriff des „subsidiären Rechts":

> „Meine Ansicht geht dagegen vom einfachen Satze aus, dass jedes Individuum seine Rechte, die es selbst ausüben kann, selbst ausüben darf. Der Staat ist keine Maschine, sondern ein lebendiger Organismus mit lebendigen Gliedern, in dem jedes Glied sein eigenes Recht, seine eigene Funktion hat, sein eigenes freies Leben gestaltet. Solche Glieder sind mir das Individuum, die Familie, die Gemeinde usw. Jedes niedere Glied bewegt sich frei in seiner Sphäre und genießt das Recht der freiesten Selbstbestimmung und Selbstregierung. Erst wo das niedere Glied des Organismus nicht mehr imstande ist, seine Zwecke selbst zu erreichen, oder die seiner Entwicklung drohende Gefahr selbst abzuwenden, tritt das höhere Glied für es in Wirksamkeit, dem es dann von seiner Freiheit und Selbstbestimmung das abgeben muss, was dieses höhere Glied zur Erreichung seines Zweckes bedarf. Was daher die Familie, die Gemeinde zur Erreichung ihres natürlichen Zweckes sich selbst gewähren kann, muss ihr zur freien Selbstregierung überlassen bleiben. Dadurch nehmen alle, nicht nur die Gelehrten, sondern das ganze Volk an der Regierung teil."[9]

Joseph Kardinal Höffner (1906–1987) würdigt in seinem klassischen Lehrbuch „Christliche Gesellschaftslehre" Ketelers Begründung des Subsidiaritätsprinzips und sagt: „Im 19. Jahrhundert – längst vor den Sozialenzykliken – hat Bischof Ketteler den Grundsatz der Subsidiarität nicht nur treffend formuliert, sondern wohl als erster vom ‚subsidiären Recht' gesprochen". Ketteler wende sich mit seiner Position gegen das „Prinzip der zentralisierten Staatsgewalt". Würde man dagegen das Subsidiaritätsprinzip berücksichtigen, so Ketteler, „dann hätte ja das Vielregieren und die Fabrikation der Gesetze bald ein Ende". Es ist kurios, dass der damalige Liberalismus, der den feudalen Absolutismus überwinden wollte, an dessen Stelle faktisch einem demokratischen Absolutismus das Wort redete. Arthur F. Utz[10] hat dies gut bemerkt und festgestellt, dass es dieses verfehlten „Anstoßes durch den Liberalismus" bedurft habe, „um überhaupt zum Subsidiaritätsprinzip vorzustoßen". Joseph Höffner stellt abschließend fest: „Aus dem Prinzip der Subsidiarität ergibt sich der *Dualismus von Staat und Gesellschaft*, der für die katholische Soziallehre charakteristisch ist."[11] Dieser Dualismus, so zitiert er Peter Koslowski, „ist Bedingung individueller Freiheit"[12]. Noch eine interessante und durchaus aktuelle Nebenbemerkung: Ketteler macht sich auch darüber Gedanken, wo die geistesgeschichtlichen Ursprünge subsidiären Denkens liegen und wer in der Moderne dagegen verstößt. Er unterscheidet in diesem Kontext, wie oben schon erwähnt, eine „französische" von einer „deutschen" Freiheit. Aus der Französischen Revolution, deren Protagonisten ausdrücklich die Selbständigkeit der Gesellschaft ablehnten, ist ein Zentralstaat

---

[9] Ebd.

[10] *Arthur F. Utz*, Das Subsidiaritätsprinzip, Heidelberg, 1953, 7.

[11] *Joseph Kardinal Höffner*, Christliche Gesellschaftslehre, hrsg., bearb. u.erg. v. Lothar Roos, Erkelenz, 3. Aufl. der Neuausgabe 2011, S.62 f.

[12] *Peter Koslowski*, Gesellschaft und Staat. Ein unvermeidliche Dualismus, Stuttgart 1982, S. 3.

hervorgegangen, der bis heute für Frankreich typisch ist. Aus der deutschen Tradition entwickelte sich dagegen, ähnlich wie in den USA, ein föderaler Staat, in dem nicht nur der „Bund", sondern auch die „Bundesstaaten", und die Gemeinden, verfassungsrechtliche Qualität haben.

III. Kettelers Aktualität im Kampf für das „subsidiäre Recht"

Liest man die Kritik Kettelers an der „Staatsweisheit des Herrn Thüssing", dann staunt man über deren Aktualität. Wir wollen deshalb abschließend fragen, worin die Gefährdungen des „subsidiären Rechts", für das Bischof Ketteler so vehement eintrat, heute bestehen.

1. Das „Gesetz des wachsenden Staatsbedarfs"

Der Berliner Sozialwissenschaftler *Adolph Wagner* (1835–1917), bei dem übrigens der erste Systematiker der katholischen Soziallehre, der Jesuit *Heinrich Pesch*[13] (1854–1926), in Volkswirtschaftslehre studierte, hat am Beginn des 19. Jahrhunderts vom „Gesetz des wachsenden Staatsbedarfs" gesprochen. Der frühliberale „Nachtwächterstaat", der lediglich für die ökonomische und rechtliche „Infrastruktur" und dafür zuständig war, dass nachts keine Einbrecher tätig werden konnten, wird allmählich vom modernen Interventionsstaat abgelöst. Aufgrund der neu aufgekommenen Probleme der Industriegesellschaft muss er intensiv in die wirtschaftliche und soziale Ordnung eingreifen. Entsprechend steigt die „Staatsquote" von ca. 10 Prozent um 1900 bis auf ca. 50 Prozent heute. Allerdings sehr unterschiedlich: In den USA beträgt sie ca. 35 Prozent, in den Sozialstaaten Westeuropas liegt sie zwischen 44 (Deutschland) und 56 (Frankreich) Prozent. Insofern unterscheidet sich bis heute die „französische" von der „deutschen Freiheit".

Mit dem „Gesetz des wachsenden Staatsbedarfs" sind zwei fundamentale Gefährdungen des „subsidiären Rechts" verbunden: Zum Einen, wie Ketteler sagt, die „Vielregiererei", die gleichermaßen zur Verteuerung und zur Bürokratisierung der Staatstätigkeit führt. Damit verbindet sich die Idee des „Wohlfahrtsstaates" mit seinen kontinuierlich steigenden Sozialleistungen, zu deren Finanzierung sich viele Staaten in den letzten Jahrzehnten hoch verschuldeten. In ihrem Wahlhirtenbrief zur Bundestagswahl von 1980, für den Anton Rauscher damals den Entwurf erstellt hatte, haben sich die Deutschen Bischöfe in Aufsehen erregender Form zu diesem Problem geäußert. Sie forderten: „Die Ausweitung der Staatstätigkeit, die damit verbundene Bürokratisierung und die gefährlich hohe Staatsverschuldung müssen jetzt korrigiert werden." Die Bischöfe markierten auch deutlich die geistige Fehlhaltung, die hinter dieser Entwicklung stand: „Es ist ein Trugschluss zu meinen, der Staat

---

[13] Vgl. *Anton Rauscher*, Heinrich Pesch (1854–1926), in: Zeitgeschichte in Lebensbildern, Bd. 3, a.a.O., S. 136–148 u. 288 (Literatur).

könne alles, insbesondere, er könne alles besser machen". In seiner Antwort auf die am Hirtenbrief formulierte Kritik von Seiten der SPD-Regierung unter Helmut Schmidt, warnte Kardinal Joseph Höffner unter ausdrücklichem Hinweis auf den „Grundsatz der Subsidiarität" vor der Gefahr, „dass der Staat mehr und mehr in Bereiche eindringt, die zum persönlichsten des Menschen gehören und darum von höchster Bedeutung, aber auch ernsten Gefährdungen ausgesetzt sind"[14].

2. Der Kulturimperialismus der Wertrelativisten

Gemäß der Enzyklika *Centesimus annus* (1991) Johannes Paul II. bekennt sich die Kirche eindeutig zum „System der Demokratie", das allerdings nur „in einem Rechtsstaat und auf der Grundlage einer richtigen Auffassung von Menschen möglich" sei. Heute neige man dagegen „zu der Behauptung, der Agnostizismus und der skeptische Relativismus seien die Philosophie und die Grundhaltung, die den demokratischen politischen Formen entsprechen [...] Unter diesen Vorraussetzungen ist es leicht möglich, dass Ideen und Überzeugungen leicht für Machtzwecke missbraucht werden können. Eine Demokratie ohne Werte verwandelt sich, wie die Geschichte beweist, leicht in einen offenen oder hinterhältigen Totalitarismus" (CA 46,2). Ganz ähnlich sprach Joseph Kardinal Ratzinger in der Heiligen Messe *Pro eligendo pontifice* am 18. April 2015 von einer „Diktatur des Relativismus, die nichts als endgültig anerkennt und als letztes Maß nur das eigene Ich und seine Gelüste gelten lässt"[15].

Besonders gefährlich wird dieser Relativismus für die vom Subsidiaritätsprinzip geschützte Freiheit der Person, wenn er sich mit jenem Kulturimperialismus verbindet, der den Relativismus zu einem für alle geltenden Gesetz machen will. Solche Tendenzen lassen sich in den letzten Jahren zunehmend beobachten: Wenn z. B. der „United Nations Fund for Population Activities" (UNFPA) weltweit Kampagnen zur Empfängnisverhütung, Geburtenkontrolle und zur Durchsetzung eines „Rechts auf Abtreibung" inszeniert;[16] oder wenn kürzlich in Polen der langjährige Direktor der „Klinik der Heiligen Familie" von der Stadt Warschau letztlich wohl deshalb entlassen wurde, weil er mit dreitausend anderen Medizinern eine ethische Erklärung über die „Verantwortung der Ärzte vor Gott und dem eigenen Gewissen" unterschrieben hatte. Der polnische Gesundheitsminister erklärte in diesem Zusammenhang, das

---

[14] *Joseph Kardinal Höffner*, Zehn Leitsätze zum Hirtenwort der Deutschen Bischöfe zur Bundestagswahl 1980, in: Alfred Schüller/Elmar Nass/Joseph Kardinal Höffner, Wirtschaft, Währung, Werte. Die Euro(pa)krise im Lichte der Katholischen Soziallehre, Veröffentlichungen der Joseph-Höffner-Gesellschaft (hrsg. von Lothar Roos/Manfred Spieker/Werner Münch), Bd. 2, Paderborn 2014, 115–117.

[15] Verlautbarungen des Apostolischen Stuhls, hrsg. vom Sekretariat der Deutschen Bischofskonferenz, Nr 168, Bonn 2005, S. 14.

[16] Vgl. *Douglas A. Sylva*, Der UN-Bevölkerungsfonds UNFPA: Ein Angriff auf die Völker der Welt, in: Die Neue Ordnung, Jg. 59, Sonderheft September 2005.

„polnische Recht" stehe „über dem Naturrecht";[17] wenn die Europäische Union gegen die Gewissensüberzeugung vieler, vielleicht sogar gegen die Mehrheit in einzelnen Staaten, die embryonale Stammzellforschung und die damit verbundene Vernichtung von Föten fördert;[18] wenn in den Vereinigten Staaten im Rahmen der „Obamacare" alle Unternehmen die kostenlose Empfängnisverhütung bezahlen sollen, auch wenn ihre Träger dies aus Gewissensgründen nicht akzeptieren können;[19] wenn parlamentarische Mehrheiten bzw. Regierungen die völlige Gleichstellung der „Homoehe", also einschließlich des Adoptionsrechts, mit der in der Verfassung geschützten Familie betreiben. In einem Leserbrief dazu fragte eine Leserin der FAZ, wieso man denn dann den Ehebegriff nicht auch „auf mehr als zwei Menschen öffnen"[20] müsse, wie das ja in den Vereinigten Staaten die „Polyamoristen" fordern; wenn das Schulministerium des deutschen Bundeslandes Baden-Württemberg, das von den Grünen und der SPD regiert wird, im Sexualkundeunterricht in den Schulen, beginnend mit den Kindergärten, alle Formen der Sexualität als „normal" und gleichberechtigt darstellen lässt. Insbesondere wird diese Tendenz mit der zunehmend aggressiver auftretenden „Gender- Ideologie" verbunden, mit deren Hilfe Kindern ihre männliche oder weibliche Identität ausgetrieben werden soll.[21] Die zunehmende Erpressungsmacht der „Gender-Ideologie" zeigt sich auch darin, dass wissenschaftliche Projekte, die diesem Mainstream nicht ausdrücklich folgen, keine Forschungsmittel erhalten.[22]

3. Die Flucht aus der subsidiären Verantwortung

Verfehlungen gegen das „subsidiäre Recht" gibt es aber nicht nur „von oben". Viel gewichtiger erscheint heute die vielfach zu beobachtende Flucht aus der subsidiären Kompetenz und der damit verbundenen Verantwortung „von unten". Das derzeit aktuellste Beispiel dafür in Deutschland ist die verbreitete Verweigerung des Verfassungsauftrags: „Pflege und Erziehung der Kinder sind das natürliche Recht der Eltern und die ihnen zuförderst obliegende Pflicht" (Art. 6 Abs.2 GG). Der seit kurzem be-

---

[17] Vgl. „Die Enzyklika für zuhause, die Enzyklopädie bei der Arbeit". Der Fall des Warschauer Arztes Bogdan Chazan zeigt, wie Katholiken in Polen immer mehr diskriminiert werden, *Stefan Meetschen*, in: Die Tagespost vom 12.07.2014, Nr. 82, S. 3.

[18] Vgl. *Manfred Spieker/Christian Hillgruber/Klaus Ferdinand Gärditz*, Die Würde des Embryos. Ethische und rechtliche Probleme der Präimplantationsdiagnostik und der embryonalen Stammzellforschung (Veröffentlichungen der Joseph-Höffner-Gesellschaft, hrsg. von Lothar Roos/Manfred Spieker/Werner Münch), Bd. 1, Paderborn 2012, bes. S. 87–106.

[19] Siehe dazu das jüngste Urteil des Supreme Court zum „Religious Freedom Restoration Act" (Arbeitgeber müssen nicht für Verhütung zahlen, FAZ vom 1.7.2014, Nr. 149, S. 1).

[20] Auf die Homoehe folgt die Vielehe, *Christine Müller*, Ettlingen in: FAZ vom 1.7.2014, Nr. 149, S. 6.

[21] Dies geht sogar so weit, dass in manchen Kindergärten Jungen genötigt werden, mit Puppen zu spielen und Mädchen mit Autos.

[22] Siehe dazu auch: *Gabriele Kuby*, Die globale sexuelle Revolution – Zerstörung der Freiheit im Namen der Freiheit, Kießlegg 2012.

stehende Rechtsanspruch, Kinder ab dem ersten Lebensjahr in einer vom Staat betriebenen Kindertagesstätte unterbringen zu können, wird von der Mehrheit der Bevölkerung keineswegs kritisiert, sondern von vielen sogar mit Begeisterung aufgenommen. Damit Mütter wieder möglichst schnell in den Prozess der Erwerbsarbeit zurückkehren können, gibt es in dieser Frage eine große Koalition, nicht nur der Parteien, sondern auch zwischen den Arbeitgebern und Gewerkschaften. Dies alles geschieht unter Missachtung jener, auch vom „National Institute for Child Health and Development" in den USA vorgelegten Langzeitstudie über die schädlichen Wirkungen dieser Art der Kleinstkinderbetreuung außerhalb der Familie.[23] Der Eichstätter Sozialwissenschaftler Jörg Althammer bemerkte jüngst dazu: Es sei „nicht die Aufgabe der Politik, den Eltern vorzuschreiben, wie sie ihre Kinder betreuen, in welchem Umfang sie einer Erwerbstätigkeit nachgehen wollen und wie sie die innerfamiliale Aufgabenverteilung regeln".[24] Formal tut dies die Politik zwar nicht, material aber sehr wohl durch die bevorzugte finanzielle Förderung der außerfamiliären Betreuung von Kleinstkindern ab dem ersten Lebensjahr und die politische Propaganda, wonach möglichst viele Mütter möglichst früh in die Erwerbsarbeit zurückkehren sollen.[25]

Zur Zeit Kettelers unternahm der liberale Staat den Versuch, gegen den Willen der Eltern in die Schule hineinzuregieren und so gegen das Subsidiaritätsprinzip zu verstoßen. Heute ist es umgekehrt eher so, dass diejenigen, deren subsidiäres Recht geschützt werden sollte, freiwillig auf diesen Schutz verzichten. Der Bonner Staatsrechtslehrer Josef Isensee hat einmal formuliert: „Die unterste subsidiäre Einheit ist die Person". Insofern müsste gerade die Kirche alles dafür tun, um die persönliche Verantwortung in all den Bereichen zu fördern, bei denen es um so grundlegende Aufgaben wie die pädagogische und religiöse Erziehung von Kindern geht.[26] Es ist frappierend, wie hinsichtlich der Gefährdung des Subsidiaritätsprinzips die Zeit Kettelers der gegenwärtigen Zeit gleicht. Ein Unterschied besteht allerdings darin, dass damals in Deutschland katholische Eltern für ihre Rechte gekämpft haben, heute aber viele unter ihnen die Verantwortung für die Ausübung ihrer Rechte an den Staat abschieben. In dem Maße aber, wie Personen und kleine Gemeinschaften auf ihre „subsidiären Rechte" verzichten, entziehen sie dem Subsidiaritätsprinzip die gesellschaftliche Grundlage.

Abschließend sei festgestellt: Der liberale Kulturimperialismus zu Zeiten Kettelers suchte die Gesellschaft im Sinne der Anthropologie einer atheistischen Aufklärung dadurch zu verändern, dass er eine vom Staat weltanschaulich beherrschte Einheitsschule einführen wollte. Der wertrelativistische Kulturliberalismus von heute

---

[23] Vgl. *Anke Müller*, Die Familie und die „Lufthoheit über den Kinderbetten", in: Die Neue Ordnung, Jg. 67, April 2013, S. 118–128.

[24] Nach dem Krippenkrieg, in: Die Tagespost vom 16.11.2013, Nr. 138, S. 7.

[25] Vgl. *Stefan Fuchs*, Vater Staat statt Elternhaus. Bindungsverluste führen zu einem neuen Etatismus, in: Die Neue Ordnung, Jg. 68, April 2014, S. 130–142.

[26] Vgl. dazu auch *Lothar Roos*, Zum kirchlichen Profil der Caritas, in: Die Neue Ordnung, Jg. 66, August 2012, S. 275–283.

setzt noch grundlegender an und möchte „einen neuen Menschen" schaffen.[27] Papst Benedikt XVI. stellte in diesem Zusammenhang fest, dass heute „die soziale Frage in radikaler Weise zu einer anthropologischen Frage" geworden sei. Der Mensch sei gewisser Maßen „in die Hände des Menschen gelegt". In einer „Kultur der totalen Ernüchterung" glaube er, „alle Geheimnisse aufgedeckt zu haben. Weil man bereits an die Wurzel des Lebens gelangt ist, kommt es zu Entwicklung und Förderung von In-vitro-Fertilisation, Embryonenforschung, Möglichkeiten des Klonens und der Hybridisierung des Menschen. Hier findet der Absolutheitsanspruch der Technik seinen massivsten Ausdruck". Die „Kultur des Todes" (Johannes Paul II.) schreite von der „verbreiteten tragischen Plage der Abtreibung" fort in Richtung einer systematischen „eugenischen Geburtenplanung". Auf deren „entgegengesetzter Seite" werde einer „mens euthanasica der Weg bereitet". Er spricht von „Situationen menschlichen Verfalls" von der „Gleichgültigkeit unserer Haltung gegenüber dem, was menschlich ist oder nicht" (Caritas in veritate 75). – Was hätte Bischof Ketteler gesagt, wenn er diesen „Fortschritt" erlebt hätte? Was er über das Subsidiaritätsprinzip, den wahren und falschen Rechtsstaat, über die „Demokratie von unten", über Freiheit und Menschenrechte im Laufe seines Lebens geredet, geschrieben und politisch vertreten hat, machen ihn zu einem Wegbereiter des heutigen, auf unverzichtbaren Menschenrechten beruhenden demokratischen Verfassungsstaates.

---

[27] Siehe dazu auch: *Werner Münch*, Wir müssen für die Wahrheit kämpfen, in: Der Fels, Jg. 43, November 2012, S. 312–315.

The Family and the Polis:
On the Perfect and Imperfect

John Hittinger

Subsidiarity is a fundamental principle of social and political organization, first discussed in political philosophy by Plato and Aristotle, deepened by philosophers during the middle ages, especially by Thomas Aquinas, and in the nineteenth and twentieth centuries explicitly used in Catholic social teaching as a criticism of socialist political programs. The principle is formulated in Catholic social teaching as follows: "a community of a higher order should not interfere in the internal life of a community of a lower order, depriving the latter of its functions, but rather should support it in case of need and help to co-ordinate its activity with the activities of the rest of society, always with a view to the common good."[1] The associations of family and the city set the parameters for the understanding and the application of the principle of subsidiarity, insofar as the political community is considered to be the highest one, the perfect society, and the family the lowest one, the fundamental cell of human society. Therefore, the relationship of those two fundamental associations is marked by both tension and creative interaction. In Catholic social teaching, as in Aristotelian political philosophy, family and city (political society) constitute the two fundamental aspects of human sociability. In *Gaudium et spes,* for example, we find a strong affirmation of the social nature of human beings – "For by his innermost nature man is a social being, and unless he relates himself to others he can neither live nor develop his potential."[2] And the document states that the social ties of "family and political community relate with greater immediacy to his innermost nature" while other communities are more relative and conditioned by choice (§25).[3] Here we find the Aristotelian view that the political community and the family pertain to the core nature of human beings; he argues that human beings are social and political by nature, and he argues so on the fundamentally natural character of the family. Both family and city constitute essential forms of human flourishing. According to Aristotle they are re-

---

[1] Catechism of the Catholic Church (Washington, D.C.: USCC, 1994) §1883.

[2] Pastoral Constitution on the Church in the Modern World: Gaudium et spes (Boston: Daughters of St Paul, 1966) §12.

[3] This is a fairly standard Catholic view, borrowing as it does from Aquinas and Aristotle; see *Heinrich A. Rommen,* The State in Catholic Thought (St. Louis: B. Herder, 1947), esp., chapter ten, "The State as a Perfect Society", in which Rommen argues that the family and the state are the two communities necessary for the development of man's social nature. The family stands to the political community as the imperfect and incomplete to the more perfect and complete.

lated as the imperfect society to the perfect society. With the family and the polis we encounter the fundamental formulation of the meaning and problem of subsidiarity. Although Aristotle's formulation of the relation of the two in terms of the imperfect and perfect society made a great stride in understanding the natural basis and dynamic of human sociability, his terminology does not sufficiently establish the basis for the special role of the family in humanization and socialization of the human person. The Platonic temptation for the political society to absorb the family needs to be countered with a more fundamental account of the family than that provided by Aristotle. The thought of John Paul II on the relation of the family and the political society does articulate a more accurate account of the family and provides a stronger means to anchor the subsidiary but integral role of the family within political society.

The main thesis of Aristotle's political philosophy is that the city and the family are essentially distinct associations, but connected through a natural teleology by which the city completes the family as the perfect society. The city is a community or an association of some kind, and every community is established with a view to some good. The city or the political community is said to be the highest of all, but in a way that includes and embraces the other communities such as the family. The highest good of the political community embraces the other goods and does not destroy them or absorb them. And no doubt, with Plato foremost in his mind, he asserts that it is a mistake to think that the statesman, the King, the householder, and the master of slaves are the same and that they do not differ in kind (1252 a7–18).[4] Aristotle says that this truth would be *evident* to anyone who considers the matter according to the method of resolution of the compound into its elements or parts, that is, into its material cause. He further says to get the *clearest view* of the city one must consider it in its growth and origin. The family must be understood properly if the city is to be understood properly. Political philosophy begins with a consideration of the family on its own terms as a natural association, as a primary association, and not simply as a variable in an abstract schema for the best regime.

According to Aristotle there are a number of factors that characterize the family, such as (i) the fundamental human lack of self-sufficiency, (ii) reproduction of the species, (iii) the satisfaction of daily needs, (iv) the necessity of labor, possibly including the use of slaves, (v) the rearing and education of children, and (vi) worship of the gods. (Aristotle's reference to religion and the pre-political is only oblique, and it is about the village and the irrationality of religion).[5] Aristotle's first description of

---

[4] The Politics of Aristotle, translated, with an introduction, notes and appendices, by Ernest Barker (Oxford: The Clarendon Press, 1946).

[5] See 1252b24–26. In Book VII religion is public, e.g., 1330a9–14, 1329a26–33, 1335b12–17; but consider the following: "Generation alone was the not the foundation of the ancient family. (...) The members of the ancient family were united by something more powerful than birth, affection, or physical strength: this was the religion of the sacred fire, and of dead ancestors." Fustel De Coulanges, The Ancient City: A Study On The Religion, Laws, And Institutions Of Greece And Rome (Garden City [New York]: Anchor Doubleday Edition, 1956), 41–42, but see all of section II, 40–112. This reference to religion is not surprising, insofar as

the family is as follows: "there must necessarily be a union or pairing of those who cannot exist without one another. Male and female must unite for the reproduction of the species not from deliberate intention but from the natural impulse which [is found in] existing animals generally as also existing plants to leave behind them something of the same nature as themselves." (1252a26–31) Like Plato's first city in speech, the family association emerges out of human neediness and the lack of self-sufficiency (*Republic* 369b). The first city in speech, called by Glaucon "the city of pigs", emphasizes the satisfaction of every day needs, particularly those of the body and the need for food, shelter, and clothing. It is interesting that Socrates does not even mention the pairing of male and female as one of the needs marking the origin of human association; children mysteriously appear at the conclusion of the account of the city, along with the gods (372a-b). Aristotle, on the other hand, first mentions the phenomenon of "pairing" and thus emphasizes reproduction. Reproduction is an activity shared in common with living things, animals and plants. Association for reproduction is the most obvious association rooted in nature, a sign of a radical lack of self-sufficiency, and sustained by a natural desire or impulse leading to the generation of children in a family.[6] Aristotle says it is not by deliberation, but by natural impulse or desire that a family is brought into existence. The political association arises more through deliberation. The natural formation of a family association will provide a basis for Aristotle to claim a natural basis for the political association, through the teleology of associations and by following the inner trajectory of the over-coming of the lack of self-sufficiency. In this way he preserves the inner differentiation of associations. We will explore this in more detail below. But we should note that Plato claims a natural basis for the political association only by usurping the family function and terminology through the noble lie: "their country being their mother and also their nurse, they are bound to advise for her good, and to defend her against attacks, and her citizens they are to regard as children of the earth and their own brothers." (*Republic* 414d)

Aristotle acknowledges that the family is more natural than the polis; as he explains in the *Ethics*, the family, the union of husband and wife, is more natural than the city. He says:

---

marriage and family are rooted in the lack of self-sufficiency characterizing not only the biological complementarity of male and female as essential to reproduction, but also the temporal fragmentation of any given generation, who must look forward and backward to see a proper wholeness to life. In a way, the city is a rival for permanence; and the gods are a constant reminder that the human sphere is mortal and that the divine (the deathless) encloses the whole of nature, as Aristotle formulates it in: Metaphysics XII.8.

[6] *Thomas Aquinas* notes: "It was necessary that woman should be made, as Scripture says, as a help for man – not indeed as a help in some other work as some have said, for in fact, for any other work, a man can more suitably be helped by another man than by a woman – but precisely as a help in generation." Summa Theologiae, I q. 92, art. 1; or again, "Woman is admitted to the companionship of man precisely because of the need for generation." Summa contra Gentiles, III.123.

> Between man and wife friendship seems to exist by nature; for man is naturally inclined to form couples – even more than to form cities, inasmuch as the household is earlier and more necessary than the city, and reproduction is more common to man with the animals. (1162a16–19)

The natural basis for the family affords it a special status in the consideration of human association. The family association is "earlier" and "more necessary" than the city, and this constitutes a sign of its naturalness. Of course, the problem of dualism of man's animal and rational nature will return at some point in this account of the family. The association also serves the fundamental differentiation of tasks in the economy or household dedicated to the survival and maintenance of life:

> With the other animals the union extends only to this point, but human beings live together not only for the sake of reproduction but also for the various purposes of life; for from the start the functions are divided, and those of man and woman are different; so they help each other by throwing their peculiar gifts into the common stock. It is for these reasons that both utility and pleasure seem to be found in this kind of friendship. (1162a19–26)

The husband-wife relationship develops to the level of virtue or excellence.

> But this friendship may be based also on virtue, if the parties are good; for each has its own virtue and they will delight in the fact. And children seem to be a bond of union (which is the reason why childless people part more easily); for children are a good common to both and what is common holds them together. (1162a26–28)

The friendship of the husband and wife in virtue also signifies a political relationship. The rule of the husband over the wife is said to be "political" and neither despotic nor paternalistic (I.12, 1259a39–1259b15).

The naturalness of the family arising out of reproduction brings to light another aspect of human nature. In the *Politics* Aristotle says that the couple "leaves behind an image of themselves" (1252a30). Beyond the association of male and female or husband and wife there is the good of the species. The species is also a good beyond the city as such, and reflects the cosmic ordering. Aristotle also says that reproduction is the most natural act of the living organism and by such an act living organism participates in the eternity of God. It participates in the unending endurance of the species (*De anima*, II.4, 415a25–415b7).[7] The perpetuity of the species, the participa-

---

[7] "The most natural act is the production of another like itself, an animal producing an animal, a plant a plant, in order that, as far as its nature allows, it may partake in the eternal and divine. That is the goal towards which all things strive, that for the sake of which they do whatsoever their nature renders possible. The phrase 'for the sake of which' is ambiguous; it may mean either the end to achieve which, or the being in whose interest, the act is done. Since then no living thing is able to partake in what is eternal and divine by uninterrupted continuance (for nothing perishable can for ever remain one and the same), it tries to achieve that end in the only way possible to it, and success is possible in varying degrees; so it remains not indeed as the self-same individual but continues its existence in something like itself–not numerically but specifically one." See also Generation and Corruption, II.10: "Now being (we have explained elsewhere the variety of meanings we recognize in this term) is better than not-being; but not all things can possess being, since they are too far removed from the principle.

tion in the larger more enduring reality, is also a point of attraction for the city. The city claims for itself an unending existence. It also must perpetuate itself for the future. It is a temptation for the city to usurp the divine being.[8]

Another characteristic of the family association is the satisfaction of daily recurrent needs. The household is the first basis for the economy. The proper value of things in their use serves as a ready standard by which to subordinate acquisition and exchange. Slaves are included as part of the household for the sake of necessary labor and to serve as instruments for the action of the master. The controversial question concerning Aristotle's endorsement of natural slavery need not detain us at this point. At the very least, he saw the need to accept slavery in its conventional form as a necessity of a harsh existence helping to maintain the excellence of a few.

The last two characteristics of the family, education of children and religious worship, lead more directly to the political association. At the conclusion of the *Ethics*, Aristotle praises Sparta for being alone in taking care for the education of the young (1180a25).[9] And in Book VII and VIII of the *Politics* the theme of education sponsored by the political association is developed in detail. As mentioned above, Aristotle has very little to say about the religious function of the family. In Book VII Aristotle is very solicitous about the public provision for priests and temples.[10] If Fustel de Coulanges is correct, religion is the one area where rivalry with the families man-

---

God therefore adopted the remaining alternative, and fulfilled the perfection of the universe by making coming-to-be uninterrupted; for the greatest possible coherence would thus be secured to existence, because that coming-to-be should itself come-to-be perpetually is the closest approximation to eternal being." (336b25–35) See *Joseph Owens*, in: The Doctrine of Being in the Aristotelian Metaphysics (Toronto: the University of Toronto Press, 1963). See also Thomas Aquinas Summa Theologiae I, q. 98, art. 1.

[8] I find it interesting how close Abraham Lincoln comes to such usurpation in his speech, "The Perpetuation of Our Political Institutions," Address Before the Young Men's Lyceum of Springfield, Illinois (January 27, 1838): "Let those materials be moulded into *general intelligence, sound morality,* and in particular, *a reverence for the constitution and laws:* and, that we improved to the last; that we remained free to the last; that we revered his name to the last; that, during his long sleep, we permitted no hostile foot to pass over or desecrate his resting place; shall be that which to learn the last trump shall awaken our WASHINGTON. Upon these let the proud fabric of freedom rest, as the rock of its basis; and as truly as has been said of the only greater institution, *'the gates of hell shall not prevail against it.'*" *Abraham Lincoln*, Speeches and Writings 1832–1858 (New York: Library of America, 1989), 28–36.

[9] "In the Spartan state alone, or almost alone, the legislator seems to have paid attention to questions of nurture and occupations; in most states such matters have been neglected, and each man lives as he pleases, Cyclops-fashion, 'to his own wife and children dealing law'. Now it is best that there should be a public and proper care for such matters; but if they are neglected by the community it would seem right for each man to help his children and friends towards virtue, and that they should have the power, or at least the will, to do this."

[10] Listing the functions of the city Aristotle lists food, arts, arms, revenue; he then says "fifth or rather first, there must be care for religion, which is commonly called worship." 1328b5–15; see also 1329a 26–33, 1331b4–18, 1336b15–22. There are also meals devoted to hearing the bards, who would no doubt sing of the gods and heroes: 1338a25–30.

ifest itself and requires the creation by the city of new rituals and worship of the gods.[11]

By considering the origins or the "coming to be" of the polis, Aristotle establishes the naturalness of the city (political community). Through its relationship to the family, which is clearly a natural association, the city exists by nature. The city completes, fulfills, or perfects the family as a natural association, and as the final cause or *telos* of the human association of family, it is also natural. The family comes into existence for life and the polis for the good life. The analysis of Harry Jaffa is very useful in explaining this dynamic teleological relationship of family and city: the family comes into existence for the sake of life and thereby initiates something that it can not complete.[12] For the reproduction of life is the initiation of a new *human* life; to generate a new human being requires in addition to food, shelter, clothing also greater social skills, virtues, and education. The exchange of goods requires a greater differentiation than the family can provide. And the defense against hostile others requires the aid of the city with its military and other defenses. Education requires something more than a family or village: "now in men rational principle and mind are the end towards which nature strives, so that the birth and the moral discipline of the citizen ought to be ordered with a view toward them" (see *Politics* VII.15, 1334b14–16). The family as it functions and develops understands its lack of sufficiency and becomes part of a larger association called the village, which is a colony or offshoot from a family. He says the village will satisfy something more than daily recurring needs. He doesn't elaborate on these but goes on to say that true sufficiency is established in the polis, not primarily because of sufficient economic diversity and the provision of defense, but most of all for the establishment of justice, and perhaps most of all the education of the young in the way of the city.

There is a distinction between the family and the polis even though they are connected through the natural development of the family for life and its completion for the sake of the good life. Aristotle says that a chief error in political philosophy is to confuse the household and the city as if they were differentiated only with the size, degree or number of the people involved. The associations have different forms and purposes that constitute an essential difference. The essential difference has to do above all with justice in a public space for deliberation (1252a32). Justice requires law and impartial deliberation and judgment. These are precisely the offices that must be arranged by each regime, according to its understanding of justice. The family exists through private relationship of the husband and wife and children; this privacy which Plato wanted to destroy or absorb into the public sphere, because he feared faction, or lack of unity. But Aristotle will show that faction is a problem, but it

---

[11] *Fustel De Coulanges*, The Ancient City: A Study On The Religion, Laws, And Institutions Of Greece And Rome (New York: Anchor Doubleday, 1956), 117–20, 126–33.

[12] *Harry Jaffa*, What is Politics?, in: *his*, The Conditions of Freedom: Essays in Political Philosophy (Baltimore: The Johns Hopkins University Press, 1975).

has to do not with the existence of the family but with properly political causes which are the differing notions of justice, often pitting the Oligarch against the Democrat. Thucydides leads us to appreciate the polarity of Greek political life and the unending civil wars that raged through the Greek cities through the polarization of democracy and oligarchy, sponsored by the rivalry of Athens versus Sparta.

The principles for Aristotle's critique of Plato, the excessive unity of city and the degradation of the individual, are laid out, at least implicitly, in *Politics*, Book I. In Book II he explicitly attacks Plato's *Republic* on the issue of the community of wives and children and the abolishment of private property. His errors, according to Aristotle, have a common root problem concerning human nature and the love of self and attachment to one's own. That attachment to one's own is a natural impulse, and it serves a good in the foundation of the family; the problem comes with its excess and the rivalry of families and clans. The solution is political justice, not absorption of the family into the city.

The community of wives, children, and property is first of all, confusing if not incoherent. Aristotle makes an argument about the use of terms: when we say that everybody calls something mine that could either mean we all think the item is mine individually or mine communally. The problem, of course, is that if it is mine individually, we shall have the same problem even intensified that we all want the same thing or claim the same thing (1261a18–23). If we all refer to the same thing as mine collectively, he says this has the problem of watering down our affection and care. So this is where he says it is better to be someone's real cousin than a "brother" in Plato's *Republic:* "it is better to be someone's personal cousin then a son in the manner described." (1262a 14)

Human beings pay attention to what is their own: they care less for what is common. Plato means that each citizen will have 1000 sons: they will not be the sons of each citizen individually. Aristotle says this is probably not possible because we would recognize resemblances and come to guess who are natural brothers, children, fathers or mothers. Community of wives and children destroys natural piety. We not only lose a powerful source of restraint and special care, but also the sense of temporal fragmentation and the connection through generations, mentioned above. Practically, there are two things which move human beings to care for an object and to feel affection for that object: one of them is that the object should belong to yourself: the other is that you should like it. And he says none of these motives can exist in the schema of common ownership or community of wives and children.

Property also poses a special problem. It is difficult for men to live together and be partners in any form of human activity but especially difficult when property is involved. Because there will always be a discrepancy between perceived amount of work and recompense. That is why a system of private ownership would be preferable; however, it must be adorned by customs and laws that encourage common use. Common ownership also does away with the possibility of the virtues and doing kindness such as giving help to friends or justice to fellow citizens.

The basic fallacy of Plato is the premise of unity, namely that there is the same extent of unity in household and polis. But he says by advancing to such a unity, the polis will cease to be a polis and will lose its essence. Just like a harmony turned into mere units, you need the inner differentiation (1261a18–23).

Aristotle surely does a better job at accounting for the individual and the family than does Plato. Nevertheless, there remain significant problems with his account. Some problems pertain to the nature of the political society itself; other problems pertain to the ultimate degradation of marriage and family. First, the status of the citizen is limited to male, Greek, rationally developed individuals. Slaves, mechanics, and others who work for the common good are not considered to be part of the higher life of the city. For example, Aristotle says that it would be unfitting for the mechanic to worship the gods of the city. If the family exists in its own integrity, it is ordered to the city as a higher association, and the city bears down on it with a certain arrogance. It looks to the family as a breeding ground from which it can pick and choose its citizens. And indeed, we find in Aristotle *Politics* the notion that exposure of the defective child and abortion for limitation of the population are possibilities for the rational ordering of the city (1335b20–25).

Secondly, the problem of religion and worship is left to the creativity of the poet and the legislator. The city must assume permanence beyond family and nature, in a quasi-historical or mythical existence. The realm of honor and memory, the importance of monumental deeds, generates a new form of religion, a religion of the city. It is a form of idolatry.

In addition, the family loses its distinctiveness through a series of problems. First, the procreative act is the reproduction of what is essentially the same, the species, which is eternal (the personal or individual is lost). Nature reveals the endless cycles and eternal return of the same. The individual is ultimately of no account. Even though Aristotle appreciates the composite nature of things including the human, it is the eternal form that is intelligible and splendid. Joseph Owens explained: "Aristotle was a Greek of the Greeks in his whole-souled concentration on the expression of form. More than any other of his race, he saw human life and every other activity and all Being centered in the clear and energetic realization of form."[13] The realization of form refers to the realm of becoming, the world of nature. To understand nature we must appreciate material cause and the individual. But ultimately we return to universal form and the eternal standard. This is reflected in the Greek aesthetic.[14] Again the differen-

---

[13] *Joseph Owens*, The Doctrine of Being in the Aristotlean Metaphysics (Toronto: Pontifical Institute of Medieval Studies, 1978), 470.

[14] Oxford professor C. M. Bowra said the aim of Greek art "was to present its subjects in their essential nature, in their timeless essence. (…) It appealed to their desire to find an abiding reality behind the gifts of the senses. (…) Artists sought to catch and express the essential nature of a subject, whether divine or human, high or humble, tragic or convivial, heroic or salacious, because they felt that the conviction of the beautiful which came to them in inexplicable and inspiring visitations was derived from a higher order of being and must be treated with a full awareness of its haunting and possessing presence. For this reason they

tiated individual does not measure up to the ideal form of the Greek art, nor is he or she worthy of celebration or remembrance.

Second, the city is the realm of freedom, and the family represents the realm of necessity and mere life, reflecting a standing dualism. Consider the brief account in Thucydides of the Athenian shrine at the island of Delos, said to be second in importance to the Greek culture, behind Delphi: "Such was the importance of the island that In the 5th century, during the 6th year of the Peloponnesian war and under instruction from the Delphic Oracle, the entire island was purged of all dead bodies and it was decreed that no one should be allowed to either die or give birth on the island due to its sacred importance and to preserve its neutrality in commerce, since no one could then claim ownership through inheritance. Immediately after this purification, the first festival of the Delian games were celebrated there."[15] To be happy and to enter into the divine arena one must forget birth and death, and discover the present bubble of splendor and play. The family represents birth and death. It must be forgotten or degraded if men are to be free and to rejoice in an unhampered freedom of play.

Third, the family must supply its sons to the city for its glory. We consider for example Pericles's funeral speech. "Turning to the sons or brothers of the dead, I see an arduous struggle before you. When a man is gone, all are wont to praise him, and should your merit be ever so transcendent, you will still find it difficult not merely to overtake, but even to approach their renown. The living have envy to contend with, while those who are no longer in our path are honored with a goodwill into which rivalry does not enter. (...) If deeds be in question, those who are here interred have received part of their honors already, and for the rest, their children will be brought up till manhood at the public expense: the state thus offers a valuable prize, as the garland of victory in this race of valor, for the reward both of those who have fallen and their survivors. And where the rewards for merit are greatest, there are found the best citizens."

Donald J. Keefe points out that "Christian and Catholic political theology can have no other foundation than the social reality, the praxis, which is the worship of the Lord of history."[16] Keefe warns us that "the imposition of the prior truth of any non-Christian historical consciousness upon Christianity is always the perversion of faith." Thus, both the contemporary ideologies of liberal progressivism and Marxist socialism also distort the faith; both also argue that the family is an obstacle to progress and the full realization of a just political society. The political phi-

---

presented in a special way what they saw, stripping it of its trivial or confusing accessories and concentrating on its inner strength and central being. (...) Artists and sculptors were no less concerned than he [Plato] was to find an ideal order behind appearances and to make it known to men." C. M. Bowra, The Greek Experience (New York: Mentor Books, 1957), chap 8, "The Plastic Vision."

[15] Thucydides, The Peloponnesian War, translated by Thomas Hobbes, edited by David Grene (Chicago: University Press, 1989), III.104.

[16] *Donald J. Keefe*, Liberation and the Catholic Church: The Illusion and the Reality, in: Center Journal I (Winter 1981), 55.

losophy of Aristotle has served as an important resource for many thinkers to combat the errors and distortions of contemporary political philosophers such as Marx and Rawls. Indeed, the philosophy of Aristotle has been incorporated in much of Catholic social thinking, especially through the work of Thomas Aquinas and through the Thomistic revival of the twentieth century. Maritain, Simon, Rommen and others made extensive use of Aristotle's political philosophy. Yet Aristotle does not adequately establish the significance of the individual and the goodness of marriage and family. The superiority and sovereignty of the political regime overshadow the family. For although Aristotle makes important strides beyond Plato, his philosophy still bears the mark of a rationalist and monistic metaphysics that Father Keefe sees as an unwarranted imposition upon Christian theology. Among those impositions Keefe mentions "the fault of the Aristotelian sociology of the 'perfect society' so much relied upon by Scholastic thinkers."[17] This serves sufficient warning to the Aristotelian who would remove the speck from the eye of Plato and fail to see the beam in his own.

The family represents nature in its clearest manifestation. The mutual attraction of the male and female, the veneration of the power of fertility and procreation, and the enduring social form of the family plant it squarely in the middle of political society. The family is said to be the basic cell of all human society, the primary association of human beings. The mutual influence and inevitable tensions of the family and the polis extends throughout the political philosophy of Plato and Aristotle. On the one hand, the polis must draw upon the naturalness of the family for its own legitimacy and justification. Because the family is the prior and more fundamental form of association, the political association must be derived from its extension, development, or absorption. On the other hand, the city represents the excellence of human striving in its most conspicuous forms. The family must join into the political association for its own protection, fulfillment, and endurance. Just how that mutual influence exerts itself and how the relationship between the family and city should be envisioned opens up one of the great debates of Greek philosophy. Plato paradoxically eliminates the family in attempting to appropriate its naturalness. Aristotle paradoxically preserves the family but projects a perfect society or a self-sufficient association whose end or purpose subverts the fundamental significance of the family.

Keefe challenges us to see that the source of the problem lies in Greek political philosophy as a whole, not Platonism alone. Christianity has been the source for the development of a rich social order. As he rightly says:

> Out of that worship, in which the gift is appropriated by the people of God, a new understanding of the dignity and meaning of our humanity has entered the world, against an enor-

---

[17] Keefe, 54. Elsewhere he writes: "Whereas in pagan wisdom the logic of such monisms immediately generated sets of corresponding dualisms between primordial principles, permanently irreconcilable, of unity and multiplicity." And: "Either one permits the monist logic, whether of Plato or Aristotle, to have its head in a true autonomy of reason as contemporary science and humanism seem desirous of doing." *Donald Keefe*, Covenantal Theology (Novato, Ca: Presidio Press, 1996), 7, 8.

mous resistance – the resistance which is our fallenness, our fear and dread of our own reality, our own history, our own freedom and responsibility. Over the nineteen hundred and fifty years of this eucharistic worship, the pagan despair of human worth has been pushed back, not by theory, not by law, not by charismatic leadership, but by the continual and cumulative appropriation by the people in the pews of the reality which is given them in this worship. It is this dawning consciousness of the reality of dignity and freedom which has been and continues to be the one principle of novelty and ferment in the world: it is this which church doctrine and law and mission articulate and defend and propagate, but do not create. This slow, often hesitant, often betrayed but finally irreversible and indefeasible history of our common salvation is at the same time the entry of every human being informed by that worship into that realm of responsibility for a uniquely personal concreation of the kingdom of Christ; it is an acceptance of personal responsibility for the future which bars as sinful, as a rejection of the good creation, every resubmergence of that individual into the anonymity of a faceless mass and a featureless, meaningless present.[18]

To truly avoid the abolition of man we will need both nature and grace, faith and reason. Why do we still lose the significance of the differentiated individual and the importance of the family in the debate between Plato and Aristotle? It is in a very significant way a failure of the metaphysical order, with their emphasis upon form and unity. Perhaps it is the failure of rationalism, the assertion of human rationality against the mystery and sovereignty of God, and so a manifestation of the fallen Adam. The true humanism will take nothing less than the restoration through the new Adam, an embrace of the true religion, and a metaphysics of *esse*, or metaphysics of the gift. Pope John Paul II made some important contributions to this deepening of the integral humanism through his work on the phenomenology of love, through his work on *Gaudium et spes*, and through his work on the theology of the body and family which he developed during his papacy. It is his argument for the family as a "communion of persons", reflecting and reiterating the "gift" of existence.

For all of the incisive arguments made by Aristotle for "man as political animal", he did not quite reach the root cause. He had the notion of a common good and applied the notion of friendship to political life. He did not make explicit the theme of generosity and gift. If we recap the three arguments – the city completes the family, a natural association; the city reveals man as a rational animal, with a capacity for deliberation and justice; the city is a whole that develops the individual as a part. But each of these arguments seems to turn more on the necessity of social and political association and indicate the neediness of human nature. Let's consider a very insightful paragraph from Jacques Maritain's *Person and the Common Good:*

> But why is it that the person, as person, seeks to live in society? It does so, first, because of its very perfections, as person, and its inner urge to the communications of knowledge and love, which require relationship with other persons. In its radical generosity, the human person

---

[18] "Liberation", 55–56. Also: "In this moment of appropriation and conversion, we enter into our personal history through the recognition and affirmation of our personal truth, our union with Christ (…) in this worship, the personal appropriation of truth, of freedom, of responsibility and of community coincide in the only true historical consciousness, that of covenantal existence, existence in Christ." Covenantal Theology, 12.

tends to overflow into social communications in response to the law of superabundance inscribed in the depths of being, life, intelligence and love. It does so secondly because of its needs or deficiencies, which derive from its material individuality. In this respect, unless it is integrated in a body of social communications, it cannot attain the fullness of its life and accomplishment. Society appears, therefore, to provide the human person with just those conditions of existence and development which it needs. It is not by itself alone that it reaches its plenitude but by receiving essential goods from society.[19]

The second reason, from "needs or deficiencies", takes into account the thrust of Aristotle's argument in *Politics*. The acquisition of virtue, the maintenance of life and the cultivation of the good life, the role of law and deliberation about common advantage indicate the complex conditions needed for human flourishing. The human being is dependent on his fellows for the conditions of liberty, virtue, and overall development as a human. But did Aristotle, or Plato for that matter, thematize tor make explicit the "radical generosity" of the human person? My teacher, Joe Evans, expressed Maritain's insight this way: "inscribed in his very ontological structure man seeks super-abundance and super-existence."[20] One needs the metaphysics of the self-diffusion of the good. As Keefe remarked, who has heard of the self-diffusion of the "One?" Professor Evans also explained that the person asks for dialogue and seeks to "be with others". The common good is rooted in the human capacity for communion with others in knowledge and truth. Maritain begins to make thematic the philosophy of "gift": "Through love he can give himself freely to beings who are to him, as it were, other selves; and for this relationship no equivalent can be found in the physical world." [21]

Pope John Paul II developed the theme of the gift-like character of existence and sought to make the philosophy of the gift the fundamental basis for marriage and family in the communion of persons. Aristotle was right to trace sociability, a political community, to the family association. But his understanding of it either looks too high, too low, or adjusts to the pragmatic or utilitarian needs of the city. The low view is because of natural impulse, prior to personal decision or deliberation, as an exercise of animal powers of the soul. Human beings can see their own lack of self-sufficiency and their need for social association in the "pairing of male and female". It is a rudimentary form of life requiring much support and transformation by the political society. The high view of procreation seeks explanation in the imitation the eternal heavens and the separate substance through the perpetuation of the species. The eternal species achieves fuller substantial being, over time, than the individual as such. Both Platonic idea and eternal species render the individual a derivative significance. Both the low and the high view of generation lose the distinctively human as well. The city does provide a more human measure for existence, situated in

---

[19] The Person and the Common Good (Notre Dame: University of Notre Dame Press, 1966), 47–48.

[20] Notes on Lecture by *Joseph W. Evans*, Social and Political Philosophy, undergraduate class at the University of Notre Dame, Fall 1972.

[21] *Evans*, Notes on Lecture.

the *metaxy*, under the gods and above the animals. But the political excludes the less than fully rational and must use up the offering of families for the glory of the city. The few will remain in the honor of the city forever.

The rationale for social life in need and necessity obscures the deeper or true foundation of social life. When nature can be transformed, or needs redefined or met through various arrangements, the role of the family is questioned and the political order made utilitarian, influenced by a "culture of death". In *Fides et ratio* John Paul II said: "The need for a foundation for personal and communal life becomes all the more pressing at a time when we are faced with the patent inadequacy of perspectives in which the ephemeral is affirmed as a value and the possibility of discovering the real meaning of life is cast into doubt" (§6). That foundation must be sought on a theological ground; but it is a ground confirmed by a phenomenological analysis and fully consistent with the Thomistic philosophy of the person. John Paul II finds the best formulation in *Gaudium et spes:*

> Indeed, the Lord Jesus, when He prayed to the Father, "that all may be one... as we are one" (John 17:21–22), opened up vistas closed to human reason, for He implied a certain likeness between the union of the divine Persons, and the unity of God's sons in truth and charity. This likeness reveals that man, who is the only creature on earth which God willed for itself, cannot fully find himself except through a sincere gift of himself. (§24)

The fundamental principle for human dignity is that God created each person for itself, or as an end in itself. This does not provide an endorsement of moral powers for the underwriting of human autonomy. It is rather an affirmation of human dignity in light of its eternal destiny. But Wojtyla provides a more experiential basis for this understanding of human dignity in light of the family and the communion of persons. The family establishes an area of personal affirmation and understanding of the individual in his or her uniqueness and "unrepeatability":

> The contrast between the ordinariness of all the facts of the birth of human beings in human families and the extraordinariness and unrepeatability of each of those facts leads to another contrast, one that highlights the meaning of each concrete family as a communion of persons. It is precisely for such a community that the fact of the birth of a human being is extraordinary and in each instance unique, as well as both personal and communal. Beyond this dimension, beyond the boundaries of the family, it loses this character and becomes a statistical fact, something to be subjected to various sorts of objectifications, up to the point of becoming merely a statistical entry. *The family is the place in which each human being appears in his or her own uniqueness and unrepeatability.* It is – and should be – the kind of special system of forces in which each person is important and needed because that person exists and because of who that person is. It is a profoundly *human* system, constructed upon the value of the person and concentrated entirely around this value.[22]

The family therefore defies the intelligible as form and as universal precisely in its very reality as individuals in relation, and so its meaning will escape the philosopher.

---

[22] *Karol Wojtyla*, The Family as a Community of Persons, in: Persons and Community: Selected Essays, translated by Theresa Sandok (New York: Peter Lang, 1993), 326.

The role and importance of the family comes up at the point of birth and death. They are potentially no more than a statistic for all but the family. The reality of the family emerges between a theological proposition (each is willed for his or her own sake) and an everyday or commonplace truth (the family embraces each member in his or her uniqueness and unrepeatability). We touch upon the mystery of the human person in birth and death. But between dogmatic assertion and a sentimental platitude, Wojtyla asks us to delve deeper into the mystery of life. The dynamic reality of marriage of spouses possesses significance greater than the "pairing of male and female" for the generation of new life in twilight of passion and convenience. It reveals the human capacity of personal gift and energizes the root of all human society. Wojtyla says that humans are "like unto God" by reason of their capacity for community with other persons. Yet we have to go deeper than "unit of social life":

> If we were to say that the actualization of this capacity and the confirmation of this truth about human beings is social life, this would be true, but it still would not capture the full depth that is proper and specific to this truth. Likewise, it would also be true to say that the family is a society, the smallest unit, but this would still not tell us much about the family and would fall short of the full ontological depth that we ought to discover and accentuate here.[23]

Wojtyla claims that the social is a point of arrival, rather than his point of departure (as it is for Aristotle). His point of departure is the person and the "structure proper to a person". The structure or dynamism is self-possession and self-giving. "If the gift of oneself characterizes human activity, human conduct, it does so always because of this personal *esse*, which is capable of a disinterested gift of oneself."[24] The human "social nature" derives from the capacity for "rational community as communio": the two "mutually contain and somehow imply one another". But communio is deeper than social nature, and is "far more indicative of the personal and interpersonal dimension of all social systems".[25]

The communio of persons requires the disinterested gift of self and the reception of the gift. Like friendship, the communio must be a mutual affirmation of the other in their gift. Wojtyla distinguishes between the communal as an adjective, the description of common action, and the communal as a "mode of being" or a disposition to confirm and reinforce the other in their gift. Thus marriage is the perfect realization of the communio as a mode of being – for the "nature of a community of persons demands that this gift be not only given but also received in the whole of its truth and authenticity."[26] That is, there must be a "genuine reception" of the gift or the "act through which the gift of the person is expressed." Marriage requires the mutual giving and reception of the gift of self over the course of a lifetime (until death do us part) and the exclusive commitment in totality of the self. Wojtyla thus coins the term a

---

[23] *Wojtyla*, "Family as Community" (note 22), 318.
[24] *Wojtyla*, "Family as Community" (note 22), 318–19.
[25] *Wojtyla*, "Family as Community" (note 22), 319.
[26] *Wojtyla*, "Family as Community" (note 22), 322.

"theology of the body" to account for the significance of the sexually differentiated male and female as being most apt for communio and for the generation of new life, as an expansion of the *communio personarum*. Marriage as a *communio personarum* is "by nature open to these new persons, and through them it attains its proper fullness, not just in the biological or sociological sense, but precisely as a community with a truly communal character, a community that exists and acts on the basis of the bestowal of humanity and the mutual exchange of gifts."[27]

This phenomenological analysis reaches the purported root of human sociability. It is not reducible to any of the Aristotle's concepts, and it is capable of solving the Platonic question concerning the guardian. Aristotle would reduce the family to the natural or biological, as we have seen, either the achievement of the species in its endurance (no small thing) or to the neediness of passion and convenience (not at all evil aspects of sexuality and family, but not distinctively or essentially personal). Or Aristotle absorbs the family into the forms and purposes of the city as such with the result that a utilitarian approach overtakes the family in its readiness to serve the city. Wojtyla presents a deeper analysis to underscore the dignity of the person and the dynamic reality of self-giving, the radical generosity as the second aspect of human sociability, complementary to neediness.

The family does indeed feed the city primarily through the inner or spiritual formation of the person. John Paul II succinctly explains this in *Familiaris consortio*: "The family has vital and organic links with society, since it is its foundation and nourishes it continually through its role of service to life: it is from the family that citizens come to birth and it is within the family that they find the first school of the social virtues that are the animating principle of the existence and development of society itself" (§42). The animating principle of society he calls the "law of free-giving". He explains how vital the family is in embodying and perpetuating the principle of society: "by respecting and fostering personal dignity in each and every one as the only basis for value, this free giving takes the form of heartfelt acceptance, encounter and dialogue, disinterested availability, generous service and deep solidarity" (§43). The higher values of society, such as justice, are rooted in the family communion of persons which continues to serve as an "example and stimulus for the broader community relationships marked by respect, justice, dialogue and love" (§43). Maritain recognizes the importance of personal life as a basis for political life – "it is understandable that society cannot *live* without the perpetual gifts which come from persons, each one of whom is *irreplaceable* and incommunicable"[28] even though society may well treat persons as replaceable. In contemporary society the family may well be the only way to resist the allure of the anonymous escape as warned by Keefe. John Paul II comments: "faced with a society that is running the risk of becoming more and more depersonalized and standardized and therefore inhuman and dehumanizing, with the negative results of many forms of escapism

---

[27] *Wojtyla*, "Family as Community" (note 22), 327.
[28] Person and the Common Good (New York: Scribner's, 1947), 65.

– such as alcoholism, drugs and even terrorism – the family possesses and continues still to release formidable energies capable of taking man out of his anonymity, keeping him conscious of his personal dignity, enriching him with deep humanity and actively placing him, in his uniqueness and unrepeatability, within the fabric of society." §43

To conclude our paper I shall point to John Paul II's confirmation of the major point made by Donald. Keefe. The prime analogate for being must be the Trinitarian God, not a monistic god of the Greeks or the uniform and pantheistic god of modern democracy.[29] The ultimate justification or true basis for understanding and practice of love as the disinterested gift of self is theological. He explains in his Apostolic exhortation, *Familiaris consortio* (§11):

> God is love and in Himself He lives a mystery of personal loving communion. Creating the human race in His own image and continually keeping it in being, God inscribed in the humanity of man and woman the vocation, and thus the capacity and responsibility, of love and communion. Love is therefore the fundamental and innate vocation of every human being.

As Maritain spoke of radical generosity as inscribed in the very ontological structure of human beings as tending towards super-abundance and super-existence, we can appreciate why Christian theology made it possible for this theme to be made explicit and why the vocation to love and communion in marriage is the sure sign of it.

This review of the relationship between the family and larger society should help us to better frame the issue of subsidiarity. We must be careful about formulations of the principle in terms of functions, so as to emphasize efficiency. For subsidiarity is not primarily or first of all about the efficient accomplishment of certain social tasks and goals. If this were true than schemes of reduction of family to polis or the understanding of the polis as a family may make some sense. But because each serves a special function in the humanization of the person, they cannot be so reduced.

Subsidiarity is the notion of a proper situating or sitting of the associations to which man is called and in which he finds his fulfillment. In a classic expression of the principle, made by Pope Pius XI in his encyclical, *Quadragessimo anno* , the notion of function is paramount: "those in power should be sure that the more perfectly a graduated order is kept among the various associations, in observance of the principle of ‚subsidiary function', the stronger social authority and effectiveness will be the happier and more prosperous the condition of the state" (§80). By this principle of subsidiarity he means to limit the power of the larger social association, especially the state: "The supreme authority of the state ought, therefore, to let subordinate groups handle matters and concerns of lesser importance, which would oth-

---

[29] Perhaps it may be of interest to read Tocqueville's spirited aside that "All those who still appreciate the true nature of man's greatness should combine in the struggle against it [pantheism]." *Alexis de Tocqueville*, Democracy in America, translated by George Lawrence (New York: Harper Collins, 1988), 452. Pantheism combines that loss of individual existence and confidence with the deification of generality and the mass of men.

erwise dissipate its efforts greatly. Thereby the state will more freely, powerfully, and effectively do all those things that belong to it alone because it alone can do them: directing, watching, urging, restraining, as occasion requires and necessity demand" (§80). But this principle embodies a fundamental tension, that of efficiency of activity and achievement and that of integrity of being. Pope Pius XI explained that "on account of changed conditions many things which were done by small associations in former times cannot be done now save by large associations" (§79). Efficiency and conditions of modern life require greater cooperation and concentration of resources. This aggregation favors larger associations and concentrations of power or economies of scale. But by the same token, the integrity of each organization must be maintained. Invoking a "weighty principle [namely subsidiarity], which cannot be set aside or changed, remains fixed and unshaken in social philosophy", he says "it is an injustice and at the same time a grave evil and disturbance of right order to assign to a greater and higher association what lesser and subordinate organizations can do. For every social activity ought of its very nature to furnish help to the members of the body social, and never destroy and absorb them"(§79).[30] Both the family and the political society are at the heart of human sociality and contribute both to human identity and accomplish efficiently great tasks of humanization. Because the family is the association wherein the human person lives according to the law of free giving, it sets a standard for all *par excellence* of society: "A man is alienated if he refuses to transcend himself and to live the experience of self-giving and of the formation of an authentic human community oriented towards his final destiny, which is God. A society is alienated if its forms of social organization, production and consumption make it more difficult to offer this gift of self and to establish this solidarity between people.[31]

---

[30] Other thinkers have formulated the principle as follows: "No task which can be satisfactorily fulfilled by the smaller unit should ever be assumed by the larger unit. (...) It is perfectly obvious that there is more life and unqualifiedly greater perfection in a community whose parts are full of initiative than in a community whose parts act merely as instruments transmitting the initiative as the whole." *Yves Simon,* Philosophy of Democratic Government (Chicago: University of Chicago Press, 1951), 129–30 Maritain calls it the principle of structural pluralism: "Everything in the body politic which can be brought about by particular organs or societies inferior in degree to the state and born out of the free initiative of the people should be brought about by those particular organs or societies." *Jacques Maritain,* Man and State (Chicago: University of Chicago Press, 1951), 67; the "Catechism of the Catholic Church"*,* states: "Socialization also presents dangers. Excessive intervention by the state can threaten personal freedom and initiative. The teaching of the church has elaborated the principle of subsidiarity, according to which 'a community of a higher order should not interfere in the internal life of a community of a lower order, depriving the latter of its functions, but rather should support it in case of need and help to co-ordinate its activity with the activities of the rest of society, always with a view to the common good.'" (1883).

[31] "The concept of alienation must lead us back to the Christian vision of reality, by recognizing in alienation a reversal of means and ends. When man does not recognize in himself and in others the value and grandeur of the human person, he effectively deprives himself of the possibility of benefitting from his humanity and of entering into that relationship of solidarity and communion with others for which God created him. Indeed, it is through the free gift of self that man truly finds himself. This gift is made possible by the human person's

In one very important respect, pertaining to the law of free giving and the participation of the person in society, the family is by the perfect society, and not the political association.

---

essential 'capacity for transcendence'. Man cannot give himself to a purely human plan for reality, to an abstract ideal or to a false utopia. As a person, he can give himself to another person or to other persons, and ultimately to God, who is the author of his being and who alone can fully accept his gift. A man is alienated if he refuses to transcend himself and to live the experience of self-giving and of the formation of an authentic human community oriented towards his final destiny, which is God. A society is alienated if its forms of social organization, production and consumption make it more difficult to offer this gift of self and to establish this solidarity between people." Centesimus annus, §41.

Subsidiarität und Subsidiaritätskontrolle im politischen System der Europäischen Union

Klaus Stüwe

Die Europäische Union ist ein beispielloses Erfolgsmodell. Entstanden noch auf den Ruinen des Zweiten Weltkriegs, gegründet von ehemaligen Feinden, bewährt in Krisen und gewachsen in mittlerweile über 60 Jahren, ist sie heute ein Zusammenschluss von 28 europäischen Staaten. Über 500 Millionen Bürger verdanken der EU ein Leben in Frieden, Freiheit und Wohlstand. Diese Erfolgsgeschichte war nur möglich, weil die Integration Europas von Anfang an auf zwei Grundgedanken aufbaute: Zum einen wurden bereits mit der Gründung der ersten Europäischen Gemeinschaften in den 1950er Jahren supranationale Institutionen errichtet, also z. B. eine Kommission, ein Gerichtshof und andere Gemeinschaftsorgane. Zum anderen wurden sukzessive ehemals nationale Souveränitätsrechte auf diese supranationalen Institutionen übertragen. Die Mitgliedsstaaten verlagerten also bestimmte Kompetenzen auf die Gemeinschaft, während sie andere Zuständigkeiten behielten.

Aufgrund dieser Logik entwickelte sich allmählich ein komplexes politisches System, mit dessen Einordnung sich Politikwissenschaft und Staatsrechtslehre immer noch schwer tun. Obwohl die EU kein Staat ist, verfügt sie dennoch über staatsanaloge Elemente. Die Rede ist von einem „Mehrebenensystem"[1], von „Multi-Level-Governance" oder auch von einem „Staatenverbund"[2]. Bei der Weiterentwicklung der früheren Europäischen Gemeinschaften zur späteren Europäischen Union tauchte zudem unvermeidlich die Frage nach deren Zuständigkeiten im Verhältnis zu den Mitgliedsstaaten auf. Für welche Staatsaufgaben und Politikbereiche sollte die Europäische Union zuständig sein, für welche die Nationalstaaten?

In dieser Situation griff man auf das von der katholischen Soziallehre entwickelte Prinzip der *Subsidiarität* zurück. Obwohl er erst relativ spät Eingang in die europäischen Verträge fand, machte der Begriff Subsidiarität schnell Karriere. Er wurde gewissermaßen zu einem Schlüsselbegriff der europäischen Architektur. In Ansprachen von Politikern, Broschüren und Internetseiten der EU-Institutionen sowie in Lehrbüchern der politischen Bildung ist im Zusammenhang mit der Europäischen Union fast immer von Subsidiarität die Rede.

---

[1] Vgl. statt vieler *Thomas König* (Hrsg.), Das europäische Mehrebenensystem, Frankfurt/Main 1996.

[2] So das Bundesverfassungsgericht in seiner Entscheidung zum Vertrag von Maastricht, BVerfGE 89, 155.

Als Idee und Grundprinzip gesellschaftlichen Zusammenlebens ist Subsidiarität „uralt"[3]. Der Begriff selbst, von Gustav Gundlach geprägt[4], fand erstmals in der Enzyklika *Quadragesimo Anno* Pius XI. im Jahr 1931 Eingang in die katholische Soziallehre. Das Subsidiaritätsprinzip bestimmt zunächst das Verhältnis zwischen dem Einzelnen und der Gesellschaft, lässt sich aber auch auf das Verhältnis zwischen unterschiedlichen gesellschaftlichen und staatlichen Ebenen beziehen. Danach darf die größere und umfassendere Gemeinschaft der jeweils kleineren nicht das an Aufgaben abnehmen, wozu sie kraft eigenen Rechts befugt und fähig ist; andererseits darf und muss die größere eingreifen, wenn die kleinere Einheit ihre Angelegenheiten nicht mehr hinreichend erfüllen kann. Diese „Pflicht zur fruchtbaren Selbstbescheidung und gleichzeitig die Verpflichtung zu subsidiärem Eingreifen sind nur dann möglich", schreibt der Sozialethiker Anton Rauscher, „wenn die verschiedenen Gemeinschaften (…) sowohl eine relative Eigenständigkeit als auch eine gegenseitige Zuordnung besitzen"[5].

Gerade da sich aus dem supranationalen Konzept der Europäischen Union ein System der gegenseitigen Zuordnung ergab, erschien das Subsidiaritätsprinzip alsbald auch als ein mögliches europäisches Organisationsmodell. Gegen die Gefahr, dass die europäische Zentralinstanz zu viele Kompetenzen an sich zieht, wurde das Subsidiaritätsprinzip vor allem von Staaten mit föderalistischer Tradition wie Deutschland[6], denen es aus der eigenen Staatsorganisation vertraut war, in die politische Debatte eingeführt. Im Gegensatz zum politisch relativ konkreten Begriff des Föderalismus, den die meisten europäischen Staaten ablehnten, war der staatsrechtlich weniger eindeutig zu definierende Gedanke der Subsidiarität[7] ein weitgehend konsensfähiges Strukturprinzip der künftigen europäischen Ordnung. Seit dem Vertrag von Lissabon, der 2009 in Kraft trat, existiert sogar ein Mechanismus der *Subsidiaritätskontrolle*.

Im Folgenden wird analysiert, welche Bedeutung Subsidiarität und Subsidiaritätskontrolle für das politische System der Europäischen Union haben. Die These dieser Untersuchung ist, dass der Begriff Subsidiarität auf europäischer Ebene rechtlich und politisch nach wie vor relativ unbestimmt bleibt und eine effektive Subsidiaritätskontrolle derzeit kaum möglich ist.

---

[3] *Oswald von Nell-Breuning*, Subsidiarität, in: Görres-Gesellschaft (Hrsg.), Staatslexikon. Recht – Wirtschaft – Gesellschaft, Freiburg 1962, S. 826.

[4] *Anton Rauscher*, Subsidiarität, in: Görres-Gesellschaft (Hrsg.), Staatslexikon. Recht – Wirtschaft – Gesellschaft, Bd. 5, Freiburg i. Br. (7. Aufl.) 1989, S. 386–388; *Anton Rauscher* (Hrsg.), Subsidiarität – Strukturprinzip in Staat und Gesellschaft, Köln 2000.

[5] *Anton Rauscher*, Kirche in der Welt. Beiträge zur christlichen Gesellschaftsverantwortung, Bd. 1, Würzburg 1988, S. 303.

[6] Vgl. *Gerhard Konow*, Das Subsidiaritätsprinzip des Vertrags von Maastricht, in: Die öffentliche Verwaltung 10 (1993), S. 405–412; vgl. auch *Ottfried Höffe*, Subsidiarität als staatsphilosophisches Prinzip, in: Knut Wolfgang Nörr/Thomas Oppermann, Subsidiarität. Idee und Wirklichkeit, Berlin u. a. 1997, S. 50.

[7] *Josef Isensee*, Subsidiaritätsprinzip und Verfassungsrecht, Berlin (2. Aufl.) 2001, S. 28 ff.

Der Beitrag umfasst vier Abschnitte. Im ersten Teil wird nachgezeichnet, wie das Subsidiaritätsprinzip Eingang in das EU-Recht fand. Der zweite Teil stellt die Kompetenzverteilung zwischen EU und Mitgliedstaaten dar, wie sie seit dem Lissabon-Vertrag geregelt ist. Im dritten Abschnitt wird thematisiert, welche Formen der Subsidiaritätskontrolle es auf europäischer Ebene gibt und wie wirksam diese sind. Im vierten Teil geht es schließlich um die Frage, welche Herausforderungen und Probleme sich aus dem Befund ergeben.

I. Das Subsidiaritätsprinzip im politischen System der Europäischen Union

Subsidiarität gilt heute als eines der wesentlichen Strukturprinzipien des politischen Systems der Europäischen Union. Allerdings fand der Begriff als solcher erst relativ spät Eingang in das europäische Vertragswerk. Fast vierzig Jahre lang – zwischen 1951, dem Jahr der Gründung der Europäischen Gemeinschaft für Kohle und Stahl, und 1992 – tauchte der Begriff Subsidiarität im europäischen Primärrecht überhaupt nicht auf. Als Begrifflichkeit war das Subsidiaritätsprinzip zwar 1982 in einem Vertragsentwurf des Europäischen Parlaments in der Auseinandersetzung um die Ausgestaltung der Gemeinschaftsverträge schon einmal genannt worden[8] – in der Präambel dieses Entwurfs war vom „Grundsatz der Subsidiarität" die Rede -, doch dieser Entwurf wurde nie realisiert und blieb Makulatur.

Über das Vehikel des Politikbereichs Umweltschutz gelangte das Subsidiaritätsprinzip erstmals im Jahr 1986 – zwar nicht expressis verbis, aber so doch als Prinzip – in einen europäischen Vertragstext. In der *Einheitlichen Europäischen Akte* (EEA), einem ersten Reformvertrag, durch den die ursprünglichen EG-Verträge nach langwierigen Debatten geändert wurden, war seinerzeit zum ersten Mal von geteilten Kompetenzen zwischen der Gemeinschaft und den Mitgliedstaaten die Rede:

> „Die Gemeinschaft wird im Bereich der Umwelt insoweit tätig, als die in Absatz 1 genannten Ziele (gemeint sind die Ziele des Umweltschutzes, d. Verf.) besser auf Gemeinschaftsebene erreicht werden können als auf Ebene der Mitgliedstaaten."[9]

Die Vertragsparteien hatten vor der Schwierigkeit gestanden, einerseits mit der EEA einen gemeinsamen Binnenmarkt zu realisieren, zugleich aber Maßnahmen im Bereich des Umweltschutzes auch regional determinieren zu lassen. Im Mittelpunkt der Prüfung um eine angemessene Kompetenzverteilung zwischen Gemeinschaft und Nationalstaaten sollte nunmehr die Frage der Effizienz stehen. Mit dieser Differenzierung der Zuständigkeiten von Gemeinschaft und Mitgliedstaaten wurde das Subsidiaritätsprinzip zumindest implizit als Regelungsgrundsatz formuliert, auch wenn der Begriff selbst damals noch nicht genannt wurde.

---

[8] Dazu ausführlich *Lars Döring*, Fundament für Europa. Subsidiarität – Föderalismus – Regionalismus, Münster 2004, S. 48 f.

[9] Art. 130r Abs. 4 EGV-EEA.

Nicht zuletzt ausgelöst durch die Einheitliche Europäische Akte mit dem Ziel der Schaffung eines europäischen Binnenmarktes kam es in den folgenden Jahren zu einer zunehmenden öffentlichen Debatte um die Ausgestaltung der Kompetenzverteilung. In Deutschland waren es vor allem die Bundesländer, die sich eine klarere Kompetenzabgrenzung wünschten. Schon im föderalen Gefüge der Bundesrepublik waren die Bundesländer seit Jahren einem schleichenden Kompetenzverlust ausgesetzt gewesen[10]. Nun drohte durch die Verwirklichung des Binnenmarktes und der Entwicklung der EG hin zu einer politischen Union eine weitere Erosion von Landeskompetenzen.

So beklagte der damalige Ministerpräsident von Rheinland-Pfalz, Bernhard Vogel, im Bundesrat im Jahr 1986 bei der Debatte um die Einheitliche Europäische Akte: „Mit den (…) vorgesehenen Übertragungen von Hoheitsrechten sind ganz erhebliche Eingriffe in die föderale Struktur (…) verbunden. Die Länder sind sowohl in ihrem eigenen Hoheitsbereich als auch in ihren grundgesetzlich gewährleisteten Mitwirkungsrechten (…) betroffen"[11]. Die Präsidentinnen und Präsidenten der deutschen Landesparlamente monierten 2003 im Rahmen einer so genannten „Lübecker Erklärung", „dass die Kompetenzverluste der Länder durch den Übergang von Hoheitsrechten der Länder auf die Europäische Union ein bedenkliches Ausmaß erreicht haben"[12]. Dies höhle die eigenstaatlichen Gestaltungsmöglichkeiten der Länder und ihrer Parlamente aus. „Um dieser doppelten Zangenbewegung zu entkommen"[13], wurde von den Bundesländern – wohl von der Bayerischen Staatsregierung ausgehend[14] – der Begriff der Subsidiarität in die Diskussion eingeführt. Auch andere Regionen Europas forderten im Jahr 1990 die Einführung eines Subsidiaritätsprinzips[15].

Als Ergebnis dieser Debatten wurde das Subsidiaritätsprinzip im Jahr 1992 mit dem *Vertrag von Maastricht* erstmals ausdrücklich zur europäischen Rechtsnorm. Als Vertrag von Maastricht wird der Vertrag über die Europäische Union (EUV) bezeichnet, der am 7. Februar 1992 im niederländischen Maastricht von den Staats- und Regierungschefs unterzeichnet wurde. Er stellte den bis dahin größten Schritt der europäischen Integration seit der Gründung der Europäischen Gemeinschaften (EG) dar. Mit diesem Vertragswerk, das an die Seite der 1957 geschlossenen *Römischen Verträge* trat, wurde die Europäische Union (EU) als übergeordneter Verbund für

---

[10] *Klaus Stüwe*, Verlierer der Europäisierung? Die deutschen Landesparlamente im Mehrebenensystem der Europäischen Union, in: Peter Massing/Georg Weißeno (Hrsg.), Demokratischer Verfassungsstaat und politische Bildung, Schwalbach 2013, S. 45–68.

[11] Bundesrat und Europäische Gemeinschaften, hrsg. vom Sekretariat des Bundesrates, Bonn 1988, S. 315.

[12] Der Präsident des Schleswig-Holsteinischen Landtags (Hrsg.), Föderalismuskonvent der deutschen Landtage. Dokumentation, Kiel 2003, S. 90.

[13] *Stefan Ulrich Pieper*, Subsidiarität. Ein Beitrag zur Begrenzung der Gemeinschaftskompetenzen, Köln 1994, S. 210.

[14] Ebd.

[15] Versammlung der Regionen Europas: Resolution vom 6.9.1990.

die Europäischen Gemeinschaften, die Gemeinsame Außen- und Sicherheitspolitik sowie die Zusammenarbeit in den Bereichen Justiz und Inneres gegründet. Die Europäische Gemeinschaft wurde zur politischen Union, und der in ihm erstmals ausdrücklich genannte Begriff Subsidiarität zum „Europabegriff des Jahres"[16]. Art. 3 b des Vertrags von Maastricht legte fest:

> Die Gemeinschaft wird innerhalb der Grenzen der ihr in diesem Vertrag zugewiesenen Befugnisse und gesetzten Ziele tätig. In den Bereichen, die nicht in ihre ausschließliche Zuständigkeit fallen, wird die Gemeinschaft nach dem Subsidiaritätsprinzip nur tätig, sofern und soweit die Ziele der in Betracht gezogenen Maßnahmen auf Ebene der Mitgliedstaaten nicht ausreichend erreicht werden können und daher wegen ihres Umfangs oder ihrer Wirkungen besser auf Gemeinschaftsebene erreicht werden können. Die Maßnahmen der Gemeinschaft gehen nicht über das für die Erreichung der Ziele dieses Vertrags erforderliche Maß hinaus.

Die Formulierung des Subsidiaritätsprinzips trug zweifellos dazu bei, den Vertrag von Maastricht überhaupt erst konsensfähig zu machen. Gerade diejenigen Regierungen (vor allem des Vereinigten Königreichs und Deutschlands[17]), die einer weiteren Vertiefung der Integration skeptisch gegenüberstanden, konnten nun durch die ausdrückliche Verankerung des Subsidiaritätsprinzips erwarten, dass die Zentralinstanzen sich nicht zu übermächtigen Akteuren entwickeln würden. Wenig später folgte eine interinstitutionelle Vereinbarung zwischen Rat, Europäischer Kommission und Europäischem Parlament, welcher die Kommission verpflichtete, jeden von ihr vorgelegten Vorschlag mit einer Rechtfertigung im Hinblick auf das Subsidiaritätsprinzip zu versehen und jährlich einen Bericht zur Beachtung der Subsidiarität zu erstellen[18].

Seit dem Vertrag von Maastricht ist das Subsidiaritätsprinzip ein zentraler Pfeiler der europäischen Architektur geblieben. Vom nachfolgenden Reformvertrag, dem im Jahr 1997 unterzeichneten *Vertrag von Amsterdam*, wurde die Subsidiaritätsformulierung des Maastrichter EU-Vertrags wortgleich übernommen. Darüber hinaus wurde dem Vertragstext das „Protokoll (Nr. 2) über die Anwendung der Grundsätze der Subsidiarität und der Verhältnismäßigkeit" beigefügt. Diese außervertraglich formulierten Regeln für die Anwendung des Subsidiaritätsprinzips, auf die sich der Europäische Rat bereits 1992 in Edinburgh verständigt hatte[19], wurden damit rechtlich

---

[16] *Riccardo Perissich*, Le principe de la subsidiarité, in: Revue du Marche Unique Européen 3 (1992), S. 5.

[17] Vgl. *Albrecht Weber*, The Distribution of Competences Between the Union and the Member States, in: Hermann-Josef Blanke/Stelio Mangiameli (eds.), The European Union after Lisbon, Heidelberg u. a. 2012, S. 314.

[18] Interinstitutionelle Vereinbarung über die Verfahren zur Anwendung des Subsidiaritätsprinzips, in: EuGRZ (1993), S. 603 f.; vgl. dazu *Gerd Langguth*, in: Carl Otto Lenz/Klaus-Dieter Borchardt Hrsg.), EU- und EG-Vertrag. Kommentar. Köln (4. Aufl.) 2006, Art. 5 EGV, Rn. 2.

[19] Ratsschlussfolgerungen von Edinburgh, 12. Dezember 1992, Teil A, Annex 1, S. 7: http://aei.pitt.edu/1445/01/edinburgh_dec_1992.pdf.

bindend. Dass „die Maßnahmen der Europäischen Gemeinschaft gemäß dem Subsidiaritätsprinzip nicht nur die Mitgliedstaaten betreffen, sondern auch deren Gebietskörperschaften", brachte darüber hinaus die – vom Amsterdamer Gipfel zur Kenntnis genommene – „Erklärung Deutschlands, Österreichs und Belgiens zur Subsidiarität" deutlich zum Ausdruck.

Auch der *Vertrag von Nizza*, der im Jahr 2000 unterzeichnet wurde, hielt an der bereits in Maastricht vereinbarten Subsidiaritätsformulierung fest, ohne diese jedoch weiterzuentwickeln. Dieser Vertrag sollte freilich primär die notwendigen Voraussetzungen für die Erweiterung der Europäischen Union nach Osten schaffen, sodass bei den Beratungen die Frage der Stimmverteilung im Rat eine größere Rolle spielte als die Frage nach der Reichweite des Subsidiaritätsprinzips.

Durch den *Vertrag von Lissabon*, der schließlich 2007 unterzeichnet wurde und substanzielle Elemente der im Jahr 2005 gescheiterten EU-Verfassung übernahm, wurde das Subsidiaritätsprinzip in Artikel 5 Abs. 3 EUV verankert. Der Wortlaut der früheren Fassung des EU-Vertrags wurde weitgehend übernommen. Hinzugefügt wurde jedoch auch ein ausdrücklicher Verweis auf die regionale und lokale Dimension des Subsidiaritätsprinzips:

> Nach dem Subsidiaritätsprinzip wird die Union in den Bereichen, die nicht in ihre ausschließliche Zuständigkeit fallen, nur tätig, sofern und soweit die Ziele der in Betracht gezogenen Maßnahmen von den Mitgliedstaaten weder auf zentraler noch auf regionaler oder lokaler Ebene ausreichend verwirklicht werden können, sondern vielmehr wegen ihres Umfangs oder ihrer Wirkungen auf Unionsebene besser zu verwirklichen sind.

Der Vertrag von Lissabon, der bis heute die Rechtsgrundlage der EU darstellt, ersetzte darüber hinaus das Protokoll von 1997 über die „Anwendung der Grundsätze der Subsidiarität und der Verhältnismäßigkeit" durch ein neues Protokoll gleichen Titels (Protokoll Nr. 2), dessen wichtigste Änderung die Einführung eines Subsidiaritätskontrollsystems darstellt[20].

Zwei Konsequenzen hat die Ausgestaltung des Subsidiaritätsprinzips, wie sie im Vertrag von Lissabon geregelt wurde[21]: Zum einen findet das Subsidiaritätsprinzip nur in den Bereichen Anwendung, die nicht bereits zur ausschließlichen Gesetzgebungskompetenz der EU gehören. Es hemmt Zentralisierungbestrebungen nur auf dem Gebiet geteilter Kompetenzen, nicht jedoch auf dem Gebiet bereits vergemeinschafteter Politikfelder. Dort, wie beispielsweise beim Binnenmarkt, der Zollunion oder der Außenhandelspolitik, wo die EU eine Ausschließlichkeitskompetenz hat, ist mit dem Subsidiaritätsprinzip nichts auszurichten[22]. Hier besitzt die EU vielmehr faktisch ein Gesetzgebungsmonopol, das keine subsidiäre Kompetenzzuweisung an die Mitgliedsländer mehr erlaubt. Das Subsidiaritätsprinzip ist somit nur

---

[20] Vgl. Kap. III. in diesem Beitrag.
[21] Vgl. *Matthias Herdegen*, Europarecht, München 2011, S. 80 f.
[22] Vgl. dazu Kap. II. in diesem Beitrag; *Fabian Wiencke*, Zur Legitimität von EU-Mehrheitsentscheidungen, Münster u. a. 2013, S. 53.

im Bereich der geteilten Zuständigkeiten nach Art. 4 EUV von Bedeutung, bei denen EU und Mitgliedsstaaten um die Gesetzgebungskompetenz konkurrieren.

Zum anderen lassen sich aus der Formulierung von Art. 5 Abs. 3 EUV keine konkreten Kriterien der Subsidiaritätsprüfung ableiten. Die beiden Effizienzbedingungen „Ziele können auf regionaler oder lokaler Ebene nicht ausreichend verwirklicht werden" und „Ziele sind auf EU-Ebene besser zu verwirklichen" sind viel zu vage, um klare Prüfmaßstäbe darstellen zu können. Es bleibt somit ein weiter Ermessensspielraum. Darüber hinaus ist kritisch zu hinterfragen, ob das Subsidiaritätsprinzip mit diesen Formulierungen wirklich voll erfasst wurde. Es genügt nicht, allein Effizienzkriterien als Maßstab für die Kompetenzverteilung zwischen größeren und kleineren Einheiten anzuwenden. Vielmehr bedeutet Subsidiarität, dass die verschiedenen Ebenen zur Wahrnehmung ihrer jeweiligen Aufgaben kraft eigenen Rechts befugt sind.

Trotz einiger sprachlicher Verbesserungen bei der Formulierung des Subsidiaritätsprinzips ist es somit auch im Vertrag von Lissabon nicht gelungen, den Inhalt dieses Prinzips substanziell weiterzuentwickeln. Zwar gibt es jetzt Kontrollmechanismen, welche die Durchsetzung der Subsidiarität sicherstellen sollen. Aber es bleibt offen, ob es sich beim Subsidiaritätsprinzip um rechtlich verbindliche und überprüfbare Kriterien handelt oder um eine „nur" politisch zu berücksichtigende Maxime[23]. Letzteres würde bedeuten, dass unverbindliche Vorgaben zwar bei der Kompetenzausübung zu berücksichtigen sind, aber eine Missachtung nicht dazu führen kann, dass ein Rechtsakt wegen eines Verstoßes vom Gerichtshof der EU (EuGH) für nichtig erklärt wird. Auch nach Lissabon bleibt das Subsidiaritätsprinzip ein unbestimmter Rechtsbegriff der EU, was seine Durchsetzung erschwert.

II. Die Verteilung der Kompetenzen zwischen EU und Gliedstaaten

Im Prozess der europäischen Integration wurden seit den 1950er Jahren mehr und mehr Politikfelder von den Nationalstaaten in die Zuständigkeit der Europäischen Gemeinschaften übertragen. Anfangs erstreckten sich die Kompetenzen zunächst nur auf einige spezifische Politikfelder: Als erste supranationale europäische Organisation überhaupt, die 1951 gegründete Europäische Gemeinschaft für Kohle und Stahl (EGKS), übertrug die Montanindustrie einer gemeinsamen Kontrolle. Die mit den Römischen Verträgen 1957 gegründete Europäische Wirtschaftsgemeinschaft (EWG) zielte auf einen Abbau der Zollschranken und eine gemeinsame Wirtschaftspolitik. Die im selben Jahr ins Leben gerufene Europäische Atomgemein-

---

[23] *Matthias Kullas*, Subsidiarität nach Lissabon – Scharfes Schwert oder stumpfe Klinge? cepStudie 3 (2010), S. 5.

schaft (Euratom) sollte die Entwicklung der Kernenergie auf europäischer Ebene fördern[24].

Nach einer Stagnationsphase in den 1970er Jahren wurden seit Mitte der 1980er Jahre und insbesondere nach dem Ende des Ost-West-Konflikts nach 1989 im weiteren Verlauf der europäischen Integration zunehmend weitere Politikfelder auf die europäische Ebene verlagert. Vor allem der im Jahr 1992 unterzeichnete „Vertrag von Maastricht" stellte einen großen Integrationsschritt dar. Mit diesem Vertragswerk wurde die Europäische Union (EU) als übergeordneter Verbund für die Europäischen Gemeinschaften geschaffen, deren Kernelemente eine Wirtschafts- und Währungsunion, eine Gemeinsame Außen und Sicherheitspolitik sowie eine verstärkte Zusammenarbeit in der Innen- und Rechtspolitik sein sollten. Auch die späteren Vertragsänderungen dehnten die Zuständigkeiten der EU weiter aus. Mit dem Vertrag von Amsterdam (1997) wurde erstmals die Beschäftigungspolitik in die Verträge mit aufgenommen sowie eine polizeiliche und justizielle Zusammenarbeit in Strafsachen vereinbart; im Rahmen der Konferenz von Nizza (2000) wurde die Charta der Grundrechte der Europäischen Union proklamiert, die aber erst mit dem Vertrag von Lissabon (2007) Rechtsverbindlichkeit erlangte. In Lissabon wurden zudem die Bekämpfung des Klimawandels und die Energiesolidarität als neue Kompetenzen der EU aufgenommen.

Als Ergebnis dieses Europäisierungsprozesses bildet die Europäische Union heute ein komplexes Mehrebenensystem, in dem die Wahrnehmung öffentlicher Aufgaben zwischen den 28 Mitgliedsstaaten und der EU aufgeteilt ist. Mit Recht wurde dieses komplizierte Miteinander von der Politikwissenschaft schon seit langem als Verflechtungssystem[25] gekennzeichnet. Im Gegensatz zu den klassischen Formen der Staatsorganisation wie dem unitarischen Einheitsstaat, dem Bundesstaat und dem Staatenbund ist es in diesem Mehrebenensystem kaum noch möglich, klare Kompetenzabgrenzungen zu treffen[26]. Mit dem im Rahmen der Konferenz von Lissabon beschlossenen „Vertrag über die Arbeitsweise der EU" (AEUV) wurde im Jahr 2007 immerhin versucht, die Aufgaben der EU und ihrer Mitgliedsstaaten klarer voneinander abzugrenzen. Demnach gibt es drei Arten von Zuständigkeiten[27]:

– Die *ausschließliche Zuständigkeit* (Artikel 3 AEUV): In diesen Bereichen kann nur die EU gesetzgeberisch tätig werden und verbindliche Rechtsakte erlassen. Dazu gehören z.B. die Zollunion, die Festlegung der Wettbewerbsregeln für den Europäischen Binnenmarkt, die Währungspolitik der Staaten, die an der Eu-

---

[24] Dazu ausführlich *Wolfram Kaiser/Antonio Varsori* (Hrsg.), European Union History. Themes and Debates, Basingstoke 2010.

[25] *Fritz W. Scharpf*, Die Politikverflechtungs-Falle: Europäische Integration und deutscher Föderalismus im Vergleich, in: PVS 4 (1985), S. 323–356.

[26] Vgl. dazu Klaus Stüwe, Der Staatenbund als europäische Option. Föderative Entwicklungsperspektiven der Europäischen Union, in: Aus Politik und Zeitgeschichte 1–2 (1999), S. 22–31.

[27] http://europa.eu/legislation_summaries/institutional_affairs/treaties/lisbon_treaty/ai0020_de.htm.

ropäischen Währungsunion teilnehmen, die Erhaltung der biologischen Meeresschätze im Rahmen der Gemeinsamen Fischereipolitik sowie die Gemeinsame Handelspolitik.

– Die *geteilte Zuständigkeit* (Artikel 4 AEUV): Hier können sowohl die EU als auch die Mitgliedstaaten Rechtsakte erlassen. Die Mitgliedstaaten können ihre Zuständigkeit jedoch nur wahrnehmen, sofern und soweit die EU entschieden hat, ihre Zuständigkeit nicht auszuüben. Dabei ist jedoch – wie gezeigt – das Subsidiaritätsprinzip zu beachten. Dieser Bereich umfasst den Europäischen Binnenmarkt, bestimmte Bereiche der Sozialpolitik, den wirtschaftlichen, sozialen und territorialen Zusammenhalt, die Landwirtschaft und Fischerei, die Umweltpolitik, den Verbraucherschutz, die Verkehrspolitik, die Transeuropäischen Netze, die Energiepolitik, den Raum der Freiheit, der Sicherheit und des Rechts, bestimmte Bereiche des Gesundheitsschutzes, die Forschungs-, Technologie- und Raumfahrtpolitik sowie die Entwicklungspolitik.

– Die *Maßnahmen zur Unterstützung* (Artikel 6 AEUV): Die EU darf in diesen Politikfeldern nur Maßnahmen zur Unterstützung, Koordinierung oder Ergänzung der Maßnahmen der Mitgliedstaaten durchführen. In diesen Bereichen hat die EU also keine Gesetzgebungsbefugnis und darf nicht in die die Ausübung der Zuständigkeiten der Mitgliedstaaten eingreifen. Beispiele sind Gesundheitsschutz, Industriepolitik, Kulturpolitik, Tourismus, Bildungs- und Jugendpolitik, Sport, Katastrophenschutz und Verwaltungszusammenarbeit.

Für die Zuständigkeiten der EU gilt grundsätzlich das Prinzip der „begrenzten Einzelermächtigung"[28]. Das heißt, dass die EU nur in den Politikbereichen gesetzgebend tätig werden kann, die in den Verträgen ausdrücklich genannt sind. Die lange Liste der in den Artikeln 3 und 4 AEUV genannten Politikfelder, die dem Zugriff der EU unterliegen, macht jedoch deutlich, wie weit die Vergemeinschaftung öffentlicher Aufgaben in der Europäischen Union bereits vorangeschritten ist. Vor allem die sehr weitreichenden Kompetenzen der EU zur Vereinheitlichung des europäischen Binnenmarktes[29] haben in der Vergangenheit dazu geführt, dass die EU ihre Zuständigkeiten weiter ausdehnen konnte. Zudem sind die EU-Zuständigkeiten in den Bereichen der koordinierenden und unterstützenden Zuständigkeiten „zu wenig begriffsscharf"[30], um vorab bestimmbare Kompetenzabgrenzungen zwischen der Europäischen Union und den Mitgliedstaaten zu ermöglichen.

---

[28] Dazu *Carsten Novak*, Europarecht nach Lissabon, Baden-Baden 2011, S. 117.

[29] Art. 114 Abs. 1 AEUV: „Das Europäische Parlament und der Rat erlassen gemäß dem ordentlichen Gesetzgebungsverfahren und nach Anhörung des Wirtschafts- und Sozialausschusses die Maßnahmen zur Angleichung der Rechts- und Verwaltungsvorschriften der Mitgliedstaaten, welche die Errichtung und das Funktionieren des Binnenmarkts zum Gegenstand haben."

[30] *Rupert Scholz*, Demokratiedefizit in der EU? Vortrag auf der Konferenz der Hanns Martin Schleyer-Stiftung in Berlin am 29./30.05.2008, veröffentlicht in: http://www.cep.eu/analysen-zur-eu-politik/institutionelles-recht/verfassungsklagen-in-d/.

Zudem hat die europäische Integration trotz des Prinzips der begrenzten Einzelermächtigung eine Dynamik entfaltet, die durchaus nicht von allen Mitgliedsstaaten gewünscht wurde[31]. So geht beispielsweise das heute geltende Prinzip, dass Unionsrecht Vorrang vor einzelstaatlichem Recht besitzt, nicht auf den Willen der Mitgliedstaaten zurück, sondern auf die Rechtsprechung des Europäischen Gerichtshofs. Bereits 1964 hatte der EuGH in seiner Entscheidung zum Verfahren Costa/E.N.E.L. den absoluten Vorrang des Gemeinschaftsrechts gegenüber den nationalen Rechtsordnungen festgestellt[32]. Der Gerichtshof hat dieses Prinzip in mehreren Folgeurteilen bestätigt. Der prinzipielle Anwendungsvorrang des Unionsrechts vor einzelstaatlichem Recht wird inzwischen weitgehend akzeptiert, aber mit Rücksicht auf die Souveränitätsbedenken einzelner Länder wurde das Prinzip bislang nicht in die Verträge selbst aufgenommen, sondern in eine angehängte Erklärung ausgegliedert.

III. Subsidiaritätskontrolle

Subsidiarität macht als politisches Prinzip nur Sinn, wenn es Mechanismen gibt, welche die Einhaltung dieses Prinzips sicherstellen. Subsidiarität erfordert Kontrolle. Doch wer hat ein Interesse daran, dem Souveränitätsprinzip im Rechtsetzungsprozess der Europäischen Union Geltung zu verschaffen? Zunächst ist an die an der EU-Rechtsetzung beteiligten europäischen Organen selbst zu denken, also an Kommission, Parlament und Rat. Diese werden durch Art. 5 Abs. 3 EUV zur Wahrung des Subsidiaritätsprinzips verpflichtet; im dazugehörigen Protokoll Nr. 2 Abs. 1 heißt es dazu: „Jedes Organ trägt stets für die Einhaltung der in Artikel 5 des Vertrags über die Europäische Union niedergelegten Grundsätze der Subsidiarität und der Verhältnismäßigkeit Sorge". Aber das Kontrollinteresse der EU-Organe ist im Hinblick auf das Subsidiaritätsprinzip durchaus recht unterschiedlich ausgeprägt.

Die größte Sensibilität für das Subsidiaritätsprinzip dürfte wohl der Rat der Europäischen Union haben, der sich aus Ministern der 28 Mitgliedsstaaten zusammensetzt. Vor allem die Regierungen jener Länder, die einer weiteren Vertiefung der Europäischen Union skeptisch gegenüberstehen, treten im Rat gern als Verfechter der Subsidiaritätsidee auf. So forderte z. B. der britische Premierminister David Cameron in seiner „Europarede" vom 23. Januar 2013: *„power must be able to flow back to Member States. This was promised by European Leaders at Laeken a decade ago. It was put in the Treaty. But the promise has never really been fulfilled. We need to implement this principle properly"*[33]. Die britische Regierung will – nicht zuletzt unter dem Druck EU-kritischer Tories und der anti-europäischen UK Independence Party – eine Art Bilanz der britischen EU-Mitgliedschaft zu ziehen und bis Dezember 2014 anhand von 32 Berichten alle EU-Kernkompetenzen auf den Prüfstand stellen. Die

---

[31] Vgl. *Werner Weidenfeld*, Die Europäische Union, München (3. Aufl.) 2013, S. 160.
[32] EuGH, Rechtssache 6/64.
[33] *David Cameron*, The Future of the EU & UK's Role Within It.

niederländische Regierung hatte bereits im Sommer 2013 insgesamt 54 Bereiche identifiziert, die nach ihrer Ansicht besser auf der nationalen Ebene verankert wären[34].

Auch die deutsche Bundesregierung hat bei europäischen Gesetzgebungsvorhaben im Rat wiederholt auf das Subsidiaritätsprinzip verwiesen. Aber seitdem immer mehr Gesetzgebungsbereiche im Ministerrat nicht mehr einstimmig, sondern mit qualifizierter Mehrheit entschieden werden können, haben solche Stimmen immer weniger Chancen, sich gegen eine Mehrheit anderer Länder durchsetzen zu können[35].

Auch das Europäische Parlament ist als Hüter der Subsidiarität nur bedingt geeignet. Zwar hat sich das Parlament wiederholt zum Subsidiaritätsprinzip bekannt – zuletzt z. B. in einer Entschließung vom 13. September 2012 –; und zwar gibt es dort durchaus Abgeordnete und Fraktionen, die immer wieder eine Einhaltung des Subsidiaritätsprinzips einfordern. Gerade im Europawahlkampf von 2014 war dies europaweit zu spüren: Beinahe alle relevanten politischen Parteien, die sich in Deutschland der Europawahl stellten, bekannten sich zum Subsidiaritätsprinzip[36]. Aber man hat dennoch den Eindruck, dass sich das Europäische Parlament in der Vergangenheit stärker darauf konzentrierte, im EU-Rechtsetzungsprozess endlich mit dem Rat gleichzuziehen und zu einem gleichberechtigten Legislativorgan aufzusteigen. Aus dieser Perspektive heraus war das Interesse des EU-Parlaments an einer Reduzierung der EU-Gesetzgebungskompetenzen möglicherweise nachrangig. Ob sich dies in Zukunft ändern wird, bleibt abzuwarten.

Die geringste Motivation, im EU-Rechtsetzungsprozess das Subsidiaritätsprinzip zu wahren, hat augenscheinlich die Kommission der Europäischen Union. Die Kommission besitzt das alleinige Initiativrecht in der EU-Gesetzgebung. Sie, die sich als „Motor der Integration" und supranationales Organ versteht, hat in erster Linie ein Interesse daran, die europäische Gesetzgebung voranzutreiben. Dies lässt sich quantitativ und qualitativ leicht nachweisen: Auch nach der Einführung des Subsidiaritätsprinzips ist die von der Brüsseler Kommission ausgehende Regelungsflut in den vergangenen Jahren immer weiter vorangeschritten.

EU-Vorlagen im Deutschen Bundestag (12.–17. Wahlperiode)

Wahlperiode	12.	13.	14.	15.	16.	17.
Zahl der EU-Vorlagen	2.070	2.952	3.137	2.491	3.896	4.258

Quelle: Deutscher Bundestag, eigene Berechnungen.

---

[34] http://www.government.nl/documents-and-publications/notes/2013/06/21/testing-european-legislation-for-subsidiarity-and-proportionality-dutch-list-of-points-for-action.html.

[35] Zum Entscheidungsverfahren im Rat vgl. *Sven von Alemann*, Der Rat der Europäischen Union, München 2009.

[36] *Nico Lange* u. a., Positionen der Parteien zur Europawahl (= Konrad-Adenauer-Stiftung, Parteienmonitor aktuell), Berlin 2014, S. 5/6.

Diese EU-Organe eignen sich demnach konzeptionell und strukturell nur bedingt dazu, dem Subsidiaritätsprinzip effektiv Geltung zu verschaffen. Wer aber sollte diese Funktion übernehmen? Im Verfassungskonvent, der unter der Leitung des ehemaligen französischen Staatspräsidenten Valéry Giscard d'Estaing zwischen dem 28. Februar 2002 und dem 20. Juli 2003 den Entwurf für eine europäische Verfassung ausarbeiten sollte, entstand die Idee, das Subsidiaritätsprinzip durch eine Kombination politischer und justizieller Kontrollverfahren zu stärken. Die Arbeitsgruppe IV des Konvents schlug vor, künftig die *nationalen Parlamente* in die Überwachung des Subsidiaritätsprinzips einzubinden. Da sie als Gesetzgebungsorgane am stärksten von einer zunehmenden Kompetenzerweiterung der EU betroffen sind, hätten sie das größte Interesse an der Wahrung von Subsidiarität[37]. Eine weitere Arbeitsgruppe (I) widmete sich dem Subsidiaritätsprinzip; ihre Aufgabe bestand darin, zu untersuchen, ob ein Überwachungsmechanismus aufgebaut werden könne und – falls ja – ob dieser nicht nur politischer, sondern auch gerichtlicher Natur sein könne[38]. So entstand der Vorschlag, die Möglichkeit einer Subsidiaritätsklage einzuführen. Während nach alter Rechtslage ein Verstoß gegen das Subsidiaritätsprinzip gerichtlich nur von den EU-Organen selbst sowie von den Mitgliedsstaaten mit der allgemeinen Nichtigkeitsklage geltend gemacht werden konnte[39], sollte mit der Subsidiaritätsklage der Kreis der Antragsberechtigten auf die Kammern der nationalen Parlamente sowie den Ausschuss der Regionen erweitert werden[40].

Beide Vorschläge fanden Eingang in den Verfassungsentwurf. Doch die Realisierung der europäischen Verfassung scheiterte bekanntlich, nachdem diese im Jahr 2005 in Frankreich und den Niederlanden durch Referenden abgelehnt worden war. Stattdessen beschloss der Europäische Rat auf seiner Tagung am 21. und 22. Juni 2007 in Brüssel, einen „Reformvertrag" zu verabschieden, der die Substanz des Verfassungstextes in die bereits bestehenden Grundlagenverträge (EUV und EGV) einarbeiten sollte. Dabei wurden auch die Regelungen zur Subsidiaritätskontrolle übernommen. Dieser Reformvertrag wurde von den Staats- und Regierungschefs der EU am 13. Dezember 2007 in Lissabon unterzeichnet.

Der „Vertrag von Lissabon" trat nach seiner Ratifikation durch alle Mitgliedstaaten am 1. Dezember 2009 in Kraft. Mit dem neuen Artikel 12 EUV widmet sich nun erstmals ein ganzer Vertragsartikel der Rolle der nationalen Parlamente in der Europäischen Union. Demnach ist es die zentrale europapolitische Aufgabe der nationalen Parlamente, aktiv zur guten Arbeitsweise der Union beizutragen, indem sie „dafür sorgen, dass der Grundsatz der Subsidiarität gemäß den in dem Protokoll über die

---

[37] Vgl. *Christine Mellein*, Subsidiaritätskontrolle durch nationale Parlamente, Baden-Baden 2007, S. 109 ff.

[38] Ebd., S. 112. Die Idee einer gerichtlichen Kontrolle war im Übrigen keineswegs neu; 1995 hatte bereits der EuGH auf die prinzipielle Möglichkeit der Justiziabilität hingewiesen (EuGH 12.11.1995-EC-84/94).

[39] Ex-Art. 230 EGV.

[40] *Ines Härtel*, Kohäsion durch föderale Selbstbindung, in: Ines Härtel (Hrsg.), Handbuch Föderalismus, Bd. 4, Berlin/ Heidelberg 2012, Rdnr. 286.

Anwendung der Grundsätze der Subsidiarität und der Verhältnismäßigkeit vorgesehenen Verfahren beachtet wird". Konkret sind darin zwei Mechanismen vorgesehen, durch welche die nationalen Parlamente die Einhaltung des Subsidiaritätsprinzips sichern sollen: Das so genannte Subsidiaritätsfrühwarnsystem und die Klage vor dem Gerichtshof der Europäischen Union.

1. Das Subsidiaritätsfrühwarnsystem

Die Idee des Verfassungskonvents, nationale Parlamente in die Sicherung des Subsidiaritätsprinzips einzubinden, wurde mit dem so genannten „Subsidiaritätsfrühwarnsystem" nach Art. 6 des zweiten Protokolls zum Vertrag von Lissabon verwirklicht. Obwohl dieser Artikel aufgrund seiner Platzierung eher randständig erscheint, so bedeutet er aus der Perspektive des Subsidiaritätsgedankens dennoch einen Quantensprung. Erstmals wird dort nämlich die Möglichkeit festgeschrieben, im Rahmen der Überprüfung des Subsidiaritätsprinzips nationale – sowie ggf. auch regionale – Parlamente an der Subsidiaritätskontrolle zu beteiligen. Manche Autoren sprachen in diesem Zusammenhang sogar von einem „Paradigmenwechsel hin zur Reparlamentarisierung".[41]

Um das Subsidiaritätsprinzip zu wahren, sieht der Lissabon-Vertrag einen Kontroll- und Frühwarnmechanismus vor, mit dem die nationalen Parlamente Subsidiaritätsverletzungen bei Entwürfen zu Gesetzgebungsakten rügen können. Das Kontrollinstrument ist dabei dem förmlichen EU-Rechtsetzungsverfahren vorgeschaltet. Entwürfe für Gesetzgebungsakte müssen von den initiierenden EU-Organen – in der Regel der Kommission – den nationalen Parlamenten und dem Unionsgesetzgeber gleichzeitig zugeleitet werden. Die nationalen Parlamente haben sodann die Möglichkeit, diese Entwürfe im Hinblick auf das Subsidiaritätsprinzip zu überprüfen:

> „Die nationalen Parlamente oder die Kammern eines dieser Parlamente können binnen acht Wochen nach dem Zeitpunkt der Übermittlung eines Entwurfs eines Gesetzgebungsakts in den Amtssprachen der Union in einer begründeten Stellungnahme an die Präsidenten des Europäischen Parlaments, des Rates und der Kommission darlegen, weshalb der Entwurf ihres Erachtens nicht mit dem Subsidiaritätsprinzip vereinbar ist. Dabei obliegt es dem jeweiligen nationalen Parlament oder der jeweiligen Kammer eines nationalen Parlaments, gegebenenfalls die regionalen Parlamente mit Gesetzgebungsbefugnissen zu konsultieren."[42]

---

[41] *Sabine Kropp* u.a., Von den Schwierigkeiten, Zusammengehöriges zu vereinen – Nationale Parlamente und Exekutiven als Gegenstand der Europäisierungsforschung, in: PVS 53 (2012), S. 109–134.

[42] Protokoll (Nr. 2) über die Anwendung der Grundsätze der Subsidiarität und der Verhältnismäßigkeit, Art. 6; veröffentlicht im Amtsblatt der Europäischen Union C 83/205 (206) vom 30.3.2010.

Die Organe der EU müssen einen Gesetzesentwurf ändern oder ihn zurückziehen, wenn eine bestimmte Zahl von mitgliedstaatlichen Parlamenten in ihrer „begründeten Stellungnahme" einen Subsidiaritätsverstoß rügt[43].

Jedes nationale Parlament hat im Rahmen des Subsidiaritätsfrühwarnsystems zwei Stimmen, die entsprechend dem einzelstaatlichen parlamentarischen System verteilt werden. In unikameral organisierten Mitgliedsstaaten besitzt das Parlament zwei Stimmen. In einem Zweikammersystem hat jede der beiden Kammern eine Stimme, also in Deutschland jeweils Bundestag und Bundesrat[44]. Zusammen haben alle Parlamente der 28 Mitgliedsstaaten also aktuell 56 Stimmen.

Erreicht die Anzahl begründeter Stellungnahmen, wonach der Entwurf eines Gesetzgebungsakts nicht mit dem Subsidiaritätsprinzip im Einklang steht, mindestens ein Drittel der Gesamtzahl der den nationalen Parlamenten zugewiesenen Stimmen (derzeit 18), so muss der Entwurf vom Initiativorgan – in der Regel der EU-Kommission – überprüft werden[45]. Mit einem begründeten Beschluss kann das Initiativorgan daraufhin an dem Entwurf festhalten, ihn abändern oder ihn zurückziehen. Beschließt die Kommission, an dem Vorschlag festzuhalten, so hat sie in einer begründeten Stellungnahme darzulegen, weshalb der Vorschlag ihres Erachtens mit dem Subsidiaritätsprinzip im Einklang steht.

Erreichen die Subsidiaritätsrügen eine Mehrheit der Stimmen (derzeit 29 Stimmen), so gelten verschärfte Prüfpflichten für die Kommission. In diesem Fall kann der Vorschlag einfacher im Europäischen Parlament und im Rat gestoppt werden[46]. Erreichen die Stimmen kein Quorum, ist die Stellungnahme lediglich im weiteren Gesetzgebungsverfahren zu berücksichtigen. Von der erreichten Stimmenanzahl

---

[43] Zur Situation vor dem Vertrag von Lissabon vgl. Christine Mellein, Subsidiaritätskontrolle durch nationale Parlamente: Eine Untersuchung zur Rolle der mitgliedstaatlichen Parlamente in der Architektur Europas. Baden-Baden 2007.

[44] Ausführlich *Peter Becker*, Die Subsidiaritätsprüfung in Bundestag und Bundesrat – ein rechtliches oder ein politisches Instrument?, in: Zpol 23 (2013), S. 5–37; *Robert Uerpmann-Wittzack*, Frühwarnsystem und Subsidiaritätsklage im deutschen Verfassungssystem, in: Europäische Grundrechte-Zeitschrift 36 (2009), S. 461–468.

[45] Das Quorum beträgt nur ein Viertel der Stimmen, wenn es sich um den Entwurf eines Gesetzgebungsakts auf der Grundlage des Art. 76 AEUV betreffend den Raum der Freiheit, der Sicherheit und des Rechts handelt. Vgl. EUV, Protokoll Nr. 2, Art. 7 Abs. 1.

[46] Die begründete Stellungnahme der Kommission wird zusammen mit den begründeten Stellungnahmen der nationalen Parlamente dem Unionsgesetzgeber vorgelegt, damit dieser sie im Rahmen des Verfahrens berücksichtigt: a) Vor Abschluss der ersten Lesung prüft der Gesetzgeber (das Europäische Parlament und der Rat), ob der Gesetzgebungsvorschlag mit dem Subsidiaritätsprinzip im Einklang steht; hierbei berücksichtigt er insbesondere die angeführten Begründungen, die von einer Mehrheit der nationalen Parlamente unterstützt werden, sowie die begründete Stellungnahme der Kommission. Ist der Gesetzgeber mit der Mehrheit von 55 % der Mitglieder des Rates oder einer Mehrheit der abgegebenen Stimmen im Europäischen Parlament der Ansicht, dass der Vorschlag nicht mit dem Subsidiaritätsprinzip im Einklang steht, wird der Gesetzgebungsvorschlag nicht weiter geprüft (Art. 7 Abs 3 des Protokolls Nr. 2 über die Anwendung der Grundsätze der Subsidiarität und Verhältnismäßigkeit).

hängt also ab, ob und in welchem Umfang der Gesetzesvorschlag zu überprüfen ist. Gegebenenfalls besteht für die nationalen Parlamente die Möglichkeit, im Anschluss eine Subsidiaritätsklage vor dem Europäischen Gerichtshof zu erheben[47].

Ob die nationalen Parlamente und erst recht die regionalen Parlamente strukturell überhaupt in der Lage sind, die ihnen durch das Subsidiaritätsfrühwarnsystem eröffneten Möglichkeiten auch effektiv wahrzunehmen, ist freilich eine andere Frage. Nach dem Inkrafttreten des Vertrages von Lissabon am 1. Dezember 2009 bestand zunächst große Unsicherheit, ob das Subsidiaritätsfrühwarnsystem der nationalen Parlamente angesichts der hohen Quoren und der kurzen Rügefrist von nur acht Wochen überhaupt funktionieren kann. Es dauerte tatsächlich über vier Monate, bis ein nationales Parlament (der deutsche Bundesrat) die erste begründete Stellungnahme abgegeben hat.

Inzwischen existiert das neue Verfahren über vier Jahre, sodass Gelegenheit für eine erste Bilanz ist. Von 2010 bis Ende 2013 wurden insgesamt 260 begründete Stellungnahmen gegen einen Legislativvorschlag der EU von den nationalen Parlamenten abgegeben. Die Zahl der Subsidiaritätsrügen hat sich von 34 Rügen im Jahr 2010 über 64 im Jahr 2011 und 70 im Jahr 2012 auf 92 im Jahr 2013 mittlerweile deutlich erhöht[48]. Allerdings ist zu beobachten, dass nicht alle nationalen Parlamente das Instrument der Subsidiaritätsrüge aktiv nutzen. Im Jahr 2013 entfielen besonders viele Subsidiaritätsrügen auf den schwedischen Reichstag (14), den Seimas in Litauen (6), die Tweede Kammer in den Niederlanden (6) und den österreichischen Bundesrat (6). Aus dem deutschen Bundesrat kamen drei Subsidiaritätsrügen[49]. Die nationalen Parlamente von zehn Mitgliedstaaten haben dagegen überhaupt keine begründeten Stellungnahmen abgegeben.

Bis Juli 2014 wurde zudem nur in zwei Fällen das erforderliche Quorum für eine Rüge erreicht. Am 22. Mai 2012 konnten die nationalen Parlamente erstmals mit einem Gewicht von 19 Stimmen eine gemeinsame Subsidiaritätsrüge zum Vorschlag der Europäischen Kommission für eine sogenannte Monti-II-Verordnung[50] einbringen. Die Rüge war erfolgreich: Am 12. September 2012 teilte die Europäische Kommission in einem Schreiben an die Präsidenten der nationalen Parlamente mit, dass sie ihren Verordnungsvorschlag nicht weiter verfolgen werde. Auch im Gesetzge-

---

[47] Dies ist im Grundgesetz auch ausdrücklich geregelt; vgl. Art. 23 Abs. 1a GG. *Peter Straub*, Das Frühwarnsystem zur Subsidiaritätskontrolle im Vertrag von Lissabon als Hürde vor weiterer Zentralisierung in der Europäischen Union?, in: Europäisches Zentrum für Föderalismus-Forschung (Hrsg.), Jahrbuch des Föderalismus 2008. Föderalismus, Subsidiarität und Regionen in Europa, Baden-Baden, S. 15–27.
[48] Quelle: European Commission, Annual Report on Relations between the European Commission and National Parliaments (Jahre 2010 bis 2013, eigene Berechnungen).
[49] Zur Richtlinie über das Küstenzonenmanagement (3.5.2013), gegen den Kommissionsvorschlag zu Europol (7.6.2013) und zur Standard-Mehrwertsteuererklärung (29.11.2013).
[50] Europäische Kommission, Vorschlag für eine Verordnung des Rates über die Ausübung des Rechts auf Durchführung kollektiver Maßnahmen im Kontext der Niederlassungs- und der Dienstleistungsfreiheit, KOM (2012) 130 endg. vom 21.3.2012.

bungsverfahren zum Vorschlag der EU-Kommission für eine Verordnung über die Errichtung einer europäischen Staatsanwaltschaft wurden bis 28. Oktober 2013 von 13 Parlamenten aus 11 EU-Mitgliedsstaaten Subsidiaritätsrügen im Gesamtumfang von 19 Stimmen eingereicht. Die Kommission hält ihren Vorschlag zur Errichtung einer Europäischen Staatsanwaltschaft dennoch für konform mit dem Subsidiaritätsprinzip. Sie will an ihrem Vorschlag festhalten.

Die Bilanz des seit dem Vertrag von Lissabon existierenden Subsidiaritätsfrühwarnsystems sieht demnach bescheiden aus. Nur in einem einzigen Fall ist es den nationalen Parlamenten bislang gelungen, mit Verweis auf eine Verletzung des Subsidiaritätsprinzips einen Gesetzesentwurf der Europäischen Union zu stoppen[51]. Die Einbindung der regionalen Parlamente mit Gesetzgebungskompetenzen – also in Deutschland der 16 Landesparlamente – in dieses Subsidiaritätsfrühwarnsystem ist noch weniger erfolgreich[52].

Es sind vor allem drei Gründe, die zu dieser Situation beitragen. Das erste Problem ist die Datenflut. Jedes Jahr entsteht eine schier unüberschaubare Zahl von EU-Dokumenten: Verordnungen, Richtlinien, Grün- und Weißbücher, Berichte, Entscheidungen und Beschlüsse der EU-Organe, Empfehlungen, Stellungnahmen usw. Allein beim Bundesrat gehen über die Bundesregierung jährlich circa 18.000 solcher Dokumente ein. Der Präsident des Bundesrats bzw. der Bundesratsdirektor wählen diejenigen aus, die mit großer Wahrscheinlichkeit für die Länder von Interesse sind und leiten diese an die zuständigen Ausschüsse weiter[53]. Jährlich finden auf diese Weise nur rund 500 „beratungsfähige Vorhaben" den Weg in die Ausschüsse[54]. Davon werden wiederum lediglich circa 160 in den Ausschüssen und im Plenum des Bundesrates beraten.

Zweitens sind viele nationale Parlamente auf die Aufgabe der Subsidiaritätsprüfung organisatorisch und strukturell nicht optimal vorbereitet. Vielfach fehlt es an Mitarbeitern, die in der Lage sind, europäische Gesetzesinitiativen eingehend zu sichten. Der Deutsche Bundestag hat inzwischen reagiert: Im Januar 2013 hat die Bundestagsverwaltung ihre Europa-Expertise in einer neuen Organisationsstruktur gebündelt und mit Personal verstärkt. In der „Unterabteilung Europa" stehen nun ins-

---

[51] Die Vermutung von Matthias Kullas, selbst wenn die jeweils erforderlichen Quoren nicht erreicht würden, könnte eine substantielle Anzahl an parlamentarischen Rügen eine gewisse Wirkung haben, weil die europäischen Institutionen ein solches Aufbegehren unter dem Druck der Öffentlichkeit kaum ignorieren könnten, lässt sich jedenfalls empirisch nicht bestätigen. Vgl. Matthias Kullas, Subsidiarität nach Lissabon – Scharfes Schwert oder stumpfe Klinge? cepStudie März 2010; http://www.cep.eu/fileadmin/user_upload/Kurzanalysen/Subsidiaritaet/Studie_Subsidiaritaet.pdf.

[52] Ausführlich dazu *Klaus Stüwe*, Verlierer der Europäisierung? Die deutschen Landesparlamente im Mehrebenensystem der Europäischen Union, in: Peter Massing/Georg Weißeno (Hrsg.), Demokratischer Verfassungsstat und politische Bildung, Schwalbach 2013, S. 45–68.

[53] § 45a Abs. 1 GO-BR.

[54] Vgl. *Martina Mayer*, Die Europafunktion der nationalen Parlamente in der Europäischen Union, Berlin 2012, S. 278 f.

gesamt 64 Mitarbeiter bereit, um das Parlament dabei zu unterstützen, seine Rechte und Aufgaben im Bereich der europäischen Rechtsetzung wahrzunehmen. In den deutschen Landesparlamenten ist man von einer solchen Ausstattungsverbesserung freilich noch weit entfernt.

Drittens schließlich ist die kurze Begutachtungsfrist von acht Wochen ein Problem. Gerade angesichts der Vielzahl europäischer Gesetzesinitiativen ist es in dieser kurzen Zeit oft kaum zu schaffen, sich eingehend mit der Subsidiaritätskontrolle zu befassen. Vor allem Parlamente, die nicht dauernd tagen und nur über eine relativ kleine Verwaltung verfügen – wie etwa die deutschen Landesparlamente -, stehen hier vor einer großen Herausforderung. Aber auch aus der Sicht großer nationaler Parlamente ist es sehr ambitioniert, innerhalb von acht Wochen eine eigene begründete Stellungnahme zu erarbeiten, die zudem – um überhaupt wirksam sein zu können – noch mit zahlreichen anderen nationalen Parlamenten bzw. Parlamentskammern abgesprochen werden muss[55].

2. Gerichtliche Kontrolle

Die Einhaltung des Subsidiaritätsprinzips kann nachträglich, also nach der Annahme des Gesetzgebungsaktes auch durch Klageerhebung vor dem Gerichtshof der Europäischen Union überprüft werden. In Art. 8 des Protokolls Nr. 2 „Über die Anwendung der Grundsätze der Subsidiarität und Verhältnismäßigkeit" heißt es dazu: „Der Gerichtshof der Europäischen Union ist für Klagen wegen Verstoßes eines Gesetzgebungsakts gegen das Subsidiaritätsprinzip zuständig, die (...) von einem Mitgliedstaat erhoben oder entsprechend der jeweiligen innerstaatlichen Rechtsordnung von einem Mitgliedstaat im Namen seines nationalen Parlaments oder einer Kammer dieses Parlaments übermittelt werden". Diese Subsidiaritätsklage ist als Unterfall der Nichtigkeitsklage ausgestaltet. Eine solche Klage übermittelt der Mitgliedstaat im Namen seines nationalen Parlaments oder einer Kammer[56]. Eine vorherige Subsidiaritätsrüge ist vor der entsprechenden Klage nicht erforderlich. Das gleiche Rechtsmittel kann auch der Ausschuss der Regionen gegen Rechtsakte einlegen, für deren Annahme der AEUV seine Anhörung vorsieht.

Das europäische Primärrecht stellt sich – neben den nationalen Parlamenten – also auch den Gerichtshof als Hüter des Subsidiaritätsprinzips vor. Diese gerichtliche Kontrolle entspricht dem Vorbild sowohl des US Supreme Courts als auch des deutschen Bundesverfassungsgerichts, zu deren Kompetenzen es ebenfalls zählt, die Kompetenzen der unteren staatlichen Ebenen gegenüber dem Zugriff des Bundes

---

[55] *Ursula Münch*, Neuere institutionelle Entwicklungen nach dem Vertrag von Lissabon, München 2013, S. 36.

[56] In Deutschland ist die Subsidiaritätsklage sogar als parlamentarisches *Minderheitenrecht* ausgestaltet. Art. 23 Abs. 1a Satz 1 und 2 GG legen fest: „Der Bundestag und der Bundesrat haben das Recht, wegen Verstoßes eines Gesetzgebungsakts der Europäischen Union gegen das Subsidiaritätsprinzip vor dem Gerichtshof der Europäischen Union Klage zu erheben. Der Bundestag ist hierzu auf Antrag eines Viertels seiner Mitglieder verpflichtet."

zu schützen. Beim EuGH können die einzelnen Mitgliedsstaaten, die Europäische Kommission oder das Europaparlament Klage einreichen, wenn sie der Ansicht sind, dass eine Institution oder ein anderer Mitgliedsstaat gegen das geltende Recht der EU verstoßen hat. Der EuGH ist dabei die rechtlich letzte Instanz. Das bedeutet, alle Mitgliedsstaaten und die Institutionen der EU seine Urteile respektieren müssen. Der EuGH ist oberste Instanz, eine Berufung gegen seine Entscheidungen ist nicht möglich.

Eigentlich wäre somit eine gerichtsförmige Kontrolle des Subsidiaritätsprinzips durch den Gerichtshof der Europäischen Union ein effektives Instrument der Subsidiaritätssicherung[57]. In der Praxis aber trug der EuGH bislang kaum dazu bei, das Subsidiaritätsprinzip auf europäischer Ebene weiterzuentwickeln. Im Gegenteil: Das Gericht hat es über viele Jahre lang tunlichst vermieden, sich mit dem Thema Subsidiarität überhaupt zu befassen[58]. Es überlässt den politischen Organen weitgehend das Feld. So sprach der Gerichtshof in zwei Urteilen von 1996 und 1997[59] den politischen Organen einen weiten Ermessensspielraum bei der Auslegung des Subsidiaritätsprinzips zu. Er stellte zwar klar, dass die Einhaltung des Subsidiaritätsprinzips zu den Umständen zählt, die von der Begründungspflicht gemäß Artikel 296 AEUV[60] erfasst werden. Der Begründungspflicht werde aber bereits dann Genüge getan, „wenn sich die Einhaltung des Prinzips aus den Erwägungen insgesamt ergibt und das Prinzip bei der Prüfung des Rechtsaktes berücksichtigt worden ist". So erwähnte der EuGH in der Rechtssache Working Time[61] im Jahr 1996 lediglich beiläufig, dass EU-Gesetzgebung mit dem Ziel der Harmonisierung im Regelfall bereits die Notwendigkeit einer europaweiten Regelung vermuten lasse. Erst seit Anfang der 2000er Jahre hat er das Subsidiaritätsprinzip etwa im Biopatent-Urteil oder im Tabak-Urteil[62] erneut angeprüft – wenn auch ohne tief schürfende Erläuterungen.

---

[57] Zur früher umstrittenen Frage der Justiziabilität des Subsidiaritätsprinzips vgl. *Christian Callies*, Subsidiaritäts- und Solidaritätsprinzip in der Europäischen Union, Baden-Baden (2. Aufl.) 1999, S. 297 ff.

[58] Das erste EuGH-Urteil, das überhaupt das Subsidiaritätsprinzip erwähnte, war der so genannte Bosman-Fall, der im Dezember 1995 das Transfersystem im europäischen Fußball regelte. Damals hatte die deutsche Bundesregierung argumentiert, dass jede Einmischung der EU in einen nicht-wirtschaftlichen Bereich wie den Sport aus Gründen der Subsidiarität auf das Nötigste begrenzt bleiben müsse. Der Gerichtshof widersprach dem und entschied, dass die Arbeitnehmer-Freizügigkeit eine ausschließliche Kompetenz der EU sei und daher nicht dem Subsidiaritätsprinzip unterworfen sein könne. Rechtssache EuGH, 15.12.1995 – C-415/93.

[59] EuGH 12.11.1995-EC-84/94, Slg. I-5755 13.5.1997-C-233/94, Slg. I-2405.

[60] Art. 296 AEUV: „Wird die Art des zu erlassenden Rechtsakts von den Verträgen nicht vorgegeben, so entscheiden die Organe darüber von Fall zu Fall unter Einhaltung der geltenden Verfahren und des Grundsatzes der Verhältnismäßigkeit. Die Rechtsakte sind mit einer Begründung zu versehen und nehmen auf die in den Verträgen vorgesehenen Vorschläge, Initiativen, Empfehlungen, Anträge oder Stellungnahmen Bezug."

[61] EuGH 12.11.1996-C-84/94, Rz. 47.

[62] EuGH 9.10.2001-C-377/98.

Im Jahr 2002[63] stellte der EuGH fest, dass der EU-Gesetzgebung ein äußerst breiter Ermessensspielraum im Hinblick auf Subsidiaritätserwägungen zustehe.

Im Ergebnis fielen alle EuGH-Urteile aber stets zu Gunsten der Europäischen Union aus. Soweit ersichtlich, hat der Gerichtshof bis heute noch kein einziges Mal festgestellt, dass die EU gegen das Subsidiaritätsprinzip verstoßen habe[64].

Diese Rechtsprechungspraxis hat in den vergangenen Jahren bekanntlich zunehmend Kritik hervorgerufen. „Es kracht gewaltig im Gebälk der europäischen Rechtsprechung. Ursache ist der Europäische Gerichtshof (EuGH), der mit immer erstaunlicheren Begründungen den Mitgliedstaaten ureigene Kompetenzen entzieht und massiv in ihre Rechtsordnungen eingreift", schrieben etwa der frühere Bundespräsident Roman Herzog und der Ökonom Lüder Gerken 2008 in einem Artikel der Frankfurter Allgemeinen Zeitung. „Inzwischen hat er so einen Großteil des Vertrauens verspielt, das ihm einst entgegengebracht wurde"[65]. Dass die Rechtsprechung des EuGH bislang vorwiegend europäisierungsfreundlich war, kann sicherlich nicht bestritten werden. Zur Verteidigung des EuGH muss allerdings hinzugefügt werden, dass die vage Formulierung des Subsidiaritätsprinzips, wie sie im Primärrecht der EU zum Ausdruck kommt, bislang nicht dazu beitragen konnte, Subsidiarität zu einem justiziablen Prinzip der EU zu entwickeln.

IV. Schluss: Herausforderungen und Probleme

Seit dem Vertrag von Maastricht (1992) ist Subsidiarität eines der zentralen Grundprinzipien der Architektur der EU. Die Aufnahme des Subsidiaritätsprinzips in das Primärrecht der Europäischen Union war der Versuch, eine Antwort auf den Kompetenzzuwachs der EU zu geben[66]. Allerdings bleibt dieses Prinzip bis heute politisch und rechtlich weitgehend unbestimmt. Politisch ist umstritten, wie Subsidiarität zu interpretieren ist. Die einen sehen darin ein wirksames Instrument gegen eine übermächtige Zentralinstanz, die anderen benutzen es als Argument, um die bestehenden Kompetenzen der EU zu erweitern, wenn die Effizienz es erfordert. Wieder andere fürchten, dass Subsidiarität als Kampfbegriff missbraucht wird, um eine Renationalisierung Europas voranzutreiben. In Bezug auf die Kompetenzverteilung erwarten die einen eine verbindliche Grenze nach oben, die anderen sehen

---

[63] EuGH 10.12.2002-C-491/01.

[64] *Jan Bergmann*, Subsidiarität, in: Jan Bergmann (Hrsg.), Handlexikon der Europäischen Union, Baden-Baden 2012; *Andreas Harratsch* u.a., Europarecht, Tübingen (7. Aufl.) 2010, S. 83.

[65] *Roman Herzog/Lüder Gerken*, Stoppt den Europäischen Gerichtshof, in: FAZ vom 8.9.2008.

[66] *Johannes Pollak/Peter Slominski*, Das politische System der EU, Wien (2. Aufl.) 2012, S. 114.

darin eine freiwillige Selbstbeschränkung, und eine dritte Gruppe meint, das Subsidiaritätsprinzip habe einen lediglich „appellativen Charakter"[67].

Die EU-Verträge selbst liefern für diese Kontroversen keine befriedigende Antwort. Die Formulierung des Subsidiaritätsprinzips in Art. 5 Abs. 3 EUV schafft keine Kriterien, die als politischer oder gar rechtlicher Prüfmaßstab dienen könnten. In der Praxis kommen die Unionsorgane der Rechtsfertigungspflicht, die ihnen durch das Subsidiaritätsprinzip auferlegt wird, nur sehr allgemein nach. Andererseits lässt sich beobachten, dass einzelne Mitgliedsstaaten, die eine bestimmte gemeinschaftliche Regelung aus politischen Gründen ablehnen, „allzu leichtfertig und pauschal auf das Subsidiaritätsprinzip verweisen"[68].

Auch die Rechtsprechung des Gerichtshofs der Europäischen Union hilft hier nicht weiter. Zum einen hat der EuGH – gewissermaßen im Stile einer europäischen Political-Question-Doktrin – jahrelang vermieden, überhaupt zum Subsidiaritätsprinzip Stellung zu beziehen. Zum anderen haben die Urteile des EuGH zumeist eine „integrationsmehrende Tendenz"[69]. Mit Recht wurde ihm vorgeworfen, dass er die Kompetenzen der Mitgliedstaaten „selbst im Kernbereich nationaler Zuständigkeiten aushöhlt"[70]. Schon weil auch der EuGH in Artikel 1 und 5 des EU-Vertrages darauf verpflichtet wird, an der „Verwirklichung einer immer engeren Union" mitzuwirken, ist er letztlich als Wächter der Subsidiarität ungeeignet. Nicht zuletzt wohl aus diesem Grund hat das Bundesverfassungsgericht in seinem Lissabon-Urteil[71] den Umfang der so genannten Ultra-Vires-Kontrolle ausdrücklich auf das Subsidiaritätsprinzip ausgedehnt und damit seine eigene Prüfkompetenz erweitert[72].

Das mit dem Vertrag von Lissabon eingeführte Verfahren der Subsidiaritätskontrolle durch die nationalen (und regionalen) Parlamente war im Prinzip ein richtiger Ansatz, um der Subsidiarität auf europäischer Ebene mehr Geltung zu verschaffen. Da sie unmittelbar davon betroffen sind, wenn die EU-Organe Gesetzgebungskompetenzen an sich ziehen, haben die Legislativen der Mitgliedstaaten das größte Interesse an einer Wahrung von Subsidiarität. In der Praxis hat sich das Subsidiaritätsfrühwarnsystem jedoch als wenig effektives Kontrollinstrument erwiesen. Die nationalen Parlamente sind bislang strukturell kaum in der Lage, die Vielzahl der EU-Gesetzes-

---

[67] *Ottfried Höffe*, Subsidiarität als staatsphilosophisches Prinzip, in: Knut Wolfgang Nörr/Thomas Oppermann, Subsidiarität. Idee und Wirklichkeit, Berlin u.a. 1997, S. 51.

[68] *Johannes Pollak/Peter Slominski*, Das politische System der EU, Wien (2. Aufl.) 2012, S. 116; mit Verweis auf *Rudolf Streinz*, Europarecht, München (7. Aufl.) 2005, S. 64.

[69] *Hugo J. Hahn*, Der Vertrag von Maastricht als völkerrechtliche Übereinkunft und Verfassung, Baden-Baden 1992, S. 84f.

[70] *Roman Herzog/Lüder Gerken*, Stoppt den Europäischen Gerichtshof, in: FAZ vom 8.9.2008.

[71] BVerfG vom 30.06.2009 – 2 BvE 2/08 – 4. Leitsatz und Rn. 240.

[72] Bei der Ultra-Vires-Kontrolle wird geprüft, ob sich Maßnahmen der Union auf von den Mitgliedstaaten übertragene Zuständigkeiten stützen können oder sich außerhalb der umrissenen Ermächtigung bewegen. Vgl. dazu *Heiko Sauer*, Kompetenz- und Identitätskontrolle von Europarecht nach dem Lissabon-Urteil, in: Zeitschrift für Rechtspolitik 7 (2009), S. 195.

initiativen auf Subsidiaritätsverstöße zu überprüfen. Noch weniger vorbereitet sind die regionalen Parlamente, die es zudem schwerlich schaffen, die Prüfungsfrist von acht Wochen einzuhalten.

Die nationalen Parlamente heben inzwischen durchaus reagiert. Viele stocken ihr Personal auf, um für die Europäisierung besser gerüstet zu sein. Sie bemühen sich um Vernetzung und kooperieren miteinander und mit dem Europäischen Parlament, um EU-Gesetzgebungsentwürfe gemeinsam zu prüfen. Seit einigen Jahren gibt es zudem einen informellen politischen Dialog mit der Europäischen Kommission.

Doch dies allein wird jedoch nicht ausreichen. Damit das Subsidiaritätsprinzip nicht eine wenig konkrete Handlungsmaxime bleibt, muss die EU klarere und letztendlich justiziable Kriterien der Subsidiaritätsprüfung entwickeln. Diese müssen im EU-Recht verankert und durch ein wirksames Kontrollverfahren institutionell gesichert werden. Möglicherweise wäre dies durch die Errichtung eines eigenen Gerichtshofes für Kompetenzfragen zu erreichen. Vorstellbar wäre aber auch, den EuGH durch eine Vertragsreform zu zwingen, Tatsachenbehauptungen des Unionsgesetzgebers künftig auch in Bezug auf das Subsidiaritätsgebot zu überprüfen.

Letztlich ist die Frage nach Subsidiarität und Subsidiaritätskontrolle im politischen System der Europäischen Union nichts anderes als die Suche nach der Finalität der europäischen Integration. Mit Recht hat der neue Kommissionspräsident Jean-Claude Juncker in seinen „Politischen Leitlinien für die nächste Europäische Kommission" im Juli 2014 deutlich gemacht, dass die EU ihre zukünftigen Kompetenzfelder eher in den großen als in kleinteiligen Fragestellungen sehen muss: „Ich wünsche mir eine Europäische Union, die in großen Fragen Größe und Ehrgeiz zeigt und sich in kleinen Fragen durch Zurückhaltung und Bescheidenheit auszeichnet."[73] Damit sich die EU den großen Themen widmen kann, muss an der Kompetenzverteilung zwischen der EU und den Mitgliedstaaten weiter gearbeitet werden[74].

---

[73] *Jean-Claude Juncker*, Ein neuer Start für Europa: Meine Agenda für Jobs, Wachstum, Fairness und demokratischen Wandel, Straßburg, 14. Juli 2014, S. 3.
[74] *Hanna Lorenzen*, Mehr Subsidiarität in der EU – aber bitte an den richtigen Stellen! In: Europa kontrovers. http://www.bpb.de/internationales/europa/europa-kontrovers/183336/standpunkt-hanna-lorenzen (29.4.2014).

Von den Katastrophen der Weltkriege zur europäischen Einheit

Jürgen Aretz

Das Jahr 2014 bot – zumal in Deutschland – vielfältige Anlässe zum historischen Gedenken: Die Öffnung des Eisernen Vorhangs lag 25 Jahre zurück, die Gründung der Bundesrepublik Deutschland 65 Jahre, der Ausbruch des Zweiten Weltkriegs 75 Jahre. Die Alliierten gedachten der Landung in der Normandie vor 70 Jahren. Die Reihe ließe sich fortsetzen. In der Rückschau freilich nahm der 100. Jahrestag des Kriegsausbruchs von 1914 eine herausragende Bedeutung ein. Er war die ‚Urkatastrophe' des 20. Jahrhunderts. Am Ende dieses Krieges war in Europa nichts mehr wie zuvor, und in der Folge sollte sich die gesamte Weltordnung verändern. Europa hatte einen Prozess ausgelöst, der seine eigene politische, wirtschaftliche, militärische und kulturelle Position erschütterte und teilweise zerstörte. Neue Mächte betraten die weltpolitische Bühne, als erste die USA, auch wenn sie sich nach Ende des Krieges 1919/20 zunächst wieder zurückzogen. Es begann der Aufstieg der bolschewistischen Sowjetunion, die im Laufe des Jahrhunderts eine immer bedeutendere Rolle spielen sollte. Mit ihrer marxistisch-leninistischen Ideologie bedrohte sie die Freiheitsidee und die Werteordnung, die Europa trotz aller Konflikte und Rückschläge über Jahrhunderte zusammengehalten hatte. Bis heute sind diese Werte das wichtigste Band, das die ‚alte' und die ‚neue' Welt, Europa und die USA, miteinander verbindet.

Das Wort von dem ‚alten' Kontinent ist in der jüngeren Vergangenheit auf amerikanischer Seite nicht unbedingt neutral oder gar in einem liebenswürdigen Sinne verwandt worden. Unbestreitbar ist Europa der ‚alte' Kontinent im historischen Sinne. Der Name begegnet uns bereits bei Herodot im 5. vorchristlichen Jahrhundert, und die verschiedenen mythologischen Erzählungen, die sich mit ihm verbinden, sind hinreichend bekannt. Unabhängig davon wird Europa bereits seit der Antike als geographische Einheit verstanden.

Das europäische Mittelalter ist geprägt durch das Christentum, das den Kontinent verbindet und lange vereint. Von einem europäischen Bewusstsein im politischen Sinne kann man bis zum Beginn der frühen Neuzeit nicht sprechen. Der Abwehrkampf, den das christliche Europa über mehrere Jahrhunderte gegen die Eroberungs- und „Bekehrungs"-Versuche der muslimischen Türken – wie zuvor bereits gegen die Araber – führen musste, und der Versuch einzelner europäischer Mächte, ihre hegemonialen Ansprüche durchzusetzen, ließen die Vorstellung von einem idealen Europa entstehen, das geeint ist durch einen allgemeinen Frieden. In diese Richtung dachte etwa Abbé Charles Irénée Castel de Saint Pierre (1658–1743), der für einige Zeit erheblichen politischen Einfluss in Frankreich ausübte. Bei ihm finden wir bereits die Vorstellung von supranationalen Institutionen. Immanuel Kant (1724–1804) trug mit seinem Alterswerk ‚Zum ewigen Frieden. Ein philosophischer Entwurf' (1795/96) zur Weiterentwicklung der Friedensidee bei[1].

Auf die Politik hatte dieses Denken keinen nachhaltigen Einfluss, vielmehr bestimmten als eine Folge der französischen Revolution nationalstaatliche Vorstellungen das politische Denken des 19. Jahrhunderts. So erlangte auch Deutschland nach Jahrhunderten interner Streitigkeiten und ausländischer Interventionen seine nationale Einheit. Ähnliches galt für Italien. Damit war nicht zwangsläufig eine Störung oder gar die Zerstörung des europäischen Gleichgewichts verbunden. Eine andere Frage ist es, inwieweit das neugegründete Deutsche Reich seine angemessene Rolle fand und ob im besonderen Frankreich und Großbritannien bereit waren, die veränderte Staatenordnung zu akzeptieren. Diese Fragestellung scheint selbst noch bei der zweiten (Wieder-)Vereinigung Deutschlands im Jahre 1990 nachgewirkt zu haben, als die Regierungen dieser Staaten eine erkennbar andere Position bezogen als die der USA.

Gleichwohl waren die Jahrzehnte vor dem Ersten Weltkrieg keine dunkle und rückwärtsgewandte Zeit, als die sie vielfach wahrgenommen werden. Das mag ein Beispiel verdeutlichen, das uns die Europa-Politik der vergangenen Jahrzehnte und der Gegenwart bietet und das vermeintliche Fortschritte relativiert.

Die Europa-Politik und die europäische Integration haben nach dem Zweiten Weltkrieg Phasen großer Zustimmung, aber auch kontroverser Diskussionen erlebt. Das gilt wohl für alle Mitgliedsstaaten der Europäischen Union (EU). Würde einem älteren Franzosen, Niederländer oder Deutschen die Frage vorgelegt werden, welche europapolitischen Veränderungen der letzten Jahrzehnte er für sich persönlich positiv bewertet, so dürfte das freie Reisen mit an erster Stelle genannt werden. Deutlich distanzierter würde die Antwort ausfallen, wenn es in diesem Zusammenhang um die Migration etwa von Rumänen oder Bulgaren innerhalb der EU geht. Ihnen wird regelmäßig die (Aus-)Nutzung von Sozialleistungen unterstellt. Für den persönlichen Bereich aber ist die Sache klar. Wer die lästigen und oft rigiden Grenzkontrollen der Vergangenheit vor Augen hat, denen sich Geschäfts- und Privatreisende unterziehen mussten, wird das nachvollziehen können.

Die Bundesrepublik Deutschland, Frankreich und die Benelux-Staaten unterzeichneten 1985 ein Abkommen, das den Verzicht auf Personenkontrollen an den Binnengrenzen der Vertragsstaaten vorsah. In einem symbolischen Akt wurden

---

[1] Dazu *Norbert Hinske*, Immanuel Kant, in: Neue Deutsche Biographie 11 (1977), S. 110–125 (Onlinefassung); *Karl-Heinz Nusser*, Ist Kant für oder gegen den Weltstaat? Reflexionen zu seiner Schrift „Zum ewigen Frieden", in: Anton Rauscher (Hrsg.), Nationale und kulturelle Identität im Zeitalter der Globalisierung, Berlin 2006, S. 169–181; *Gerhard Beestermöller*, Die Völkerbundsidee. Leistungsfähigkeit und Grenzen der Kriegsächtung durch Staatensolidarität, Stuttgart u. a. 1995, im bes. S. 19 ff

die Unterschriften an Bord eines Schiffes geleistet, das bei dem Ort Schengen (Luxemburg) auf der Mosel fuhr; der Fluss bildet dort die deutsch-luxemburgische Grenze. Das historische Vorbild mag der mehr als tausend Jahre zurückliegende Vertrag von Bonn gewesen sein, in dem 921 der westfränkische König Karl und der ostfränkische König Heinrich auf dem Rhein ihre Freundschaft beschworen[2].

Nach einer langen Phase der Auseinandersetzungen und des politischen Stillstandes, für die der Begriff ‚Eurosklerose' geprägt wurde, kam es mit dem Schengen-Vertrag zu einem für die Menschen unmittelbar erfahrbaren europapolitischen Fortschritt. Herausragenden Anteil an dem neuen Aufbruch hatte der deutsche Bundeskanzler Helmut Kohl, der seit 1982 im Amt war und Europa in das Zentrum seiner Politik rückte. Ganz in der Tradition Konrad Adenauers (1876–1967), des ersten Kanzlers der Bundesrepublik Deutschland, unterhielt er zugleich „sehr gute Beziehungen" zu den USA[3]. Kohl ging von der für ihn selbstverständlichen Voraussetzung aus, dass die Überwindung der europäischen und der deutschen Teilung, die er als zwei Seiten derselben Medaille sah, nur im europäischen Konsens und mit der aktiven Unterstützung der USA möglich war. Die folgende Entwicklung hat Kohl und Adenauer glänzend bestätigt.

Das Ziel des Schengen-Abkommens war es, den Menschen das grenzüberschreitende Reisen ohne Pass, Visa, ohne Kontrollen und ohne Zeitverlust zu ermöglichen: Sie sollten das Reisen in Europa wie das Reisen in ihrem eigenen Land erfahren. Freilich ging es nicht nur um die private Mobilität. Die Abschaffung der Grenzkontrollen war eine Voraussetzung für den freien Binnenhandel in der EU. Die praktische Umsetzung der Vereinbarung ließ allerdings noch etliche Jahre auf sich warten. Zahlreiche europarechtliche Regelungen, die auch Einschränkungen der Freizügigkeit vorsahen, waren erforderlich, bis schließlich der heutige Stand erreicht wurde. Etwa 30 Staaten gehören derzeit dem sog. Schengen-Raum an, unter ihnen Staaten, die nicht Mitglieder der EU sind.

I. Auf dem Weg in die Moderne – Europa vor 1914

Ein Franzose, Niederländer oder Deutscher, der vor gut hundert Jahren lebte, hätte kaum verstanden, dass die Schengen-Regelung von den Europäern des späten 20. Jahrhunderts als großer Fortschritt betrachtet wurde. Für ihn war es bis zum Ersten Weltkrieg selbstverständlich, ohne Pass und Visum zu reisen – übrigens selbst bis in die USA. Der österreichische Schriftsteller Stefan Zweig (1881–1942) schilderte das anschaulich: „Niemand fragte mich nach meiner Nationalität, meiner Religion,

---

[2] *Bruno Gebhardt*, Handbuch der Deutschen Geschichte, Bd. 1, Frühzeit und Mittelalter, hrsg. von Herbert Grundmann, 8., vollst. neubearb. Aufl., Stuttgart, 9; Nachdruck 1967, S. 168.

[3] Dazu und zu dem Thema Öffnung der Grenzen siehe u. a. *Helmut Kohl*, Berichte zur Lage 1982–1989. Der Kanzler und Parteivorsitzende im Bundesvorstand der CDU Deutschlands, bearbeitet von Günter Buchstab/Hans-Otto Kleinmann, Düsseldorf 2014, u. a. S. 224.

meiner Herkunft, und ich war ja – fantastisch für unsere heutige Zeit der Fingerabdrücke, Visen und Polizeinachweise – ohne Pass gereist."[4]

Der europäische Reisende des frühen 20. Jahrhunderts fuhr von Berlin nach Paris oder in umgekehrter Richtung ohne Reisedokumente, und das mit einem erstaunlich geringen Zeitaufwand. Die Reise begann am frühen Abend in einem Zug mit Schlafwagenkomfort, und am nächsten Vormittag konnte er seine Termine am Zielort wahrnehmen. Im Volksmund hieß es – heute kaum vorstellbar – ‚Pünktlich wie die Eisenbahn'. Die in unserer Zeit verbreitete Vorstellung, Reisefreizügigkeit und Modernität seien Entwicklungen der letzten Jahrzehnte, bestenfalls der beiden letzten Generationen, resultiert aus einer Mischung historischen Unwissens und gegenwartsbezogener Selbstüberschätzung. Europa befand sich um 1900 in vielfältiger Hinsicht auf einem weit höheren Stand als wir es uns heute vorstellen können oder wollen.

In den urbanen Zentren und den Ballungsräumen hatten die wirtschaftliche Entwicklung, das grenzüberschreitende Miteinander und der Wettbewerb in Wirtschaft und Technik, Wissenschaft und Kultur zu einem Zivilisationsstandard geführt, der in unserer Zeit zu selbstkritischer Reflexion mahnen müsste. Auf vielen Feldern sind wir durch die Entwicklung der letzten Jahre erst wieder dort angekommen, wo wir uns vor der ‚Urkatastrophe' bereits befunden hatten. Der Erste Weltkrieg bedeutete über das unendliche menschliche Leid hinaus nicht mehr und nicht weniger als einen Zivilisationsbruch.

Schon lange vor 1914 gab es einen Prozess der Globalisierung, wie er erst nach Überwindung der europäischen Teilung 1989/90 wieder einsetzte. Im letzten Drittel des 19. Jahrhunderts hatte sich ein globalisierter Kapitalmarkt entwickelt, begünstigt durch den technischen Fortschritt: Die Welt war ‚verkabelt', die Nachrichtenübermittlung nicht mehr, wie noch wenige Jahre zuvor, eine Frage von Tagen oder Wochen, sondern von Minuten. Im Vergleich zu der Zeit nach dem Ersten Weltkrieg waren protektionistische Tendenzen weit weniger ausgeprägt – in Deutschland mit Ausnahme der Landwirtschaft und der Stahlindustrie.

In vielen Ländern nahm die Wirtschaft einen großen Aufschwung, besonders in den ‚verspäteten Nationen'[5], Italien und Deutschland. Die Hochkonjunktur in Deutschland führte dazu, dass sich die Wirtschaftskraft in den beiden Jahrzehnten vor Kriegsausbruch ungefähr verdoppelte. England, die älteste Industrienation, wurde auf vielen Feldern überholt. Die wirtschaftliche Entwicklung hatte gegenüber der Mitte des 19. Jahrhunderts eine spürbare Besserstellung der Industriearbeiter zur Folge, das Pro-Kopf-Einkommen stieg. Ohne dass bereits von einer Überwindung der Klassengesellschaft hätte gesprochen werden können, gab es doch eine Tendenz

---

[4] *Stefan Zweig*, Die Welt von gestern. Erinnerungen eines Europäers, Köln 2013, S. 258.

[5] Der umstrittene Ausdruck wurde – bezogen auf Deutschland – von dem Philosophen und Soziologen *Helmuth Plessner* geprägt. Er veröffentlichte 1959 – unter Bezug auf frühere Publikationen – sein Buch „Die verspätete Nation. Über die politische Verführbarkeit bürgerlichen Geistes".

zur Verbesserung der sozialen Lage und zur rechtlichen Gleichstellung. Den sichtbarsten Ausdruck fand diese Entwicklung in der westlichen Welt übrigens außerhalb Europas, in den USA, als dort – deutlich nach den westeuropäischen Staaten – die Sklaverei aufgehoben wurde.

Schon im darauffolgenden Jahrzehnt, also vor bald 140 Jahren, begann Deutschland mit der Einführung einer Sozialgesetzgebung. Sie erleichterte es den Arbeitnehmern, den mit Krankheit und Alter verbundenen Lebensrisiken zu begegnen. Sicher gab es für diese Projekte auch staatspolitische Motive und nicht nur das Ziel der Elendsbekämpfung. Es bleibt die Tatsache, dass dem größeren und zugleich schwächeren Teil des Volkes eine bessere Lebensperspektive eröffnet wurde. Dass sich innerhalb der zunehmend erfolgreichen sozialistischen Bewegung ein revisionistischer Flügel bildete, resultierte wesentlich aus den rechtlichen und sozialen Fortschritten der Zeit. In Deutschland entstand mit dem Zentrum eine Partei, die alle sozialen Schichten unter Einschluss von Arbeitern umfasste und als Vorläuferin der modernen Volksparteien gelten kann. Sie war freilich de facto auf Katholiken beschränkt. Sie setzten sich u. a. mit dieser Parteigründung gegen ihre politische Ausgrenzung und einen antikatholischen Kulturkampf zur Wehr, der über Jahrzehnte anhielt. In dieselbe Epoche fällt in Europa die endgültige bürgerrechtliche Gleichstellung der Juden.

Heute noch kann man in den meisten europäischen Ländern – nicht zuletzt in Deutschland – die damals erreichten Modernisierungserfolge in Augenschein nehmen. Das gilt exemplarisch für die Infrastruktur. Das Verkehrsnetz (Eisenbahnen, Straßen, Wasserwege), die Post und die Wasser- und Abwasserversorgung sind herausragende Beispiele. Die E-Mail kam erst ein Jahrhundert später, aber es gab bereits das Telefon und Telegramme. Rathäuser, Postämter, Bahnhöfe, Schulen, Opernhäuser und Theater, Museen und andere öffentliche Gebäude zeugen heute noch in vielen europäischen Städten von dem Modernisierungsaufbruch der Vorkriegsjahrzehnte[6]. Im Ergebnis einer konsumorientierten Ausgabenpolitik fehlt heute vielerorts das Geld, das damals Geschaffene zu modernisieren oder wenigstens zu erhalten. In vielfältiger Hinsicht war ein großer Teil Europas auf dem Weg in die Moderne. Die politisch und wirtschaftlich führenden Staaten bzw. Regionen Europas hatten nicht nur eine vergleichbare zivilisatorische Ebene erreicht, sie verband trotz nationaler Gegensätze das Bewusstsein kultureller bzw. kulturgeschichtlicher und weltanschaulicher bzw. religiöser Gemeinsamkeiten. Die Bedeutung des Christentums wurde allen laizistischen Bestrebungen zum Trotz von der überwältigenden Mehrheit der Menschen nicht in Frage gestellt. Die Wissenschaften machten im doppelten Sinne des Wortes grenzüberschreitend gewaltige Fortschritte. Die Physik kam dem Geheimnis der Atome auf die Spur. Albert Einstein entwickelte die Relativitätstheorie, Sigmund Freud begründete die Psychoanalyse.

---

[6] *Jürgen Osterhammel*, Die Verwandlung der Welt. Eine Geschichte des 19. Jahrhunderts, München 2009, Edition 2013, S. 26; dazu und zum Folgenden vgl. auch *Philipp Blom*, Der taumelnde Kontinent. Europa 1900–1914, 6. Aufl., München 2014.

Französische, englische, deutsche und italienische Altertumswissenschaftler wetteiferten um die Erforschung der gemeinsamen kulturellen Grundlagen. Grenzüberschreitende Kontakte zwischen Künstlern, Malern, Musikern, Schriftstellern führten zu wechselseitigem Einfluss. Deutsche Künstler lebten und arbeiteten in Paris, englische, französische oder skandinavische Künstler in Deutschland. Im Unterschied zu heute gab es freilich keinen Massentourismus, der breite Bevölkerungsschichten erfasste. Dass diese Form des Reisens in umfassender Weise zu einem tiefer gehenden wechselseitigen Verständnis geführt oder gar Bildungseffekte mit sich gebracht hätte, ist eher zu bezweifeln.

II. Die Selbstzerstörung Europas

Europa erlebte vor 1914 eine „atemlose Zeit" (Philipp Blom) und schien in vielfältiger Hinsicht vor einer großen zivilisatorischen und kulturellen Zukunft zu stehen. Dennoch besteht kein Anlass zu einer idealisierenden Betrachtung. Richtig ist eben auch, dass trotz vieler Fortschritte soziale Spannungen zur gesellschaftlichen Realität gehörten und nationalistische Vorstellungen in dieser Zeit mehrheitsfähig waren. Den damit verbundenen Gefahren ist Europa 1914 und später bei der Schaffung der Nachkriegsordnung tatsächlich erlegen. Das gilt im besonderen für Konzepte einer fragwürdigen nationalstaatlichen ‚Homogenität'.

Deutschland hatte unter den fünf europäischen Großmächten, zu denen noch Frankreich, Großbritannien, Russland und Österreich-Ungarn zählten, die größten wirtschaftlichen und wissenschaftlichen Fortschritte gemacht. Teile der herrschenden politischen Klasse Frankreichs und Großbritanniens sahen sich in ihrer traditionellen Großmachtrolle bedroht. Die dort gepflegte nationalistische Rhetorik fand ihre Entsprechung in Deutschland. Hier waren führende politische Kreise geprägt von Einkreisungsängsten, die im besonderen durch die französische Politik verstärkt wurden. Das war in den Augen der geschichtsbewußten Elite die Fortsetzung der früheren Politik, die selbst Bündnisse mit den muslimischen Türken eingegangen war, um sich gegen das christliche Heilige Römische Reich deutscher Nation durchzusetzen. Zugleich wollte die deutsche Führung eine Rolle spielen, die der in Europa und der Welt gewachsenen Bedeutung entsprach. Man wollte „einen Platz an der Sonne". Das Zitat, das heute noch als Beleg für deutschen Hochmut herangezogen wird, ist freilich unvollständig. Der spätere Reichskanzler Bernhard von Bülow (1849–1929) hatte 1897 vor dem Deutschen Reichstag ausgeführt: „Wir wollen niemand in den Schatten stellen, aber wir verlangen auch unseren Platz an der Sonne."[7]

Der Nationalismus, der die Völker Europas infiziert hatte, gefährdete keinen Staat so sehr wie Österreich-Ungarn. Die Donaumonarchie funktionierte als Vielvölkerstaat keineswegs konfliktfrei, aber in vielfältiger Hinsicht besser als die Staaten,

---

[7] Stenographische Berichte über die Verhandlungen des Reichstages, IX. Legislaturperiode, V. Session, 1897/98, Bd. 1, Berlin 1898, S. 60.

die nach dem Ersten Weltkrieg auf ihrem früheren Staatsgebiet entstanden. Die systematische oder gar gesetzlich verankerte Diskriminierung von Minderheiten widersprach der österreichisch-ungarischen Staatsdoktrin, nicht aber der Wirklichkeit etwa in der Tschechoslowakei oder Polen nach 1919. Es entbehrt auch nicht der Pikanterie, dass der Nationalstaatsgedanke und das Selbstbestimmungsrecht der Völker bei den Siegermächten keine Anerkennung fand, soweit es um die Kolonien oder – jedenfalls zunächst und auch später nur eingeschränkt – um Irland ging.

Europa wies vor 1914 ohne Frage vielfältige Mängel und Probleme auf, aber zugleich großartige Perspektiven. Die Diskussion darüber, wer letztlich für den Ausbruch des Ersten Weltkrieges und damit den Untergang des alten Europa verantwortlich zu machen ist, beschäftigt die Wissenschaft und erregt die nationalen Gemüter bis heute. Man sei, so David Lloyd George (1863–1945), eine Schlüsselpersönlichkeit der britischen Politik jener Jahre, in den Krieg „hineingeschlittert". Dieses unideologische Bild einer außer Kontrolle geratenen Bewegung beschreibt die damaligen Vorgänge besser als die meisten wissenschaftlichen Erklärungsansätze. Auf keiner Seite wurde in der Juli-Krise 1914 die Tragweite der Risiken abgewogen oder überhaupt erkannt, und ebenso wenig gab es von irgendeiner Seite einen um Ausgleich bemühten ernsthaften Versuch, den Krieg und damit die Katastrophe aufzuhalten[8]. Auch militärische Fehleinschätzungen haben zu diesem Versagen beigetragen. Auf Seiten der Entente, also der Westmächte, wie bei den Mittelmächten – Deutschland und seinen Verbündeten – war man von einem schnellen Sieg überzeugt. Je länger der Krieg dauerte, desto schwieriger wurde die Lage für die Mittelmächte, weil sie den Kriegseintritt der USA befürchten mussten. Diese hatten zwar formal ihre Neutralität erklärt, aber durch Material- und Rohstofflieferungen sowie durch Kredite frühzeitig für die Entente Partei ergriffen.

Die europäische Kriegseuphorie mag zum Teil durch eine wenig beachtete Tatsache erklärt werden können – die fehlende Vorstellung von den Folgen der militärischen und militärtechnischen Entwicklung. Lange, verlustreiche Kriege hatten die Beteiligten seit Menschengedenken nicht geführt. Seit der Niederwerfung Napoleons gab es in Europa keine Kriege mehr, deren Opfer nach Hunderttausenden zählten. Im Deutsch-Französischen Krieg 1870/71 hatte die von den Deutschen gewonnene Entscheidungsschlacht bei Sedan 6000 Soldaten das Leben gekostet. Der Krieg mit den höchsten Verlusten an Menschenleben, die nach Napoleon zu beklagen waren, fand weit weg von Europa statt: Im amerikanischen Bürgerkrieg starben 600 000 Menschen. Dieses Grauen wurde im Zweiten Weltkrieg noch einmal in unvorstellbarer Weise übertroffen, etwa in den sog. ‚Vernichtungsschlachten' an der Ostfront. Die Verluste des amerikanischen Bürgerkriegs entsprechen der Zahl der zivilen Opfer, die bei den alliierten Bombenangriffen im Zweiten Weltkrieg ums Leben kamen.

---

[8] Dazu neu und über bisherige Ansätze hinausführend: *Christopher Clark*, Die Schlafwandler. Wie Europa in den Ersten Weltkrieg zog, München 2013.

Am Ende des Ersten Weltkriegs war der Verlust von mehr als zehn Millionen Menschenleben zu beklagen. Das Kriegsende brachte aber nicht den ersehnten wirklichen Frieden. Die Sieger – im besonderen Frankreich – suchten keine Friedensordnung, wie sie noch 1815 nach der Niederlage Napoleons gelang. Damals waren die siegreichen Mächte – Großbritannien, Österreich, Preußen und Russland – darum bemüht, die europäischen Interessen über den Tag hinaus auszugleichen, und sie vermieden eine auf Zerstörung oder gar Demütigung zielende Behandlung des besiegten Feindes. Der auf dieser Grundlage geschlossene Frieden in Europa hielt, von regionalen bzw. bilateralen Konflikten abgesehen, fast ein Jahrhundert.

Eine solche, auf Ausgleich zielende Friedensordnung entsprach nicht den Absichten der Sieger von 1918. Es konnte jedenfalls keine befriedende Wirkung haben, dass den Besiegten ein Status völliger Rechtlosigkeit, unvorstellbare Reparationsleistungen und zudem noch eine moralische Last aufgebürdet wurde: Der mit einem Ultimatum verbundene Friedensvertrag von Versailles wies Deutschland die alleinige Kriegsschuld zu. Das wog um so schwerer, als im Deutschen Reich die Überzeugung weit verbreitet war, man habe einen Verteidigungskrieg führen müssen. Die Reparationsforderungen wurden nicht einmal abschließend beziffert. Die anschließenden Grenzziehungen machten mehr als fünf Millionen Deutsche bzw. Deutschsprechende plötzlich zu Minderheiten in fremden Staaten. Das anderen Völkern zugebilligte Selbstbestimmungsrecht war ihnen verweigert worden.

Die Pariser Vorortverträge und ihre Folgen führten besonders in Deutschland zu einer Verbitterung, die parteiübergreifend empfunden wurde. Als Erbin des Kaiserreichs musste die junge Weimarer Republik diese „nationale Last" tragen. Von Beginn an sah sie sich den Anfeindungen „nationaler Kreise" sowie der Rechts- und Linksextremisten ausgesetzt. Die Weltwirtschaftskrise verschärfte die Probleme und trug zum Aufstieg der Nationalsozialisten bei.

Auf beiden Seiten der Kriegsgegner gab es in den 20er Jahren gleichwohl ernsthafte Versuche, zu einer Entspannung zu kommen. Grundvoraussetzung für eine friedliche Perspektive in Europa war die Annäherung der „Erzfeinde" Frankreich und Deutschland. In Paris kam es 1924 zu einem Regierungswechsel und damit zur Abkehr von der chauvinistischen Politik der Vergangenheit. Der neue Außenminister Aristide Briand (1862–1932), ein Sozialist, griff Vorschläge seines liberalen deutschen Amtskollegen Gustav Stresemann (1878–1929) auf, die zu den Verträgen von Locarno (1925) führten. Es ging um einen nationalen Ausgleich, nicht um eine Europa-Politik, wie sie dreißig Jahre später zur Schaffung supranationaler Einrichtungen führte. Deutschland wurde in den Völkerbund aufgenommen und konnte seine außenpolitische Isolierung überwinden. Der Weg zu einer langfristig tragfähigen Entspannung schien frei. Briand und Stresemann erhielten für ihre Leistung gemeinsam 1926 den Friedensnobelpreis.

Die Verständigung entsprach der Sehnsucht der allermeisten Menschen in den ehemals kriegführenden Ländern. Sie hatten unendliches Leid und große materielle Not ertragen müssen. Ein Ausdruck dieser Erfahrung war die Gründung der

Paneuropäischen Union durch Richard Nikolaus Graf Coudenhove-Kalergi (1894–1972), Sohn eines Diplomaten der K.u.K. Monarchie und einer Japanerin, der sich durch die Friedensverträge von 1919 plötzlich als Bürger der Tschechoslowakei wiederfand. Er schrieb 1922: „Die Europäische Frage gipfelt in drei Worten: Zusammenschluss oder Zusammenbruch!" Die Paneuropa-Union fand die Unterstützung führender Staatsmänner – darunter Briand – und konnte in vielen europäischen Staaten und sogar den USA Büros errichten. Auf großen Kongressen warb sie für ein friedliches und vereintes Europa. Nach Hitlers Machtergreifung 1933 wurde sie verboten.

Hitler war an einer inhaltlichen Verständigung in Europa zu keinem Zeitpunkt interessiert. Seine Idee von Europa beruhte nicht nur auf einer extrem übersteigerten nationalistischen Vorstellung; sie folgte vielmehr einer kruden Rassenideologie, derzufolge die germanische Rasse Europa beherrschen müsse. Die Folgen sind bekannt. Das Regime steuerte in den Zweiten Weltkrieg und hat den Genozid an den europäischen Juden, die Massenmorde an anderen Bevölkerungsgruppen, die gnadenlose Verfolgung von politisch Andersdenkenden und nicht zuletzt von vielen Christen zu verantworten. Mit seinem Ende kam der materielle und ideelle Zusammenbruch Deutschlands, dessen Geschichte mit dem Makel bis dahin nicht vorstellbarer Verbrechen verbunden bleibt.

Das Europa, das vor dem Ersten Weltkrieg bestanden hatte, ging mit dem Ende des Zweiten Weltkrieges unwiderruflich unter. Das gilt gerade für die multinationale und multikulturelle Prägung Mittel- und Osteuropas, die diesen Teil des Kontinents seit vielen hundert Jahren charakterisiert und in vielfältiger Weise bereichert hatte. Bereits während des Ersten Weltkrieges und in der Zwischenkriegszeit wurde speziell von polnischen und tschechischen Nationalisten die Massenvertreibung von Deutschen gefordert. Die militärische Niederlage Deutschlands machte sie nach 1945 möglich. Von Flucht und Vertreibung waren mehr als 14 Millionen Deutsche betroffen, zwei Millionen kamen im Zuge dieses als „Transfer" bzw. „Aussiedlung" verbrämten Prozesses ums Leben. Alle Alliierten haben diesen Prozess gefördert oder zumindest toleriert.

III. Der Kalte Krieg und der europäische Einigungsprozess

Europa ist in einem, wie diese Epoche auch gesehen wird, „30jährigen Bürgerkrieg" den Weg der Selbstzerstörung gegangen. Zwar war mit der Niederwerfung des Nationalsozialismus eine existenzielle Gefahr für seine durch Christentum und Aufklärung geprägte, jahrhundertealte Identität abgewendet, aber eine neue Gefahr stellte diese Identität in vergleichbarer Radikalität in Frage. Bereits kurz nach Kriegsende war die Teilung des Kontinents Realität. Sie fügte der europäischen Tragödie des 20. Jahrhunderts ein weiteres Kapitel hinzu.

Zwischen dem Westen Europas und den Staaten Mittel- und Osteuropa und quer durch Deutschland ließ der sowjetische Staats- und Parteichef Josef Stalin (1879–1953) einen „Eisernen Vorhang" herunter, wie es Winston Churchill (1874–1965) schon im März 1946 formulierte. Im Laufe weniger Jahre sollte die Teilung Europas Konsequenzen haben, die weit über den Kontinent hinausreichten. Westlich des Eisernen Vorhangs waren Freiheit, Rechtsstaatlichkeit, Demokratie und eine marktwirtschaftliche Ordnung konstitutiv. Jenseits des Eisernen Vorhangs bestimmte die Kommunistische Partei der Sowjetunion (KPdSU) direkt oder durch die von ihr abhängigen Staatsparteien des Ostblocks. Weder Humanität und vorstaatliche Grundrechte noch ökonomische Vernunft galten als Grundlagen des Gemeinwesens, sondern der mit der Ideologie des Marxismus-Leninismus verbundene sowjetisch-großrussische Herrschaftsanspruch. Wer sich diesem Anspruch widersetzte, galt als Staatsfeind. Das ideologisch begründete Ziel der Weltherrschaft führte in den folgenden Jahrzehnten zu einem dramatischen Wettlauf der Systeme auf allen Politikfeldern, nicht zuletzt zu einem gefährlichen Rüstungswettlauf. Der Kalte Krieg bestimmte für Jahrzehnte die politische Weltlage.

Für einen Teil Deutschlands und die Staaten Mittel- und Osteuropas begannen nach dem Zweiten Weltkrieg Jahrzehnte der Okkupation, der Fremdbestimmung und der Unterdrückung. Die baltischen Staaten (Estland, Lettland und Litauen) verloren ihre erst nach dem Ersten Weltkrieg errungene Unabhängigkeit – die UdSSR machte sie zu Sowjetrepubliken. Polen, die Tschechoslowakei, Rumänien, Bulgarien und Albanien wurden ebenso zu sowjetischen Satellitenstaaten wie die von der Sowjetunion aus ihrer Besatzungszone gebildete DDR. Ungarn wurde durch Druck und Geheimdienstaktivitäten der Sowjetunion Teil ihres Imperiums, obwohl es nach den alliierten Abmachungen von 1944/45 zur beiderseitig gleichberechtigten Einflusssphäre von Westalliierten und Sowjetunion gehören sollte. Polen verlor im Osten Gebiete, die es nach einem Angriffskrieg gegen die gerade gegründete Sowjetunion Anfang der 20er Jahre erobert hatte. Es durfte sich im Westen an Deutschland schadlos halten, das drei Provinzen verlor, die seit 700 Jahren deutsch besiedelt waren (Ostpreußen, Pommern, Schlesien). Sie machten ein Viertel des deutschen Territoriums aus. Allein aus diesen Gebieten wurden etwa acht Millionen Menschen vertrieben. Hunderttausende, die sich in ihren Ländern der Sowjetisierung widersetzten, wurden unter unmenschlichen Bedingungen inhaftiert, in die Sowjetunion deportiert oder ermordet. Jugoslawien entzog sich der vollständigen Sowjetisierung und ging seinen „eigenen Weg zum Sozialismus". In Griechenland konnte die kommunistische Machtübernahme in einem blutigen Bürgerkrieg verhindert werden.

Während die sowjetische Machtübernahme in Mittel- und Osteuropa unübersehbar und scheinbar unaufhaltsam voranschritt, reiste Winston Churchill, der kurz zuvor die Unterhauswahlen verloren hatte, im September 1946 nach Zürich. An der Universität hielt er einen Vortrag, der jedenfalls in Westeuropa als konkretes Hoffnungszeichen verstanden wurde. Churchill entwickelte die Idee „einer Art Vereinigte Staaten von Europa", die schnell vorangebracht werden müsse und deren erste Voraussetzung die Versöhnung zwischen Frankreich und Deutschland sei. In

Anlehnung an den britischen Premier William Gladstone (1809–1898) forderte er einen „segensreichen Akt des Vergessens".[9]

Bereits vor Kriegsausbruch und während des Zweiten Weltkrieges hatte er vorgeschlagen, einen „Europarat" zu gründen[10]. Diesen Gedanken nahm er wieder auf und bezog sich in diesem Zusammenhang auf Coudenhove-Kalergi. Den geforderten festeren europäischen Strukturen sollte Großbritannien allerdings nicht angehören, vielmehr gemeinsam mit den USA eine besondere, konkret: dominierende Rolle in Europa spielen. Churchill folgte also nach den Erfahrungen zweier Weltkriege und angesichts der neuen, von Moskau ausgehenden Gefahr immer noch dem traditionellen britischen Macht- und Selbstverständnis. Eine grundsätzlich neue Ausrichtung der britischen Europa-Politik war nicht sein Ziel. Die Probleme, die später mit dem zweimaligen französischen Veto gegen die Aufnahme Großbritanniens in die Europäische Wirtschaftsgemeinschaft deutlich wurden, finden hier eine historische Begründung, und die Europa-Politik von Margaret Thatcher (1925–2013) stand in Churchills Tradition – ungeachtet der Tatsache, dass sich die realen politischen und ökonomischen Machtverhältnisse längst zu Ungunsten Großbritanniens verändert hatten.

Churchills Züricher Rede folgte keineswegs einer aktuellen Eingebung. Er gab vielmehr Vorstellungen wieder, die mit denen des amerikanischen Präsidenten Harry S. Truman (1884–1972) übereinstimmten. Trumans Nachfolger Dwight D. Eisenhower (1890–1969) hat sie noch entschiedener vertreten[11]. Die USA hatten aus ihrer isolationistischen Politik nach dem Ersten Weltkrieg gelernt. Handfeste politische und materielle Interessen, nicht zuletzt aber die von Franklin D. Roosevelt (1882–1945) durch sein Bündnis mit Stalin beförderte Expansion der kommunistischen Sowjetunion, veranlassten die USA jetzt zu einem dauerhaften Engagement in Europa. Mit dem Marshall-Plan, der der „Wiederherstellung der wirtschaftlichen Stabilität Westeuropas" diente, vollzogen die USA eine Wende „von dem verschwommenen Prosowjetismus der Kriegszeit" hin zu einer Eindämmung des sowjetischen Einflusses, wie es der amerikanische Spitzendiplomat George F. Kennan formulierte[12]. Auch das sog. „deutsche Problem" spielte dabei eine Rolle. Eine Zerstückelung Deutschlands erschien ebenso wenig sinnvoll wie ein deutscher Staat ohne europäische Einbindung. Die amerikanischen Vorstellungen über die künftige Organisation und Rolle Europas waren zu dieser Zeit mit denen Churchills nahezu deckungsgleich[13].

---

[9] Winston Churchill anlässlich der Verleihung der Ehrendoktorwürde an der Universität Zürich am 19. September 1946.

[10] *Richard J. Aldrich*, OSS, CIA and European Unity: The American Committee on United Europe, 1948–60. Diplomacy and Statecraft, Vol. 8, No. 1 (March 1997), pp. 184–227, published by Frank Class, London, p. 191.

[11] Wie Fn. 10, p. 184.

[12] *George F. Kennan*, Memoiren eines Diplomaten, 2. Aufl., München 1982, S. 337 f.

[13] Wie Fn. 12, u. a. S. 448 f.

Angesichts der sowjetischen Expansion setzten die USA auch auf nachrichtendienstliche Aktivitäten. Im Sommer 1948 gründeten sie das ‚American Committee on United Europe' (ACUE), „directed by senior figures from the American intelligence community"[14]. Die Gründung stand auch in Zusammenhang mit der Bitte Coudenhove-Kalergis, seine europapolitischen Aktivitäten zu unterstützen, deren antikommunistische Zielrichtung den Interessen der USA entsprach. Das ACUE zielte nicht unmittelbar darauf, Organisationen oder Persönlichkeiten nachrichtendienstlich zu instrumentalisieren. Die Strategie war subtiler ausgerichtet: Das Komitee unterstützte unabhängige Organisationen und Persönlichkeiten, deren Ziele mit den Interessen der amerikanischen Politik übereinstimmten oder ihnen zumindest entgegenkamen. Das ermöglichte es, auch eher linke, aber zweifelsfrei demokratische Kreise zu unterstützen. Das geschah u. a. in Frankreich und Belgien.

Der Europarat, den Churchill vorgeschlagen hatte, wurde am 5. Mai 1949 gegründet – als erste supranationale europäische Einrichtung. Der Gründungstag wird seither als ‚Europatag' begangen. Zu den Gründungsmitgliedern gehörten Frankreich, Großbritannien, Irland, Italien, Dänemark, Norwegen und Schweden sowie die Benelux-Staaten. Zunächst ein Diskussionsforum, entwickelte sich der Europarat zu einem Ort, an dem auch völkerrechtlich verbindliche Abkommen wie die Europäische Menschenrechtskonvention geschlossen werden. Die Bundesrepublik Deutschland trat dem Europarat 1951 bei. Seine heutige Bedeutung mag daran gemessen werden, dass ihm inzwischen mit einer Ausnahme alle europäischen Staaten angehören; auch Russland trat 1996 bei. Lediglich Weißrussland steht dem Europarat fern. Der vom Europarat eingerichtete Menschengerichtshof (mit Sitz in Straßburg) trifft des öfteren Entscheidungen, die unter den Mitgliedsstaaten keineswegs auf einhellige Zustimmung treffen. Zu den bemerkenswerten Entscheidungen der jüngeren Vergangenheit gehört die grundsätzliche Bestätigung des in Frankreich verhängten Burka-Verbotes.

Der Aufbau eines freien und zugleich stabilen Europa setzte – nur wenige Jahre nach Ende des Zweiten Weltkrieges – einen politischen Ausgleich zwischen den Nationen voraus. Nur so konnte die schwierige Vergangenheit überwunden werden. Hinzu kommen musste die Bereitschaft, belastbare gemeinsame Strukturen zu begründen. Der direkten Einwirkung der USA waren hier Grenzen gesetzt. Gelingen konnte das Unterfangen nur, wenn die Europäer diese Herausforderung als ihr eigenes Anliegen annahmen.

Auf französischer Seite gab es zunächst große Zurückhaltung, weil die Schlüsselfrage in der Zusammenarbeit mit Deutschland lag. Zwei Faktoren veränderten die Situation nachhaltig. Zum einen mussten die Franzosen erkennen, dass die Amerikaner angesichts der Konfrontation mit der Sowjetunion die Gründung eines westdeutschen Teilstaates betreiben. In der französischen Wahrnehmung bedeutete das eine neue Haltung der USA gegenüber dem „Erzfeind", die die eigene Rolle auf

---

[14] Wie Fn. 10, p. 185.

dem Kontinent zu verändern drohte[15]. Zum anderen gab es eine entscheidende personelle Veränderung in der französischen Politik. Im Juli 1948 wurde Robert Schuman (1886–1963) Außenminister Frankreichs.

Schuman war wie kein anderer prädestiniert, den französisch-deutschen Ausgleich voranzubringen. Als Lothringer hatte er im Ersten Weltkrieg auf deutscher Seite in der Kriegsadministration gedient[16] und seit 1919 erfolgreich in der französischen Politik gewirkt. Der tief religiöse und historisch gebildete Katholik suchte den Ausgleich zwischen Frankreich und Deutschland, ohne dem in der französischen Politik verbreiteten Dominanzdenken nachzugeben. Für ihn war das christliche Abendland weder plakative Floskel noch idealistisch überhöhtes Ziel, sondern historische Grundlage seines Denkens und Handelns und Gegenentwurf zu der totalitären Ideologie der kommunistischen Sowjetunion. Auch bei vielen politischen Gegnern stand seine persönliche Integrität außer Frage.

Auf deutscher Seite fand Schuman in Konrad Adenauer einen kongenialen Partner. Adenauer war in ähnlicher Weise geistig geprägt wie Schuman; beide teilten die Erfahrungen derselben europäischen Epoche. Ihr persönliches Vertrauen und das wechselseitige Verständnis für die nationalen Notwendigkeiten und Empfindungen auf französischer bzw. deutscher Seite waren zentrale, wohl entscheidende Voraussetzungen für den Erfolg des nach ihm benannten Plans, den Schuman im Mai 1950 vorlegte. An der Formulierung hatte Jean Monnet (1888–1979), der spätere erste Präsident der Hohen Behörde der Montanunion, herausragenden Anteil. Monnet arbeitete im Zweiten Weltkrieg in Washington eng mit der US-Administration zusammen und war auch mit dem ACUE verbunden. Die französisch-deutsche Zusammenarbeit wurde auf italienischer Seite ergänzt durch Alcide de Gasperi (1881–1954). De Gasperi, wie Schuman und Adenauer praktizierender Katholik, stammte aus dem Trentino und war der deutschen Kultur eng verbunden. Bei dem jetzt eingeleiteten ersten Schritt zur europäischen Integration spielte er für Italien die entscheidende Rolle.

Der Schuman-Plan sah vor, dass die gesamte französische und deutsche Kohle-, Eisen- und Stahlproduktion einer gemeinsamen europäischen Behörde unterstellt wurde. Die zu schaffende Institution sollte für andere europäische Staaten offen sein. Schuman und Adenauer, wie im übrigen auch der britische Premier Harold Macmillan (1894–1986)[17], hielten den politischen Aspekt für noch wichtiger als den ökonomischen. Die Montanwirtschaft hatte in der Vergangenheit herausragende Bedeutung gehabt, nicht zuletzt militärische, und in Frankreich fürchtete man das

---

[15] Dazu in komprimierter Form: *Gunther Mai*, Die Geburt Europas – die Anfänge der europäischen Integration, in: Wolfgang Bergsdorf/Dietmar Herz/Hans Hoffmeister (Hrsg.), Europa, Dreizehn Vorlesungen, Weimar 2002, S. 69–86, hier S. 82; auch: *Hans-August Lücker/Jean Seitlinger*, Robert Schuman und die Einigung Europas, Luxemburg 2000, S. 68.

[16] *Lücker/Seitlinger* (wie Fn. 15), S. 22.

[17] Vgl. dazu *Patrick Quirk*, Robert Schuman – „Blessed Father" of Europe, in: Anton Rauscher (Hrsg.), Nationale und kulturelle Identität im Zeitalter der Globalisierung, Berlin 2006, S. 141–153, hier S. 149.

überlegene deutsche Potential. Seine Europäisierung bedeutete in verbreiteter französischer Wahrnehmung eine langfristige Eindämmung deutscher Macht und deutschen Einflusses. Auf der anderen Seite war es der Bundesrepublik Deutschland weniger als ein Jahr nach ihrer Gründung gelungen, als ernst genommener Partner die europäische Bühne zu betreten. Mit der Europäischen Gemeinschaft für Kohle und Stahl (EGKS), der Montanunion, waren Perspektiven geschaffen für eine deutsch-französische Zusammenarbeit auch in anderen Bereichen und über die binationale Kooperation hinaus.

Ein erster Rückschlag auf dem Weg zur europäischen Integration trat 1954 ein, als die Initiative zur Schaffung einer Europäischen Verteidigungsgemeinschaft (EVG) am Widerstand der französischen Nationalversammlung scheiterte. Zu diesem Zeitpunkt war Schuman, „the midwife to European Unity"[18], nicht mehr im Amt. Die Bundesrepublik wurde nach dem Scheitern der EVG Mitglied der NATO.

Trotz des Rückschlags, den das Scheitern der EVG fraglos bedeutete, konnte die europäische Integration vorangebracht werden. Die Montanunion wies auf die uneinheitliche Finanz-, Wirtschafts- und Währungspolitik hin, und bereits 1957 erreichte (West-) Europa einen historischen Fortschritt. Mit den Römischen Verträgen, zu deren Unterzeichnern die Bundesrepublik Deutschland, Frankreich, Italien und die Benelux-Staaten gehörten, wurden die Europäische Wirtschaftsgemeinschaft (EWG) und die Europäische Atomgemeinschaft (EURATOM) gegründet, letztere zur gemeinsamen friedlichen Nutzung der Kernenergie. Von besonderer, auch politischer Bedeutung für den künftigen Weg Europas erwies sich die EWG. Die sechs Mitgliedsstaaten verpflichteten sich darauf, die nationalen Wirtschaften zu einem gemeinsamen Markt zusammenzuschließen; die Sozialpolitik sollte harmonisiert, eine gemeinsame Zoll-, Agrar- und Finanzpolitik entwickelt werden.

Als Reaktion auf die EWG betrieb Großbritannien die Gründung der European Free Trade Association (EFTA)[19], ohne dass beide Organisationen tatsächlich vergleichbar gewesen wären. Die EFTA blieb eine reine Zollunion. Großbritannien lehnte es unverändert ab, sich an einer weiter gehenden Integration Europas zu beteiligen.

Mit Charles de Gaulle (1890–1970) kehrte 1958 ein Mann an die Spitze Frankreichs zurück, für den die europäische Integration nur unter französischer Führung vorstellbar war. Der General lehnte auch aus diesem Grund einen Beitritt der Briten zur Europäischen Wirtschaftsgemeinschaft strikt ab. Indes ging er demonstrativ auf die Bundesrepublik und die Deutschen zu, um sie für eine spezielle Partnerschaft zu gewinnen. Es kam 1963 zu einem umjubelten deutsch-französischen Freundschaftsvertrag. Als aber der Deutsche Bundestag dem Vertrag im Ratifizierungsverfahren

---

[18] Wie Fn. 17, S. 148.
[19] Gründungsmitglieder der EFTA waren neben Großbritannien Dänemark, Norwegen, Österreich, Portugal, Schweden und die Schweiz. Nachdem fünf Gründungsmitglieder der EU beigetreten sind, gehören der EFTA heute noch Island, Liechtenstein, Norwegen und die Schweiz an.

eine proatlantische Präambel voranstellte, war das Projekt in de Gaulles Augen gescheitert. In der Tat folgte die Bundesregierung nicht de Gaulles Idee von einem „Europa der Vaterländer". Sie zog einen „europäischen Bundesstaat" vor, was auch den amerikanischen Vorstellungen eher entsprach. Ohnehin sah man auf (west-)deutscher Seite klar, dass der Schutz der USA unverzichtbar war; kein anderer Partner hätte ihn gewährleisten können. Auch die Überwindung der deutschen Teilung schien ohne die USA nicht vorstellbar. Diese Einschätzung hat sich spätestens 1989/90 als richtig erwiesen.

In der folgenden Zeit hat de Gaulle die weitere europäische Integration blockiert. In den Römischen Verträgen war die Einführung des Mehrheitsprinzips im Ministerrat der EWG vereinbart worden, mithin die Abschaffung des Vetorechts. Dem widersetzte sich de Gaulle ebenso wie einer Reform der Agrarpolitik. Beides gefährdete aus seiner Sicht die Position bzw. die Interessen Frankreichs. Er lehnte jeden Machtzuwachs für die Kommission ab, was dazu führte, dass sie auf die folgenden wirtschaftlichen und politischen Herausforderungen nur unter großen Schwierigkeiten reagieren konnte. Erst das Ausscheiden de Gaulles aus der Politik machte substanzielle Fortschritte möglich. Nachdem Großbritannien mit zwei Aufnahmeanträgen am Veto Frankreichs gescheitert war, konnte es vier Jahre nach seinem Rücktritt 1973 gemeinsam mit Irland und Dänemark der EWG beitreten. Diese Erweiterung förderte die Reformdiskussion. Ein Ergebnis war, dass im Jahre 1979 das – zu diesem Zeitpunkt nur mit beschränkten Kompetenzen ausgestattete – Europäische Parlament (EP) erstmals direkt gewählt wurde.

Ein politisches Signal und gewiss keine von wirtschaftlichen Interessen der bisherigen Mitglieder geleitete Entscheidung war die Aufnahme Griechenlands (1981), Spaniens und Portugals (1986). Über lange Zeit, im Falle der iberischen Länder über Jahrzehnte, waren diese Staaten von Militärregimen regiert worden. Es ging mit ihrer Aufnahme darum, dort die demokratischen Kräfte zu stärken.

Mit dem sozialistischen französischen Staatspräsidenten Francois Mitterrand (1916–1996) und dem christlich-demokratischen deutschen Kanzler Helmut Kohl trafen in den 80er Jahren Politiker aufeinander, die ein positives persönliches Verhältnis fanden und so den Stillstand in der europäischen Politik, die ‚Eurosklerose', überwinden konnten. Die Römischen Verträge wurden 1986 durch die Einheitliche Europäische Akte mit dem Ziel weiterentwickelt, den Binnenmarkt zu vollenden und die politischen Entscheidungsstrukturen zu verbessern. Zugleich begann ein Prozess, der zu einer immer stärkeren Position des Europäischen Parlaments führte.

IV. Die Überwindung der deutschen Teilung und der europäische Kontext

Der Fall der Berliner Mauer (9. November 1989), die deutsche Wiedervereinigung (1990) und die Befreiung der mittel- und osteuropäischen Staaten brachten das System von Jalta zu Fall. Die Volksaufstände bzw. Selbstbefreiungsversuche der Menschen in der DDR (1953), in Ungarn und Polen (1956) und der Tschechoslowakei (1968) waren gescheitert; jetzt kam es zu einer epochalen Wende.

Deutschland sah sich mit überraschenden Reaktionen einiger Partner konfrontiert. Zwar hatten sich die Westmächte u. a. im Deutschland-Vertrag (1952/55) verbindlich auf die Unterstützung der Wiedervereinigung Deutschlands in Freiheit festgelegt und dieses Ziel in vielen Bekundungen wiederholt. Als das Ereignis tatsächlich vor der Tür stand, waren Irritationen die Folge. Alte Denkmuster traten zutage. Italienische und niederländische Politiker entwickelten eine bemerkenswerte Affinität zu Margaret Thatcher, die auch nicht vor unlauteren Mitteln zurückschreckte, um die Wiedervereinigung Deutschlands zu hintertreiben. Mitterrand entschloss sich erst spät zu einer offenen Unterstützung des von Helmut Kohl vorgezeichneten Weges. Ausschlaggebend war die Erkenntnis, dass der sowjetische Staats- und Parteichef Michail Gorbatschow die Wiedervereinigung Deutschlands hinzunehmen bereit war und US-Präsident George Bush sen. aus realpolitischen wie grundsätzlichen Erwägungen auf der Seite der Deutschen stand. Die französische Politik stellte also 1989/90 ihre Vorbehalte gegen Deutschland wie 1948/49 zurück, nachdem die amerikanische Seite ihre Option unmissverständlich klar gemacht hatte.

Es wird immer wieder gemutmaßt, dass Mitterrand seine Zustimmung zur Wiedervereinigung von der Einführung des Euro abhängig gemacht habe. Das ist jedenfalls so nicht richtig. Wie in London hat es auch in Paris die Sorge gegeben, das wiedervereinigte Deutschland werde auf Grund seiner kumulierten Wirtschaftskraft Europa dominieren, und dem gelte es entgegenzutreten. Aus französischer Sicht bot sich dazu eine gemeinsame Währung an und der Verzicht der Deutschen auf ihre starke, nach Meinung der Franzosen zu starken D-Mark. Die Annahme ging aber von völlig falschen ökonomischen Vorstellungen aus. Als Folge der DDR-Propaganda rechnete Mitterrand – wie übrigens auch linke Politiker in der alten Bundesrepublik – die DDR zu den zehn stärksten Industrienationen weltweit. Tatsächlich stand die DDR unmittelbar vor dem wirtschaftlichen Zusammenbruch[20]. Die Wiedervereinigung bedeutete also angesichts der ökonomischen und ökologischen Erblasten der DDR keine Stärkung, sondern eine ungeheure Herausforderung für Deutschland.

Die grundsätzliche Entscheidung für den Euro stand nicht im Zusammenhang mit der Wiedervereinigung Deutschlands. Eine gemeinsame europäische Währung war schon Ende der 40er Jahre vorgedacht worden, und sie wurde in den folgenden Jahrzehnten immer wieder in der europäischen Integrationsdebatte aufgenommen[21]. Kohl hatte sich u. a. im Februar 1988, also deutlich bevor die dramatischen Ereignisse des Herbstes 1989 absehbar waren, für eine gemeinsame europäische Währung ausge-

---

[20] Vgl. dazu im Besonderen das sog. ‚Schürer-Papier' vom Oktober 1989.

[21] So u. a. in der EWG-Kommission unter Walter Hallstein Anfang der 60er Jahre und im sog. ‚Werner-Plan'.

sprochen²². Mitterrand allerdings hat die Regierung Kohl – auch mit offenen Drohungen – dazu genötigt, das Vorhaben vorzeitig umzusetzen²³. Ihm ging es um machtpolitische Aspekte, aber auch konkret um die französische Wirtschafts- und Finanzpolitik. Kohl konnte vor dem Hintergrund des komplizierten Wiedervereinigungsprozesses und angesichts des französischen Drucks sein ursprüngliches Konzept nicht verwirklichen: Die politische Union Europas sollte der Währungsunion vorausgehen. Ebenso musste er die von ihm für notwendig erachteten stabilitätspolitischen Sicherungen zeitlich zurückstellen²⁴. Kohl sah durchaus auch die eingebildeten oder tatsächlichen Ängste, die gegenüber dem größer werdenden Deutschland hochkamen. Er war davon überzeugt, dass sie nur „durch ein Vorangehen in Europa" abgebaut werden konnten².

Seine Grundüberzeugungen stellten Kohl in eine Tradition mit Schuman und Adenauer. Er war einer der letzten Politiker in Europa, die aus persönlicher Überzeugung auf die historische Dimension der europäischen Integration hinwiesen; sie durfte nicht auf die Wirtschaft, auf das Materielle beschränkt bleiben. Aus seiner Sicht bildeten die kulturellen Gemeinsamkeiten und die abendländische Tradition die Grundlagen der Integration²⁶. So formulierte er sein Ziel, ein „geeintes Europa auf föderalistischer Grundlage mit Subsidiarität, mit dem Prinzip der Regionen und der Zusammenarbeit" zu schaffen²⁷.

Über Europa hinaus hatte der Fall des Eisernen Vorhangs für kurze Zeit die Hoffnung auf eine lange Friedenszeit geweckt. Diese Hoffnung zerstob mit dem ersten Irak-Krieg, der 1990/91 vor der europäischen Haustür stattfand. Nur Monate später begann der jahrelange Krieg im ehemaligen Jugoslawien.

Der 1992 unterzeichnete Vertrag von Maastricht brachte mit der Europäischen Union eine weitere Stufe der europäischen Integration. Der Vertrag ergänzte die bisherige EWG, die Montanunion und EURATOM um die Zusammenarbeit im Bereich des Innern und der Justiz. Hinzu kam vor dem Hintergrund des Krieges auf dem Balkan die Gemeinsame Außen- und Sicherheitspolitik. Sie konnte bisher keinen durchschlagenden Erfolg verzeichnen – im Besonderen die Briten widersetzten sich der Kompetenzerweiterung. Im Vertrag von Amsterdam (1999) wurden schließlich die Rechte des Europäischen Parlaments umfassend erweitert.

Kohl konnte in Maastricht Konvergenzkriterien für den Euro durchsetzen, die dessen Stabilität sichern sollten. Für die öffentlichen Haushalte wurde eine Maximalver-

---

²² *Kohl*, Berichte zur Lage (wie Fn. 3), S. 596.
²³ Vgl. *Andreas Rödder*, Wunschkind Euro, Frankfurter Allgemeine Sonntagszeitung, 12. Januar 2014, S. 25.
²⁴ Wie Fn. 23.
² *Kohl, Helmut*, Berichte zur Lage 1989–1998. Der Kanzler und Parteivorsitzende im Bundesvorstand der CDU Deutschlands. Bearbeitet von Günter Buchstab und Hans-Otto Kleinmann, Düsseldorf 2012, S. XLI f.
²⁶ *Kohl*, Berichte zur Lage (wie Fn. 25), S. 646.
²⁷ Wie Fn. 25, S. 337.

schuldung von 3 % festgelegt, ferner eine Obergrenze des staatlichen Gesamtschuldenstands von 60 % des Bruttosozialprodukts.

Ohne Frage war die Einführung einer gemeinsamen Währung eine grundsätzliche und zukunftsweisende europapolitische Weichenstellung. Der Euro wurde 2002 von der Europäischen Zentralbank (EZB) als Zahlungsmittel emittiert. Kohl hatte durchgesetzt, dass die EZB nach dem Vorbild der Deutschen Bundesbank als von der Politik unabhängige Einrichtung begründet und Frankfurt/Main zu ihrem Sitz bestimmt wurde. Der Euro hat den europäischen Wirtschaftsstandort gestärkt; er ist längst eine der wichtigsten Währungen der Welt. Seine Stabilität ist bemerkenswert – auch wenn in den Bevölkerungen einiger Länder, besonders in Deutschland, eine Restopposition geblieben ist. In einem weiteren wegweisenden Europa-Vertrag (Nizza 2000) wurde eine Reform der europäischen Institutionen verabredet und eine Grundrechtecharta verabschiedet. Erneut erwies sich Großbritannien als retardierendes Element im europäischen Integrationsprozess.

Nach Maastricht kam es zu einer umfassenden Erweiterung der Europäischen Union. Sie vollzog sich in drei Stufen. Zunächst traten 1995 mit Österreich, Schweden und Finnland drei ehemalige EFTA-Staaten der EU bei. Unter deutscher Ratspräsidentschaft wurde 1997 die Osterweiterung eingeleitet. Sie entsprach Kohls Europa-Vorstellung: Er wollte die unzweifelhaft zur europäischen „Familie" gehörenden mittel- und osteuropäischen Staaten – darunter die baltischen Staaten und Polen – in die Europäische Union führen, um sie demokratisch zu stabilisieren und um die deutsche Ostgrenze nicht zur europäischen Wohlstandsgrenze werden zu lassen.

Helmut Kohl hat seine oft kritisierte erneute Kandidatur bei den Bundestagswahlen 1998 vor allem mit den noch zu lösenden europapolitischen Fragen und seiner Sorge um die europäische Währung begründet. Dass ausgerechnet Frankreich und Deutschland, sozusagen die „Garantiemächte" der Europäischen Union und des Euro, nur wenige Jahre nach Kohls Abwahl die verbindlichen Euro-Stabilitätskriterien brachen, hat zu erheblichen und bis heute nicht überwundenen haushalts- und finanzpolitischen Turbulenzen in Europa beigetragen. Kohls Sorgen wurden in gewisser Weise nachträglich bestätigt. Seine herausragende Rolle bei der Wiedervereinigung und dem Zusammenwachsen Europas ist 1998 mit einer Ehrung gewürdigt worden, die vor ihm nur Jean Monnet (1976) zuteil geworden war. Der Europäische Rat, dem die Staats- und Regierungschefs angehören, ernannte ihn zum ‚Ehrenbürger Europas'. Es ist bis heute bei der Ehrung dieser beiden großen Europäer geblieben.

Die Aufnahme von acht ehemaligen sowjetischen Satellitenstaaten erfolgte 2004, zusammen mit Malta und Zypern. Drei Jahre später kamen in einem Verfahren, das wegen seiner Eile kritisiert wurde, Bulgarien und Rumänien hinzu, schließlich 2013 Kroatien. Diese Erweiterungswelle stellte die EU materiell und institutionell vor gewaltige Herausforderungen. Die meisten Neumitglieder empfangen zum Teil erhebliche Transfermittel. Gleichwohl entsprach die Aufnahme dieser Staaten, die so dem russischen Einfluss weitgehend entzogen wurden, nicht nur der europäischen Freiheits- und Demokratieidee, sie lag und liegt auch im konkreten politischen Interesse der westlichen Welt. Die jüngsten Ereignisse in der Ukraine haben das eindrucksvoll unter Beweis gestellt. Die Erweiterung hatte auch institutionelle Konsequenzen. Wie die bisherigen EU-Mitglieder dürfen auch die neu hinzugekommenen jeweils ein Mitglied der Kommission stellen, deren Zuständigkeiten aus den bisherigen Aufgabenbereichen herausgelöst wurden. Es ist offensichtlich, dass dies keinen Beitrag zur Verschlankung der Administration und zur Entbürokratisierung der EU bedeutete.

Die beeindruckenden Fortschritte, die auf dem Weg zur europäischen Integration erzielt werden konnten, vermögen nicht darüber hinwegzutäuschen, dass es immer wieder schwere Rückschläge gab. Die Politik des ‚leeren Stuhls‘, die de Gaulle betrieb und die zur ‚Eurosklerose‘ beitrug, ist nur ein Beispiel. Das Projekt einer Europäischen Verfassung scheiterte 2005 an negativen Plebisziten in den Niederlanden und in Frankreich. In beiden Fällen war die Ablehnung eher innen- als europapolitisch begründet, was auch Rückschlüsse auf die Europa-Haltung der Bevölkerungen zulässt.

An die Stelle der gescheiterten gemeinsamen Verfassung trat der von den Staats- und Regierungschefs 2007 unterzeichnete Reformvertrag von Lissabon. Auch dieser Vertrag konnte erst nach einem schwierigen Ratifizierungsverfahren 2009 in Kraft treten. Die Struktur der bisherigen Verträge blieb unangetastet, und u. a. mit dem Amt des EU-Ratspräsidenten kamen neue Funktionen hinzu. Das Europäische Parlament wurde so gestärkt, dass es jetzt in die praktische Politik der Kommission einbezogen ist und mit den Staats- und Regierungschefs auf Augenhöhe agieren kann. Die Betonung des Subsidiaritäts-Prinzips soll sicherstellen, dass die EU keine unangemessene Kompetenzerweiterung sucht: Aufgaben, die keinen europäischen, sondern nationalen oder regionalen Charakter haben, sollen auf den entsprechenden Ebenen erledigt werden.

Die Realität wird von manchen Beobachtern bisweilen kritisch gesehen. Der ehemalige deutsche Verfassungsrichter Hans Hugo Klein stellt fest, dass die EU – abgesehen von den ausschließlich ihr vorbehaltenen Zuständigkeiten – von ihren Kompetenzen nur Gebrauch machen dürfe, soweit die Mitgliedsstaaten die entsprechenden Ziele nicht ausreichend verwirklichen könnten, die EU-Ebene aber dazu imstande wäre (Art. 5 EUV). Dieses auch im Grundgesetz für die Bundesrepublik Deutschland verankerte Subsidiaritätsprinzip habe seinen zugedachten Zweck, der Union Schranken aufzuweisen, nicht erreicht. Der Europäische Gerichtshof sei in der Bewertung dieses Sachverhaltes (zu) zurückhaltend[28].

Die Äußerungen des ehemaligen deutschen Verfassungsrichters beschreiben ein zentrales Problem, das in den meisten Mitgliedsstaaten und nicht nur in den EU-kri-

---

[28] *Hans-Hugo Klein*, Überfordert. Die Europäische Union braucht eine Reform an Haupt und Gliedern, Frankfurter Allgemeine Zeitung, 31. Mai 2013.

tischen Parteien gesehen wird. Häufiger konzentriert sich die Kritik – vor allem linker Regierungen – auf materielle Aspekte, u. a. auf die Stabilitätspolitik der EZB, die allerdings von der EU-Kommission unabhängig ist, oder die Transferleistungen. Sie werden naturgemäß unterschiedlich bewertet. Die „Südschiene" fordert größere Hilfen, die Geberländer, von denen Deutschland das größte ist, verweisen auf geltende Verträge und Abmachungen. Aus ihrer Sicht sind die Bekämpfung der Korruption, die Einhaltung vereinbarter Standards und die Beförderung des Wirtschaftswachstums die entscheidenden Voraussetzungen für Fortschritte in den südlichen Staaten – und nicht in erster Linie die Höhe der Subventionen.

Nahezu in allen Mitgliedsstaaten wird moniert, die Brüsseler Bürokratie sei ausgeufert. In der Diskussion ist ebenso präsent, dass die Gehälter und Arbeitsvertragsbedingungen der Kommission inzwischen ein schwer zu rechtfertigendes Niveau erreicht haben. Das ist ärgerlich – aber solche Randthemen berühren nicht die historische Leistung, die mit dem Aufbau der EU gelungen ist.

Das vereinte Europa, das aus den Verheerungen zweier großer Kriege entstanden ist, belegt trotz mancher Irrungen und Rückschläge, dass die europäischen Staaten Lehren aus der Geschichte gezogen haben. Es entstand, wie der Publizist Günther Nonnenmacher formulierte, ein „zwischenstaatliches Gleichgewichtssystem, das in ein institutionalisiertes Verflechtungsgewebe eingebettet ist", ein „auf der Welt beispiellos enges Netzwerk aus Kooperationen und Konsultationen, aus Verträgen und Abkommen". Dieses Netzwerk bewährte sich auch nach 1989/90. Allen Beteiligten war klar, dass sein „Zerreißen politisch wie wirtschaftlich ... mehr Schaden als Nutzen gebracht hätte".[29]

Krieg zwischen Mitgliedern der EU ist undenkbar geworden. Dieses Ergebnis jahrzehntelangen Bemühens war allein alle Anstrengungen wert. Wer Europa verstehen wolle, so formulierte der ehemalige luxemburgische Ministerpräsident und 2014 neu gewählte Kommissions-Präsident Jean-Claude Juncker, müsse über Soldatenfriedhöfe gehen. Aber es ist sehr viel mehr erreicht worden als die bloße Abwesenheit von Krieg. Die EU befindet sich auf einem Weg, der weiterhin Risiken und Rückschläge nicht ausschließen kann, der aber den 28 Mitgliedsstaaten und mehr als 500 Millionen Menschen Freiheit und Demokratie und die reelle Chance auf mehr Wohlstand und soziale Sicherheit bringen wird.

Ian Buruma, der am Bard College in New York lehrt, schrieb in einer großen deutschen Zeitung: „Der Traum von Einheit, der einst der Europäischen Wirtschaftsgemeinschaft und später der Union zugrunde lag, war für meinen Geschmack etwas zu römisch-katholisch. Man riecht förmlich den Weihrauch des Heiligen Römischen Reiches. Das Kernland der Nachkriegsunion lag an der deutsch-französischen Grenze, im Rheinland und im Elsass. ... Die Architekten der Union – Adenauer, Monnet,

---

[29] *Günther Nonnenmacher*, Der Weg ist das Ziel. Warum Deutschland und Frankreich in der Europa-Politik oft uneinig waren und doch immer wieder zusammenfanden, Frankfurter Allgemeine Zeitung, 23. Juni 2014.

Schuman und de Gasperi – waren Christdemokraten aus frommen katholischen Familien."[30]

Abneigung gegen Weihrauch gibt es auch unter praktizierenden Katholiken – freilich weniger aus ideologischen als aus sensitiven Gründen. Im Übrigen hat Buruma die Grundlagen der heutigen EU in einer kaum verhohlenen Mischung aus Abneigung und Bewunderung zutreffend beschrieben. Im Hinblick auf die zukunftsorientierten Weichenstellungen der 90er Jahre müsste dieser Aufzählung Helmut Kohl hinzugefügt werden; auch er passt in das apostrophierte weltanschauliche Grundmuster. In der Tat beruht die Entstehung und Entwicklung des vereinten Europa nach dem Zweiten Weltkrieg entscheidend auf christlichem Denken und dem Handeln dezidiert christlicher Persönlichkeiten. Sachlich unzutreffend ist die vorgenommene konfessionelle Zuordnung im Sinne einer religiösen bzw. weltanschaulichen Einschränkung. Sie wird durch das Selbstverständnis und das konkrete Handeln der genannten Politiker nicht bestätigt – und ebenso wenig durch die europäische Politik der letzten Jahrzehnte. Diese Kritik steht in der Tradition derer, die nach 1945 einen von Unverständnis und Intoleranz geprägten Antikatholizismus pflegten. Beispiele dafür waren in Deutschland der SPD-Parteivorsitzende Kurt Schumacher, der von der katholischen Kirche als „fünfter Besatzungsmacht" sprach oder der Liberale Thomas Dehler, für den Anfang der 50er Jahre ein „vatikanisches Europa" zu entstehen schien[31].

Längst ist das vereinte Europa auch für sozialistische, liberale und andere Politiker und Parteien Grundlage und Rahmen einer gemeinsamen freiheitlichen Politik, die weit über wirtschaftliche und soziale Interessen hinausgeht. Im Europäischen Parlament arbeiten die Europäische Volkspartei (EVP), zu der die christlich-demokratischen Parteien gehören, und die sozialistischen Parteien seit vielen Jahren zusammen. Sachfragen werden nicht mehr in erster Linie entlang der nationalen Grenzen entschieden, sondern sie folgen weit eher den programmatischen Positionen der Fraktionen und Parteien.

Das vereinte Europa ist noch weit entfernt von den Idealen vieler überzeugter Europäer. Aber es ist jedenfalls in einem großen Teil Teil Europas gelungen, Denkansätze und Strömungen zu überwinden, die den Kontinent im 20. Jahrhundert in die Katastrophe geführt haben. Unverantwortlich wäre es freilich, die Entwicklung im Osten Europas zu unterschätzen. Es konnte nicht erreicht werden, Russland näher und vor allem dauerhaft an Europa heranzuführen bzw. sich ihm zu nähern. Europa wird Antworten finden müssen auf die Wiederkehr von imperialen Ansprüchen, die viele überwunden geglaubt hatten. Sie drohen den Osten Europas zu destabilisieren und versetzen gerade die Völker in Furcht, die erst nach dem Ende des Kalten Krieges ihre Freiheit wiedergefunden hatten.

---

[30] *Ian Buruma*, Die Entscheidung fällt in Deutschland, Frankfurter Allgemeine Zeitung, 1. Juli 2014.
[31] Zitiert nach *Rudolf Morsey*, Katholizismus und Unionsparteien in der Ära Adenauer. Ausgewählte Aufsätze, Paderborn 1997, S. 265 f.

Zutreffender als es die Konstruktion einer konfessionellen Begrenzung zu tun vermag, kann Europa in Anlehnung an ein Wort von Theodor Heuss (1884–1963) beschrieben werden. Heuss, ein liberaler protestantischer Politiker, war der erste Bundespräsident der Bundesrepublik Deutschland. Europa, so sein Diktum, sei auf drei Hügeln gegründet – der Akropolis, dem Kapitol und Golgatha.[3] Diese Vergewisserung kann auch künftig in jeder Phase des europäischen Einigungsprozesses hilfreich sein.

---

[3] Zitiert nach *Meik Gerhards*, Golgatha und Europa oder: Warum das Evangelium zu den bleibenden Quellen des Abendlandes gehört, Göttingen 2007, S. 32.

Europa braucht subsidiäre Strukturen

Markus Ferber

In meiner Rede möchte ich gerne auf zwei Aspekte besonders eingehen: Zum einen auf Subsidiarität in Europa, zum anderen auf das aktuelle Deutsch-Amerikanische bzw. Europäisch-Amerikanische Verhältnis.

Europa braucht subsidiäre Strukturen – doch was bedeutet das? Die Idee, die hinter dem Prinzip der Subsidiarität steckt, ist Probleme auf der Ebene zu lösen, wo sie entstehen. Nur wenn das nicht möglich ist, geht es eine Ebene rauf. Für Europa bedeutet das konkret: Die Beweislast liegt bei der Europäischen Kommission. Dieses Prinzip ist fest in den europäischen Verträgen verankert. Viele Probleme sind in unserer globalisierten Welt von grenzüberschreitender Natur: Die Regulierung der Finanzmärkte, der Datenschutz, die Klima- und Energiepolitik oder der Umweltschutz fordern einen gemeinsamen europäischen Ansatz. Doch dies gilt nicht für alle Fragen, die in diesem Zusammenhang aufkommen. Beispiele aus jüngerer Zeit dokumentieren dies: Die Energieeffizienzrichtlinie und ihre Regelungen für Staubsauger, Kaffeemaschinen oder Glühbirnen, das berühmte Ölkännchen, die Organisation der Trinkwasserversorgung bzw. die Konzessionsvergabe-Richtlinie oder diverse Vorschläge in der Familien- und Sozialpolitik wie der Estrela- und der Lunacek-Bericht förderten intensive öffentliche Debatten über diese Themen. Dies zeigt, dass die Menschen durchaus sensibel sind, was diese Fragen angeht. Ebenso zeigt dies, dass eine Verletzung des Subsidiaritätsprinzips nicht nur eine rechtlich-abstrakte Frage darstellt. Eine Verletzung des Subsidiaritätsprinzips wird als Einmischung in das tägliche Leben gewertet und nagt dadurch an der Legitimität der Europäischen Union.

Dies spiegelt sich auch im Ergebnis der Europawahlen wieder: Viele europa-skeptische Parteien sind in das neu gewählte Europäische Parlament eingezogen. In Frankreich mit der Front National und in Großbritannien mit der UKIP sind sie sogar als stärkste Parteien in ihren Ländern hervorgegangen. Das Wahlergebnis spiegelt einen klaren Auftrag der Wähler wieder: „So viel Europa wie nötig, so wenig wie möglich."

Allerdings muss hier ebenso bedacht werden, dass das Kriterium, ob eine Aufgabe auf nationaler Ebene zufriedenstellend gelöst werden kann, oft relativ ist. Kleinere Mitgliedstaaten haben des Öfteren eine weniger leistungsstarke Verwaltung, sodass sie europäischen Lösungen gegenüber offener sind. Was zum Beispiel für Deutschland gegen das Subsidiaritätsprinzip verstößt, kann für Malta gerade richtig sein.

Dennoch ist in der Europäischen Kommission ein Umdenken erforderlich. Das Argument der Binnenmarktrelevanz darf nicht länger als Blankoscheck gelten, um alles regeln zu können. Dieses Bekenntnis zur Subsidiarität muss auch bei der Auswahl der Mitglieder der nächsten Europäischen Kommission eine Rolle spielen. Erfreulicherweise hat es zum Ende der letzten Legislaturperiode ein Zeichen des Umdenkens gegeben. Dies ist nicht zuletzt das Ergebnis der Arbeit der CSU-Europagruppe sowie der Stoiber-Gruppe während der letzten Legislaturperiode. Im REFIT-Programm hat die Kommission den gesamten Rechtsbestand der EU auf den Kopf gestellt und Fragen gestellt wie: Was ist überflüssig? Welche Vorschläge können zurückgezogen werden? Wo gibt es unnötige Vorschriften? Dies kann man durchaus als Schritt in die richtige Richtung bezeichnen, allerdings muss hier auch in der neuen Legislaturperiode angeknüpft werden.

Im Folgenden möchte ich nun noch auf das aktuelle Europäisch-Amerikanische Verhältnis eingehen: Die Beziehung zwischen der EU und der USA befindet sich zurzeit in einer schwierigen Phase. Einerseits wird über eine umfassende handelspolitische Integration der Wirtschaftsräume durch TTIP verhandelt, andererseits wird die USA zurzeit besonders kritisch betrachtet. Dies wird insbesondere an zwei Themen deutlich: an den Verhandlungen um TTIP und in der Ukraine-Krise. Die Europäische Union verhandelt zurzeit über 30 Freihandelsabkommen. Verhandlungen über diese Freihandelsabkommen werden in der Regel nicht öffentlich wahrgenommen, bei TTIP ist dies durchaus anders. Es herrscht eine intensive Debatte zu bestimmten Aspekten von TTIP. Insbesondere Umwelt- und Verbraucherschutzstandards wie das berühmte „Chlorhühnchen", das Kapitel um den Investitionsschutz, die Zukunft der öffentlichen Daseinsvorsorge als auch die Intransparenz der Verhandlungen sorgen für teils heftige öffentliche Diskussionen. Die Debatte wird von zwei Merkmalen gekennzeichnet. Zum einen basiert sie zum Großteil auf Gerüchten. Hier trägt nicht zuletzt die Kommission durch ihre Intransparenz eine nicht unerhebliche Mitschuld. Zum anderen wird ein sehr USA-kritischer Ton deutlich. Der Grundtenor ist hierbei, dass TTIP allein den Interessen der US-Großindustrie dient und europäische Interessen zu kurz kommen.

Fakt ist jedoch, dass eine Beurteilung des Abkommens ohne fertigen Text schlichtweg nicht möglich ist. Ebenso werden das Europäische Parlament und insbesondere die EVP-Fraktion darauf achten, dass das Abkommen einen Mehrwert für Europa bietet. Aus diesen Gründen ist eine sachlichere Debatte nötig, bei der auch über die Vorteile des Abkommens geredet wird.

In der Ukraine-Krise ist es für den objektiven Beobachter klar, dass Russland derjenige Akteur ist, der die Krise anheizt und der ein Motiv dafür hat. Trotzdem glauben in der deutschen Öffentlichkeit als auch in der deutschen Politik viele, dass Russland das Opfer sei und „der Westen" einen Staatsstreich in der Ukraine orchestriert habe. Dies ist einerseits Folge effektiver russischer Propaganda, die insbesondere im Internet und in den sozialen Medien eingesetzt wird. Andererseits stellt dies auch ein Abbild des latenten Anti-Amerikanismus in der Gesellschaft dar. Den USA wird alles zugetraut. Woran liegt das? Zum einen durch die schlechten Erfahrungen, die man im Rahmen des Irak-Kriegs gemacht hat. Ebenso spielen hier die wiederholten Skandale im Bereich des Datenschutzes wie die NSA-Affäre, das Abhören des Kanzlerinnen-Handys und die jüngsten Enthüllungen über US-Spitzel in deutschen Behörden eine Rolle. Ferner ist auch die bewusste geostrategische Abwendung der USA von Europa durch ihr „pivot towards Asia" eine Ursache. Die Probleme sind also weitgehend hausgemacht.

Welche Konsequenzen müssen wir nun daraus ziehen? Zunächst muss die Bespitzelung durch befreundete Länder aufhören. Dies muss vehement eingefordert werden. Im Bereich des Datenschutzes hat Europa die Entwicklung schlichtweg verschlafen und ist heute weitgehend abhängig von US-amerikanischen Anbietern. Der Aufbau einer eigenen IT-Infrastruktur ist eine strategische Herausforderung, die in naher Zukunft vorangetrieben werden muss. Dennoch muss konstatiert werden, dass trotz aller Skandale die USA unser wichtigster Partner in der Welt bleibt. Wir teilen nicht nur das gleiche Wertegerüst wie das Bekenntnis zu Demokratie, Freiheit, Menschenrechten und Marktwirtschaft, die USA ist auch Europas wichtigster Handelspartner. TTIP bietet hier die Chance, unsere Standards international zu verankern. Ferner besteht eine enge und tiefe sicherheitspolitische Integration mit den USA im Rahmen der NATO. Aus diesen Gründen sollte das Verhältnis zu den USA nicht aufgegeben, sondern repariert werden.

Wie Sie sehen, sind beide Debatten kompliziert, sowohl diejenige um Subsidiarität in Europa als auch diejenige über das Verhältnis der EU mit den USA. Nichtsdestoweniger kann ich meine Rede auf zwei Kernbotschaften reduzieren:

Wir brauchen mehr Subsidiarität in Europa, wenn wir Akzeptanz für Europa zurückgewinnen wollen. „Europa groß im Großen und großzügig im Kleinen" sollte hier als Leitmotiv gelten. Wir brauchen überdies ein gutes und belastbares Europäisch-Amerikanisches Verhältnis – das ist gut für Europa und gut für die USA.

Keeping the White Horse in the Barn: The Restoration of Subsidiarity in the Face of Conflict and Natural Disasters

Douglas Ryan

> We are called to find Christ (in the poor), to lend our voice to their causes, but also to be their friends and to listen to them...and to embrace the mysterious wisdom which God wishes to share with us through them.
>
> (*Pope Francis*, Evangelii Gaudium)

This paper grows out of the reflections of a humanitarian worker committed, on behalf of the faith-based NGO Catholic Relief Services (CRS), to assisting grassroots communities confront the challenges of poverty and development across the world. The paper's title grows out of a statement by a local church leader in Honduras who said in responding to the aftermath of the emergency brought on by Hurricane Mitch: "We have to resist the temptation to ride in on a *white horse* and save the day. We are not the heroes, the people are and must be the heroes."

The paper outlines how CRS integrates the particular concept of subsidiarity into its work so that it might best serve the poor in a manner consistent with core gospel teachings – including its ethos to create the space and opportunity for the world's poor to meet their needs to survive, attain higher and higher degrees of security in their access to basic human needs, and ultimately to prosper as persons of grace and dignity. CRS is an agency on the front lines: it works in nearly 100 of the world's poorest countries. The diversity of the contexts and conditions under which its 5,000 employees collaborate in partnership with the local church, village based organizations and like-minded partners is, upon stepping back, astounding. Fortunately, in all of these situations, CRS can turn to Catholic Social Teaching (CST) to inform its actions and provide consistency in its approach to serving the poor. Our approach is indeed one of "faith in action" and applying the principles of CST represents both a challenge and a privilege in working with the poor.

This paper describes the concept of subsidiarity, one of the key tenets of CST, in its dynamic form when adhered to in the work of alleviating human suffering and fostering human development among the poorest communities overseas. Subsidiarity in its leanest definition speaks to decisions being made at the local level and by the local groups who are closest to the problem and have a better understanding of the issue.

In its work, CRS believes that local communities have both the right to be intimately involved in the decisions affecting their own welfare and the responsibility to make wise choices that serve the common good. In this sense, CRS programs in their design and implementation reflect the ideas of the people being served by the program and often involve not only their ideas but their sweat equity. On a different level, CRS believes that democracy as practiced in this kind of grassroots decision making becomes a powerful tool for achieving a sense of true empowerment and true control over one's future. Subsidiarity, in other words, promotes the inherent dignity of the person operating through local, democratically constituted decision making structures.

The practice of subsidiarity is a clear challenge for humanitarian workers. Those working in socio-economic development like efficiency and quick results – as do their backers and donors. As we may see in the examples provided in this set of reflections, subsidiarity in practice measures not just what was done but how the development process worked to promote sustainable structures and institutions, privileging fairness and equity over a superficial counting of relief items handed out.

Subsidiarity implicitly questions existing power arrangements – when people are empowered to decide how development assistance directed to them will be used by them, the power to hijack development aid as a resource for politicians and other interested parties is short circuited. Subsidiarity requires a patient attention to the building of relationships that lead to building democratic institutions that give voice to the poor in their aspiration for dignity. This paper will describe how subsidiarity can be a powerful tool and idea when applied under conditions and in contexts where the idea was both practical and affirming of human dignity.

We will do this by examining three brief case studies that capture the consistency of the principle in shifting and dramatically changing environments, demonstrating a kind of "subsidiarity in the vineyard". First, we will see how subsidiarity plays out in the context of recovery from natural disaster. We will look at how CRS responded in Honduras at village level structures to empower local communities to rebuild their lives in the aftermath of Hurricane Mitch. Second, we will look at how CRS took on an ambitious program to build from scratch local government institutions in immediate post-war South Sudan, a task that in many ways embodies the messages of subsidiarity. Third, we will look at how CRS has worked in war-torn Mindanao, the Philippines to build peace and include the poorest Filipinos to voice their aspirations for peace.

I. Storm of the Century:
Honduras and the Committees for Local Development

When Hurricane Mitch ripped into the northeastern coast of Honduras on a November night in 1998 it marked a path of destruction that killed thousands, leveled crops and infrastructure, and left a nation of 7 million on its knees. When the debris had cleared and it was time to take stock and begin the long recovery process, many in the Honduran church began asking provocative questions: What is it exactly that we wish to rebuild? Are the systems and structures that made for demeaning, stagnant poverty for the majority of our citizens worth rebuilding? Or is the point now to seize the opportunity from this tragedy and rebuild a country whose contours are shaped by principles we have long attempted to put into practice – ones that lift the poor, restore dignity, and create a new common good.

Our challenge was not to simply rebuild but to build a better society. Indeed the disaster turned the klieg lights on long-festering social inequities that manifested in systems and structures that were keeping millions in conditions of poverty and vulnerability. To compound things, Honduras suffered under a heavy external debt burden, an issue CRS worked closely and urgently with the Catholic Church to address. These pre-storm issues, for generations left unaddressed, combined to significantly deepen the impact the storm was to have on the Honduran population. The storm exposed pre-existing conditions of injustice in the country that showed, in turn, how vulnerable and how exposed the population was to a disaster of this magnitude. One only had to witness the dramatic mudslides carrying shacks perched precariously on the capital city Tegucigalpa's cliffs to immediately understand the imbalance in both real and symbolic terms.

Fortunately by 1998, CRS was positioned for deeper collaboration with the Church in Honduras. The agency had gone through a wrenching self-examination following the genocide in Ruanda and had asked itself hard questions. Had the agency tooled itself to be merely an efficient service delivery NGO focused on the metrics of development but tone deaf to the cries of the poor who sought not just the transferred resources of the wealthy but justice in their societies and control of their own destinies? How could we, as a Catholic agency, not be sensitive to broader – and at the same time subtle – patterns of relationships in the countries and environments we were working in and, in a sense, "miss" the signals in Ruanda?

By the time Hurricane Mitch hit Honduras, CRS had penetrated deeply into how it could best partner with the local Church and Honduran civil society to best respond to the needs of the poor. It undertook – with two colleague NGOs and with wide scholarly and civil society input – an ambitious visioning exercise called "Honduras 2050" to understand more dynamically what trends were driving the country. It worked hand in hand with the Church, civil society groups, the Archdiocese of Los Angeles, and the U.S. Ambassador to Honduras in order to understand how to reverse the practice of shallow public investment by advocating for clearer, fairer terms of debt relief. It tackled with the Church the problem of the massive deportation back to Honduras of thousands of undocumented migrants by advocating for a temporary protective status for them.

While it was immersed in structural issues with the Church and civil society, CRS was also learning valuable lessons in subsidiarity through its development work, principally in a large-scale potable water program that covered wide areas of two of the eighteen regions or Departments into which the country is divided. CRS used a social mobilization model that resulted in communities designing, building through their own sweat and labor, and maintaining their own gravity-flow water systems designed to last for 30 years. This work of pushing ever downward the decision making and the rights and responsibilities for development to the lowest most appropriate level would stand the program in good stead when disaster struck.

At the time of the disaster CRS in Honduras was not classified as a program where either man made or rapid onset emergencies would most likely take place. When the emergency struck the Country Program, therefore, approached its response less from a technical perspective and more from the optic of how it could draw on its work with the Catholic Church, civil society, and community groups in water to promote a broader agenda of social change in the country. CRS was responsible for the emergency response in the Department of Colon, the place where the storm hit land and an area that, post-storm, an estimated 65 % of the population did not have access to food. In Colon CRS would set out a long-term vision of *Saving Lives, Sustaining Livelihoods and Rebuilding Civil Society*.[1]

In it CRS saw a mix of humanitarian action, development programming, and advocacy in its response. Importantly, it sought to draw on lessons from its non-emergency programming to partner with the Church in Colon to carry out an ambitious agenda that ranged from immediate relief to long-term recovery in a wide variety of programs.

In long, often late night planning sessions the Church and CRS asked these kinds of questions: What if every decision involving the use of emergency recovery resources that could feasibly be made locally was, in practice, made locally? How could communities shape themselves to be the true decision makers post-disaster? We further asked, who will be included in decisions made locally – or put another way, who has been *excluded* from decision given the way pre-storm Honduran society relationships are ordered? These questions provided the springboard for creating in each community Committees for Local Development (CODELs). The CODELs would by design be broad based: women, youth, evangelicals, the elderly, and indigenous groups would all have to be represented. In a society arguably dominated by male voices and in one where religion was beginning to divide Honduran society, this was a positive, constructive step. The CODEL model drew on two similar Honduran models for social organization: the Christian Based Communities which grew out of

---

[1] Saving Lives, Sustaining Livelihoods and Rebuilding Civil Society, elaborated and discussed in: The CRS Justice Lens Case Studies: Reflections on Justice, Solidarity, and Peacebuilding in CRS Programming, authored by Melinda Burrell/Daniel Deng et al., edited by Jaco Cilliers/Robim Gulick (Baltimore, MD: Catholic Relief Service, 2004), esp. pp 56–72; http://www.crsprogramquality.org/storage/pubs/peacebuilding/justicelens_cases.pdf:; accessed 5 November 2014.

a response to a shortage of priests in rural areas, and the CRS water model stressing a high degree of community involvement in all aspects of designing, building and maintaining water systems. Both models stressed key principles that go to the heart of subsidiarity.

Principle One: No "White Horse" Development. It was argued that no one should figuratively ride in from the Presidential Palace, U.S. Embassy or NGO headquarters and tell communities what their priorities were or how funds would be allocated and spent. We sought a unique democratic opportunity to engage citizens in the process of rebuilding. Through the CODELs, they would have the right and the responsibility to rebuild their community and country. This had a parallel psychological advantage: by enlisting people early in the process, the program placed control of the future in their hands. Many people came out of the storm traumatized and anxious about the future. Creating structures for significant involvement in rebuilding their lives created a sense of balance, urgency and even patriotism among people in the communities. In the process, communities moved from being "victims of disaster" to the protagonists in overcoming the challenges it brought.

Principle Two: Stress Transparency and Accountability. The groups would manage recovery resources according to the priorities they set and at levels of effort they would request and expect in mutuality from community members. This focus would have broader implications. As the CODELs began planning they became interested in the source and flow of resources to their municipality and insisting on transparency in the rewarding of aid flows into their localities. This stress on transparency led to the creation of Municipal Report Cards, a way of publicly gauging how effective municipalities were in meeting citizen needs with reconstruction funds; this also led to the idea of Social Audits, a tool for common citizens to learn – and influence – the investment of funds needed to rebuild Honduras.

Principle Three: Build It Ourselves. The disaster in Honduras presented an exceptional opportunity to build a hopefully lasting sense of solidarity within and among the communities affected. Our approach hinged on overcoming the victim of disaster mentality by drawing on the Water Committee model we had used for social mobilization to build and sustain rural water systems throughout Southeastern Honduras and apply them to an urgent sense of mutual support and recovery in the disaster zones. Social webs and networks, exemplified in the CODELs, provided a platform for people to fuel the reconstruction with their own two hands guided by decisions they would make locally and take responsibility for. Food assistance in the form of Food for Work was used as the principal asset underpinning these important social networks. This made sense as crops had largely been destroyed and so more than just assistance for survival, food became a tool for practicing subsidiarity and promoting a robust and deeply shared sense of solidarity. This meant that all physical reconstruction was done by the communities themselves. Basic housing designs (in a program called Dignified Housing) heeded input from families and communities to include separate sleeping quarters for adults and children. The brick making, framing and roofing of the homes were all done by community groups themselves in high-ground locations agreed upon with local authorities. This hands-on approach extended to water systems, agricultural land recovery and the rebuilding of community infrastructure.

Local decision making was showcased by the CODEL insistence on first reconstructing the schools. The CODELS first sought to restore balance to the lives of the children, something that would by extension, provide the parents and guardians of these children their own sense of balance. Work proceeded at a furious pace to meet the deadline for opening the new school year. Among the most cherished and unique emotional moments came on the first day of school as parents smiled broadly watching their children in blue and white Honduran uniforms jostling and laughing their way to school as the bells rang out.

Principle Four: Focus on Civil Society. The Honduras 2050 exercise revealed trends and forces that, like a storm, could overcome a vulnerable population. Payments disproportionate to an ability to pay the external debt, for example, robbed the common citizen of much needed goods and services if Honduras was to develop. CRS as an agency and as a program in Honduras sought to set right relationships that adversely affected the poor. In practical terms, this meant supporting civil society groups that could tackle big picture problems that had common citizen effects. In concert with the broader church, national NGO and civil society CRS sought and contributed to a reduction the overall debt burden in the long run and relief from payment post-disaster immediately. The bishops of

Texas who joined CRS in an unprecedented act of solidarity, fought for Temporary Protective Status for thousands of Honduran and Central American migrants who could ill afford to return to a country leveled by disaster. And, in concert with civil society, CRS made it possible for local communities to prioritize their needs, negotiate their recognition by mayors and municipalities, and work hand in hand to address both urgent and generational needs long neglected. This building of civil society was an important and significant element in the reordering of Honduras society in the face of natural disaster.

Rebuilding was in the hands of common Honduran citizens who became the protagonists of their recovery quietly and heroically facing down the odds of a disaster which had cost them an estimated 6,000 lives with 12,000 missing and 80 % of its GDP. The temptation to save Honduras from the outside had, through discipline and a reorientation of approach, been avoided. A focus on solidarity for rebuilding among Hondurans and the practice of subsidiarity in every decision contributed to a unique and uplifting faith driven humanitarian experience. In the process, an arguably more efficient and equitable distribution of emergency and reconstruction funds took place and, importantly, a previously vulnerable population was empowered to face this disaster with a social platform for reducing risk and vulnerability into the future.

II. The End of Conflict:
South Sudan and Building Local Government

"… there will be no more bombs falling from the sky on innocent children and women. Instead of the cries of children and the wailing of women and the pain of the last 21 years of war, peace will bless us once more with hearing the happy giggling of children and the enchanting ululation of women."[2]

Few places in the world can match the demand for the exercise of subsidiarity found in South Sudan throughout its tortured history but particularly in the promising post-war period beginning with the signing of the Comprehensive Peace Agreement (CPA) in 2005[3]. The CPA formally ended the Second Sudanese Civil War that affected disproportionately the impoverished south of the country between 1983 and 2005. An estimated two million people died in the war due either to direct involvement in conflict or, in larger numbers, to the collateral effects the war had on deepening underdevelopment in an already struggling land. South Sudan witnessed millions of internally displaced scattered in camps and make-shift villages principally in the southern territories of the country.

The war had immediate, visible effects on the people with whom CRS worked. Long denied access to fundamental life sustaining goods like potable water or health care services, they developed a stiff kind of resilience and their own forms of coping mechanisms to stay alive and keep their spirits high. By 2005, more than anything else, the country was tired, weary and the very terrain around them reflected an acute lack of investment in human development and a grave sense of neglect and abandonment. The end to the war would, optimistically, start the country on a path towards recovery, healing and eventual prosperity. Less visible in the aftermath of war was the psychological sense of marginalization felt by most citizens of South Sudan. If indeed the long civil war had been fought to restore dignity on a national level and a voice in self-governance for the country, at the level of the common citizen this was both mirrored and perhaps more acutely perceived. In other words, the dignity of the nation – and its cry for self-rule – were reflected in the cry of ordinary people for their own voice and participation in shaping their destiny.

CRS enjoyed a high level of credibility in South Sudan due principally to its founding role in Operation Lifeline Sudan, a collaborative effort with the United Nations (UN) to ensure humanitarian access to South Sudan even while conflict raged. Once the celebrations died down following the signing of the Comprehensive Peace Agreement on January 9, 2005, in Nairobi roles for all parties began to

---

[2] *John Garang*, Address to the Signing Ceremony of the Sudan Comprehensive Peace Agreement, Nairobi, Kenya, January 9, 2005; http://paanluelwel.com/2011/08/08/dr-john-garangs-speech-on-the-conclusion-of-the-cpa-january-9–2005/; accessed 23 October 2014.

[3] Comprehensive Peace Agreement between the Government of the People of Sudan and Sudan People's Liberation Movement/Sudan People's Liberation Army; http://unmis.unmissions.org/Portals/UNMIS/Documents/General/cpa-en.pdf; accessed 10 November 2014.

shift. CRS and the UN moved from an emergency mindset and approach to its work to one that accented longer term development in the country. For its part, the Sudanese People's Liberation Movement (SPLM), the political wing of the military effort in the second civil war, was also forced to adjust. It recognized that it could no longer function as a "command and control" operation but, rather, needed to focus on how to engage millions of weary citizens in a major rebuilding operation. This would require a democratic mindset on the one hand, and more practically, the institutional infrastructure to channel what was anticipated to be billions of dollars in reconstruction assistance.

A key constraint facing development actors was an almost complete lack of formal institutions with whom and through whom to collaborate in South Sudan. Decision making in South Sudan worked through the layers of a party/military operation and, frankly, the humanitarian community had grown accustomed to seeking approval from this apparatus for its actions and was therefore somewhat less accustomed to working in partnership with villages and local leaders. Ensuring inclusion in decision making, particularly now that resources were sure to flow into South Sudan in unprecedented levels, was a key challenge. The SPLM had begun thinking about this challenge as early as 1994 when then Commander John Garang told a National Convention meeting concerning issues of separation of military and civil authority and the need to decentralize decision making that "the most important task and challenge facing the Movement today is the establishment of an effective, democratic, participatory and accountable civil authority, the central purpose of which is."[4]

But how to do this? The opportunity to marry the principle of subsidiarity with the vision of the Government of South Sudan (GOSS) for inclusive self-governance came by way of a dynamic partnership between CRS, U.S.-based NGO PACT, the United Nations Development Program and the GOSS itself through collaborative work in designing the Local Government Framework.[5] This Framework, once properly steered, would become solidified by legislation into the Local Government Act.

The Framework confronted practical challenges in four areas: The need for actual physical infrastructure to house staff for the detailed work local development required; the need for trained civil servants, many of whom would trade their guns for more peaceful tools of change; the need for financial systems that would guaran-

---

[4] Opening Address to National Convention of New Sudan, April 2, 1994, Chukudum, Eastern Equitoria, quoted in: Local Government Framework for Southern Sudan (October 2006) p 11; http://www.docstoc.com/docs/160761228/Local_20Government_20framework; accessed 10 November 2014.

[5] Summary of LGCR [Local Government County Recovery Programme Development Process], LGRP [Local Government Recovery Programme] Annex A; http://www.ss.undp.org/content/dam/southsudan/library/Documents/Project%20Document/UNDP-SS-Local-Government-Recovery-Programme-Project-Document-3 %20sdg1.pdf; accessed 23 October 2014.

tee transparency and accountability in the use of resources directed toward poverty; and the need for concrete plans, drawn from broad public participation, that prioritized needs, identified resources and set out concrete objectives, activities and budgets for service delivery.

Reducing political marginalization and enhancing legitimacy were clear GOSS objectives: they had won the war and now needed to deliver on development; realizing a "peace dividend" was a clearly stated demand of citizens coming out of the war. The Local Government Act set up and codified in law the structure and lines of authority in the system needed for making development happen. This required the establishment of Urban and Rural Councils sub-divided into the smallest rational units possible – for example the County, Payam (large area within a county) and Boma (village) levels in the countryside – in all counties of South Sudan and the naming and eventual election of officials to hold these key posts. Interestingly for this case, the GOSS energetically pushed for the inclusion of Traditional Authorities, that is, local tribal chiefs in local government affairs, many of whom maintained their authority on issues of customary law. CRS promoted County Development Committees (CDCs) which, like the CODELs, included representation from the church, women's groups, youth and others. It was the job of these committees to prioritize needs across sectors and make recommendations for funding for county budgets. The CDCs represented a key communication point between the county officials and the communities. This worked well in some areas and, it turned out, not at all in others, depending on the degree of fiscal decentralization achieved. In addition, CRS supported the training county administrators and many senior county and regional administration staff.

The mapping of the priorities and the corresponding structure needed to meet them was, as is usually the case in humanitarian work, only half the battle. In service to the principle of subsidiarity, CRS staff spent countless hours working hand in hand with South Sudanese to build buildings, train staff, accompany officials on community level consultations, create plans, and work through budgets. This is detailed work that program staff carried out under extremely difficult living conditions in South, Sudan, something that represented a high level of identification with the CRS mission and a living tribute of service to the poor.

A final thought to lend transparency to the analysis of subsidiarity in the context of South Sudan is in order. It would be a strained argument to state that the humanitarian community acted in complete harmony with the principle of subsidiarity prior to the Comprehensive Peace Agreement. The NGO community provided assistance under conditions of war – albeit a war of attrition in the final years – that often demanded centralized decision making, one mimicking that used by the SPLM/A in its war effort.

Post-war *everyone* in Sudan needed to transform attitudes, approaches, and practices to align more consistently with the mandate to devolve power to the people. This included CRS and the agency worked hard to match up its planning and resources to the newly created Government of South Sudan along with the systems and structures it labored to create through its work on the Local Government Framework and Act. This was a particularly trying period for many institutions and, as noted, the application of principles grounded in Catholic Social Teaching represented an unusual challenge to our faith in action – one that CRS worked arduously to meet.

III. Peace from the Grassroots: The Philippines

"[Our work is to] move victims to survivors ... perpetrators of violence to peace-builders, and ... conflict-affected communities to zones and spaces for peace."[6]

On March 27, 2014 the Moro Islamic Liberation Front (MILF) and the Government of the Philippines signed an agreement creating the framework for a lasting peace. For nearly two decades CRS had been at the epicenter of this long-standing conflict. Seeking peace is arguably one of the most noble of pursuits an organization can embark upon. Conditions for integral human development require not simply – as is often cited – the absence of conflict, but rather the defining of right relationships in the social structures essential to promote peace. CRS's role and relevance as a Catholic (and American) organization in the Philippines was and continues to be tied to its ability to engage in meaningful ways the people we serve as proactive peace builders in the face of long, historic conflict on the island of Mindanao.

Armed conflict in Mindanao has deep roots spanning five decades and centered on land and resource issues among three groups: indigenous peoples (IP or Lumad), Muslims (also native to Mindanao) and the Christian population which had migrated from the large Luzon and Visayas regions (and other 7,000 islands) to Mindanao beginning in the early 19th century. Militia groups ranging in size from vigilantes to tightly organized military forces such as the MILF and the Moro National Liberation Front (MNLF) created conditions for all-out war – war that came to hundreds of villages and touched the lives of every Mindanaoan. Long festering resentments over often-times brutal and traumatizing experiences fueled a raging impulse for revenge – and created an exceptional challenge to faith-based organizations to counter this impulse with concrete and visible testaments of peace and healing. These challenges were heightened by two historic events occurring during the period commented on in this reflection. First, 9/11 brought intensive and often an unhelpful suspicion on peoples of Muslim faith. Second, in 2003 peace talks were abandoned and an all-out war was again declared on the MILF leading to 357,000 internally displaced. This result-

---

[6] *Myla Leguro*, A Decade of Building Peace in Mindanao: Reflections on the History of Catholic Relief Services Peace and Reconciliation Program (1996–2006), (unpublished ms, nd).

ed in deep rift in relationships that had been painstakingly cultivated for so many years.

In the face of these challenges, CRS framed its peace building work from four perspectives. First, build a Culture of Peace beginning with understanding the roots of conflict, how to break the cycle of violence, how to transform the conflict and envision communities living in peace from faith-based and indigenous peoples' – or tri-peoples – perspectives.

For years CRS staff moved across Mindanao creating a safe space for reflection for hundreds of Mindanaoans ranging from school children to local leaders to ex-combatants and even to military officials in the Southern Command of the Philippine government. The Culture of Peace effort provided the lens through which to understand how common citizens were affected by conflict and could take steps to build peace.

These efforts coalesced in two important institutional faces through the founding of the Mindanao Institute for Peace – directed towards national and international peace builders, primarily from neighboring Southeast Asian countries – and the Grassroots Peace Learning and Resource Center. This latter was an innovative concept that provided flexibility for working persons, farmers and villagers to integrate into this movement and develop skills as peace builders or, as it was sometimes termed, "barefoot peace builders". It also allowed CRS to integrate groups previously separated by social status into a unified, coherent effort that spanned and connected people with a common aspiration for peace.

A second perspective involved promoting and sustaining inter-religious dialogue between Christians and Muslims and, further, how to engage Christian, Muslim and the Indigenous Peoples in Mindanao in constructive dialogue and action. Inter-religious dialogue was among the most innovative and courageous initiatives supported by CRS in the form of the Bishops-Ulama Forum (BUF). CRS introduced the concept of conflict transformation to this group of Mindanao Catholic bishops and Muslim leaders in 1998 partnering with the Mennonite Central Committee. The BUF became a focal point for confidence building (a process that required at times that certain ideas be tabled for later discussion) for high profile faith-based leaders whose cue was often followed by the larger community. CRS peace builder, Myla Leguro cites the BUF for providing a place for structured and unstructured exchanges that allowed each group to find common ground in an evolving common vision for peace in Mindanao.

As an organization committed to the principle of subsidiarity it was important for CRS to find ways to localize these important dynamics of conflict transformation and inter-religious dialogue and institutionalize them in a manner similar to that of the Bishops-Ulama Forum. The Ustadzes (local Islamic leaders)-Priests-Pastors-Imams Forum or UPPIF was born initially from the need to find local coordinating mechanisms during the all-out war where diocesan and Muslim village areas overlapped and the internally displaced needed to be served. The platform was then established for deepening inter-religious dialogue among local faith-based leaders and the communities they attended in consultations, peace orientations, and conflict resolution activities.

A third challenge CRS confronted was how to give a credible, institutional face to peace by building relationships into the networks and structures that could give voice to the aspiration for peace. It was further challenged to integrate these structures horizontally across villages and peoples' organizations and vertically so that elites and grassroots actors could touch on common ground and be effective advocates for peace The Mindanao Institute for Peace, the Grassroots Peace Learning and Resource Center, the BUF, and the UPPIF were excellent starting points for this effort. These groups coalesced in the Agong Network which served as the umbrella bringing together disparate peace building groups across Mindanao and was a clear unifying theme, these were, in the end, human organizations taking on divisive, multi-faceted issues and the ability of its members to coordinate, collaborate and pursue an internal vision for peace was critical to their survival and credibility.

Finally, poverty was identified by CRS as a catalyst and fuel for the ongoing conflict in creating a conflict map for Mindanao. While recognizing that the conflict was too complex to be solved through an influx of resources, the program did, nonetheless also recognize that people secure in their livelihoods and access to essential services could build on inter-personal, group and community relationships on solid footing. Livelihood initiatives like community bakeries were pieces in the CRS overall program strategy. Building peace is an unusually arduous task and, indeed, moments such as the post-9/11 period of yet another all-out war caused one to question the efficacy of the efforts. There is a cruel irony inherent in building peace while bombs are falling and frightened children are internally displaced by conflict sweeping into their villages. But with a formal peace imminent it can be argued that the real work for CRS is just beginning: the absence of conflict provides the moment for making the long-held vision of peace a permanent cultural achievement. CRS, intent in every dimension of its work to put the tools for peace into the hands of everyday citizens, augers well for this project, as the principle of subsidiarity again demonstrates a beautiful twinning of the spiritual and the practical.[7]

IV. Conclusion

Subsidiarity is a powerful idea and one that demands much of us. As a faith-based humanitarian organization this means we must work at eye-level within the church with our partners and the thousands we serve in villages across the world doing the hard work of building human structures and resilient human institutions – ones that give voice to the aspirations for hope after the storm, for true integral development

---

[7] Catholic Relief Services Peacebuilding Activities (Baltimore: Catholic Relief Services, nd); http://crs.org/peacebuilding/pubs/Peb0405_e.pdf; accessed 24 October 2014.

after the conflict, and for lasting peace built on a foundation of right relationships. Our commitment to subsidiarity at CRS, well beyond being a best practice, binds us to the people with whom we share a solemn and universal kinship in our walk towards the Kingdom of God. [8]

---

[8] My personal and professional thanks to the CRS staff in Honduras, South Sudan and the Philippines whose ideas, passion and courage make our work possible. I am also grateful to Adele Sowinska, former CRS Deputy Chief of Programming, South Sudan, and to Myla Leguro of CRS Philippines for their ideas and support.

Political Representation, Human Nature, and the Problem of Scale

Robert C. Koons

I. The Question of Scale

In Book VII (chapter 4) of the *Politics*, Aristotle wrote:

> But there must also be a norm for the size of a state, just as there is a normal size for everything else — animals, plants, instruments, and so on. Each of these can only keep the power that belongs to it if it is neither too large nor too small; otherwise its essential nature will be either entirely loss or seriously impaired. Thus a boat a span (a few inches) long will not really be a boat at all, nor one that is two stades (202 yards) long. There is a certain size at which it will become either too large or too small to be navigated well. (1326a)[1]

Political theorists have largely ignored this simple fact about human life, misled perhaps by the fundamental error of liberalism: the thesis that the political domain is an artificial construction, a matter of convention instead of nature. In particular, we have consistently failed to grasp the profound change that population growth has brought to our political constitutions. Many believe, for example, that the United States is still operating with essentially the same constitution that it adopted in 1789 (or, at the latest, in 1865). This overlooks the fact that it is impossible for the very same set of institutions to govern both a people numbering 3 million (America in 1790) and a people numbering 315 million (America in 2015): an increase of more than a hundredfold.

In the earliest instances of democracy, the people as a whole made all the decisions in assembly. However, political bodies must be small enough to be deliberative if they are to be both democratic and effective. The Classical Greek experience reveals that when a decision-making body exceeds a few hundred individuals, it ceases to function deliberatively and becomes a mere mob, easily manipulated by skillful orators and demagogues.

This problem can be solved, as it was in some of the Ancient Greek and Latin cities, by means of a representative council, like the Roman Senate, the Spartan *Gerousia*, or the Athenian *Boule*.

---

[1] The Politics of Aristotle, translation by T. A. Sinclair (London: Penguin, 1992).

As a state with an elected body of representatives grows in population, the number of representatives must remain small, if it is to function deliberatively. This means that a larger population must be correlated with a proportionately larger ratio between the number of representatives and the number of constituents.

II. The Impossibility of Representation above the Natural Limit

Historically this ratio of representation has varied quite widely. For instance, in the cantons of Switzerland, the ratio averages to something like four thousand constituents to a representative. In the first Congress of the United States (in 1789), each member of the House of Representatives represented on average about 30,000 residents. At the opposite extreme, each of the two Senators of the state of California represents 38 million people, and each member of the House represents about 700,000. Do these varying ratios matter?

1. Aristotle's Argument

Plato proposed, in *The Laws*, that an ideal republic would encompass just over five thousand inhabitants. Aristotle argued that even this number was too high. In a viable representative republic, the citizens must be capable of knowing each other's character, in order that there be a close match between the reputations of candidates and their actual virtues and abilities.

> In order to give decisions on matters of justice, and for the purpose of distributing offices on merit, it is necessary that the citizens should know each other and know what kind of people they are. Where this condition does not exist, both decisions and appointments to office are bound to suffer, because it is not just in either of these matters to proceed haphazardly, which is clearly what does happen where the population is excessive. (*Politics*, Book VII.4, 1326b)

When the number of constituents exceeds a few thousand, it is impossible for the choice of the electorate to reflect knowledge of the candidates' character.

2. The American Anti-Federalists

The Anti-Federalists, Americans who opposed the ratification of the new Constitution in 1789, objected to the mismatch in scale between the proposed House of Representatives and the contemporary population of the United States (then just over three million).

Robert Yates, writing under the pseudonym of "Brutus":

> Now, in a large extended country, it is impossible to have a representation, possessing the sentiments, and of integrity, to declare the minds of the people, without having it so numer-

ous and unwieldly (sic), as to be subject in great measure to the inconveniency of a democratic government.

The confidence which the people have in their rulers, in a free republic, arises from their knowing them, from their being responsible to them for their conduct, and from the power they have of displacing them when they misbehave: but in a republic of the extent of this continent, the people in general would be *acquainted with very few of their rulers:* the people at large would know little of their proceedings, and it would be extremely difficult to change them ... The different parts of so extensive a country *could not possibly be made acquainted with the conduct of their representatives*, nor be informed of the reasons upon which measures were founded. (Letter I, 18 October 1787, emphasis added)[2]

The Federal Farmer, supposed by historians to be either Richard Henry Lee of Virginia or Melancton Smith of New York, focuses on the converse problem: the impossibility of the representatives' knowing their constituents personally:

... a small representation can never be well informed as to the circumstances of the people, the members of it must be too far removed from the people, in general, to sympathize with them, and too few to communicate with them: a representation must be extremely imperfect where the representatives are not circumstanced to make the proper communications to their constituents, and where the constituents in turn cannot, with tolerable convenience, make known their wants, circumstances, and opinions, to their representatives; where there is but one representative to 30,000, or 40,000 inhabitants, it appears to me, he can only mix, and be acquainted with a few respectable characters among his constituents, even double the federal representation, and then there must be a very great distance between the representatives and the people in general represented. (Letter 7)[3]

3. Robert Michels' "Iron Law of Oligarchy"

Michels was a German sociologist who studied socialist parties in Germany and elsewhere in the early 20th century. In his classic *Political Parties* (1911), he adumbrated his "Iron Law of Oligarchy" (*Gesetz des Oligarchie*): "Who says organization says oligarchy."

Political parties and other political organizations are both inevitable products of a large-scale representative democracy and the end of any real accountability of those supposedly representative governments to the people. As Seymour Martin Lipset summarizes Michels: "In essence, democracy in modern society may be viewed as involving the conflict of organized groups competing for support."[4] Michels de-

---

[2] The Anti-Federalist: An Abridgment, edited by Herbert J. Storing/Murray Dry (Chicago: University of Chicago Press, 1985).

[3] Ibid.

[4] *Robert Michels*, Political Parties: A Sociological Study of the Oligarchical Tendencies of Modern Democracy, translation by Eden and Cedar Paul, with Introduction by Seymour Martin Lipset (New York: The Free Press, 1962, original 1911), 36.

scribes the modern political party as "the methodical organization of the electoral masses."[5] Michels writes:

> In theory the leader is merely an employee bound by the instruction he receives. He has to carry out the orders of the mass, of which he is no more than the executive organ. But in actual fact, as the organization increases in size, this control becomes purely fictitious. The members have to give up the idea of themselves conducting or even supervising the whole administration, and are compelled to hand these tasks over to trustworthy persons specially nominated for this purpose, to salaried officials.[6]

But doesn't competition between political parties for the support of the masses make those parties accountable to the people and sensitive to the people's wishes through what Alfred Pareto describes as the "circulation of the elites?" In practice, No, because the number of viable party organizations is so small that it is impossible for the people to prevent inter-party collusion. Michels observes: "Very rarely does the struggle between the old leaders and the new end in the complete defeat of the former. The result is not so much a *circulation des élites* as a *réunion des élites*, an amalgam, that is to say, of the two elements."[7]

In fact, Michels understates the severity of the evils of organization that his careful analysis revealed. The fundamental problem is not one of oligarchy, the domination of society by a small number of people, but of the domination of society by *organization itself*. In a modern mass democracy, no one and no group of people control the political organizations: it is the organization itself that controls all of its members, including its so-called "leaders".

> By a universally applicable social law, every organ of the collectivity, brought into existence through the division of labor, creates for itself, as soon as it becomes consolidated, *interests peculiar to itself*.[8]

> Having, however, become an end in itself, endowed with *aims and interests of its own*, [the party] undergoes detachment, from the teleological point of view, from the class it represents. In a party, it is far from obvious that the interests of the masses which have combined to form the party will coincide with the interests of the bureaucracy in which the party becomes personified.[9]

It is also "far from obvious" that the interests of the political organization with the interests of its leaders or any of its other members. The "teleological detachment" (*teologogisch Trennung*) that Michels describes is more radical even than he recognized. Political organizations develop their own ends in a Darwinian struggle for survival and influence that are completely detached from the natural ends of all of their members, and from the natural ends of a truly republican society. The organization is

---

[5] Ibid., 334.
[6] Ibid., 71.
[7] Ibid., 182.
[8] *Lipset*, in: Michels, 18, emphasis added.
[9] *Michels*, 343, emphasis added.

not subordinate to the private ends of its leaders; instead, both leaders and the rank and file are subordinate to the intrinsic ends of the organization as such.

This subordination of leaders to organization occurs for two reasons. First, any leader is always in danger of being deposed and replaced whenever he acts in a way that does not conform to the imperatives of the organization's normal operation. Second, any leader, in the process of becoming a leader, has internalized the organization's aims and practices. He has become what William H. Whyte described as an "organization man".[10] Michels vividly described the corrosive effect of bureaucracy on individual character:

> The bureaucratic spirit corrupts character and engenders moral poverty. In every bureaucracy we may observe place-hunting, a mania for promotion, and obsequiousness towards those upon whom promotion depends; there is arrogance towards inferiors and servility towards superiors.[11]

I object to the English word 'organization' as a label for such political entities, since the word suggests that there is something *organic* about their existence (although the original meaning of the Greek word *'organon'* was that of an artificial instrument or machine). I prefer to refer to these things as political or social *machines*, to emphasize their artificiality and their complete independence from the humanity of their members. The cogs and wheels of social machines are only accidentally human: the humanity of the machine's members is relevant only insofar as it enables them to contribute to the autonomous operation of the machine.

Over the last century, science fiction has often reflected the fear that our machines – computers, robots – might some day take over control of the Earth, enslaving human beings as their servants and tools for their own completely alien purposes. The oldest such story was the play *R. U. R.* by Karel Cahhpek in 1920. The idea has been shown up more frequently in recent popular culture, including an episode of the *Doctor Who* television series in 1966, a 1967 short story "I have no mouth, but I must scream" by Harlen Ellison in *If* magazine, the comic book *Magnus Robot Fighter 4000 A.D.*, published by Gold Key Comics beginning in 1963, and most recently in James Cameron's *Terminator* film series, beginning in 1984. In my view, this dystopian catastrophe has essentially already happened. We have become enslaved by our political machines, which gained dominance through the emergence of mass democracy and through the transformation of capitalism from private to corporate ownership, as described by Berle and Mean's *The Modern Corporation and Private Property*[12] and James Burnham's *The Managerial Revolution*.[13]

---

[10] *William H. Whyte*, The Organization Man (New York: Simon & Schuster, 1956).

[11] *Michels*, 191.

[12] *Adolf Berle/Gardiner Means*, The Modern Corporation and Private Property (New York: Macmillan, 1932).

[13] *James Burnham*, The Managerial Revolution: What is Happening in the World (New York: John Day Co., 1942).

This social mechanization of human life renders impotent human judgment, rationality, and prudence. Organizations develop their own internal norms of reasoning and inference, mechanizing and thereby de-humanizing the pursuit of knowledge. The machineries of information processing have supplanted the practical judgment or *phronesis* of the mature mind. Due to this mechanization of thought, social machines must adopt quantitative rather than qualitative ends. Hence, the endless emphasis on measurable goals and outcomes. Social machines are also typically short-lived: they resemble cancers or tumors rather than self-sustaining species. Consequently, organizational thinking is endemically oriented to short-term results, at the expense of both the natural environment and the health of human cultures.

To be fair, bureaucracies and other social machines are not inherently evil. They make good servants but bad masters. So long as they are accountable to human beings, acting either individually or in small, face-to-face (or "facial") communities, social machines can bring great advantages by exploiting economies of scale. However, in a mass democracy, political organizations are accountable only to other political and social organizations, creating a closed system from which independent human judgment and choice is completely excluded. Similarly, in the economic sphere we have created a system in which corporations are mostly owned by other social organizations, once again created a closed, autonomous ecosystem to which both individual human beings and facial human communities are irrelevant. I propose that we call this new system by a new name. The danger is not a return to the *oligarchy* of ancient or medieval times but rather the creation of a wholly new evil, the *autonomarchy*, the rule of autonomous social machines.

4. The Historical Record

I have argued that a true republic cannot exceed the limit of a population of about 250,000. This limit is the product of two factors: the natural limit to the ratio of political representation (three or four thousand inhabitants per representative), and the natural limit to the size of a deliberative body (fifty or sixty members). Donald Livingstone has pointed out that for over two thousand years (in the ancient, medieval, and early modern eras), no republic exceeded a population of 200,000.[14]

Iceland has the world's oldest parliament (created in 930 A. D.), and it fits this model perfectly: a population of approximately 300,000, governed by the Althing with sixty-three members, each representing about five thousand citizens. The world's oldest continuously functioning parliament is on the Isle of Man, where an assembly of 24 represents a population of 85,000 (a ratio of one to 3500). The cantons of Switzerland have an average population of about 285,000 people, and

---

[14] *Donald Livingston*, American Republicanism and the Forgotten Question of Size, in: Rethinking the American Union for the Twenty-First Century, edited by Donald Livingston (Gretna, Louisiana: Pelican Publishing, 2012), 126–27.

members of the canton assemblies represent between 1000 (Appenzeil) and 8000 (Zurich) citizens.

In 1795, at the peak of the United Provinces of the Netherlands, the seven provinces had an average population of 257,000. The average population of the original thirteen states of the United States was 230,000.

III. The Federal Solution

Consequently, a free society can grow beyond the limit of 250,000 citizens only by means of federation. The historical record supports this conclusion. The best-run and most stable republican countries with large populations have been for the most part federations: Switzerland, the Netherlands, Germany, the United States, and Canada. German history is especially instructive. Germany has enjoyed long periods of peace and prosperity under two decentralized federations: the German Confederacy (after the Congress of Vienna) and the modern Bundesrepublik. Conversely, the two periods of consolidated and centralized government (under the Prussian monarchy and the National Socialist Party) led to absolute catastrophes.

Three things are essential to the existence of a true federation. First, the federation must be governed, at least in part, by representatives of the *governments* of the constituent states. The direct election of federal "representatives" destroys the human scale that makes the rule of people rather than machines possible. The German Bundesrat preserves this crucial element. Unfortunately, the 17th amendment to the Constitution of the United States deprived the States of their power of representation in the Senate, enabling the subsequent dominance of organized parties and interest groups.

David Hume, in his essay "Idea of a Perfect Commonwealth",[15] proposed an ideal solution to the problem of checking federal power. Hume proposed that the federal council or senate should consist entirely of representatives selected by the assemblies of the constituent states. In addition, Hume's senate would be limited to drafting and proposing legislation. In order to become law, a bill would have to be ratified by a majority of the state assemblies. In fact, Hume allows for a minority of senators (as few as one-fifth) to have the power to send a proposed bill to the states for ratification. Hume's model ensures the people's representatives, at the state level, retain control of federal legislation.

The second crucial element of a federation is that of the delegation of specific and limited powers to the federation, reserving the *general police power* of state sovereignty to the constituent states.

---

[15] *David Hume*, Idea of a perfect commonwealth, in: Political Essays, edited by Knud Haakonssen (New York: Cambridge University Press, 1994), 221–34.

Thirdly, and most importantly, the constituent states of a true federation must have the right to secede whenever they judge that the federal authority has exceeded its delegated authority.

IV. The Problem of Scale for Federations

There is a natural limit to how many constituent republics can form a federation. There is a need for a deliberative body to act on behalf of the whole confederacy. There must be at least one representative for each constituent state, and the resulting body must be small enough for real deliberation. Consequently, no confederation can comprise more than a few hundred states: ideally, a much smaller number.

A federal republic, then, cannot grow larger than about 25 million, consisting of a hundred constituent states with a population of about 250,000 each. Most of the successful and prosperous countries in today's world are well below this limit, as has been noted by Kirkpatrick Sales.[16] In terms of per-capita GDP, eighteen of the world's top twenty are small–under 5 million–and nine of the top ten are small.[17] If we look at political and economic freedom, as ranked by Freedom House, the *Wall Street Journal*, and the *Economist*, "nine of the fourteen freest have populations below Switzerland at 7.7 million and eleven below Sweden at 9.3 million."[18]

> "Freedom House gives 46 nations perfect scores on political rights and civil liberties. The majority are under 5 million, and seventeen are under 1 million ... In respect of health, as measured by the World Health Organization, twelve of the top twenty are under 7 million, and none are over 65 million."[19]

There is only one way to increase the size of a free society beyond this limit of 25 million: by means of compound or iterated federation. In other words, a large country must be a *federation of federations*. Such a meta-federation could potentially encompass as many as two billion people without destroying the politics of scale that make genuine self-government possible.

One of the political geniuses of the eighteenth century, Thomas Jefferson, proposed just such a solution. Jefferson proposed dividing his own state of Virginia, a member state of the federal union with a population of just over 700,000, into a hundred "ward republics", each of which would be "a republic within itself".[20] These ward republics would be modeled upon the cantons of Switzerland. Sadly, this proposal gained no traction at the time.

---

[16] *Kirkpatrick Sales*, To the Size of States there is a Limit: Measurement for the Success of a State, in: Livingston 2012, 167–75.

[17] Ibid., 169.

[18] Ibid., 169.

[19] Ibid., 170.

[20] *Thomas Jefferson*, Letters 1743–1826 (Charlottesville: Electronic Text Center, University of Virginia), 1492.

Reformers in both America and Germany today face a twofold task: returning real political power to the States and Länder, and transforming the States and Länder themselves into federations of still smaller republics. The first of these tasks has attracted both attention and support in the United States, beginning with the New Federalism of Ronald Reagan and continuing as the Tenth Amendment movement championed by Sen. Ted Cruz and others in recent years. However, even if this first task is completed, humane government will not be restored so long as the constituent states remain both large and politically consolidated. The process of federating government must be repeated until we reach ultimate units of sovereignty with no more than 250,000 inhabitants, and representatives with no more than 5000 constituents (like modern-day Iceland or the Swiss cantons).

Bibliography

Aristoteles Aufzeichnungen zur Staatstheorie (Sog. Politik): Übersetzt von Walter Siegfried, Köln: Verlag Jakob Hegner, 1967.

Berle, Adolf/*Means*, Gardiner: The Modern Corporation and Private Property, New York: Macmillan, 1932.

Burnham, James: The Managerial Revolution: What is Happening in the World, New York: John Day Co., 1942.

Hume, David: Idea of a perfect commonwealth, in: Political Essays, edited by Knud Haakonssen, New York: Cambridge University Press, 1994. Pp. 221–34.

Jefferson, Thomas: Letters 1743–1826, Charlottesville: Electronic Text Center, University of Virginia, 1492

Lipset, Seymour Martin: Introduction, in: Michels 1962, pp. 1–36.

Livingston, Donald (ed.): Rethinking the American Union for the Twenty-First Century, Gretna, Louisiana: Pelican Publishing 2012.

Michels, Robert: Political Parties: A Sociological Study of the Oligarchical Tendencies of Modern Democracy, translation by Eden and Cedar Paul, with introduction by Seymour Martin Lipset, New York: The Free Press. 1962 (original 1911).

Michels, Robert: Zur Soziologie des Parteiwesens in der modernen Demokratie: Untersuchungen über die Oligarchischen Tendenzen des Gruppenlebens, Stuttgart: Alfred Kröner Verlag, 1925

Sales, Kirkpatrick: To the Size of States there is a Limit: Measurement for the Success of a State, in: Livingston 2012, pp. 167–75.

Storing, Herbert J./*Dry*, Murray (eds.): The Anti-Federalist: An Abridgment, Chicago: University of Chicago Press, 1985.

The Politics of Aristotle: Translation by T. A. Sinclair, London: Penguin, 1992.

Whyte, William H.: The Organization Man, New York: Simon & Schuster, 1956.

Subsidiarität

Anthropologische Voraussetzungen
und sozialethische Konsequenzen

Manfred Spieker

I. Die Wiederentdeckung des Subsidiaritätsprinzips in der Krise der EU

Subsidiarität ist ein Begriff der Sozialethik zur Kennzeichnung einer bestimmten Ordnung im Verhältnis von Staat und Gesellschaft. Er stammt vom lateinischen „subsidium ferre" (Hilfestellung leisten, ein Schutzdach bereithalten) und besagt, dass der Staat im Verhältnis zur Gesellschaft nicht mehr, aber auch nicht weniger tun soll, als Hilfe zur Selbsthilfe anzubieten. Die klassische Formulierung des Prinzips der Subsidiarität findet sich in der Sozialenzyklika „Quadragesimo anno" von Papst Pius XI., die 1931 „im vierzigsten Jahr" der ersten Sozialenzyklika „Rerum Novarum" und vor dem Hintergrund der Expansion der totalitären Bewegungen des Kommunismus, des Faschismus und des Nationalsozialismus veröffentlicht wurde. Gegenüber diesen Bewegungen und ihren Ideologien war das Subsidiaritätsprinzip ein Damm zum Schutz einer freiheitlichen Gesellschaft. Die Formulierung der Enzyklika lautet: „Wie dasjenige, was der Einzelmensch aus eigener Initiative und mit seinen eigenen Kräften leisten kann, ihm nicht entzogen und der Gesellschaftstätigkeit zugewiesen werden darf, so verstößt es gegen die Gerechtigkeit, das, was die kleineren und untergeordneten Gemeinwesen leisten und zum guten Ende führen können, für die weitere und übergeordnete Gemeinschaft in Anspruch zu nehmen ... Jede Gesellschaftstätigkeit ist ihrem Wesen nach subsidiär, sie soll die Glieder des Sozialkörpers unterstützen, darf sie aber niemals zerschlagen oder aufsaugen" (Ziffer 79). Diese Formulierung stammt von Gustav Gundlach, einem der führenden Repräsentanten der katholischen Soziallehre im 20. Jahrhundert, der später auch Berater von Papst Pius XII. war.[1]

Der Sache nach aber ist das Subsidiaritätsprinzip viel älter als die Enzyklika Quadragesimo Anno. Man muss nicht bis zum alttestamentlichen Buch Exodus zurückgehen, in dem Philipp Molsberger die Wurzeln des Subsidiaritätsprinzips zu finden

---

[1] *Oswald von Nell Breuning*, Subsidiarität, in: Staatslexikon, 6. Aufl., Bd. 7, Freiburg 1962, Sp. 826; *Anton Rauscher*, Subsidiarität, in: Staatslexikon, 7. Aufl., Bd. 5, Sp. 386.

glaubt, weil Moses Richter einsetzte, die ihn in der Rechtsprechung entlasten sollten.[2] Schließlich hatten die Richter nur die von Moses verliehenen Kompetenzen, nicht genuine Gewalt. Aber von Aristoteles über Augustinus, Thomas von Aquin und Dante bis zu Edmund Burke, Alexis de Tocqueville, Wilhelm Emmanuel von Ketteler und Wilhelm Röpke lassen sich verfassungsrechtliche Überlegungen nachweisen, die dem Subsidiaritätsprinzip entsprechen[3]. In der Organisation der Gemeinwesen im späten Mittelalter und in der frühen Neuzeit gab es hinreichend viele kommunale und regionale Körperschaften mit genuiner Gewalt, die nicht vom Herrscher des Reiches abgeleitet war und somit dem Subsidiaritätsprinzip entsprechen. Im Hinblick auf die Formulierung des Subsidiaritätsprinzips als eines Ordnungsprinzips für eine freiheitliche Gesellschaft aber ist die katholische Soziallehre der Mutterboden, ohne dass es deshalb als ein konfessionelles Prinzip gelten kann.[4] Der katholischen Soziallehre könne, gesteht Heinrich de Wall als evangelischer Verfassungs- und Kirchenrechtler, „von lutherischer Seite nicht der Anspruch streitig gemacht werden, Urheberin oder Ahnherrin des Subsidiaritätsprinzips zu sein".[5] Aus der Perspektive von Jan Roß, der sich als Agnostiker bezeichnet, ist es „das Kronjuwel der katholischen Soziallehre", das seit 1989 heller strahle denn je.[6]

Seit rund 25 Jahren erfreut sich das Prinzip der Subsidiarität in der Tat einer erstaunlichen, weit über die Grenzen der katholischen Kirche hinausreichenden Zustimmung. Das war vor rund 50 Jahren nicht zu erwarten. In Deutschland gab es heftige Kontroversen, als sich die Regierung Adenauer in der Sozialpolitik auf das Subsidiaritätsprinzip als Orientierungshilfe und Präferenzregel stützte, mit der Folge, dass kirchlichen Einrichtungen und freien Trägern in der Sozial- oder Jugendhilfe ein Vorrang vor staatlichen Einrichtungen zukam. Begründet wurde dieser Vorrang mit der größeren Nähe zu den Bedürfnissen und Erwartungen der Personen, die die Klientel dieser Einrichtungen sind. Die sozialdemokratische Opposition bekämpfte dies bis hin zu einer Klage vor dem Bundesverfassungsgericht – ohne Erfolg. Auch die Frage, ob das Grundgesetz das Subsidiaritätsprinzip enthalte, wurde damals kon-

---

[2] *Philipp Molsberger*, Das Subsidiaritätsprinzip im Prozess der europäischen Konstitutionalisierung, Berlin 2009, S. 15. Molsberger bezieht sich auf Ex 18, 13–27.

[3] Mehr zur langen Ahnenreihe bei *Joseph Höffner*, Christliche Gesellschaftslehre, Kevelaer 1962, S. 50 f., und *Adolf Süsterhenn*, Subsidiaritätsprinzip und Grundgesetz, in: Jahrbuch des Instituts für Christliche Sozialwissenschaften, Bd. 7/8 (1966/67), S. 228 f.

[4] Dass das Subsidiaritätsprinzip ein katholisches Prinzip sei, befürchtete *Vlad Constantinesco*, Subsidiarität: Zentrales Verfassungsprinzip für die Politische Union, in: Integration, 13. Jg. (1990), S. 165, dass es ein protestantisches Prinzip sei, behauptete *Eric Hoesli*, Das protestantische gegen das katholische Europa, in: Süddeutsche Zeitung vom 12.1.1993, S. 12. Hoesli begründete seine Behauptung mit dem Hinweis, dass das Nein in den Referenden zum Maastrichter Vertrag von Nationen mit protestantischer Kultur gekommen sei, die in Brüssel das neue Rom gesehen hätten.

[5] *Heinrich de Wall*, Das Subsidiaritätsprinzip in der lutherischen Staats- und Gesellschaftslehre der frühen Neuzeit, in: Peter Blickle/Thomas O. Hüglin/Dieter Wyduckel (Hrsg.), Subsidiarität als rechtliches und politisches Ordnungsprinzip in Kirche, Staat und Gesellschaft, Berlin 2002, S. 59.

[6] *Jan Roß*, Der Papst. Johannes Paul II. – Drama und Geheimnis, Berlin 2000, S. 154.

trovers diskutiert.[7] In anderen europäischen Sprachen galt der Begriff „Subsidiaritätsprinzip" als unübersetzbar. Hauptgrund für die anhaltende und, wie es scheint, immer noch wachsende Zustimmung heute ist der europäische Integrationsprozess, genauer seine Krise 1992, als der Vertrag von Maastricht in Dänemark abgelehnt, in Frankreich nur mit knapper Mehrheit angenommen und in Großbritannien mit großer Distanz betrachtet wurde. Die Staats- und Regierungschefs der damals noch EG heißenden EU, allen voran Helmut Kohl, beschworen von nun an, wie auch das Europäische Parlament und die Kommission in Brüssel, das Prinzip der Subsidiarität, um den Integrationsprozess wieder akzeptabel zu machen.[8] Der das Subsidiaritätsprinzip enthaltende Artikel 3b des Vertrages von Maastricht wurde auch in die Folgeverträge von Amsterdam (1997)[9], von Nizza (2001) und von Lissabon (2007) übernommen.[10] Er schreibt vor: „Für die Ausübung der Zuständigkeiten der Union gelten die Grundsätze der Subsidiarität und der Verhältnismäßigkeit... Nach dem Subsidiaritätsprinzip wird die Union in den Bereichen, die nicht in ihre ausschließliche Zuständigkeit fallen, nur tätig, sofern und soweit die Ziele der in Betracht gezogenen Maßnahmen von den Mitgliedstaaten weder auf zentraler noch auf regionaler oder lokaler Ebene ausreichend verwirklicht werden können, sondern vielmehr wegen ihres Umfangs oder ihrer Wirkungen auf Unionsebene besser zu verwirklichen sind". Das Subsidiaritätsprinzip fand auch Eingang in Artikel 23 des Grundgesetzes, den sogenannten „Europaartikel", der bei der umfangreichen Überarbeitung des Grundgesetzes nach der Wiedervereinigung am 2. Dezember 1992 den Wiedervereinigungsartikel ersetzte. Darin verpflichtet sich Deutschland, bei der Entwicklung einer Europäischen Union mitzuwirken, „die demokratischen, rechtsstaatlichen, sozialen und föderativen Grundsätzen und dem Grundsatz der Subsidiarität verpflichtet ist".

Aber nicht nur die Europapolitik entdeckte das Subsidiaritätsprinzip. Auch aus der Tarifpolitik, aus der Entwicklungspolitik, aus den Transformationsprozessen in den postkommunistischen Ländern Mittel- und Osteuropas sowie aus Entwicklungen in der Betriebswirtschaftslehre und in der Organisationspsychologie kamen starke Impulse zur Beschäftigung mit dem Prinzip der Subsidiarität. In der Sozialpolitik blieb es weiterhin von Bedeutung. Gelegentlich wurde auch daran erinnert, dass es ungeachtet der hierarchischen Struktur der Kirche für das kirchliche Leben Geltung

---

[7] Vgl. *Josef Isensee*, Subsidiaritätsprinzip und Verfassungsrecht, Berlin 1968; *Adolf Süsterhenn*, Subsidiaritätsprinzip und Grundgesetz, a.a.O., S. 230 ff. Süsterhenn berichtet in seinem Beitrag von seinen eigenen Bemühungen im Verfassungskonvent von Herrenchiemsee, das Subsidiaritätsprinzip in das Grundgesetz aufzunehmen.

[8] Von „entscheidenden Anstößen" der Bundesregierung und der Ministerpräsidenten der deutschen Bundesländer spricht *Jacques Delors*, Entwicklungsperspektiven der Europäischen Gemeinschaft, in: Aus Politik und Zeitgeschichte, 1993/1, S. 9. Vgl. auch *Peter Häberle*, Das Prinzip der Subsidiarität aus der Sicht der vergleichenden Verfassungslehre, in: Archiv des öffentlichen Rechts, 119. Bd. (1994), S. 169 ff.

[9] Der Vertrag von Amsterdam nennt das Subsidiaritätsprinzp zusätzlich noch in der Präambel.

[10] Im Vertrag von Lissabon ist Art. 3b des Maastrichter Vertrages zu Art.5 geworden.

habe, worauf Papst Pius XII. bereits 1946 hingewiesen hat.[11] Ein Spiegel des Wandels dieser Wertschätzung ist das Werk von Roman Herzog. In seiner Allgemeinen Staatslehre (1971) und in der 2. Auflage des Evangelischen Staatslexikons (1975) wird das Prinzip noch in einer durchaus protestantischen Perspektive als Einschränkung staatlicher Souveränität kritisiert. In der 3. Auflage dieses Lexikons (1987) und vor allem in seiner Rede als Bundespräsident anlässlich der Verleihung der Ehrendoktorwürde der Universität Padua am 24. September 1997 wirbt er dann für das Subsidiaritätsprinzip als „strukturelle Brücke zwischen dem Demokratieprinzip … und der Personalität".[12] Es wird als Schlüssel zur Überwindung der Probleme des ins Stocken geratenen europäischen Integrationsprozesses betrachtet, dem kein konfessioneller Beigeschmack anhaftet.

Das Subsidiaritätsprinzip ist ein naturrechtliches Strukturprinzip für eine freiheitliche und menschenwürdige Staats- und Gesellschaftsordnung. Es verpflichtet den jeweiligen Adressaten ebenso zur Aktivität wie zur Selbstbeschränkung. Adressat ist in der Regel der Staat. Aber auch übergeordnete Institutionen wie die EU-Kommission und die Vereinten Nationen und untergeordnete Institutionen wie die Länder, die Kreise und die Kommunen, Selbstverwaltungsinstitutionen wie Industrie- und Handelskammern oder Krankenkassen und schließlich die Kirchen, caritative Institutionen, Universitäten, Unternehmen und Betriebe können Adressaten sein. Das Subsidiaritätsprinzip verpflichtet den jeweiligen Adressaten zur Hilfe für die ihm untergeordneten kleineren Gliederungen mit dem Ziel, diese in die Lage zu versetzen, dem einzelnen Bürger zur Entfaltung eines menschenwürdigen Lebens zu verhelfen. Zugleich verbietet das Subsidiaritätsprinzip dem jeweiligen Adressaten Interventionen in den Lebens- und Aufgabenbereich der kleineren Gliederungen, wenn diese in der Lage sind, ihn selbständig zu regeln bzw. zu erfüllen. Das Subsidiaritätsprinzip steht mithin „für eine Staats- und Gesellschaftsordnung der Freiheit und Vielfalt, die sich von unten her aufbaut und ein Tätig Werden der jeweils höheren Ebene als ein grundsätzlich rechtfertigungsbedürftiges Eingreifen versteht".[13] Können die kleineren Gliederungen ihre Aufgaben nicht aus eigenen Kräften erfüllen – zum Beispiel freie Träger im Bildungswesen oder im Sozialbereich – dann gebietet das Subsidiaritätsprinzip dem Staat oder der übergeordneten Einheit darüber hinaus, diese Verpflichtungen nicht gleich an sich zu ziehen, sondern nach Wegen zu suchen, auf denen sich die Selbsthilfekräfte stärken lassen. Dem Subsidiaritätsprinzip ist also eine positive, den jeweiligen Adressaten aktivierende, und eine negative, ihn abwehrende oder begrenzende Dimension eigen.[14] „Der positiv verstandenen Subsidiarität im Sinne einer den kleineren gesellschaftlichen Einheiten an-

---

[11] *Joseph Höffner*, a.a.O., S. 49. Vgl. auch den Beitrag von *George Kardinal Pell* und *Michael Casey* in diesem Band, S. 199 ff.

[12] *Roman Herzog*, Subsidiarität in Staat und Gesellschaft, Dankansprache anlässlich der Verleihung der Ehrendoktorwürde der Universität zu Padua am 24. 9. 1997, Manuskript, S. 3

[13] *Hans-Jürgen Papier*, Subsidiaritätsprinzip versus Zentralismus in Europa, Bonn 2007, S. 11.

[14] *Oswald von Nell-Breuning*, Baugesetze der Gesellschaft, Freiburg 1968, S. 94 ff.; *ders.*, Subsidiarität, a.a.O., Sp. 827 f.

gebotenen wirtschaftlichen, institutionellen oder legislativen Hilfe entspricht eine Reihe negativ formulierter Implikationen, die den Staat dazu verpflichten, alles zu unterlassen, was den Lebensraum der kleineren und wesentlichen Zellen der Gesellschaft faktisch einschränken würde. Ihre Initiativen, Freiheit und Verantwortlichkeit dürfen nicht verdrängt werden".[15] Die negative Dimension wird gelegentlich überbetont oder gar isoliert. Dies wird dem Subsidiaritätsprinzip nicht gerecht. Beiden Dimensionen zugleich gerecht zu werden, ist die dauernde und häufig kontroverse Aufgabe der Politik. Die den Staat bzw. den jeweiligen Adressaten aktivierende Dimension wird auch dem Solidaritätsprinzip zugeordnet. Dies lässt sich durchaus rechtfertigen, birgt aber die Gefahr, dass dann das Subsidiaritätsprinzip ganz auf die Abwehrdimension reduziert wird. Ein „subsidium" zu gewähren, setzt jedoch voraus, aktiv zu handeln. Subsidiaritäts- und Solidaritätsprinzip können deshalb unterschieden, aber nicht getrennt werden.

Die den Staat abwehrende Dimension schützt den Staat auch vor Überforderung. Sie zwingt ihn, Aufgaben abzuweisen, die ihm Bürger bzw. untergeordnete Gliederungen in ihrer Bequemlichkeit, ihrem Betreuungs- oder Versorgungsbedürfnis zumuten wollen. So schützt das Subsidiaritätsprinzip zum Beispiel den Staat gegen das Ansinnen, den Tarifpartnern die Probleme einer Tarifverhandlung und die entsprechende Verantwortung abzunehmen. Es schützt den Sozialstaat und sein Leistungssystem gegen ein Übermaß an Forderungen seitens der Bürger, weil es von einer anthropologischen Prämisse ausgeht, nach der die primäre Verantwortung für die Gestaltung des Lebens bei der einzelnen Person bzw. den Person näheren Lebenskreisen wie der Familie liegt und eine sozialstaatliche Leistungspflicht dann abgelehnt wird, wenn Selbsthilfe möglich ist. Das gegenwärtige Problem auf der Ebene der EU ist freilich weniger die Vielzahl an Forderungen, die an die EU gestellt werden[16], als vielmehr die Vielzahl an Kompetenzen, die die Kommission der EU gegen den Geist des Subsidiaritätsprinzips beansprucht. Die Ursache für diese Entwicklung liegt m. E. im falschen Verständnis des Subsidiaritätsprinzips im Vertrag von Maastricht/Lissabon, auf das noch einzugehen ist. Der Vorrang, den das Subsidiaritätsprinzip der einzelnen Person bzw. der Person näher stehenden Einheit gegenüber der übergeordneten Gliederung zukommen lässt, nötigt aber zunächst nach den anthropologischen Voraussetzungen zu fragen.

II. Anthropologische Voraussetzungen: Aktiver Bürger, nicht betreuter Untertan

Wie alle Ordnungsprinzipien der katholischen Soziallehre geht auch das Subsidiaritätsprinzip davon aus, dass der Mensch Ursprung, Träger und Ziel der sozialen

---

[15] Päpstlicher Rat für Gerechtigkeit und Frieden, Kompendium der Soziallehre der Kirche, 2004, 186.

[16] Dass auch die Forderungen der Mitgliedsstaaten ein Problem sein können, zeigt der Beitrag von *Markus Ferber* in diesem Band, S. 139 ff.

Einrichtungen ist. Staatliche, gesellschaftliche und ökonomische Einrichtungen haben also dem Menschen zu dienen. Sie haben einen Beitrag zum Gelingen seines Lebens zu leisten. Sie können zum Gelingen seines Lebens aber nur beitragen, wenn sie in Rechnung stellen, dass das Gelingen des menschlichen Lebens in erster Linie von der Bereitschaft und der Fähigkeit der Person abhängt, Initiativen zu ergreifen, Anstrengungen auf sich zu nehmen, Risiken einzugehen und Leistungen zu erbringen. Schon als Kind, und dann sein ganzes Leben hindurch, macht der Mensch die Erfahrung, dass die selbständige Vollbringung eines eigenen Werkes Freude auslöst, Anerkennung erheischt und zu neuen, größeren Taten anspornt. Eine Staats-, Gesellschafts- oder Unternehmensverfassung, die eigene Initiativen der Menschen lähmt, ihre Anstrengungen erschwert und ihre Leistungen bestraft, behindert deshalb die Entfaltung und damit das Gelingen des menschlichen Lebens. Sie verstößt nicht nur gegen das Subsidiaritätsprinzip, sondern auch gegen die Würde des Menschen.

Wenn das Subsidiaritätsprinzip Initiativ- und Handlungsräume des Menschen einerseits mit und durch den Staat, andererseits gegen den Staat sichern will, dann wird deutlich, dass es von einem selbständigen und aktiven Bürger, nicht von einem passiven und zu betreuenden Untertanen ausgeht. Quadragesimo Anno spiegle, so das Zentralkomitee der deutschen Katholiken in seiner Europa-Erklärung 1993, „einen tiefen Repekt vor der Initiative und Leistungsfähigkeit des Einzelnen und der ihm jeweils näheren sozialen Ebene".[17] Dem Subsidiaritätsprinzip liegt das christliche oder präziser das katholische Verständnis des Menschen zugrunde, das um den Begriff der Person kreist. Mit diesem Begriff wird eine Reihe verschiedener Dimensionen der menschlichen Existenz zum Ausdruck gebracht, die im konkreten Menschen eng und spannungsreich miteinander verwoben sind: Geist- und Leibnatur, Individualität und Sozialität, Freiheit und Verantwortung, Gottebenbildlichkeit und Ambivalenz.[18] Alle Dimensionen verpflichten den Staat zur Subsidiarität und zur Solidarität, das heißt dazu, die Möglichkeitsbedingungen für die möglichst harmonische Entfaltung aller Dimensionen zu gewährleisten. Die Gesamtheit dieser Möglichkeitsbedingungen ist das Gemeinwohl. Es zu errichten erfordert von allen Akteuren aber nicht nur Engagement und Aktivität, sondern auch Zurückhaltung, Diskretion und das Bewusstsein, dass die primäre Verantwortung für die Entfaltung dieser Dimensionen bei der Person selbst und den jeweils der Person näher stehenden Gliederungen liegt. Das dem Subsidiaritätsprinzip zugrunde liegende Menschenbild sieht im Menschen also nicht in erster Linie ein Mängelwesen, das den Staat zum Ausgleich seiner Defizite bzw. zur Befriedigung seiner Bedürfnisse konstruiert, sondern ein nach Gottes Ebenbild geschaffenes Vernunftwesen, das trotz der ihm inhärenten Unvollkommenheit und Ambivalenz einen Beitrag zum Gemeinwohl leistet

---

[17] Europa von unten bauen. Für einen subsidiären Aufbau der EU, Erklärung des Zentralkomitees der deutschen Katholiken vom 19.11.1993, in: Berichte und Dokumente, Heft 89, Bonn 1993 S. 21.

[18] *Manfred Spieker*, Das Menschenbild der katholischen Soziallehre. Dimensionen personaler Existenz und ihre sozialethischen Konsequenzen, in: Enrique Prat (Hrsg.), Ökonomie, Ethik und Menschenbild, Wien 1993, S. 56 ff.

und ein Gemeinwesen bereichert, nichtsdestotrotz aber den Staat zum Erreichen und Sichern des Gemeinwohls braucht. Jede Person ist zugleich Bettler und Mäzen, Schuldner und Gläubiger. Die Subsidiarität achtet, schrieb Benedikt XVI. in seiner Sozialenzyklika Caritas in Veritate 2009, „die Würde der Person, in der sie ein Subjekt sieht, das immer imstande ist, anderen etwas zu geben". Deshalb sei sie „das wirksamste Gegenmittel zu jeder Form eines bevormundenden Sozialsystems".[19]

Aus einer umgekehrten Perspektive – via negationis – lässt sich der Zusammenhang von Subsidiaritätsprinzip und personalem Menschenbild noch deutlicher machen. Staatsphilosophische Positionen, die nicht von einem personalen Menschenbild ausgehen, gehen in aller Regel auch zum Subsidiaritätsprinzip auf Distanz, wenn sie es nicht gar bekämpfen. Wird im Menschen aufgrund der Erbsünde nur noch die gefallene, ja total verdorbene Natur gesehen, wie bei Martin Luther, erscheint er gegenüber Staat und Gesellschaft als Bettler, der auf den Status des Untertanen reduziert wird. Wird er gar wie bei Thomas Hobbes als in sich böse, als des Menschen Wolf beschrieben, dann wird der Staat zum Leviathan, zu einem den bösen Menschen domestizierenden Ungeheuer, das den Krieg aller gegen alle beenden soll. Der Leviathan gilt als Bedingung der Menschwerdung des Menschen. Das Subsidiaritätsprinzip hat keinen Platz mehr, wenn Wölfe gebändigt werden müssen. Warum der Leviathan nicht böse sein soll, wenn alle Menschen böse sind, bleibt das Geheimnis von Thomas Hobbes. Wenn der Mensch schließlich auf ein Ensemble gesellschaftlicher Verhältnisse reduziert und im Kollektiv aufgelöst wird, wenn er sich durch eine prometheische Revolution von aller Entfremdung befreien soll und der Staat als Instrument der Klassengesellschaft gilt, wie bei Karl Marx, steht jedes Plädoyer für Subsidiarität im Verdacht, Klasseninteressen zu verteidigen. Die totalitäre Ideologie der kommunistischen Parteien kannte konsequenterweise nur den Untertanen, nicht den Initiativen entfaltenden Bürger. Sie tolerierte nur Massenorganisationen zur Umsetzung der Parteibeschlüsse in der Gesellschaft, nicht Assoziationen mit genuinen Rechten, nur Zentralismus und Gewaltenkonzentration, nicht Föderalismus und Gewaltenteilung, nur die Nationale Front, nicht die Civil Society.

In der Perspektive der katholischen Soziallehre dagegen ist der Staat weder ein Unterdrückungsinstrument noch eine bloße Erste-Hilfe-Station zur Linderung menschlicher Not. Er ist kein kriegerischer Dschungel, sondern eine Beziehungseinheit von Personen, eine Schule der Kultur, die von den kommunikativen Anlagen und den vielfältigen Fähigkeiten der Menschen lebt und diesen zum Ursprung, zum Träger und zum Ziel hat. Das personale Menschenbild verpflichtet den Staat und alle anderen Adressaten des Subsidiaritätsprinzips, die Bürger und ihre Vereinigungen nicht als Objekte und damit als Untertanen, sondern als Subjekte und damit auch als Partner zu betrachten.

---

[19] *Benedikt XVI.*, Caritas in Veritate (2009) 57.

III. Sozialethische Konsequenzen: Subsidiarität, nicht Effektivität

Das Subsidiaritätsprinzip verbietet seinem Adressaten, in den Lebensbereich der kleineren Gliederungen zu intervenieren, solange diese in der Lage sind, ihre Aufgaben selbständig zu erfüllen. Es verpflichtet ihn zugleich, was immer er tut, um der Förderung dieser kleineren Gliederungen willen zu tun. Ihm kommt also eine Dienstfunktion zu. Ist der Adressat der Staat, bedeutet dies, dass er gegenüber der Gesellschaft ins zweite Glied rückt. Staatliche Interventionen in Gesellschaft und Wirtschaft sind begründungspflichtig. Was immer gesellschaftliche Subsysteme selbständig tun können, darf der Staat ihnen nicht entziehen. Das heißt nicht, dass er sich nur um die Wahrung von Recht und Ordnung, um die äußere Sicherheit und den inneren Frieden zu sorgen hätte, die Wohlfahrt der Gesellschaft ihn aber nichts anginge. Das Subsidiaritätsprinzip verlangt nicht den Minimalstaat eines Robert Nozick oder eines Friedrich August von Hayek. Der subsidiäre Staat hat die Sackgasse des Nachtwächterstaates ebenso zu meiden wie die des Versorgungsstaates. Er kann zu viel intervenieren und dadurch in der Gesellschaft eine Anspruchs- und Versorgungsmentalität fördern, die ihn lähmt. Er kann aber auch zu wenig tun, seine Solidaritätspflichten aus dem Auge verlieren und so die Desintegration der Gesellschaft fördern. Wenn das Ziel des subsidiären Staates darin besteht, die Bürger in ihrer Bereitschaft und in ihrer Fähigkeit zu stärken, eigene Initiativen zu ergreifen, Anstrengungen auf sich zu nehmen und Leistungen zu erbringen, dann ist von ihm sowohl aktive Hilfe zur Selbsthilfe als auch eine Beschränkung seiner Regelungskompetenzen zu verlangen. Zum subsidiären Staat passt deshalb am besten eine demokratische, föderale und rechtsstaatliche Verfassungsordnung. Die Förderung regionaler Vielfalt und die Stärkung vertikaler Gewaltenteilung gehört zu seinen Funktionsbedingungen.

Den Subsystemen sind aber nicht nur rechtliche Kompetenzen oder Initiativrechte, sondern auch finanzielle und administrative Mittel zu überlassen, die zur Erfüllung ihrer Funktionen notwendig sind. Mehr noch, die Erfüllung staatlicher Aufgaben ist in einer föderalen Ordnung in erster Linie Pflicht der untergeordneten Gliederungen, soweit die Verfassung keine anderen Regelungen trifft. Das deutsche Grundgesetz ist mit seinen Regelungen in den Artikeln 30, 70 und 83 ein gutes Beispiel für eine föderale Ordnung, die dem Subsidiaritätsprinzip entspricht.[20] Das Subsidiaritätsprinzip verlangt vom Staat also eine Aufteilung sowohl der Gesetzgebungsbefugnisse als auch der Haushaltsmittel. Das Bundessozialhilfegesetz und das Jugendwohlfahrtsgesetz von 1961 sind gute Beispiele für eine Orientierung

---

[20] Art. 30 GG „Die Ausübung der staatlichen Befugnisse und die Erfüllung der staatlichen Aufgaben ist Sache der Länder, soweit dieses Grundgesetz keine andere Regelung trifft oder zulässt." Art. 70 GG „Die Länder haben das Recht der Gesetzgebung, soweit dieses Grundgesetz nicht dem Bunde Gesetzgebungsbefugnisse verleiht." Art. 83 GG „Die Länder führen die Bundesgesetze als eigene Angelegenheit aus, soweit dieses Grundgesetz nichts anderes bestimmt oder zulässt."

am Subsidiaritätsprinzip. Sie räumten den freien Trägern der Sozialhilfe bzw. der Jugendhilfe einen 1967 auch vom Bundesverfassungsgericht bestätigten Vorrang vor staatlichen und kommunalen Trägern ein. Im Tarifvertragsrecht zeigt sich das Subsidiaritätsprinzip vor allem in der Tarifautonomie der Sozialpartner. Große Bedeutung kommt dem Subsidiaritätsprinzip bei der Vollendung der Wiedervereinigung Deutschlands, bei den postkommunistischen Transformationsprozessen in Mittel- und Osteuropa und bei der Lösung des Nord-Süd-Konflikts sowie der Schuldenkrise im Euro-Währungsraum zu. Die Wiedervereinigung Deutschlands erfordert einen erheblichen Finanztransfer der westlichen an die östlichen Bundesländer. Dieser Transfer muss wie auch alle ökonomischen und personellen Hilfen subsidiär, d. h. als Hilfe zur Selbsthilfe konzipiert bleiben. Das Subsidiaritätsprinzip rechtfertigt keine Dauersubvention. Ebenso erfordern die postkommunistischen Transformationsprozesse die Hilfe der westlichen Länder. Es sei „nur gerecht", schreibt Papst Johannes Paul II. in seiner Enzyklika zur Wende in Europa Centesimus Annus 1991, dass die ehemals kommunistischen Länder in den derzeitigen Schwierigkeiten von der solidarischen Hilfe der anderen Nationen unterstützt werden. Aber sie müssten „selbst die ersten Baumeister ihrer Entwicklung sein".[21] Wie jede Entwicklungshilfe nicht nur fruchtlos, sondern kontraproduktiv bleibt, wenn sie nicht an Initiativen der Entwicklungsländer anknüpfen kann,[22] also Hilfe zur Selbsthilfe ist, so wird auch jede Kredithilfe für überschuldete Euro-Länder keine Hilfe sein, wenn sie nicht mit eigenen Anstrengungen und nachhaltiger Haushaltsdisziplin des verschuldeten Landes Hand in Hand geht.[23]

Welche Konsequenzen ergeben sich daraus für die europäische Integration? Die breite Zustimmung zum Prinzip der Subsidiarität in den europäischen Institutionen und in vielen Ländern der EU sollte gewährleisten, dass der Integrationsprozess nicht scheitert oder, positiv ausgedrückt, dass er die richtige Mitte zwischen Einheit und Vielfalt findet, dass die nationale Identität und Handlungsfähigkeit der Mitgliedsstaaten gewahrt bleibt, der Regelungseifer der europäischen Bürokratie in Brüssel gebremst und auf das Notwendige beschränkt wird und dass die EU so bürgernah wie möglich gestaltet wird. Aber die Kontroversen um eine das Subsidiaritätsprinzip beachtende EU halten seit dem Vertrag von Maastricht/Nizza/Lissabon unvermindert an und die Wahlen zum europäischen Parlament 2014, bei denen zahlreiche europakritische Parteien Mandate erhielten, zeigen, dass die Probleme eher zu- als abnehmen. Problematisch in den europäischen Debatten um das Subsidiaritätsprinzip ist die schiefe, um nicht zu sagen falsche Definition des Prinzips in Art. 3 b des Vertrages von Maastricht, die in den Folgeverträgen nie korrigiert wurde. Wenn es dort

---

[21] *Johannes Paul II.*, Centesimus Annus 28.
[22] *Johannes Paul II.*, Sollicitudo Rei Socialis (1987) 44 und II. Vatikanisches Konzil, Gaudium et Spes 86.
[23] *Elmar Nass*, Was hat die katholische Sozialethik zur Euro(pa)-Krise zu sagen?, in: Alfred Schüller/Elmar Nass/Joseph Kardinal Höffner, Wirtschaft, Währung, Werte. Die Euro(pa)-Krise im Lichte der katholischen Soziallehre, Paderborn 2014, S. 71 ff. Vgl. auch den Beitrag von *Elmar Nass* in diesem Band, S. 249 ff.

heißt, dass „die Gemeinschaft nach dem Subsidiaritätsprinzip nur tätig (wird), sofern und soweit die Ziele der in Betracht gezogenen Maßnahmen auf Ebene der Mitgliedsstaaten nicht ausreichend erreicht werden können und daher wegen ihres Umfangs oder ihrer Wirkungen besser auf Gemeinschaftsebene erreicht werden können", wird die Effektivität zum vorrangigen Kriterium der Kompetenzverteilung. Das aber wird dem Subsidiaritätsprinzip nicht gerecht. Das Subsidiaritätsprinzip wird hier mit einem Effizienzprinzip verwechselt. Wenn höhere Effektivität die Kompetenzübertragung rechtfertigen soll, ist der Weg zum Zentralismus vorgezeichnet.[24] Im Vertrag von Maastricht waren zwei Kriterien für das Eingreifen der EU genannt: neben der besseren Effizienz der Unionsebene die Unfähigkeit der niedereren Ebene, die in Betracht gezogenen Maßnahmen selbst realisieren zu können. Die beiden Kriterien müssen kumulativ erfüllt sein. Eine Kompetenzübertragung von kleineren auf größere Einheiten ist deshalb nur dann gerechtfertigt, wenn die übergeordnete Einheit diese Kompetenzen mit dem Ziel ausübt, die untergeordnete Einheit zu stärken, so dass diese ihrerseits wieder in die Lage versetzt wird, ihre Aufgaben zu erfüllen und letztlich die personalen Entfaltungsmöglichkeiten der Bürger zu fördern. Die EU ist kein an technischer oder ökonomischer Effizienz ausgerichteter Selbstzweck. Deshalb sind ihr Kompetenzen in einer ganzen Reihe von Politikbereichen, wie der Sozial-, Bildungs-, Kultur-, Familien- und Gesundheitspolitik, vorenthalten. Das Subsidiaritätsprinzip gebietet nicht, der EU diese Kompetenzen für immer vorzuenthalten, wie es andererseits auch nicht verbietet, der EU übertragene Kompetenzen wieder an untergeordnete Einheiten zurückzugeben. Die Kompetenzabgrenzungen sind immer flexibel. Aber nicht die Effektivität, sondern das Gemeinwohl muss ihr Regulativ bleiben.

Kompetenzabgrenzungen auf europäischer Ebene, die diesem Regulativ folgen, werden die Nationalstaaten, die Länder und Regionen, die Kreise und Kommunen sowie die freien Kräfte der Zivilgesellschaft im Auge behalten. In einem Memorandum zum Subsidiaritätsprinzip, das die Bundesregierung schon am 27. Oktober 1992 verabschiedete, wurde sie in dieser Hinsicht sehr konkret: „Nach dem Verständnis der Bundesregierung schließt der Begriff der Subsidiarität auch die Wahrung der Rechte und Zuständigkeiten der Sozialpartner sowie die Rechte von Gemeinden und Gemeindeverbänden zur Regelung der Angelegenheiten der örtlichen Gemeinschaft mit ein ... Zum Subsidiaritätsprinzip gehört auch die Abwägung, ob überhaupt Maßnahmen auf staatlicher (einschließlich EG-)Ebene erforderlich sind. Die Bundesregierung verweist insofern besonders auf die wichtige Rolle der Sozialpartner, der Wohlfahrtseinrichtungen und sonstiger privater Organisationen bei der Gestaltung der gesellschaftlich-sozialen Verhältnisse". Auf die Bedeutung dieser vorstaatlichen gesellschaftlichen Kräfte sowie der Kirchen für einen subsidiären Aufbau der EU wies auch das Zentralkomitee der deutschen Katholiken in seiner Europa-Erklärung von 1993 hin.[25]

---

[24] *Hans-Jürgen Papier*, Subsidiaritätsprinzip versus Zentralismus in Europa, a.a.O., S. 7.

[25] Europa von unten bauen. Für einen subsidiären Aufbau der Europäischen Union, a.a.O., S. 25.

Das Subsidiaritätsprinzip ist aber, dies zeigen die anthropologischen Voraussetzungen, nicht nur auf entsprechende Strukturen, sondern auch auf eine entsprechende politische Kultur angewiesen, die geprägt ist von der Bereitschaft und der Fähigkeit des Bürgers zur Teilnahme am politischen Willensbildungsprozess, von ihren Initiativen in Gesellschaft und Wirtschaft, von der Artikulation ihrer Interessen, von der Bereitschaft und der Fähigkeit zu Kommunikation und Kompromiss. Diese Kultur zu entwickeln und zu bewahren ist, wie die Transformationsprozesse in den postkommunistischen Ländern zeigen, schwieriger als freie Strukturen einzuführen.

The Fate of Subsidiarity in the American Administrative State

Ronald J. Pestritto

It is a particularly interesting time to be asked to address national administration and subsidiarity in a forum for Americans and Europeans, since Americans are just now coming to see the robust role of administration in their own national policymaking that Europeans have experienced for some considerable time. For roughly one hundred years, there has been in the United States an "administrative state" that has played an important part in governance; but this administrative state has over the last few years come to take on a much greater share of policymaking at the national level – a development which has significant consequences for the limits on national power and thus the viability of subsidiarity in American government. In this paper, after pointing to the contemporary significance of governance by national administrative agencies in America, I trace the principled origins of today's administrative state to the ideas of American progressivism, and then show how those ideas have been translated into actual practice following the New Deal. In particular, the paper will show how doctrines in administrative law, initially developed in the 1970s and 1980s, have contributed to the recent expansion in the power of the federal bureaucracy, and it will use the case of present disputes in environmental policy as a means of assessing the status of the administrative state today and what that means for the place of states and other sub-national units of government.

By "administrative state", I refer to the situation in contemporary American national government, created largely although not entirely by Franklin Roosevelt's New Deal, whereby a large bureaucracy is empowered with significant governing authority. Nominally, the agencies comprising the bureaucracy reside within the executive branch of government, but their powers transcend the traditional boundaries of executive power to include both legislative and judicial functions; these powers are often exercised in a manner largely independent of presidential control and of accountability to public opinion altogether. The law that is promulgated by the national bureaucracy supersedes the laws and regulations of state and local governments – in many instances, the very purpose of national regulation is to make uniform the variety of policymaking done at the state and local level. As the power of government in general has increased since the New Deal and, in particular, as it has been centralized in the national government, the political branches of the national government have come to rely heavily on the expertise of bureaucratic agencies, often ceding to them significant responsibility to set, execute, and adjudicate national policy.

While the administrative state has, as I will explain, been an important feature of American government since Franklin Roosevelt's New Deal of the 1930s, it has taken on a renewed vigor under the current presidential administration. The reasons for this are political and straightforward. When the president's party controlled the legislature during the first two years of his presidency, he was able to enact two major pieces of his policy agenda: a new system of national healthcare ("Obamacare") and sweeping legislation on banking and financial services ("Dodd-Frank"). However, largely as a consequence of these policies, the president's party lost full control of the legislature in 2010 and, since then, his policy agenda has faced a firm roadblock. The opposition is quite likely to strengthen its hand in the 2014 fall congressional elections. Consequently, the president has adopted a strategy of implementing major policy by means of rulemaking by national administrative agencies. In doing so, he is following through on a pledge he made in remarks prior to his first Cabinet meeting of this year, when he proclaimed that "we are not just going to be waiting for legislation in order to make sure that we're providing Americans the kind of help that they need. I've got a pen and I've got a phone – and I can use that pen to sign executive orders and take executive actions and administrative actions that move the ball forward."[1] So policy-making through administrative action has become a tool of preference in the present administration; it must be understood, however, that the principled ground for this kind of governance has a long history, and has been especially well laid in recent presidential administrations of both major political parties.

In the fall of 2008, for example, at the very end of the presidency of George W. Bush, Congress considered and rejected a proposed bailout of major American automobile manufacturers. Nevertheless, shortly after this legislative rejection, the Treasury Department went forward with a bailout of Chrysler and General Motors. It was able to do so because Congress had, not long before, enacted the Troubled Asset Relief Program (TARP); this legislation was intended to rescue the financial services industry in the aftermath of the economic depression of 2008, but it was written so broadly and gave such wide latitude to the administrative agencies tasked with

---

[1] "Remarks by the President Before Cabinet Meeting," January 14, 2014, accessed June 19, 2014, http://www.whitehouse.gov/the-press-office/2014/01/14/remarks-president-cabinet-meeting. Other than environmental policy, which will be discussed below, the best recent examples of policymaking by administrative action come in the healthcare arena. The Affordable Care Act has been changed and/or delayed by administrative fiat dozens of times since its enactment. Most recently, the Department of Health and Human Services has issued a new "hardship" exemption from the individual mandate to purchase insurance; it has allowed insurance companies to continue offering plans that are out of compliance with the law; and it has delayed coverage requirements on employers with more than 50 employees. The Office of Personnel Management issued a policy – in apparent contravention of federal law – to allow Congressional staff to use their federal healthcare subsidy to buy insurance on the exchanges created by the Affordable Care Act. And beyond healthcare, a number of gun-control policies were implemented through administrative action after Congress declined to enact stricter legislation, including a prohibition on individuals avoiding background checks by claiming to be corporations, and the prohibition on the re-importation and domestic sale of weapons sold by the United States to other nations.

its implementation that there was ample room for Treasury to adapt it for use in the automobile bailout.[2] Not long after and in similar fashion, in the first months of the Obama administration, Congress considered and rejected major environmental legislation aimed at regulating greenhouse gas emissions.[3] This legislative rejection notwithstanding, the federal Environmental Protection Agency (EPA) has spent much of the time since that vote implementing by administrative rule an aggressive scheme of restrictions on greenhouse gases. These policies are vigorously opposed by many state and local governments, some of which have adopted measures aimed at thwarting their implementation and have laid the ground for a major showdown on the question of subsidiarity in American government. The story of how the EPA and agencies like it came to be in a position to make new policies today without overt legislative warrant provides an excellent vehicle for understanding the novel legal and constitutional principles of the American administrative state.

I. Origins of the Administrative State

We will return to the contemporary dispute over environmental policy as a case study at the conclusion of the paper, but in order to understand the vision for today's administrative state, we must understand its origins in America, in the Progressive Movement of the late nineteenth and early twentieth century.[4] In light of the many social and economic changes in the country since the establishment of the American Constitution, Progressive reformers contended that the original conception of American government – with its separation of powers at the national level and its embrace of subsidiarity (or what we political scientists call federalism) to distribute power among various levels of government – was no longer up to the task of running a modern nation-state. This contention was at the heart of the Progressives' deep and principled criticism of the Constitution of the United States and their call for empowering a national administrative state. The Progressive Era was the first major period in

---

[2] *John D. McKinnon/John D. Stoll*, U.S. Throws Lifeline to Detroit, in: The Wall Street Journal, December 20, 2008, accessed June 27, 2014, http://online.wsj.com/news/articles/SB122969367595121563. For the language on the Treasury Department's authority, see 12 USCS § 5211 (a)(1). On the extension of TARP authority beyond banks and ordinary financial institutions, see: The Troubled Asset Relief Program: Report on Transactions through June 17, 2009, accessed February 5, 2011, http://www.cbo.gov/ftpdocs/100xx/doc10056/MainText.4.1.shtml#1094296. See also United States Department of the Treasury Section 105(a) Troubled Asset Relief Program Report to Congress for the Period December 1, 2008 to December 31, 2008, accessed February 5, 2011, http://www.treasury.gov/press-center/press-releases/Documents/0010508105_a_report.pdf.

[3] *Stephen Dinan*, Senate won't fast track cap-and-trade, in: The Washington Times, April 2, 2009, accessed June 23, 2014, http://www.washingtontimes.com/news/2009/apr/02/senate-wont-fast-track-cap-and-trade/.

[4] For a fuller account of the political philosophy of the modern administrative state, see *Pestritto*, The Progressive Origins of the Administrative State: Wilson, Goodnow, and Landis, in: Social Philosophy and Policy 24, no. 1 (Winter 2007): 16–54.

American political development to feature, as a primary characteristic, the open and direct criticism of the Constitution. While criticism of the Constitution could be found during any period of American history, the Progressive Era was unique in that such criticism formed the backbone of the entire movement. Progressive-era criticism of the Constitution came not from a few fringe figures, but from the most prominent thinkers and politicians of that time. The progressives understood the intention and structure of the Constitution very well; they knew that it established a framework for limiting the national government, and that these limits were to be upheld by a variety of institutional restraints and checks. They also knew that the limits placed on the national government by the Constitution represented major obstacles to implementing the progressive policy agenda. Progressives had in mind a variety of legislative programs aimed at regulating significant portions of the American economy and society, and at redistributing private property in the name of social justice.[5] The Constitution, if interpreted and applied faithfully, stood in the way of this agenda.

The Constitution, however, was only a means to an end. It was crafted and adopted for the sake of achieving the natural-rights principles that the Americans had proclaimed in their Declaration of Independence. The progressives understood this very clearly, which is why many of the more theoretical works written by progressives feature sharp attacks on social compact theory and on the notion that the fundamental purpose of government is to secure the individual natural rights of citizens. While most of the founders and nearly all ordinary Americans did not subscribe to the radical epistemology of the social compact theorists, they did believe, in Lockean fashion, that men as individuals possessed rights by nature – rights that any just government was bound to uphold and which stood as inherent limits to the authority of government over individual liberty and property.[6] The regulatory aims of the progressive policy agenda, therefore, were on a collision course with the political theory of the founding. This basic fact makes understandable that admonition of Woodrow Wilson – a pioneering progressive intellectual long before he entered public life – that "if you want to understand the real Declaration of Independence, do not repeat the preface."[7] Do not, in other words, repeat that part of the Declaration which enshrines natural law and natural rights as the focal point of American government. Taking Wilson's advice here would turn our attention away from the timelessness of the Declaration's conception of government, and would focus us instead on the litany of grievances made against George III; it would show, in other words, the Dec-

---

[5] "Progressive Party Platform of 1912," in: American Progressivism, edited by Ronald J. Pestritto/William J. Atto (Lanham, MD: Lexington Books, 2008), 273–87.

[6] *John Locke*, Of the Ends of Political Society and Government, in: Second Treatise of Government, edited by C. B. Macpherson (Indianapolis, IN: Hackett Publishing Company, 1980), 65–68.

[7] *Woodrow Wilson*, Address to the Jefferson Club of Los Angeles, May 12, 1911, in: Papers of Woodrow Wilson (hereafter cited as PWW) 23, 69 vols., edited by Arthur Link (Princeton: Princeton University Press, 1966–1993): 33–34.

laration as a merely practical document, to be understood as a specific, time-bound response to a set of specific historical circumstances. Once the circumstances change, so too must our conception of government. Like Wilson, Frank Goodnow – a progressive pioneer in administrative law and former president of Johns Hopkins University – acknowledged that the founders' system of government "was permeated by the theories of social compact and natural right", and he complained that such theories were "worse than useless", since they "retard development"[8] – that is, that the protections for individual liberty and property inhibit the expansion of government. In contrast to the principle of natural rights that undergirded the American system, Goodnow praised political systems in Europe where, he explained, "the rights which [an individual] possesses are, it is believed, conferred upon him, not by his Creator, but rather by the society to which he belongs. What they are is to be determined by the legislative authority in view of the needs of that society. Social expediency, rather than natural right, is thus to determine the sphere of individual freedom of action."[9]

Goodnow, Wilson, and other progressives championed historical contingency against the Declaration's talk of the permanent principles of just government. The natural-rights understanding of government may have been appropriate, they conceded, as a response to the prevailing tyranny of that day, but, they argued, all government has to be understood as a product of its particular historical context. The great sin committed by the founding generation was not, then, its adherence to the doctrine of natural rights, but rather its notion that that doctrine was meant to transcend the particular circumstances of that day. It was this very facet of the founders' thinking that Abraham Lincoln recognized, and praised, in 1859 when he wrote of the Declaration and its primary author: "All honor to Jefferson – to the man who, in the concrete pressure of a struggle for national independence by a single people, had the coolness, forecast, and capacity to introduce into a merely revolutionary document, an abstract truth, applicable to all men and all times."[10] Recognizing the very same characteristic of the founders' thought, the philosopher John Dewey – arguably the most prominent promoter of progressive ideas in the first half of the twentieth century – complained, by contrast, that the founding generation "lacked historic sense and interest", and that it had a "disregard of history". As if speaking directly to Lincoln's praise of the founding, Dewey endorsed, instead, the doctrine of historical contingency. Natural-rights theory, Dewey argued, "blinded the eyes of liberals to the fact that their own special interpretations of liberty, individuality and intelligence were themselves historically conditioned, and were relevant only to their own time. They put

---

[8] *Frank Johnson Goodnow*, Social Reform and the Constitution (New York: Macmillan, 1911), 1, 3.

[9] *Frank Johnson Goodnow*, The American Conception of Liberty, in: American Progressivism, 57.

[10] *Abraham Lincoln*, To Henry L. Pierce & Others, April 6, 1859, in: Collected Works of Abraham Lincoln, edited by Roy P. Basler (New Brunswick, NJ: Rutgers University Press, 1953), 376.

forward their ideas as immutable truths good at all times and places; they had no idea of historic relativity."[11] The idea of liberty was not frozen in time, Dewey argued, but had instead a history of evolving meaning. The history of liberalism, about which Dewey wrote in *Liberalism and Social Action*, was progressive – it told a story of the move from more primitive to more mature conceptions of liberty. Modern liberalism, therefore, represented a vast improvement over classical (or what Dewey called "early") liberalism.

This general progressive philosophy of modern liberalism had clear implications for the administrative power of the nation-state. As Wilson explained, progressives had a political philosophy nearly identical to that of socialists. While they often opposed one another in the political disputes of the day, Wilson understood that progressives and socialists shared the ambition for a state where "all idea of a limitation of public authority by individual rights be put out of view", and where "no line can be drawn between private and public affairs which the State may not cross at will."[12] For Wilson, an all-powerful centralized state was merely the logical extension of genuine democratic theory. It gives all power to the people, in their collective capacity, to carry out their will through the exercise of governmental power, unlimited by any undemocratic idea like individual rights. He elaborated:

> In fundamental theory socialism and democracy are almost if not quite one and the same. They both rest at bottom upon the absolute right of the community to determine its own destiny *and that of its members*. Limits of wisdom and convenience to the public control there may be: limits of principle there are, upon strict analysis, none.[13]

For my purposes, the important point of this concept is the vision of centralized national administration that it generated in Wilson and his fellow progressives. Progressives and socialists differed on practical politics, Wilson explained, because progressives saw that national government was not at that time capable of handling the vast new tasks that both progressives and socialists wanted it to take up. While socialists wanted the immediate and radical transformation of government, progressives understood that the scope and structure of national administration first had to be changed. As Wilson explained to a hypothetical socialist in his 1887 essay "Socialism and Democracy":

> You know it is my principle, no less than yours, that every man shall have an equal chance with every other man: if I saw my way to it as a practical politician, I should be willing to go farther and superintend every man's use of his chance. But the means? The question with me is not whether the community has power to act as it may please in these matters, but how it can act with practical advantage – a question of *policy*. A question of policy primarily, but also a question of organization, that is to say of *administration*.[14]

---

[11] *John Dewey*, Liberalism and Social Action (Amherst, NY: Prometheus Books, 2000), 41.

[12] *Woodrow Wilson*, Socialism and Democracy, in: Woodrow Wilson: The Essential Political Writings, edited by Ronald J. Pestritto (Lanham, MD: Lexington Books, 2005), 78.

[13] Ibid., Emphasis added.

[14] Ibid., 79. Emphasis original.

It is no coincidence that Wilson's major work at this time was on developing a new science of national administration. His groundbreaking 1886 essay – "A Study of Administration" – helped to launch the discipline of public administration in the United States on the principle that national administrative power could no longer be understood within the context of the decentralized forms of the American constitution.

Wilson had a strong apprehension about the influence of politics on administration. He insisted that if progressives wanted to centralize a significantly increased supervision of private business and property in the national government, they could not do so until they had found a way for expert administrators to make decisions on the basis of objectivity and science as opposed to political considerations. He thus advocated, in the "Study of Administration", discretion for administrative policymaking and the separation of administrative governance from politics.[15] In so advocating, Wilson was extending the line of reasoning from an even earlier essay – "Government By Debate" (written in 1882) – where he had contended that large parts of national administration could immunized from political control because the nature of the policies they made were matters of science as opposed to matters of political contention. The administrative departments, wrote Wilson, "should be organized in strict accordance with recognized business principles. The greater part of their affairs is altogether outside of politics."[16] As a young man Wilson frequently expressed disgust with the dominance of politics by narrow, special interests. He said repeatedly that a career in politics was no longer a respectable or worthy goal for an educated young man who was interested in public service. He envisioned that the young and educated could, instead, form the foundation of a new, apolitical class of expert policymakers for the national government, trained in the emerging social sciences for service in a national government with greatly expanded responsibilities. "An intelligent nation cannot be led or ruled save by thoroughly-trained and completely-educated men", Wilson explained. "Only comprehensive information and entire mastery of principles and details can qualify for command." He championed the power of expertise – of "special knowledge, and its importance to those who would lead".[17]

While Wilson's novel approach to national administration was initially offered for consideration among fellow academics, Theodore Roosevelt brought the idea squarely into national politics with his New Nationalism campaign for recapturing the presidency in 1912. Roosevelt took the theme for his campaign from a speech he had given on the New Nationalism in 1910. It was in that speech that Roosevelt forthrightly made his call for an entirely new order of national economic regulation empowered

---

[15] *Woodrow Wilson*, The Study of Administration, July, 1887, in: PWW 5: 370–71.

[16] *Woodrow Wilson*, Government By Debate, December, 1882, in: PWW 2: 224.

[17] *Woodrow Wilson*, What Can Be Done for Constitutional Liberty: Letters from a Southern Young Man to Southern Young Men, March 21, 1881, in: PWW 2: 34–36. For an elaboration of this account of Wilson on national administration, see *Pestritto*, Wilson, Roosevelt, and the Democratic Theory of National Progressivism, in: Social Philosophy and Policy 29:2 (Summer 2012): 318–34.

by a new national bureaucracy.[18] He acknowledged that his was "a policy of a far more active governmental interference with social and economic conditions in this country than we have yet had, but I think we have got to face the fact that such an increase in governmental control is now necessary."[19] The means for this policy was to absorb at the national level much of the traditional "police power" – the regulation of safety, health, and morals – that had up to that point been left in the hands of states and localities. The method of the New Nationalism speech is quite interesting; it at once reaffirms the theory of what we here are calling subsidiarity while greatly diminishing the practical effect of the theory. That is, Roosevelt affirms that "the State must be made efficient for the work which concerns only the people of the State; and the nation for that which concerns all the people." Yet conditions in the country had changed so much that the sphere of the former had greatly shrunk and that of the latter greatly enlarged. Consequently, Roosevelt explained:

> I do ask that we work in a spirit of broad and far-reaching nationalism where we work for what concerns our people as a whole. We are all Americans. Our common interests are as broad as the continent. I speak to you here in Kansas exactly as I would speak in New York or Georgia, for the most vital problems are those which affect us all alike. The National Government belongs to the whole American people, and where the whole American people are interested, that interest can be guarded effectively only by the National Government. The betterment which we seek must be accomplished, I believe, mainly through the National Government. The American people are right in demanding that New Nationalism, without which we cannot hope to deal with new problems. The New Nationalism puts the national need before sectional or personal advantage. It is impatient of the utter confusion that results from local legislatures attempting to treat national issues as local issues. It is still more impatient of the impotence which springs from over division of governmental powers, the impotence which makes it possible for local selfishness or for legal cunning, hired by wealthy special interests, to bring national activities to a deadlock.[20]

Since most issues of regulatory concern would now become a matter for the national government, Roosevelt's speech calls for a host of new federal agencies to take on the task. He proclaimed that "this New Nationalism regards the executive power as the steward of the public welfare",[21] and his vision for a new administrative state grew out of this conception of national executive power.

Roosevelt, like Wilson, understood that the newly empowered federal bureaucracy could not coexist with the original constitutional vision of federalism or of sep-

---

[18] On the New Nationalism, see *Sidney M. Milkis*, Theodore Roosevelt, the Progressive Party, and the Transformation of American Democracy (Lawrence, Kansas: University Press of Kansas, 2009), 27–74; *Jean M. Yarbrough*, Theodore Roosevelt and the American Political Tradition (Lawrence, Kansas: University Press of Kansas, 2012), 211–27.

[19] *Theodore Roosevelt*, The New Nationalism, in: American Progressivism, 217.

[20] Ibid., 221.

[21] Ibid., 221–22.

aration of powers.[22] While the framework of the Constitution rested on each branch of government maintaining firm control over its own jurisdiction[23] and kept administration subservient to an elected executive,[24] this framework was inadequate for the scope and efficiency needed for modern administration. Thus the fathers of the administrative state envisioned a congressional delegation of regulatory power to an enlarged national administrative apparatus, which would be much more capable of managing the intricacies of a modern, complex economy because of its expertise and its ability to specialize. And because of the complexities involved with regulating a modern economy, it would be much more efficient for a single agency, with its expertise, to be made responsible within its area of competence for setting specific policies, investigating violations of those policies, and adjudicating disputes. The fulfillment of the progressives' administrative vision, therefore, required the evisceration of the non-delegation doctrine and the adoption of combination of functions as an operating principle for administrative agencies. Furthermore, the progressives believed that administrative agencies would never be up to the mission they had in mind if those agencies remained subservient to national political institutions. Since modern regulation was to be based upon expertise – which was, its founders argued, objective and politically neutral – administrators should be freed from political influence.[25] Thus the constitutional placement of administration within the executive and under the control of the president was a problem, as progressives looked to insulate administrators not only from the chief executive but from political accountability altogether.

---

[22] Roosevelt and Wilson, of course, opposed one another in the presidential contest of 1912, at which time Wilson was sharply critical of Roosevelt's vision for the empowerment of national administrative bodies. But as I endeavor to show in "Woodrow Wilson and the Roots of Modern Liberalism", those differences on national administration did not pre-date the 1912 campaign, nor did they last long beyond it; they were, instead, a politically convenient way for Wilson to distinguish himself from his principal opponent and draw the support of the traditional Democratic constituencies. See *Pestritto*, Woodrow Wilson and the Roots of Modern Liberalism (Lanham, MD: Rowman & Littlefield, 2005), 254–59. Once Wilson won and assumed office, most of his major domestic initiatives involved the very kind of national regulation by commission that Roosevelt had advocated in the New Nationalism (in 1914 alone, Wilson signed two landmark laws greatly increasing national administrative power: the Federal Trade Commission Act and the Clayton Antitrust Act). In fact, Wilson's agenda looked so much like that on which Roosevelt had campaigned that one Roosevelt scholar has remarked that it was "exceedingly embarrassing to the Progressive Party. Wilson had stolen its thunder and much of its excuse for being." *George E. Mowry*, Theodore Roosevelt and the Progressive Movement (New York: Hill and Wang, 1960), 287.

[23] See, especially, *James Madison*, Federalist No. 51, in: The Federalist Papers, edited by Clinton Rossiter (New York, NY: Penguin Putnam, Inc., 1961), 317–19.

[24] See *Pestritto*, The Progressive Origins of the Administrative State, 18–20.

[25] One of the clearest expressions of this principle can be found in the work of Harvard Law School's James Landis, who was brought by Franklin Roosevelt into his administration to craft securities legislation and became a principal architect of the administrative state that grew out of the New Deal. See *Landis*, The Administrative Process (New Haven, CT: Yale University Press, 1938).

II. Administrative State: From Theory to Practice

As the administrative state went from the idea-stage in the Progressive Era to the implementation stage in the New Deal,[26] it became necessary for courts to find ways to fit the newly robust administrative apparatus of national government into a constitutional framework that seems, on paper, to have little room for it. To this end, the Supreme Court ceased applying the non-delegation principle after 1935, and allowed to stand a whole body of statutes whereby Congress delegates significant policymaking power to administrative agencies.[27] These statutes, to varying degrees, lay out Congress's broad policy aims in vague and undefined terms, and delegate to administrative agencies the task of coming up with specific rules and regulations giving them real meaning. And federal agencies are now regularly permitted to exercise all three powers of government – legislative, executive, and judicial. The legal scholar Gary Lawson offers this remarkable but accurate account of how the American Federal Trade Commission (FTC) works:

> The Commission promulgates substantive rules of conduct. The Commission then considers whether to authorize investigations into whether the Commission's rules have been violated. If the Commission authorizes an investigation, the investigation is conducted by the Commission, which reports its findings to the Commission. If the Commission thinks that the Commission's findings warrant an enforcement action, the Commission issues a complaint. The Commission's complaint that a Commission rule has been violated is then prosecuted by the Commission and adjudicated by the Commission. The Commission adjudication can either take place before the full Commission or before a semi-autonomous administrative law judge. If the Commission chooses to adjudicate before an administrative law judge rather than before the Commission and the decision is adverse to the Commission, the Commission can appeal to the Commission.[28]

The courts have also permitted the weakening of the political accountability of administrators and the shielding of a large subset of agencies from most political controls. While the independence of so-called "independent regulatory commissions" and other "neutral" agencies is not as clearly established as delegation and combination of functions, the federal courts have certainly recognized the power of Congress to create agencies that are presumably part of the executive (where else, constitutionally, could they be?) but are nonetheless shielded from direct presidential

---

[26] *Franklin D. Roosevelt*, New Conditions Impose New Requirements upon Government and Those Who Conduct Government. Campaign Address on Progressive Government at the Commonwealth Club, San Francisco, Calif. September 23, 1932, in: The Papers and Public Addresses of Franklin D. Roosevelt 1, edited by Samuel I. Rosenman (New York: Random House, 1938): 749–51.

[27] *Gary Lawson*, The Rise and Rise of the Administrative State, in: Harvard Law Review 107, no. 6 (1994): 1240. He cites two cases as the last instances of the Court applying the non-delegation doctrine: Schechter Poultry v. United States, 295 U.S. 495 (1935); and Panama Refining Co. v. Ryan, 293 U.S. 388 (1935).

[28] Ibid., 1248.

control. Normally, this shielding is accomplished by limiting the president's freedom to remove agency personnel.[29]

As constitutional restraints on the national administrative state were eroded, federal courts came to rely on a growing body of administrative law to govern the scope of national administrative power. This body of law is grounded in the Administrative Procedure Act (APA) of 1946[30] and the precedents that have been established as courts have applied that law (along with the specific, "organic" statutes that give life to individual agencies) during the growth of the administrative state over the last seventy years. Initially intended to rein in national administrative power after the courts had loosened the constitutional restraints on it in the 1930s, the manner in which the APA has been interpreted has led, for the most part, to even greater discretion for national bureaucracies in both procedure and substance.

III. Administrative Law: Procedure

On procedural questions, the APA was thought to be a check on the discretion of agencies by means of the many trial-like steps it laid out for formal agency rulemaking and adjudication. Affected parties are given in these steps, known as "formal" rulemaking and adjudication, significant rights to participate in the decision-making process and to present their own evidence and cross examine witnesses, among other things.[31] However, in several landmark cases from the 1970s, the Supreme Court greatly narrowed the category of administrative actions to which these formal procedures apply. In the case of *United States v. Florida East Coast Railway* from 1973, the Court construed the triggering language for formal procedures so narrowly as to virtually eliminate formal rulemaking as a viable category of administrative law – in this case, ruling that formal procedures did not apply to a major rate-setting action of the Interstate Commerce Commission (ICC).[32] This interpretation stood in contrast to the near universal assumption at the enactment of the APA that formal rulemaking procedures were largely written for the express purpose of applying to agency rate-setting. And in 1978, the Court strictly limited the procedural restraints that could be imposed on agencies engaged in informal rulemaking in the case of *Vermont Yankee v. Natural Resources Defense Council*, thereby reducing the ability of affected parties to challenge agency decision-making in independent, Article III federal courts.[33] As Lawson has pointed out, this move from formal to informal as the standard process to be used in agency rulemaking came just at the time when agencies

---

[29] See Humphrey's Executor v. United States, 295 U.S. 602 (1935) and Morrison v. Olson, 487 U.S. 654 (1988). For a modest qualification of this line of cases, see Free Enterprise Fund v. PCAOB, 130 S.Ct. 3138 (2010).

[30] 5 U.S.C. 551, 553–59, 701–06.

[31] 5 U.S.C. 556–57.

[32] United States v. Florida East Coast Railway, 410 U.S. 224 (1973).

[33] Vermont Yankee v. Natural Resources Defense Council, 435 U.S. 519 (1978).

– due to Lyndon B. Johnson's Great Society legislation – were coming to rely more on rulemaking as a favored means of making the policies with which Congress had charged them in legislation such as the Clean Air Act.[34]

IV. Administrative Law: Substance

As these precedents have developed on the procedural side, judicial deference to national administrative power on substantive questions has come to be even greater, though this is a somewhat more recent development. In one respect, such deference seems perfectly consistent with the basic tenets of the administrative state: national bureaucracies were created because the national government was taking on many of the police powers that had previously been handled at the state and local level, and it needed the expertise of administrative agencies to accomplish the task. The federal courts concluded, quite reasonably, that the administrators in the bureaucracy were the experts on the substance of the policies that they had been created to implement, and that judges should not substitute their own, amateur understanding of policy for substantive decisions made by national administrators. Courts thus adopted a sharply deferential posture to the substance of agency decision-making.

The difficulty with this principle, however, comes in the fact that much of the substance of what agencies do involves interpreting the laws they are charged with implementing; and interpretation of law is, of course, supposed to be the province of the independent judiciary. The Clean Air Act, for example, places certain requirements for expensive pollution-control equipment on "stationary sources" of pollution; but the Act does not define "stationary source".[35] Is a single factory – which may contain a number of different emitting devices – a single "stationary source", or is each discrete emitting device within a single factory its own "stationary source", thus requiring the factory to make a potentially crippling investment in a multitude of diverse control devices? This seems like an obscure question (as administrative cases often are), but it has major policy and economic consequences. And since Congress did not clearly address this question in the legislation, did it intend for agency to step in and, effectively, make the law on the question? How much latitude do agencies get to fill in the gaps left by legislation, much of which, in our time, has become broad and vague? In the question posed by the example, which was at issue in the 1984 case of *Chevron v. Natural Resources Defense Council*,[36] the Supreme Court concluded that gaps in the law are to be filled in by the agency charged with its implementation – that when Congress does not directly address a question in the statute, that lack of clarity can *in itself* be a kind of express intent that the agency should have the power to do so, and

---

[34] *Gary Lawson*, Federal Administrative Law, 6th edition (Thomson Reuters, 2013), 287–88.

[35] The ambiguity arises from Section 172(b)(6) of the Clean Air Act Amendments of 1977.

[36] Chevron v. Natural Resources Defense Council, 467 U.S. 837 (1984).

that courts reviewing agency action are to grant significant deference to the agency's interpretation of the law.[37] That conclusion established what is known as the "Chevron Doctrine", which has become the most important principle in American administrative law. With it, we have gone from the old, constitutional understanding – that for executive agencies to implement policy the legislature must first enact law giving them warrant to do so – to the understanding of national administration today – that when Congress *fails* to enact a policy that failure or void is itself a warrant for national administrators to make policy on the basis of their own expertise. Much of contemporary administrative law – and, thus, much of our understanding of the power of the administrative state today – comes from court decisions applying the Chevron Doctrine to a wide variety of administrative action.

One of the most interesting developments with this growth of discretion for national administrative bodies is that it has come in defiance of the traditional ideological divide in the federal courts. Judges commonly understood as "liberals" are found on both sides of the issues pertaining to Chevron, as are those commonly understood as "conservatives". In fact, the principal architects of the judicial precedents I've described here – those integral to the expansion of national administrative power – have been Supreme Court Justice Antonin Scalia and former Chief Justice William Rehnquist. Rehnquist authored the authoritative opinions in both *Florida East Coast Railway* and *Vermont Yankee*. And while Scalia was still an appellate court judge when *Chevron* was decided, he became a forceful advocate for the most expansive application of that case when he joined the Supreme Court – in fact, he often drew the opposition of Justice John Paul Stevens on this expansive view, who was himself the author of the *Chevron* opinion.[38] While it may seem strange that these "conservative" judges have been the principal advocates of a doctrine which has now given the Obama administration the power it needs to govern through administrative agencies, the historical context helps to explain it. Both Rehnquist and Scalia came into national government at a time when the executive branch seemed the only likely place for their party to have any influence on policy; Congress and the courts were seen as the sole province of the Left in the 1970s. As lawyers and then judges, both men would have been particularly concerned about the rise of judicial activism in the federal courts during the so-called "Warren Court" era, where most conservatives were alarmed by a federal judiciary that appeared to be wading ever more deeply into policymaking on behalf of progressive causes.[39] It is entirely natural, in this con-

---

[37] The Court held, in *Chevron*, that where there is no "unambiguously expressed intent of Congress, ... a court may not substitute its own construction of a statutory provision for a reasonable interpretation made by the administrator of an agency." 467 U.S. 837, at 843–44.

[38] See, for example, the differences between Stevens's majority opinion and Scalia's concurrence in: INS v. Cardoza-Fonseca, 480 U.S. 421 (1987).

[39] For overviews of key Warren Court decisions, see *Phillip B. Kurland*, The Supreme Court, 1963 Term, in: Harvard Law Review 78, no. 1 (November 1964): 143–312, accessed June 25, 2014, http://dx.doi.org/10.2307/1338853. *Paul A. Freund*, New Vistas in Constitutional Law, in: University of Pennsylvania Law Review 112, no. 5 (March 1964): 631–46, accessed June 25, 2014, http://scholarship.law.upenn.edu/penn_law_review/vol112/iss5/1.

text, for jurists like Rehnquist and Scalia to want to carve out as much freedom from judicial oversight for policymaking by executive agencies as they possibly could, as both had worked as lawyers for Republican administrations and the executive seemed to be the one area where Republicans could be influential in national government.

More recently, as regulation has become the most relied-upon vehicle for policymaking in the Obama administration, other conservative jurists have questioned the implications of the Chevron Doctrine – Supreme Court Justices Alito, Roberts, and Thomas have all joined opinions in recent years seeking to rein in the application of *Chevron*.[40] Critics of the Chevron Doctrine have pointed to one particularly troubling implication of it. They remind us that the power of an administrative agency is defined in and limited by the statute that creates it, and ask: if courts are to give deference to agencies in interpreting the laws they administer, this seems to suggest that courts must defer to agencies in defining their own jurisdiction and interpreting the limits on their own powers. Unless Congress has been specific about what an agency may *not* do, the Chevron Doctrine suggests that the agencies themselves are the principal experts on the question of how much power they do and do not have.

That scenario may sound far-fetched, but it is exactly the logic that the Supreme Court affirmed in its recent decision in the case of *City of Arlington, Texas v. FCC*.[41] This was a case from 2013 that revealed much about the state of subsidiarity; in it, the Federal Communications Commission (FCC) interpreted federal law as giving the Commission the power to place limits on the land-use decisions of state and local governments.[42] Among other arguments, local governments contended that the courts should not take a deferential posture to agency actions like this because they are jurisdictional questions and deference in such cases would mean that federal agencies effectively define the limits of their own powers.[43] As Chief Justice Roberts wrote in dissent:

> A court should not defer to an agency until the court decides, on its own, that the agency is entitled to deference. Courts defer to an agency's interpretation of law when and because Congress has conferred on the agency interpretive authority over the question at issue. An agency cannot exercise interpretive authority until it has it; the question whether an agency enjoys that authority must be decided by a court, without deference to the agency.[44]

---

[40] See the majority opinions in Christensen v. Harris County, 529 U.S. 576 (2000) and United States v. Mead, 533 U.S. 218 (2001); see the dissenting opinion in City of Arlington, Texas v. FCC, 133 S.Ct. 1863 (2013).

[41] City of Arlington, Texas v. FCC, 133 S.Ct. 1863.

[42] The law in question was the Telecommunications Act of 1996, 47 U.S.C. § 332 (1996); the FCC interpretation can be found at 24 FCC Rcd. 13994, 13996 (2009).

[43] "Reply Brief for Petitioners City of Arlington Et Al," American Bar Association Supreme Court Preview, accessed July 30, 2014, http://www.americanbar.org/content/dam/aba/publications/supreme_court_preview/briefs-v2/11–1545–11–1547_pet_reply.authcheckdam.pdf.

[44] City of Arlington v. FCC, 133 S.Ct. 1863, at 1877.

The Court's majority, however, rejected this contention that courts should increase scrutiny of agencies when they are defining the extent of their own jurisdiction. As Justice Scalia wrote for the Court: "Those who assert that applying *Chevron* to 'jurisdictional' interpretations 'leaves the fox in charge of the henhouse' overlook the reality that a separate category of 'jurisdictional' interpretations does not exist."[45] The decision led the Chief Justice to fret publicly about the implications for constitutional liberty of when federal agencies are granted deference in defining their own jurisdiction. He commented that "the Framers could hardly have imagined ... the authority that administrative agencies now hold over our economic, social, and political activities" and warned that "the danger posed by the growing power of the administrative state cannot be dismissed."[46]

V. A Case Study: Environmental Policy Today

This state of affairs with national administrative power underlies the present dispute in American politics over environmental policy, which I mentioned at the outset of my remarks and which will serve as a closing illustration of the fate of subsidiarity in the administrative state. Since the landmark 2007 Supreme Court decision in *Massachusetts v. EPA*, the EPA has been pursuing an aggressive agenda of consolidating and extending greenhouse gas regulation, culminating in the release this May of sweeping regulations on existing power plants that seem intended severely to curtail the use of fossil fuels – especially coal – for power generation, and thus pose a substantial threat to the economic health of many states that rely on the coal industry. A tremendous political and legal battle is now underway among these different levels of government; it is also a complicated one, as there are states and localities on both sides of the dispute. One irony with this issue is that the call to consolidate authority for greenhouse gas regulation at the national level actually came at the behest of a group of state and local governments who sued the EPA to force the agency to regulate. In opposition to these, other states and localities are now litigating to stop the EPA regulations and are passing their own laws to thwart the most recently proposed

---

[45] Ibid., at 1874.

[46] Ibid., at 1878–79. For a view of the case that shares Roberts's concerns, see *Agron Etemi*, To Defer or Not to Defer: Why Chief Justice Roberts Got It Right in City of Arlington v. FCC, in: 118 Penn St. L. Rev. Penn Statim 22 (2014), accessed June 26, 2014, http://www.pennstatelawreview.org/penn-statim/to-defer-or-not-to-defer-why-chief-justice-roberts-got-it-right-in-city-of-arlington-v-fcc/. By contrast, this author sees little to worry about: *Peter M. Shane*, City of Arlington v FCC: Boon to the Administrative State or Fodder for Law Nerds?, in: Bloomberg BNA Daily Report for Executives B1-B5; Ohio State Public Law Working Paper No. 217 (June 2013), accessed June 26, 2014, http://ssrn.com/abstract=2284308. For an overview of the issues of the case, see *Samuel L. Feder/Matthew E. Price/Andrew C. Noll*, City of Arlington v FCC: The Death of Chevron Step Zero?, in: Federal Communications Law Journal 66, no. 1 (January 2014).

scheme of national regulation.[47] A second irony is that the federal agency in this case – the EPA under the Bush administration – initially declined to regulate because it did not believe that the statute gave it jurisdiction over greenhouse gas emissions.[48] The agency, however, contrary to the strong trends in contemporary administrative law, received no deference from the courts in this particular statutory interpretation. Both the appellate court and the Supreme Court in this case were willing to engage in extensive statutory construction to find in extremely vague statutory language a "clear" congressional mandate to regulate greenhouse gases. This was an interpretation of the law that was subsequently and enthusiastically embraced by the EPA under the incoming Obama administration.[49]

The critical principle here is the manner in which gaps left in the law by Congress – where Congress seems to avoid making a policy – are taken by courts and by agencies as delegations of policy jurisdiction to administrative agencies. Such a principle has come close to creating the rather constitutionally perverse situation where administrative agencies are assumed to have regulatory power unless Congress has enacted legislation explicitly denying it. This is the legal framework within which national administrative power has rapidly expanded in recent decades; environmental policy is simply a clear and recent example of how this works, as a further examination of *Massachusetts v. EPA* and its progeny will illustrate. This case, decided by the Supreme Court in 2007, came about from a shift in environmental policy away from targeting visible pollution – principally smog and acid rain – toward the phenomenon once known as Global Warming and now referred to as Climate Change. The legislation at issue is the Clean Air Act of 1970 and its subsequent amendments – principally the amendments of 1990 – which were enacted to deal with visible pollution and not originally thought to authorize the regulation of so-called greenhouse gas emissions that are contended to be the cause of climate change. Advocates of greenhouse gas regulation tried, beginning in 1999, to get the EPA to find authority to regulate greenhouses gases in existing law.[50] When that push was turned back,[51] advo-

---

[47] *Robin Bravender*, Texas Defies EPA on Regulation of Greenhouse Gases, in: New York Times, August 4, 2010, accessed June 26, 2014. http://www.nytimes.com/gwire/2010/08/04/04greenwire-texas-defies-epa-on-regulation-of-greenhouse-g-31939.html. *Betsy Blaney*, Texas attorney general plans to fight new EPA rule, in: Fort Worth Business Press, June 2, 2014, accessed June 26, 2014. http://fwbusinesspress.com/fwbp/article/1/5628/Breaking-News/Texas-attorney-general-plans-to-fight-new-EPA-rule.aspx.

[48] Control of Emissions from New Highway Vehicles and Engines, 68 Fed. Reg. 52922–52933 (September 8, 2003).

[49] *John M. Broder*, EPA Expected to Regulate Carbon Dioxide, in: New York Times, February 18, 2009, accessed June 30, 2014, http://www.nytimes.com/2009/02/19/science/earth/19epa.html?pagewanted=all&_r=0. "EPA: Greenhouse Gases Threaten Public Health and the Environment," EPA press release, December 7, 2009, accessed June 30, 2014, http://yosemite.epa.gov/opa/admpress.nsf/0/08D11 A451131BCA585257685005BF252.

[50] International Center for Technology Assessment, "Petition for Rulemaking and Collateral Relief Seeking the Regulation of Greenhouse Gas Emissions from New Motor Vehicles Under Э 202 of the Clean Air Act," October 20, 1999, http://209.200.74.155/doc/ghgpet2.pdf.

cates tried and failed in 2009 and 2010 to get Congress to enact new legislation targeting greenhouse gases – this was the "cap and trade" legislation that was voted down after an intense national debate in the summer of 2010. Advocates of greenhouse gas regulation then went to the federal courts, asking them to find in existing law the regulatory authority the advocates had failed to win for the EPA in the enactment of new legislation.

A closely divided Supreme Court, in an opinion written by Justice Stevens, ruled that the law did indeed grant jurisdiction to regulate greenhouse gases, even while conceding that Congress probably did not anticipate this particular application of the statute. Congress, the Court reasoned, granted the EPA the authority to regulate "air pollution" and did not distinguish between one type of pollutant and another. So while Congress did not explicitly endorse the application of regulatory authority to greenhouse gases, it did not foreclose it; instead, the Court concluded, it legislated with "breadth" precisely so that the agency could adjust its jurisdiction to meet future, unforeseen threats.[52] Furthermore, contrary to the wide latitude it normally gives administrative agencies to interpret their organic statutes, the Court ruled that the EPA's otherwise broad discretion did not include the option of refraining from the regulation of greenhouse gases. Unless the EPA could positively determine that greenhouse gases do not contribute to the problem of climate change – which, as Michael Greve has observed, would put the EPA in the same camp as the disreputable, so-called "climate-change deniers"[53] – the Court concluded that the law mandated the regulation of greenhouse gases[54] – again, even though Congress did not anticipate this regulatory application when it enacted the legislation.

The Court's decision was welcomed by the incoming Obama administration, and beginning in 2009 – shortly after the failure of "cap and trade" legislation in Congress – the Obama EPA began issuing a series of sweeping regulations based on *Massachusetts v. EPA*. In December of 2009 the EPA issued its Endangerment Finding, connecting greenhouse gas emissions to the problem of climate change, and thus formally triggering the new regulatory authority that the Court had found for it in the Clean Air Act.[55] In April of 2010, the EPA issued its "Timing Rule", which was designed to deal with the fact that *Massachusetts v. EPA* had only addressed mobile sources of greenhouse gases. In the Timing Rule, the EPA extended any regulation of green-

---

[51] Control of Emissions from New Highway Vehicles and Engines, 68 Fed. Reg. 52922–52933 (September 8, 2003).

[52] Massachusetts v. EPA, 549 U.S. 497 (2007), at 532.

[53] *Michael S. Greve*, Climate Change, Part I: Catastrophe, in: Liberty Law Blog, February 27, 2012. Accessed June 26, 2014, http://www.libertylawsite.org/2012/02/27/climate-change-part-i-catastrophe/.

[54] Massachusetts v. EPA, 549 U.S. 497, at 532–36.

[55] Endangerment and Cause or Contribute Findings for Greenhouse Gases under Section 202(a) of the Clean Air Act, 74 Fed. Reg. 66496–66546 (December 15, 2009).

houses gases from mobile sources to stationary sources.[56] The "Tailpipe Rule" followed in May of 2010, dealing exclusively with mobile sources of greenhouse gas emissions. In this rule the EPA principally employed substantial increases to the Corporate Average Fuel Economy (CAFE) standards, forcing vehicle manufacturers to produce more fuel-efficient automobiles and to rely more heavily on hybrid or fully electric vehicles.[57] The "Tailoring Rule", issued in June of 2010, was designed to address a major problem stemming from the Timing Rule – that is, from applying sections of the law that had previously been intended solely for mobile-source emissions to stationary sources. The limits in the law for mobile sources are entirely infeasible for stationary sources and, if applied, would yield all kinds of bizarre results. The EPA thus "tailored" the law to stationary sources by simply rewriting the statutory requirements.[58]

All of these post-*Massachusetts* regulations have been the subject of intense litigation. The main forum for the litigation has been the United States Court of Appeals for the District of Columbia Circuit, and the EPA has won every case. In *Coalition for Responsible Regulation v. EPA* – an umbrella case for challenges to all four greenhouse gas regulations – the Appeals Court reverted to the recent trends in administrative law by granting broad deference to the agency in refusing to overturn the substance of EPA's Endangerment Finding and Tailpipe Rule.[59] Challenges were also rejected, in the same case, to the Timing and Tailoring rules. Since both of these rules had extended the authority of the legislation to stationary sources, and thus beyond the jurisdictional scope that that the Supreme Court had awarded to the EPA in *Massachusetts*, there was some thought that the challenges to these two rules stood a chance of success. But the Appeals Court concluded that greenhouse gases are a "pollutant" according to the legislation and are thus covered regardless of the source.[60] And the Supreme Court was only willing to consider an appeal of the *Coalition for Responsible Regulation* case on the Tailoring Rule.[61] In a consolidation case – *Utility Air Regulatory Group v. EPA* – that was decided this June, the Supreme Court only heard arguments on the validity of the modifications the EPA had to make to the statutory limits on mobile source emissions in order to make them feasible for regulating stationary sources. It was one thing to find in vague statutory language a warrant for extending regulation to areas the legislature itself had never anticipated, as the Court had done in *Massachusetts*; challengers had hoped that it might

---

[56] Reconsideration of Interpretation of Regulations That Determine Pollutants Covered by Clean Air Act Permitting Programs, 75 Fed. Reg. 17004–17023 (April 2, 2010).

[57] Light-Duty Vehicle Greenhouse Gas Emission Standards and Corporate Average Fuel Economy Standards, 75 Fed. Reg. 25324–25728 (May 7, 2010).

[58] Prevention of Significant Deterioration and Title V Greenhouse Gas Tailoring Rule, 75 Fed. Reg. 31514–31608 (June 3, 2010).

[59] Coalition for Responsible Regulation, Inc. v. EPA, 684 F3d. 102 (2012), at 128, 146.

[60] Coalition for Responsible Regulation, Inc. v. EPA, 684 F3d. 102, at 134.

[61] United States Supreme Court Order List, 571 U.S. at 2–3 (October 15, 2013); http://www.supremecourt.gov/orders/courtorders/101513zor_4 g25.pdf.

be something altogether different for the agency to alter, on its own authority, the express provisions of the statute. The Court agreed, though only by means of a narrow holding that retained the vast majority of EPA's regulatory authority under the Tailoring Rule by grounding it in a different part of the statute.[62]

In many respects, however, all of these post-*Massachusetts* regulations on greenhouse gases pale in comparison to the rule proposed by the EPA in June 2014, setting out strict new limits on greenhouse gas emissions from existing, fossil-fuel power plants. Long advocated by environmental activists, this is the rule that the EPA had clearly been working up to since the failure of "cap and trade" in 2010, and it is the rule that has sparked the "war" over coal, with different states, localities, and interest groups lining up on both sides of the issue.[63] The rule sets a target of reducing carbon dioxide emissions by twenty-six to thirty percent within ten years, by means of state-specific emission targets. It also requires each state to develop, submit, and implement a plan for achieving its mandated reductions; and the rule specifies the criteria the EPA will use in approving state plans and the process and timing for states to demonstrate achievement of the emission targets.[64] Some states have already enacted their own laws designed to thwart compliance with these new mandates,[65] and so the stage is set for a long battle over the role of states and localities in environmental policymaking and in relation to national administrative authority.

VI. Conclusion

What can one conclude from all of this about the discretionary power of national administrative agencies within administrative law today, and the status of sub-national units of government in light of the policymaking powers of the federal bureaucracy? At a general level, the take-away from recent administrative case law is fairly clear: In cases where federal agencies interpret statutes to extend their own jurisdiction, those interpretations have tended to get substantial deference from courts; in cases where federal agencies construe statutes as limiting their authority to regulate,

---

[62] Utility Air Regulatory Group v. EPA, No. 12–1146, Slip Opinion, decided June 23, 2014.

[63] *Amy Harder/Reid J. Epstein/Kristina Peterson*, EPA to Seek 30 % Cut in Emissions at Power Plants, in: Wall Street Journal, June 1, 2014, http://online.wsj.com/articles/epa-carbon-emissions-rules-carry-political-risks-for-some-democrats-1401658355. *Coral Davenport/ Peter Baker*, Taking Page from Health Care Act, Obama Climate Plan Relies on States, in: New York Times, June 2, 2014; http://www.nytimes.com/2014/06/03/us/politics/obama-epa-rule-coal-carbon-pollution-power-plants.html?_r=0. *Erica Martinson*, EPA Carbon Proposal Faces Major Hurdles, in: Politico, June 2, 2014; http://www.politico.com/story/2014/06/epa-carbon-proposal-global-warming-climate-107348.html?hp=r1.

[64] Carbon Pollution Emission Guidelines for Existing Stationary Sources: Electric Utility Generating Units, 79 Fed. Reg. 117 (June 18, 2014).

[65] See, for example, "An Act Relating to Best System Emission Reduction for Existing Electric Generating Units," Ky. Rev. Stat. Ann. § 224 (enacted April 2, 2014).

those interpretations have received very little deference. The policy outcome has remained consistent: an increase and consolidation of regulatory authority in federal agencies. More specifically, its massive effect on environmental policy notwithstanding, *Massachusetts v. EPA* seems less consequential for the principles of national administrative power than does the *City of Arlington* case. Since the *Chevron* ruling, the strong trend has been judicial deference to the substantive decisions of agencies. This has included a sharply deferential posture to agency decisions on petitions for rulemaking, which was the pertinent issue in *Massachusetts*. *Massachusetts* was an exception to this firmly established line of precedent, perhaps owing more to the fact that it concerned a highly charged political issue where the judges could not resist weighing in regardless of the deference which seemed to be called for in the case law. Such was also the case, arguably, with the Court's decision in *FDA v. Brown and Williamson Tobacco*,[66] the other major post-*Chevron* case where the Court seemed not to abide by the principles of deference it laid out in *Chevron* and has generally adhered to since. Were the Court really ready to blink at the implications of *Chevron* deference, however, the *City of Arlington* case would surely have been decided differently. But it was not, and the consequence of *City of Arlington*'s affirmation of deference, at least for the foreseeable future, would appear to be that the discretionary power of national administrative agencies is likely to continue its trend of expansion, even in instances where those agencies are in the position of deciding for themselves just how much power they get to exercise.[67]

---

[66] FDA v. Brown and Williamson Tobacco Corp., 529 U.S. 120 (2000). In 1996 the FDA reversed its long-standing posture and interpreted the Food, Drug, and Cosmetic Act as granting the FDA jurisdiction to regulate tobacco. The dissenters – quite reasonably, it seems – called for a straightforward application of *Chevron:* Congress did not explicitly foreclose the agency's jurisdiction, and with the statute thus unclear on the question the agency's interpretation should receive deference. But the Court's majority in this case – again, a case that was garnering intense political scrutiny – evidently could not endure the result that such a straightforward application of *Chevron* would produce, and so moved heaven and earth to find "clear" congressional intent contrary to the agency's interpretation and declined to defer to the FDA.

[67] I wish to acknowledge the contributions of my research assistants, Joshua Distel and Jonathan Moeller, and the support of a Visiting Scholarship from the Social Philosophy and Policy Center. I would also like to thank Professor William Frank for his invitation to contribute a paper to this colloquium.

Subsidiarity and Organizational Reforms in the Catholic Church

H.E. Cardinal George Pell and Michael A. Casey

I. The Principle of Subsidiarity

Subsidiarity is an important "constructive principle" for bringing about coherence and cooperation in "multi-layered" societies.[1] Social life usually comprises a large number of autonomous associations and institutions. There is considerable variation in place and time both in the level of organisation these different entities attain, and in the complexity of relations between them. As Pope Saint John XXIII observed in *Mater et magistra* (1961), the growth and development of society is "the creation of men who are free and autonomous by nature", and it is "vital" for "the full development of human personality" that these associations and institutions "be really autonomous, and loyally collaborate in pursuit of their own specific interests and those of the common good." Subsidiarity is an ordering principle for bringing about the right balance "between the autonomous and active collaboration of individuals and groups, and the timely coordination and encouragement by the State of these private undertakings."[2]

The role of the state looms large in subsidiarity, both in discussion and also in practice. For example, in the European Union subsidiarity has been incorporated as a political and legal principle for balancing the powers of the EU and its member states. In the social teaching of the Church, however, subsidiarity is not confined to questions of law and politics. It extends beyond these important considerations to questions about the nature of human community and the meaning of the common good. In addition to the state and its instrumentalities, subsidiarity encompasses "a great variety of forms and expressions of human community" such as the family, unions, clubs, corporations and schools. "The basic idea" is that each of these communities "should be allowed to make its own distinctive contribution to the common

---

[1] *Bengi Demirci*, The Principle of Subsidiarity in the European Union Context, Unpublished Master of Science thesis submitted to the Graduate School of Social Sciences, Middle East Technical University, Ankara, Turkey (September 2003). The authors are grateful to Associate Professor Patrick Quirk, Faculty of Law and Business at Australian Catholic University, Melbourne, and Associate Dean of the Ave Maria School of Law, Naples, Florida, for drawing this and other references in this paper to our attention.

[2] *John XXIII*, Encyclical Letter *Mater et magistra* (1961), nos. 63–67.

good without improper interference from the governing institutions of other communities, yet at the same time with appropriate 'help' or 'aid' (*subsidium*) from other institutions where assistance is warranted."[3]

Rerum novarum (1891) and *Quadragesimo anno* (1931) remain the great milestones in the development of subsidiarity in Catholic social teaching. For both Leo XIII and Pius XI, discussion of the principle also revolved around the proper role and limits of the state. Professor Patrick Brennan has suggested that a further question underlying subsidiarity for these popes and their successors is the place of the Church and the communities it comprises in the social order of modernity. This also goes to whether it is still possible to differentiate the Church from other "intermediary institutions" in modern society, given its special nature.[4] These are important and interesting questions, and they point to a further question.

As the *Catechism* teaches "the Church is in history, but at the same time she transcends it. It is only 'with the eyes of faith' that one can see her in her visible reality and at the same time in her spiritual reality as bearer of divine life."[5] Among the many aspects of the Church as a visible and spiritual reality, it is both a community embodied locally and universally, and a society "structured with hierarchical organs."[6] The Church is also led by the Successor of Peter, who "by reason of his office as Vicar of Christ, and as pastor of the entire Church has full, supreme, and universal power over the whole Church, a power which he can always exercise unhindered."[7] In short, the Church is a unique "polity" and society in its own right. How does subsidiarity apply in this context?

Before turning to this, there is a further point about subsidiarity which it is important to highlight, concerning the appropriate weight that should be given to this principle.

The incorporation of subsidiarity into the legal framework of the European Union does not seem to have helped in clarifying this particular question. One author has suggested that "subsidiarity in its theological context" can "only serve as a political guideline or a mere principle."[8] In the EU context, however, where subsidiarity is de-

---

[3] *Nicholas Aroney*, Subsidiarity, Federalism and the Best Constitution: Thomas Aquinas on City, Province and Empire, in: Law and Philosophy 26 (2007)161–228 at 162–63.

[4] *Patrick McKinley Brennan*, Subsidiarity in the Tradition of Catholic Social Doctrine, in: Global Perspectives on Subsidiarity, edited by Michelle Evans/Augusto Zimmerman (Ius Gentium: Comparative Perspectives on Law and Justice vol. 37), (Dordrecht: Springer, 2014). Accessed in typescript prior to publication from the Villanova Public Law and Legal Theory Working Paper Series (Working Paper 2013–3008, November 2012) on the Social Science Research Network (http://ssrn.com). Typescript page reference, pp. 2–3.

[5] Catechism of the Catholic Church (1993), no. 770.

[6] Ibid., nos. 752 & 771.

[7] Ibid., no. 882.

[8] *Christopher Henkel*, The Allocation of Powers in the European Union: A Closer Look at the Principle of Subsidiarity, in: Berkeley Journal of International Law 20 (2002), 359–69 at 366.

fined variously in legislation as a political principle, as "a narrowly defined legal principle", and as a "mandated decision making-process" involving "complicated procedural steps and controversial substantive judgments", it remains "notoriously ambiguous".[9]

An important distinction has also been drawn by Professor Ken Endo between negative and positive concepts of subsidiarity. The negative concept serves as a limitation, either discretionary or mandatory, on the competence of the higher level authority to intervene: a higher level of authority either cannot or should not intervene if "the lower entity" can carry out its functions without assistance. The positive concept of subsidiarity highlights "the possibility or even the obligation of interventions from the higher organisation": the higher level can or should or even must intervene if the lower entity is unable to carry out its functions unaided. The "double meaning of subsidiarity", as both a limitation on intervention and an obligation to intervene in different circumstances explains the "wide spectrum" of interpretation and application to which it is susceptible.[10]

Partly this problem arises because the application of subsidiarity is a matter of prudential judgment, and what prudence requires in one situation may vary significantly from what is required in another. The papal magisterium of social encyclicals is very clear that intervention by a higher authority must be limited in time and scope, and must be only for the purposes of enabling communities and protecting "the mutual rights" of groups and individuals. Leo XIII stipulated that "the rulers of the commonwealth must go no further" than is necessary to "justly and properly ... safeguard and strengthen" the rights of citizens.[11]

Pope Saint John Paul II also underscored that action taken under the principle of subsidiarity is "supplementary". It must be "justified by urgent reasons touching the common good, [and] must be as brief as possible" to avoid the danger of the state permanently removing the functions or role of important associations and institutions. This also minimises the danger of "enlarging excessively [and permanently] the sphere of State intervention to the detriment of both economic and civil freedom."[12] As Pius XI emphasized, each subsidiary intervention of the state and "every social activity ought of its very nature to furnish help to the members of the body social, and never destroy and absorb them."[13] The positive and negative concepts of subsidiarity arise from its nature as an enabling principle for civil society, which strengthens society as a whole.

---

[9] Aroney, 162.

[10] *Ken Endo*, The Principle of Subsidiarity: From Johannes Althusius to Jacques Delors, in: Hokkaido Law Review 43/6 (March 1994) 652–553 at 642–40.

[11] *Leo XIII*, Encyclical Letter *Rerum novarum* (1891), no. 14.

[12] *John Paul II*, Encyclical Letter *Centesimus annus* (1991), no. 48.

[13] *Pius XI*, Encyclical Letter *Quadragesimo anno* (1931), no. 79.

A further consideration in assessing the weight that must be given to subsidiarity as a matter of prudential judgment is Pius XI's description of it "as that most weighty principle, which cannot be set aside or changed", and which "remains fixed and unshaken in social philosophy".

> Just as it is gravely wrong to take from individuals what they can accomplish by their own initiative and industry and give it to the community, so also it is an injustice and at the same time a grave evil and disturbance of right order to assign to a greater and higher association what lesser and subordinate organizations can do.[14]

Professor Brennan argues that this language means we should understand and apply subsidiarity "not as a 'policy' or a mere political preference, but instead as one among the unchangeable ontological principles of the socio-political order", along with other principles such as solidarity and the common good.[15]

II. Subsidiarity and the Catholic Church

Catholic teaching on subsidiarity was developed, especially by Pope Leo XIII and Pope Pius XI, as a response to the anti-religious sentiments and activities of the hostile revolutionary governments which began with the French Revolution of 1789, continued after the 1848 revolutions and re-emerged with the Nazi, Fascist and Communist governments of the earlier parts of the twentieth century.

It remains to be seen whether the substantial freedoms enjoyed by Christian communities in Western Europe since the Second World War are essential components of the future or whether the nineteenth and twentieth century forms of harassment and persecution of Christian communities will be resumed here and there, justified perhaps as part of the anti-religious restriction of freedoms likely to be introduced in response to the disaffection and violence emanating from Islamic communities in Europe.

It would be ironic if the governments of the formerly Communist Eastern Europe emerged as the new defenders of religious freedom, of the rights of Christian communities to continue to teach and practice publicly their doctrines on sexuality, marriage, family and life issues, especially within institutions which receive government funding. On a similar but different front we all know of individuals, in (for example) Canada and the United Kingdom, who have been harassed by commissions and courts for giving out Christian teachings on sexuality. We know of the Fortnight for Freedom program endorsed by the bishops of the United States in 2013. In the ongoing struggles to maintain religious freedom in an increasingly irreligious, superstitious and childless Western world, the argument from subsidiarity to religious freedom will remain important. However this is not our theme today.

---

[14] Ibid.

[15] Brennan (note 4).

With the election of Pope Francis in March 2013, the Catholic Church has entered an exciting new phase with the Holy Father enjoying a world-wide approval level not previously experienced, even in the early days of Saint John Paul II.

A wide range of expectations, some of them contradictory, has arisen on moral matters such as divorce and remarriage and homosexual practices, while the creation of a regularly meeting Council of Cardinals to advise the Holy Father and an expanded role for the Ordinary Council of the Synod have given new life to aspirations for change to the organizational patterns embodying the authority of the pope as the successor of the Saint Peter and individual bishops as successors of the apostles.

In the pontificates of Saint John Paul II and Pope Benedict liberal and radical Christians living in countries with a more "liberal" episcopate were often keen to decrease the authority of the Roman Curia and complained about excessive centralization of decision making in the Vatican. With the advent of a new pope often estimated (wrongly in our belief) to be a doctrinal liberal, some of these more liberal elements might be more relaxed about Roman leadership, preferring that to a devolution of wider decision making powers to a national hierarchy of a more conservative hue!

The standing of the Roman Curia in world-wide public opinion was severely damaged by officials in the pontificate of Pope Benedict. Partly in response to this and partly for wider theological reasons, some succumb to the temptation to embrace a negative and simplistic view of subsidiarity where the higher level of authority (Rome) either cannot or should not intervene so that the lower entity can carry out their functions without interference.

What is of particular interest is that many espousing this point of view envisage a transfer of authority away from the Roman congregations to national or continental conferences rather than to individual bishops.

One unusual characteristic of the Catholic Church is that it is such a "flat" organization, where even metropolitan archbishops have little authority to intervene in other dioceses. Unlike a multinational corporation, the Church has no national, much less continental, general managers. Each bishop as a successor of the apostles, with his own authority as priest, prophet, and ruler and not as a delegate or representative of the pope, is still directly responsible to the Holy Father as the successor of Peter, the rock man of the Church (Mt. 16:8). While individual bishops have a solemn obligation to cooperate, to strive to enhance communion, to work for a diocese-wide, national and indeed universal unity (not uniformity), no bishop can be compelled by a national conference of bishops to adopt any particular policy. To what extent might a proper understanding of subsidiarity contribute to clarifying these ancient but evolving challenges?

The definition of subsidiarity offers considerable challenges. We have quoted Pope Pius XI on the one hand, who saw subsidiarity as "that most weighty principle, which cannot be set aside or changed" and which "remains fixed and unshaken in social philosophy", while Professor Nicholas Aroney has pointed out that in the European Union at least, and in all other polities where Christian presuppositions are not accepted, the concept remains "notoriously ambiguous".[16]

Every definition of subsidiarity within a religion flows from the nature of the particular religious community. Groups of evangelical Christians generally have little internal structure, no sacraments and no intercommunity structures. Orthodox communities are regularly grouped as national churches, often linked to patriarchates, such as Constantinople or Moscow. Anglicanism was originally the Church of England.

The visible and spiritual reality of the Catholic Church as "one, holy, universal and apostolic" can only be accepted with the eyes of faith, but the obligations to maintain a world-wide unity, Christocentric, inspired by the apostolic tradition, nourished by the seven sacraments and governed by a hierarchy of pope and bishops, define what is meant by the common good and what is required for the flourishing of the Church and the service of the baptized and the wider "world".

Only within this specific context which acknowledges the binding power of the creeds, of baptismal formulae and of the dogmatic definitions of popes and councils can one identify the distinctive contributions of various elements. Only within this context can one judge whether right order is being disturbed by a pope and the Roman Curia in the universal church; by a synod or council of bishops in a nation or continent; and indeed by a bishop in his diocese.

Professor Endo's "positive concept" of subsidiarity highlights the "possibility or even the obligation of interventions from the higher organization",[17] and what is required regularly from the pope and sometimes from individual bishops would be impossible in other hierarchically organized Christian Churches; and unthinkable in the many, unlinked Christian communities. One generally unremarked but extremely important and traditional role of the Roman Curia is to protect the local clergy, religious and laity against unjust exercise of power by bishops.

Another preliminary clarification is to recognize that the doctrine of subsidiarity was developed to protect the rights of individuals and intermediary institutions in secular society as they work towards the common good in free and active collaboration. One risks further complications if a theory developed for society generally is applied as such to the Catholic Church, while disregarding the differences between church, state, and society and especially the supra-natural self understandings of the Church. Prescriptions for a civil society do not always translate exactly into prescriptions for a Church founded on the New Testament and Catholic tradition. For example, the Catholic Church is not a democracy. However, of course, the principle of subsidiarity is one of the fundamental principles of canon law; and Pope Pius XII, referring to Pius XI's teaching in *Quadragesimo anno,* made clear that the principle of subsidi-

---

[16] See note 9 above.

[17] See note 10 above.

arity does indeed apply to the Church, but without prejudice to its hierarchical structure.[18]

A comparable confusion has emerged many times over the past fifty years where the rights of individuals and communities to practice their religion without interference from state authorities (except when the common good is damaged), as espoused in the 1965 declaration on Religious Freedom of the Second Vatican Council, have been applied willy-nilly to the internal life of the Church to assert the primacy of the individual conscience to resist New Testament, magisterial, and Papal teachings, while claiming to remain fully Catholic; asserting a right to so-called "loyal dissent" even in central doctrinal and moral teachings in the hierarchy of truths. Too rarely have local bishops followed their consciences and acted on their duty to maintain and preserve the apostolic tradition by disciplinary action!

Just as one's faith is defined by belief in, or rejection of, the divinity of Christ, so one's Catholic ecclesiology is defined by the status ascribed to the papacy, to the pope as successor of Saint Peter. Sometimes our enemies understand better than us the importance of the papacy. In every country the communists controlled they attempted to set up a national church independent of Rome. We know also from Hitler's table talk that he intended to set up a pope in every country he conquered.[19]

The most vivid example of this in the English-speaking world was the sixteenth century assertion by King Henry VIII that he was head of the Catholic Church in England. Henry dissolved the monasteries, then the only sources of social welfare, and distributed much of this wealth to the local aristocracy, so securing their long term support. But only one bishop, John Fisher of Rochester, resisted Henry.

Fisher, a fine Patristics scholar, devoted years of study to the early history of the papacy and decided the-then 1500 year history was not just a unique and spectacular sociological and historical achievement, but a development which was rooted in Christ's teaching as reported in the New Testament, and represented God's essential plan for the Catholic community. He believed this, and died for the belief, despite the fact that no pope in his lifetime would today be regarded as a "good" pope.

It was Fisher's years of study which persuaded Thomas More, writer, lawyer, and former Chancellor of England, to adopt a similar position and so suffer a similar fate. We too believe in the traditional Catholic teaching on the role and office of the pope, and this has vast consequences for any theory of subsidiarity in the Church.

---

[18] *Pius XII*, Address *L'Elevatezza* to the new Cardinals on the Supranationality of the Catholic Church (20 February 1946). The authors are grateful to Fr Anton Rauscher for drawing this reference to their attention in his remarks at the Thirteenth German-American Colloquium (Wildbad Kreuth, 18–23 July 2014).

[19] Hitler's Table Talk 1941–1944: His Private Conversations, edited by Hugh Trevor-Roper, translated by Norman Cameron/R.H. Stevens (1953), 3rd ed. (New York: Enigma books, 2000), 671.

If the papacy is seen more as a spectacularly successful human story, despite the split with the Christian East in 1054 and the Protestant revolt in the sixteenth century, it is easier to see the pope as Patriarch of the West, whose span of influence has increased with the spread of the Latin Church through the mission activity which accompanied the Western conquests in the Americas and Africa and Western penetration into Asia. In such a naturalistic perspective one could argue for a substantially increased role for continental synods, something akin to the ancient patriarchates of Antioch, Alexandria, and then Constantinople. One would also risk repeating the mistakes, resurrecting national rivalries, as in the first millennium!

We have mentioned that bishops are successors of the apostles, who receive their authority at their ordination, and that while they receive their authority through him, they are not delegates of the pope. The Second Vatican Council developed the notion of collegiality (a term from Roman law and not the New Testament) whereby the whole college of bishops, always with and under the pope, is one expression of supreme authority in the Church. With a little stretching one could regard the ecclesiology of the Second Vatican Council as an exercise of the principle of subsidiarity, where the proper functions of the bishops are spelt out to complement the teachings of the First Vatican Council (1869–70), (terminated prematurely by the consequences of the Franco–Prussian war), which dealt only with the prerogatives of the pope and defined papal infallibility.

The special role of the pope in appointing or approving the appointment of bishops is also appropriate as a better guarantee of evangelical vitality, doctrinal purity, and church unity, but recommendations and much information are regularly collected from the dioceses and provinces involved. The rights of German cathedral chapters in the appointment of bishops are not universal.

Modern communications have transformed the work of the Roman Curia and the nature of the papacy. When one of the authors came to Rome as a student 51 years ago, it was impossible for distant bishops to attend regular meetings in Rome. Neither were they appointed to such positions. Today bishops from around the world meet regularly as members of Roman congregations and councils, while the internet, e-mail *et cetera* provide almost instant world–wide communications.

We have claimed that the "application of subsidiarity is a matter of prudential judgment", and the Church has been organized somewhat differently over the centuries within the framework of papal and episcopal leadership. The traditional style of leadership of the Catholic Church owes much to the ancient Roman Empire, although Gospel values rule supreme. Ancient Rome was not excessively centralist. Neither should this excessive centralism be the aim of any pope or any of the Roman congregations. It is good, and indeed necessary, that the number of senior or professional officials in the Vatican be limited. In every way the Vatican is a far cry from the Pentagon.

Theologies are many, but essential doctrine is not susceptible to regional differences. People tend to believe as they pray (*lex orandi, lex credendi*). This leads us to conclude that it is entirely justified and necessary for the Holy Father to take special care to preserve the purity of the Latin rite celebrations, and indeed the proper form of celebration in the other rites. So, for example, it is an appropriate example of subsidiarity for vernacular translations of the common liturgical texts to be prepared within the language groups and only then formally approved (*recognitio*) by the Congregation for Divine Worship.

In the first centuries, when Christians wanted to be sure they were teaching as Christ taught, they appealed to the churches founded by the apostles as custodians of the apostolic tradition. The church in Rome had a double claim to pre-eminence being founded by both Peter and Paul. However the principle of subsidiarity might be applied prudentially within the Catholic Church from time to time, this will not change. The role of the papacy as providing the last word, defending the apostolic tradition, will always be unique.

Das Subsidiaritätsprinzip im kirchlichen Organisationsrecht

Stefan Mückl

I. Innerkirchliche Geltung des Subsidiaritätsprinzips

Pius XI. hatte mit der Definition des *gravissimum principium* der Subsidiarität in der Enzyklika *Quadragesimo anno* vom 15. Mai 1931 einen Grundpfeiler für die rechte Ordnung des gesellschaftlichen Lebens benannt[1]. Ob und inwieweit dieser auch für die interne Verfassung und Ordnung der Kirche selbst Geltung und Bedeutung erlangen könnte, sollte erst fünfzehn Jahre später thematisiert werden. Dies geschah in der Ansprache von Pius XII. an die neu kreierten Kardinäle auf dem Konsistorium vom 20. Februar 1946. Nach der wörtlich wiedergegebenen Passage zum Subsidiaritätsprinzip in *Quadragesimo anno* fügte der Papst hinzu: „Wahrhaft leuchtende Worte, die für das soziale Leben in allen seinen Stufungen gelten, und auch für das Leben der Kirche, unbeschadet ihrer hierarchischen Struktur."[2] Weitere elf Jahre später, sprach Pius XII. vor dem Zweiten Weltkongress des Laienapostolats gar vom „allgemeingültige(n) Prinzip der Subsidiarität und gegenseitigen Ergänzung", welches die kirchliche Autorität anwenden möge, speziell im Verhältnis von Priestern und Laien: Letzteren solle man „die Aufgaben anvertrauen, die sie ebenso gut oder selbst besser als der Priester erfüllen können. Sie sollen in den Grenzen ihrer Funktion und derjenigen, die das Gemeinwohl der Kirche ihnen zieht, frei handeln und ihre Verantwortung auf sich nehmen können."[3]

Ab den letzten Jahren des Pontifikats von Pius XII. setzen die Bemühungen in der Wissenschaft ein, speziell in der Kanonistik sowie der Sozialehre, diese Lehraussagen systematisch zu verdichten, im Gesamt der kirchlichen Lehre zu verankern und

---

[1] Pius XI., Enzyklika *Quadragesimo anno* vom 15. Mai 1931, AAS 23 (1931), S. 177 (203); deutsche Übersetzung bei *Arthur-Fridolin Utz/Brigitta von Galen* (Hrsg.), Die katholische Soziallehre in ihrer geschichtlichen Entfaltung. Eine Sammlung päpstlicher Dokumente vom 15. Jahrhundert bis in die Gegenwart, Band 1, Aachen 1976, S. 555 (603).

[2] Pius XII., Ansprache vom 20. Februar 1946, AAS 38 (1946), 141 (145); deutsche Übersetzung bei *Arthur-Fridolin Utz/Joseph-Fulko Groner* (Hrsg.), Aufbau und Entfaltung des gesellschaftlichen Lebens. Soziale Summe Pius' XII., Band 2, Freiburg/Ue. 1954, S. 2111 (welche aber die Wendung „senza pregiudizio della sua struttura gerarchica" im italienischen Originaltext mit „ohne Nachteil für deren hierarchische Struktur" übersetzen).

[3] Pius XII, Ansprache vor dem Zweiten Weltkongreß des Laienapostolats vom 5. Oktober 1957, AAS 39 (1957), 922 (927).

daraus praktische Folgerungen zu ziehen. Bahnbrechend wirkte namentlich die großangelegte Studie[4] des Kanonisten *Wilhelm Bertrams SJ*[5], welche auch nachfolgende Befassungen wie die vor 50 Jahren in München gehaltene Probevorlesung von *Matthäus Kaiser*[6] erkennbar geprägt hat. Seitens der Sozialllehre ragen die Arbeiten von *Arthur-Fridolin Utz*[7] sowie, in den 1960er Jahren, von *Anton Rauscher SJ*[8] heraus.

Als Konsens der Überlegungen jener Jahre darf gelten, dass das Subsidiaritätsprinzip „als allgemeines Strukturprinzip der menschlichen Gesellschaft" zu verstehen ist, welches „das originäre Recht der verschiedenen gesellschaftlichen Lebenskreise schützt und deren Zuständigkeit abgrenzt"[9]. Es handelt sich dabei um ein im Naturrecht grundgelegtes Sozialprinzip, das unabhängig von einer positiven Anordnung auch als Rechtsprinzip – insbesondere als Zuständigkeitsregel – gilt[10]. Innerhalb der Kirche findet es dann Anwendung, soweit diese „Gesellschaft" ist, also in dem Maße, als ihr Wirken primär organisatorischen (und weniger übernatürlichen) Charakters ist[11]. Die Kirche, nach ihrer inneren Struktur zugleich sakramental begründete Heilsgemeinschaft wie gesellschaftlich verfasste Rechtsgemeinschaft, kann also auch für ihren Binnenbereich ein Sozialprinzip zur Geltung bringen, wenn es die näheren Modalitäten ihrer Dimension als Rechtsgemeinschaft betrifft und ihrer Dimension als Heilsgemeinschaft keinen Abbruch tut. Was Pius XII. wohl mit seinem Vorbehalt zugunsten der „hierarchischen Struktur der Kirche" zum Ausdruck bringen wollte, hat *Walter Kasper* in die Formel gekleidet: „Der Geheimnischarakter der Kirche hebt deren Sozialnatur nicht auf."[12]

Ein weiterer Befund ist wesentlich: „Das" Subsidiaritätsprinzip, welches in gleicher Weise für die bürgerlich-staatliche wie für die kirchliche Gesellschaft gelten

---

[4] *Wilhelm Bertrams*, De principio subsidiaritatis in Iure canonico, Periodica de re morali, canonica, liturgica 46 (1957), 3 ff.; zusammenfassend in deutscher Sprache *ders.*, Das Subsidiaritätsprinzip in der Kirche, StZ 160 (1957), 252 ff.

[5] *Wilhelm Bertrams SJ* (1907–95) lehrte von 1941–81 Philosophie sowie Theologie des Rechts an der Kanonistischen Fakultät der Päpstlichen Universität Gregoriana in Rom. Am Zweiten Vatikanischen Konzil nahm er als Peritus, an der ersten Bischofssynode 1967 als Mitglied teil. Gleichfalls war er Mitglied der Päpstlichen Kommission zur Reform des Codex Iuris Canonici. – Zu seinem wissenschaftlichen Werk siehe *Mindaugas Sabonis*, La concezione del diritto canonico di Wilhelm Bertrams, Rom 2013.

[6] *Matthäus Kaiser*, Das Prinzip der Subsidiarität in der Verfassung der Kirche, ArchKathKR 133 (1964), 3 ff.

[7] *Arthur-Fridolin Utz*, Formen und Grenzen des Subsidiaritätsprinzips, Heidelberg 1956.

[8] *Anton Rauscher*, Subsidiarität – Staat – Kirche, StZ 172 (1963), 124 ff.; *ders.*, Das Subsidiaritätsprinzip in der Kirche, in: Jahrbuch für christliche Sozialwissenschaften 10 (1969), 301 ff.

[9] *Anton Rauscher*, Subsidiarität – Staat – Kirche, StZ 172 (1963), 124 (130).

[10] *Matthäus Kaiser*, Das Prinzip der Subsidiarität in der Verfassung der Kirche, ArchKathKR 133 (1964), 3 (6).

[11] *Wilhelm Bertrams*, Das Subsidiaritätsprinzip in der Kirche, StZ 160 (1957), 252 (261).

[12] *Walter Kasper*, Zum Subsidiaritätsprinzip in der Kirche, IKZ Communio 18 (1989), 155 (157).

würde, gibt es nicht. Mit Recht hat *Walter Kasper* darauf verwiesen, dass es in der Kirche in analoger Weise, also in Entsprechung zu ihrer eigenen Wesensstruktur Anwendung finden könne, und weiter, dass es mit Kategorien wie „Dezentralisierung" und „Demokratisierung" nicht verwechselt werden darf[13]. Wiederum war es Pius XII., der – bereits in seiner Ansprache an die Römische Rota von 1945 – in allgemeiner Form den Rahmen für die Wirkungsweise von (scheinbar gleichen) Prinzipien und Instituten in Kirche und Staat abgesteckt hatte: Auch wenn die „einmal verfasste Kirche als *societas perfecta* ... nicht wenige Elemente der Ähnlichkeit mit der Struktur der bürgerlichen Gesellschaft" aufweise, sei stets zu bedenken, dass „die Gründung der Kirche als Gesellschaft ..., im Gegensatz zum Ursprung des Staates, nicht von unten nach oben, sondern von oben nach unten" erfolgt ist[14].

II. Das Subsidiaritätsprinzip als Leitprinzip des erneuerten Kirchenrechts

Bekanntlich hatte Papst Johannes XXIII. in seiner Ansprache vom 25. Januar 1959 in der Basilika St. Paul vor den Mauern neben der Einberufung einer Diözesansynode der Stadt Rom und eines Ökumenischen Konzils für die Gesamtkirche auch eine „Anpassung (*aggiornamento*) des Codex Iuris Canonici" angekündigt[15]. Fand das Subsidiaritätsprinzip in den Konzilsdokumenten einen eher diskreten Niederschlag, der zudem auf die von *Quadragesimo anno* vorgezeichneten Linien als Sozialprinzip für die bürgerliche Gesellschaft beschränkt blieb[16], firmierte es bei der Reform des kirchlichen Gesetzbuches explizit als Leitprinzip:

Unter den zehn *Principia quae Codicis Iuris Canonici recognitionem dirigant*, welche von der Päpstlichen Kommission für die Reform des CIC ausgearbeitet und von der Bischofssynode 1967 gebilligt wurden, handelt das fünfte vom Prinzip der Subsidiarität (*De applicando principio subsidiaritatis in Ecclesia*)[17]. An diesem Titel ist bereits bemerkenswert, dass die Geltung des Subsidiaritätsprinzips vorausgesetzt erscheint – die Rede ist von dem anzuwendenden Prinzip (*de applicando principio*), nicht etwa von der Anwendung des Prinzips (*de applicatione principii*).

---

[13] *Walter Kasper*, Zum Subsidiaritätsprinzip in der Kirche, IKZ Communio 18 (1989), 155 (158, 160).

[14] Pius XII., Ansprache an die Heilige Römische Rota vom 2. Oktober 1945, AAS 37 (1945), 256 (259).

[15] Johannes XXIII., Ansprache an die in St. Paul vor den Mauern versammelten Hochwürdigsten Väter Kardinäle vom 25. Januar 1959, AAS 51 (1959), 65 (68).

[16] II. Vatikanisches Konzil, Erklärung *Gravissimum educationis* über die christliche Erziehung vom 28. Oktober 1965, Nr. 3 und 6 (in Bezug auf die schulische Erziehung) sowie Pastorale Konstitution *Gaudium et spes* über die Kirche in der Welt von heute vom 7. Dezember 1965, Nr. 86 (in Bezug auf das Wirtschaftsleben). In keinem der Dokumente wird die Enzyklika *Quadragesimo anno* zitiert.

[17] Communicationes 1 (1969), 77 (80 ff.).

Inhaltlich[18] soll es sowohl für die kirchliche Gesetzgebung wie für die Ausübung der ausführenden Gewalt gelten. Das Prinzip könne die partikularrechtliche Regelung eigenständiger Einrichtungen als angeraten oder notwendig erweisen sowie in einem zweiten Schritt erforderlich machen, derartigen Einrichtungen eine *sana autonomia* zuzuerkennen. Gleichzeitig wird betont, das Prinzip bestätige die „Einheit der Rechtsordnung in den grundlegenden und bedeutsameren Rechtsfragen". In Fortführung des vierten Leitprinzips für die Codex-Reform (*De incorporatione facuatum specialium in ipso Codice*) sowie unter Bezug auf ein konkretes Postulat im Dekret über die Hirtenaufgabe der Bischöfe *Christus Dominus*[19] wird es als Ausfluss des Subsidiaritätsprinzips verstanden, die dem Papst oder einer anderen Autorität vorbehaltenen – und damit spiegelbildlich den Bischöfen als den Trägern der ordentlichen, eigenberechtigten und unmittelbaren Gewalt entzogenen – *causae reservatae* klar zu benennen und konkret zu bestimmen. Das Leitbild des neuen Kirchenrechts ist ein solches System, welches die Einheit der kirchlichen Rechtsordnung gewährleistet, sowohl in seinen obersten Grundsätzen und grundlegenden Einrichtungen wie auch in der Festlegung der zur Erreichung ihrer Zielsetzung notwendigen Mittel der Kirche und schließlich in der Gesetzestechnik. Modifizierend sollen dann vielfältige Kompetenzzuweisungen an die partikularen Gesetzgeber wirken. Eine deutliche Absage wird (da dem „Geist" des Zweiten Vatikanischen Konzils widersprechend[20]) für den Bereich der lateinischen Kirche spezifisch nationalkirchlichen Gesetzen erteilt. Eine größere Bandbreite und Selbständigkeit bei der partikularen Gesetzgebung, vor allem in Gestalt von National- und Regionalkonzilien, stehe dem aber nicht entgegen. Zumal im Recht der Kirchengüter seien auch die (zivilen) Gesetze des jeweiligen Landes einzubeziehen. Hinsichtlich des Prozessrechts werden deutliche Reserven artikuliert, ob eine weitergehende (wie es nun bemerkenswerterweise heißt) „Dezentralisierung" bis hin zu einer Autonomie regionaler und nationaler Gerichte zugelassen werden kann. Wegen des päpstlichen Primats müsse das Recht eines jeden Gläubigen ungeschmälert bleiben, seinen Fall vor den Apostolischen Stuhl zu bringen. Eine einheitliche Gerichtsorganisation sei schon aus Gründen der Rechtssicherheit und zur Vermeidung von Missbräuchen erforderlich.

Diesen inhaltlichen Vorgaben für die Verwirklichung des Subsidiaritätsprinzips, die von der Bischofssynode 1967 deutlich, aber nicht überwältigend gebilligt wurden[21], liegen in der Sache zwei zentrale Ideen zugrunde: Das künftige kanonische

---

[18] Dazu näher *Markus Graulich*, Unterwegs zu einer Theologie des Kirchenrechts. Die Grundlegung des Rechts bei Gottlieb Söhngen (1892–1971) und die Konzepte der neueren Kirchenrechtswissenschaft, 2006, S. 334 ff., insbes. S. 342 f.; ferner *Paul-Stefan Freiling*, Das Subsidiaritätsprinzip im kirchlichen Recht, Essen 1995, S. 111 ff.

[19] II. Vatikanisches Konzil, Dekret *Christus Dominus* über die Hirtenaufgabe der Bischöfe vom 28. Oktober 1965, Nr. 8.

[20] Communicationes 1 (1969), 77 (81): „Alienum ... a mente et spiritu Concilii Vaticani II."

[21] Von 187 Synodenvätern votierten 128 mit *placet* und 58 mit *placet iuxta modum* – dies ist die zweitniedrigste Zustimmung unter den zehn Leitprinzipien für die CIC-Reform, siehe Communicationes 1 (1969), 100.

Recht soll einen für die Universalkirche verbindlichen Rahmen setzen, der die Einheit der kirchlichen Rechtsordnung gewährleistet. Eine nähere Konkretisierung hat dann im Partikularrecht zu erfolgen, dessen Anwendungsbereich ausgeweitet werden soll. Zum zweiten wird, wie bereits in den Beratungen und Dokumenten des Zweiten Vatikanischen Konzils, das Bestreben deutlich, die Stellung der Bischöfe entsprechend ihrer sakramentalen und ekklesiologischen Bedeutung auch rechtlich zu stärken. In den Worten von Kardinal *Pericle Felici*, Präsident der CIC-Reformkommission und zuvor bereits Generalsekretär des Zweiten Vatikanischen Konzils, ist das Subsidiaritätsprinzip vor allem als die „harmonische Unterscheidung von Funktionen, Aufgaben und Verantwortlichkeiten in den verschiedenen Stufen und Ausdrucksformen des sozialen und apostolischen Lebens der Kirche" zu verstehen. Ebenso müssen sich die Sendung der Hierarchie und diejenige der Gläubigen harmonisch ergänzen, um die einzige Zielsetzung der Kirche in gemeinsamer Anstrengung zu erreichen[22].

III. Konkretisierungen im Recht der kirchlichen Organisation

Wie jedes (Leit-)Prinzip bedarf auch dasjenige der Subsidiarität der normativen Umsetzung, um konkrete Rechtswirkungen entfalten zu können. Infolge seiner Allgemeinheit und Unbestimmtheit ist es nicht „self-executing". Auch gehört es zum Wesen eines Prinzips, dass seine Konkretisierung auf verschiedene Weise möglich ist; wie dies im Einzelnen geschieht, obliegt der Entscheidung des Gesetzgebers[23].

Als allgemeiner Befund lässt sich sogleich festhalten, dass der am 25. Januar 1983 promulgierte *Codex Iuris Canonici*, den Vorgaben des fünften Leitprinzips entsprechend, den Charakter eines Rahmengesetzes trägt. In erheblichem Umfang wird auf andere Rechtssubjekte (Diözesanbischöfe, Bischofskonferenzen, Ordensgemeinschaften) verwiesen, die durch ihr gesetzgeberisches Tätigwerden den universalrechtlichen Rahmen ausfüllen, erweitern oder modifizieren können[24].

Eine umfassende Analyse der Umsetzung des Subsidiaritätsprinzips im geltenden kanonischen Recht ist an dieser Stelle nicht zu leisten[25]. Namentlich die – primär ekklesiologisch radizierte – Frage, ob das Verhältnis zwischen Universalkirche und Partikularkirchen durch jenes Prinzip gesteuert wird, kann hier nur erwähnt werden. Bekanntlich ist die Problematik auf den Weltbischofssynoden 1985 (zum Thema

---

[22] Kardinal Pericle Felici, Ansprache zur Eröffnung des Akademischen Jahres der Päpstlichen Lateran-Universität, in: Osservatore Romano vom 29. Oktober 1967.

[23] *Javier Hervada/Pedro Lombardía*, El derecho del pueblo de Dios. Hacia un sistema de derecho canónico, vol I: Introducción. La Constitución de la Iglesia, Pamplona 1970, S. 49.

[24] *Jean Beyer*, Le nouveau Code de Droit canonique. Esprit et structures, Nouvelle Revue Théologique 106 (1984), 566 (576 ff.), zählt um die jeweils 80 Verweise auf die Diözesanbischöfe und auf das Eigenrecht der Ordensgemeinschaften sowie gut 100 auf die Bischofskonferenzen.

[25] Dazu eingehend *Freiling*, Subsidiaritätsprinzip (FN 18), insbes. S. 123 ff.

„20. Jahrestag des Abschlusses des II. Vatikanischen Konzils") und 2001 (zum Thema „Der Bischof als Diener des Evangeliums Jesu Christi für die Hoffnung der Welt") erörtert worden. Hatte die Synode 1985 noch weiteren Klärungsbedarf über Grund und Reichweite der Geltung des Subsidiaritätsprinzips gesehen[26], präferierten die Synodenväter 2001 statt dessen eine theologische Vertiefung im Lichte des *Communio*-Prinzips[27].

Jedenfalls in der Kanonistik besteht Einigkeit darüber, dass das Recht der kirchlichen Organisation in den Anwendungsbereich des Subsidiaritätsprinzips fällt. Illustrandi causa seien nun zwei charakteristische Komplexe herausgegriffen, welche bereits von Anbeginn der Codex-Reform an im Blickfeld des Interesses standen und daher besonders geeignet sind, Reichweite und Wirkungsweise des Subsidiaritätsprinzips zu erfassen.

1. Dispenswesen

Gesetze sind generell-abstrakte Regelungen, deren Anwendung sich indes im Einzelfall als nicht sachgerecht darstellen kann. Die Rechtsordnung löst das Bedürfnis nach einer situationsbezogenen Anwendung über das Institut der Dispens, also durch die Befreiung von einem rein kirchlichen Gesetz in einem Einzelfall (c. 85). Nach dem Codex Iuris Canonici von 1917 konnte von universalen Gesetzen im Grundsatz allein der Papst dispensieren, der Diözesanbischof hingegen nur im Falle einer explizit oder implizit verliehenen Vollmacht (c. 81 CIC/1917). Derartige ausdrücklich verliehene Dispensvollmachten sah der CIC/1917 nur für wenige Konstellationen vor[28].

Dieses Regel-Ausnahme-Verhältnis wird im CIC/1983 umgekehrt: Nunmehr ist es grundsätzlich Sache des Diözesanbischofs, von einem universalen Disziplinargesetz zu dispensieren. Davon ausgenommen sind zum einen bereichsspezifisch diejenigen Gesetze, die das Prozess- oder Strafrecht betreffen, zum anderen jene Gesetze, deren Dispens dem Apostolischen Stuhl oder einer anderen Autorität besonders vorbehalten ist (c. 87 § 1 CIC). In bestimmten (Not-)Fällen kann der Diözesanbischof selbst von den dem Apostolischen Stuhl vorbehaltenen Gesetzen dispensieren; davon ausgenommen ist allein die Dispens von der Zölibatsverpflichtung (c. 291).

Bemerkenswert ist, dass der Gesetzgeber zwei komplette Rechtsmaterien der Dispensbefugnis des Diözesanbischofs entzogen hat: das Prozess- und das Strafrecht. In

---

[26] *Walter Kasper*, Zum Subsidiaritätsprinzip in der Kirche, IKZ Communio 18 (1989), 155 (157).

[27] Johannes Paul II., Nachsynodales Schreiben *Pastores gregis* vom 16. Oktober 2003, AAS 96 (2009), 825 (896 ff.), Nr. 56. – Eingehend dazu *Arturo Cattaneo*, L'esercizio dell'autorità episcopale in rapporto a quella suprema: dalla sussidiarietà alla comunione (Esortaz. ap. Pastores gregis, n. 56), in: ders. (Hrsg.), L'esercizio dell'autorità nella Chiesa. Riflessioni a partire dall'esortazione apostolica „Pastores gregis". Atti del Convegno di Studio svolto a Venezia il 12 maggio 2004, Venedig 2005, S. 63 ff.

[28] Auflistung bei *Freiling*, Subsidiaritätsprinzip (FN 18), S. 83.

beiden Fällen besteht ein besonderes Bedürfnis nach Wahrung einer einheitlichen Rechtsanwendung des universalen Kirchenrechts. Doch auch in jenen Bereichen verbleiben dem Diözesanbischof bzw. der Bischofskonferenz Optionen für die Auffüllung bzw. Modifizierung des universalkirchlichen Rahmens, sofern sie dies für ihr Gebiet sachdienlich erachten.

Während des „Interregnum" zwischen (formal fortgeltendem) CIC/1917 und Promulgation des CIC/1983 wurden ab den späten 1960er Jahren ganze Rechtsmaterien des universalen Kirchenrechts durch – vom Apostolischen Stuhl freilich rekognizierte – partikulare Normen überlagert und verdrängt. Einen markanten Fall stellen die Normen für das Nichtigkeitsverfahren von Ehen für die Vereinigten Staaten von Amerika dar, welche 1970 vom Staatssekretariat (!) approbiert wurden[29]. In ihnen wurde auf zwei klassische Elemente des Ehenichtigkeitsverfahrens verzichtet, zum einen auf das Erfordernis zweier übereinstimmender Urteile, zum anderen auf den gesteigerten Grad der richterlichen Überzeugung von der Nichtigkeit der Ehe (Absehen von der *certitudo moralis* zugunsten einer bloßen *probabilitas*). Die Veränderung an diesen beiden „Stellschrauben" bewirkte binnen kürzester Zeit eine hyperexponentielle Steigerung von Nichtigkeitserklärungen durch kirchliche Gerichte[30]. Auch wenn das universale Recht diesen nationalen Sonderweg mit dem Inkrafttreten des CIC/1983 wieder beendete, nahm die Korrektur der in jenen Jahren gewachsenen Mentalität und Rechtspraxis einen ungleich längeren Zeitraum in Anspruch.

Dass die Einheitlichkeit der Rechtsprechung – und damit der Rechtsanwendung insgesamt – am besten durch eine übergeordnete Instanz gewährleistet wird, wusste schon Jitro, der Schwiegervater des Moses, als er diesem riet, die leichteren Rechtsfälle „tüchtigen, gottesfürchtigen und zuverlässigen Männern" zu überlassen, sich selbst aber „alle wichtigen Fälle" vorzubehalten[31]. Nichts anderes ist seit jeher die Linie des kanonischen Rechts: Die Reservation der *causae maiores* bei den Apostolischen Gerichten.

Im kanonischen Strafrecht gab es, bis weit in die 1980er Jahre hinein, eklatante Vollzugsdefizite auf Seiten der für die Strafverhängung grundsätzlich zuständigen Diözesanbischöfe und Ordensoberen, sei es aus einer gänzlich anti-juridischen Grundeinstellung, sei es aus einem fehlgeleiteten Pastoralismus und Pragmatismus.

---

[29] Consiglio per gli Affari Pubblici della Chiesa, Novus modus procedendi in causis nullitatis matrimonii approbatur pro Statibus Foederatis Americae Septentrionalis, 28-IV-1970, in: Ignacio Gordon/Zenon Grocholewski, Documenta recentiora circa rem matrimonialem et processualem, vol. 1, Rom 1977, Nr. 1380–1428.

[30] Im Langzeitvergleich von 1966 bis 1984 betrug die Steigerung 15.000 %, Nachw. bei *Zenon Grocholewski*, Processi di nullità matrimoniale nella realtà odierna, in: Piero Antonio Bonnet/Carlo Gullo (Hrsg.), Il processo matrimoniale canonico, Rom 1994, S. 11 (12 f.). – Der Autor verweist explizit auf den „strepitoso aumento" zu Beginn der 1970er Jahre und setzt ihn in Beziehung zu den erwähnten Spezialnormen („dopo la concessione a quella Nazione delle norme particolari per la trattazione delle cause matrimoniali", S. 13, Fn. 7).

[31] Ex 18,19–22.

Bestürzenden Ausdruck fand all dies im Umgang von nicht wenigen Bischöfen und Ordensoberen in Fällen sexuellen Missbrauchs von Minderjährigen durch Priester und Ordensleute. Als einer der ersten in der Römischen Kurie stieß der seinerzeitige Präfekt der Glaubenskongregation, Kardinal *Joseph Ratzinger*, auf die Problematik[32]. Das von ihm geleitete Dikasterium war in jenen Jahren zuständig für die Begutachtung der Bittgesuche um Dispens von den bei den Weihen übernommenen priesterlichen Verpflichtungen. Bei deren Bearbeitung kam zum Vorschein, dass eine erhebliche Anzahl von den um Dispens nachsuchenden Priestern sich während der Ausübung ihres Dienstes schwerwiegender kanonischer Straftaten – sexueller Missbrauch[33] – schuldig gemacht hatte, welche als mögliche Strafsanktion die Entlassung aus dem klerikalen Stand nach sich ziehen. Statt einen kanonischen Strafprozess zu führen und den Schuldigen *strafweise* aus dem klerikalen Stand zu entlassen, bevorzugten nicht wenige kirchliche Autoritäten den „pragmatischen" Weg, den Schuldigen zu einem Dispensgesuch hinsichtlich der priesterlichen Verpflichtungen zu bestimmen. In beiden Fällen ist das Ergebnis zwar das gleiche (Entlassung aus dem klerikalen Stand). Doch es spricht der Gerechtigkeit eklatant Hohn, einem einer schweren Straftat Schuldigen Strafverfahren und Strafausspruch zu ersparen und ihm die gleiche Rechtsfolge auf dem Gnadenweg (worum es sich beim Dispensverfahren handelt) zuteil werden zu lassen.

Vor diesem Hintergrund versteht sich, dass – offenkundig auf Betreiben von Kardinal *Ratzinger* – die Apostolische Konstitution *Pastor bonus* über die Römische Kurie von 1988[34] der Glaubenskongregation auch die Funktion eines Gerichtshofs zuweist, nämlich in Bezug auf die „schwerwiegenderen Straftaten gegen die Sitten" und mit der Befugnis, kanonische Strafen festzustellen oder zu verhängen (Art. 52). Die damit eingeschlagene Linie wurde von Kardinal Ratzinger konsequent weiterverfolgt, als – wiederum unter seinem maßgeblichen Einfluss – Papst Johannes Paul II. im Jahr 2001 das Motu proprio *Sacramentorum sanctitatis tutela* mit den beigefügten (Anwendungs-)Normen über die der Glaubenskongregation reservierten *graviora delicta* erließ[35]. Diese Normen über die schwerwiegenderen Straftaten er-

---

[32] Näher zum Folgenden: *Juan Ignacio Arrieta*, Kardinal Ratzinger und die Revision der kirchlichen Strafrechtsordnung. Drei bisher nicht veröffentlichte Schreiben von 1988, ArchKathKR 179 (2010), 108.

[33] Sexueller Missbrauch war unter Geltung des CIC/1983 stets eine kirchliche Straftat, sowohl innerhalb wie außerhalb des Sakraments der Beichte, siehe cc. 1387, 1395 (insbes. dessen § 2).

[34] AAS 80 (1988), 841.

[35] Johannes Paul II., Motu proprio *Sacramentorum sanctitatis tutela* vom 30. April 2001, AAS 93 (2001), 737. – Aus dem reichhaltigen Schrifttum siehe nur *Heribert Schmitz*, Der Kongregation für die Glaubenslehre vorbehaltene Straftaten, ArchKathKR 170 (2001), 441; *ders.*, Sexueller Mißbrauch durch Kleriker nach kanonischem Strafrecht, ArchKathKR 172 (2003), 380; *Wilhelm Rees*, Sexueller Mißbrauch von Minderjährigen durch Kleriker. Anmerkungen aus kirchenrechtlicher Sicht, ArchKathKR 172 (2003), 392.

hielten schließlich 2010 – Kardinal Ratzinger hatte mittlerweile als Benedikt XVI. den Päpstlichen Stuhl bestiegen – ihre aktuelle und heute noch gültige Form[36].

2. Bischofskonferenzen

Als eine Modalität der bischöflichen Kollegialität hat sich das Zweite Vatikanische Konzil in besonderer Weise der (historisch vergleichsweise jungen) Institution der Bischofskonferenzen zugewandt[37]. Unter Verweis auf die von den bereits bestehenden Konferenzen erbrachten „vorzügliche(n) Beweise eines fruchtbaren Apostolats"[38] wünschten die Konzilsväter deren feste Einrichtung für die Bischöfe der einzelnen Länder mit der allgemeinen Zielsetzung, dass so „besser und wirksamer für das Wachstum des Glaubens und der Erhaltung der Disziplin in den verschiedenen Kirchen, entsprechend den Gegebenheiten der Zeit, gesorgt werden" könne[39]. Namentlich sollte die Bischofskonferenz dem „Austausch von Kenntnissen und Erfahrung" dienen, so dass „durch gegenseitige Beratung ein heiliges Zusammenwirken der Kräfte zum gemeinsamen Wohl der Kirchen zustande" komme[40]. Rechtsverbindliche Beschlüsse der Bischofskonferenz sieht das Konzilsdekret *Christus Dominus* nur in besonderen Fällen vor (Anordnung im allgemeinen Recht oder im Einzelfall durch den Apostolischen Stuhl), und auch dies allein bei einer 2/3-Mehrheit in der Konferenz und der nachfolgenden Überprüfung durch den Apostolischen Stuhl[41].

Diesen Leitgedanken folgt das erneuerte kanonische Recht in seinem Kapitel über die Bischofskonferenzen[42]. Namentlich ist keine generelle Kompetenz der Bischofskonferenz zu Gesetzgebungsakten vorgesehen, diese bedürfen – der Linie des Konzilsdekrets folgend – einer generellen Grundlage im allgemeinen Recht oder einer besonderen Anordnung des Apostolischen Stuhls (sei es, auf dessen Initiative oder auf eine Bitte der Konferenz selbst hin). Wenn aktuell eine „Stärkung", wohl verstanden als Zubilligung weiterer Kompetenzen, der Bischofskonferenzen als ein Beitrag zu mehr Subsidiarität in der Kirche erwogen oder vorgeschlagen wird, mag es nützlich sein, daran zu erinnern, dass gerade die Frage der Gesetzgebungskompetenz zu den umstrittensten Aspekten schon während des Zweiten Vatikanischen Konzils zählte. Unter den Bischöfen selbst bestanden erhebliche Vorbehalte, ja Widerstän-

---

[36] *Normae de gravioribus delictis* vom 21. Mai 2010, AAS 102 (2010), 419. – Dazu näher *Wilhelm Rees*, Zur Novellierung des kirchlichen Strafrechts im Blick auf sexuellen Mißbrauch einer minderjährigen Person durch Kleriker und andere schwerwiegendere Straftaten gegen die Sitten. Gesamtkirchliches Recht und Maßnahmen einzelner Bischofskonferenzen, ArchKathKR 180 (2011), 466.
[37] Dekret *Christus Dominus* (FN 19), Nr. 36–38.
[38] Ibid., Nr. 37.
[39] Ibid., Nr. 36.
[40] Ibid., Nr. 37.
[41] Ibid., Nr. 38, unter 4.
[42] cc. 447ff. CIC.

de⁴³: Der Erzbischof von Chicago, Kardinal *Albert Meyer*, wandte sich ebenso gegen eine rechtliche Verpflichtungskraft von Beschlüssen der Bischofskonferenz wie Kardinal *Josef Frings* aus Köln. Letzterer, obgleich grundsätzlich aufgrund seiner Erfahrungen als Vorsitzender der Fuldaer Bischofskonferenz ein Befürworter der Institution, votierte aus diesem Grund bei der Abstimmung über das entsprechende Schema in der zweiten Vorbereitungsphase (*praeparatoria*) des Konzils sogar mit *non placet*⁴⁴. Bei den Beratungen der ersten Weltbischofssynode 1967, welche als eines der Leitprinzipien für das erneuerte Kirchenrecht dasjenige der Subsidiarität festgelegt hatte, stand als vorrangiger („di primo piano") Anwendungsfall auch die Institution der Bischofskonferenzen auf der Agenda. Indes gab der Patriarch von Venedig, Kardinal *Giovanni Urbani*, zu bedenken, der neue Codex müsse die Kompetenzen der Konferenzen sorgsam fassen („devono essere precisate bene"), es sei zu vermeiden, dass sie einerseits das Handeln der Universalkirche behindern, und andererseits, die Eigenverantwortlichkeit der Ortsbischöfe aushöhlen⁴⁵.

Die genannten Bedenken stützten sich auf ein weiteres, scheinbar unbedeutendes Moment bei der Konzeption der Bischofskonferenzen: die Einrichtung eines eigenen Sekretariats. Auch hiergegen wandte sich vehement Kardinal *Frings*, und als entgegen seinem Votum gleichwohl ein ständiges (General-)Sekretariat vorgesehen wurde⁴⁶, wurde schon nach wenigen Jahren in der Kanonistik die Klage über die „Macht der Sekretariate" geführt⁴⁷.

Ob also eine „Stärkung" der Bischofskonferenzen tatsächlich ein probates Mittel ist, um das Subsidiaritätsprinzip in der Kirche in höherem Maße zur Geltung zu bringen, bedarf noch sorgsamer Klärung, vor allem aber der Vergewisserung über den gewählten Bezugspunkt. Im Verhältnis zur Universalkirche mag dies zutreffen, doch wird damit zugleich die Stellung der Diözesanbischöfe als Träger der ordentlichen, eigenberechtigten und unmittelbaren Gewalt in der ihnen anvertrauten Kirche geschwächt. Anders formuliert: Schon nach jetziger Praxis wird ein nicht unbeträchtlicher Teil der den Diözesanbischöfen zustehenden Kompetenzen durch Beschlüsse der Bischofskonferenz (seien sie juridischer oder nur moralischer Natur) absorbiert und mediatisiert. Damit droht infolge der jeder Kollegialstruktur immanenten Me-

---

⁴³ *Heribert Heinemann*, Die Bischofskonferenz. Streiflichter zur vorkonziliaren Situation und Diskussion, in: Winfried Aymans/Anna Egler/Joseph Listl (Hrsg.), Fides et Ius. Festschrift für Georg May zum 65. Geburtstag, Regensburg 1991, S. 407 (418 ff.).

⁴⁴ *Johannes Grohe*, Il Cardinale Josef Frings, arcivescovo di Colonia (1887–1978): Proposte di riforma durante il Concilio Vaticano II, Veritas et Ius 7 (2013), 69 (76 f.).

⁴⁵ Kardinal Giovanni Urbani, Pressekonferenz, in: Osservatore Romano vom 6. Oktober 1967: „Funzioni di primo piano vengono ad avere le Conferenze Episcopali nazionali. Nella stesura del nuovo codice, devono essere precisate bene le competenze di dette Conferenze, per evitare che esse divengano ‚ostacolo' all'attività universale, oppure ‚svuotino' l'autonomia del vescovo locale."

⁴⁶ Dekret *Christus Dominus* (FN 19), Nr. 38, unter 3.

⁴⁷ *Alexander Dordett*, Zum Entwurf der „Lex Fundamentalis", Wort und Wahrheit 26 (1971), 308 (316 f.).

chanismen der (kompromisshaften) Entscheidungsfindung und der Berufung auf Topoi wie die „Einheit" des Kollegiums bei gleichzeitiger Verfahrensdominanz des Apparats letztlich eine Stärkung des bürokratischen Elements, nicht aber der Stellung des bischöflichen Amtes. Dieses immerhin ist – im Gegensatz zur Institution der Bischofskonferenz – göttlichen und nicht allein kirchlichen Rechts.

IV. Grundbedingungen des Subsidiaritätsprinzips

Bei allen zeitbedingten und wechselnden Umständen, unter denen das Subsidiaritätsprinzip im Recht der kirchlichen Organisation praktisch wird, sind abschließend wenigstens zwei der Grundbedingungen seiner rechten Wirkungsweise zu benennen:

Subsidiarität setzt voraus, dass jeder Rechtsträger zunächst seiner genuinen Verantwortung gerecht wird. Wenn es richtig ist, dass das Prinzip der Subsidiarität eine Zuständigkeitsregel ist, bedeutet dies die Pflicht zur jeweiligen Kompetenzwahrnehmung. Die Unwilligkeit, in eigener Zuständigkeit mögliche (und gebotene) Entscheidungen zu treffen, und diese statt dessen an die höhere Ebene „durchzureichen" oder gar durch schlichte Untätigkeit deren Handeln zu erzwingen, fördert geradezu einen (sodann oft beklagten) Zentralismus. Schon Ende der 1950er Jahre bemerkte *Wilhelm Bertrams*, es gebe „in der Kirche nur so viel Zentralismus, wie wir ihn selbst verursachen". Und weiter: „Dem Zentralismus vorbeugen, dazu gehört der Mut zur persönlichen Verantwortung, dazu gehört in erster Linie die Bereitschaft, Odium auf sich zu nehmen und unpopulär zu werden."[48]

Aus dem Charakter als Zuständigkeitsregel folgt noch ein Weiteres: Das anzustrebende Ziel des kirchlichen Handelns bleibt unverändert, unabhängig davon, welche Ebene tätig wird. Bezugspunkt des Handels ist stets die Ausrichtung an der Sendung der Kirche: das Evangelium zu verkünden. Als Vehikel für Sonderwege taugt das Subsidiaritätsprinzip hingegen nicht.

Ganz auf dieser Linie liegt es, wenn Papst Franziskus in seinem Apostolischen Schreiben *Evangelii gaudium* von einem „missionarischen Miteinander in (der) Diözese" spricht und dabei auch die kodikarisch „vorgesehenen Mitspracheregelungen" (Diözesansynode, Pastoralräte, Vermögensverwaltungsrat) nennt, um sogleich zu betonen: „Doch das Ziel dieser Prozesse der Beteiligung soll nicht vornehmlich die kirchliche Organisation sein, sondern der missionarische Traum, alle zu erreichen"[49]. So wird eine weitere Aussage des Papstes allgemeine Zustimmung finden: „Eine übertriebene Zentralisierung kompliziert das Leben der Kirche und ihre missionarische Dynamik, anstatt ihr zu helfen."[50]

---

[48] *Wilhelm Bertrams*, Das Subsidiaritätsprinzip in der Kirche, StZ 160 (1957), 252 (264).

[49] Papst Franziskus, Apostolisches Schreiben *Evangelii gaudium* vom 24. November 2013, AAS 105 (2013), 1019 (1033), Nr. 31.

[50] Ebd., AAS 105 (2013), 1019 (1034), Nr. 32.

Structuring Subsidiarity, Grounding Solidarity

Thomas C. Kohler

Americans, and especially those who describe themselves as conservatives, love the idea of subsidiarity – or, at least, they think they do. Now, I do not mean to imply that Americans of any ideological stripe have suddenly become experts on Catholic social thought concepts. Nor am I suggesting that the term, subsidiarity, or the principles that stand behind the term, have become broadly known, even among practicing American Catholics. Nevertheless, over the past several years, the term subsidiarity has popped-up in political discussions and debates about social policy and the proper role of government in the United States, usually, but hardly exclusively, in arguments put forward by self-identified conservative politicians. Consequently, discussion of the principle also has spread among opinion writers and political commentators, not to mention various American "experts" on Catholic social thought, who have been happy to provide their own interpretations of the meaning and significance of the principle for the edification of their fellow citizens.

Unfortunately, instead of shedding light on difficult problems and giving useful prudential guidance for policymakers and legislators, our discussions of subsidiarity have produced something of a muddle. Typically, those presenting the idea of subsidiarity to Americans portray it primarily as a principle of federalism. Place all authority at the lowest possible level, put the decisions – and the responsibility – in the people's hands, let us do it ourselves, get government off our backs. In other words, it's an all-American idea, and it has moral authority behind it as well. How could we not like it?

Those purporting to present the idea from the perspective of the social teachings tend to do little better. One popular American Catholic commentator, for example, suggests that subsidiarity and solidarity are something like opposing principles that act to balance one another. The one-sided emphasis on subsidiarity, he warns, might lead to the blind pursuit of individual interest. On the other hand, solidarity, without the corrective counterweight of subsidiarity, may well lead to state control of the political and economic spheres, ending in some version of statism or totalitarianism. In this account, the two principles stand as the ying and yang of Catholic social thought, light and dark that combine to bring us, well, dusk perhaps. American presentations of subsidiarity often tie the idea to the advocacy and enthusiastic support that Catholic social thought assertedly demonstrates for free markets, and its thoroughgoing antipathy not only to communism, but to socialism, however described.[1] In short, and perhaps not surprisingly, we tend to understand the principles of Catholic social thought in secular American categories.

One can only wonder what path breaking Catholic social theorists and activists such as Gustav Gundlach and Otto von Nell-Breuning, who played a significant role in drafting the encyclical, *Quadragesimo anno* and in the formulation of the subsidiarity principle it contains,[2] not to mention such monumental figures as Eberhard Welty or Johannes Albers might have made of some of our portrayals.[3] From a different perspective, recent statements by Pope Francis, such as those in *Evangelii Gaudium,* have produced more anxiety, if not anger, than joy among some of his American adherents.[4] Like many papal pronouncements, his comments can sound deeply inconsistent with the teachings of our cultural catechism. My point here, however, is not to engage in an extended analysis and critique of the state of Catholic social thought in the U.S., nor to examine what the tradition says about economic arrangements. Instead, I want to engage in some brief reflections about why Americans misunderstand the sweep of the principle of subsidiarity, and the conditions necessary to its implementation, despite our enthusiasm for the idea, or at least, what we think the idea entails.

---

[1] A word with a plethora of meanings, the term socialism was coined by Pierre Leroux in the early 1830 s as he sought to find a term to contrast with individualism. *Marie-Claude Blais*, La Solidarité: Histoire d'une Idée (Paris: Éditions Gallimar, 2007), 86–88. Writing in the mid-1830 s, Alexis de Tocqueville noted that the term, "Individualism" itself had only been "recently coined to express a new idea. Our fathers", he wrote, "only knew about egoism". *Alexis de Tocqueville*, Democracy in America, translated by George Lawrence, edited by J.P. Meyer (Garden City: Anchor Books, 1969), 506.

[2] For a first-hand account of his work on the encyclical, see *Oswald von Nell-Breuning*, S.J., The Drafting of *Quadragesimo Anno*, in: Readings in Moral Theology, No. 5: Official Catholic Social Teaching, edited by Charles Curran/Richard McCormick (New York: Paulist Press, 1986). Also of significant interest in light of the theme of this paper is, *Oswald von Nell-Breuning*, Um den berufständischen Gedanken: Zur Enzyklika, *"Quadragesimo anno"* vom 15. Mai 1931, in: Stimmen der Zeit 122 (1932): 36–52. On the drafting and significance of this encyclical generally, see *Thomas C. Kohler*, In Praise of Little Platoons: *Quadragesimo Anno* (1931), in: Building the Free Society: Democracy, Capitalism and Catholic Social Thought, edited by George Weigel/Robert Royal (Grand Rapids: Eerdmans 1993), 31–50.

[3] For a summary of their views, see *Thomas C. Kohler*, Rebuilding Democracy ... the Christian Basis for post-War German Success, in: First Things, November 2014, 37–42. For further and more extensive accounts, see *Wolfgang Ockenfels*, Der Walberberger Kreis: Zur sozialethischen Bedeutung der Dominikaner in Deutschland, in: Die neue Ordnung, Sonderheft/2011, November, reprinted as: The Walberberg Circle: the Social Ethics of the German Dominicans, in: Preaching Justice: Dominican Contributions to Social Ethics in the Twentieth Century, edited by Francesco Compagnoni, OP/Helen Alford, OP (Dublin: Dominican Publications 2007), 330; *Albrecht Langner*, Katholische und evangelishce Sozialethik im 19. und 20. Jahrhundert (Paderborn, München, Wien, Zürich: Ferdinand Schöningh, 1998), 467–512; *Egon Edgar Nawroth*, Die Sozial- und Wirtschaftsphilosophie des Neoliberalismus (Heidelberg: F.H. Kerle Verlag 1961); *Gustav Gundlach*, Bd. 1 & 2, Die Ordnung der menschlichen Gesellschaft (Köln: Verlag J.P. Bachem 1964), *passim*.

[4] See, *Francis*, Evangelii Gaudium, ## 50–70.

Of course, the typical American understanding of subsidiarity is not wholly off the mark. Subsidiarity does in part stress putting decision-making at the lowest possible level and it does seek to further self-governance and personal responsibility in the fullest meaning of these terms. Rightly ordered markets certainly have their role here. As to striking a balance, even Oswald von Nell-Breuning observed that: "We can quite rightly, however, characterize the subsidiarity principle as a principle of the golden mean, of the golden middle ground, which happily shows the way between the two biases of individualism and collectivism."[5] Additionally, no more than any of his predecessors does Pope Francis call for state-dominated economic arrangements.

Americans have trouble understanding the full scope of the subsidiarity principle in large part because the principle of solidarity remains a foreign concept for us. "Fraternity or solidarity are not familiar terms for us [Americans]", Nathan Glazer has observed, noting further that, "it would be interesting to know why".[6] Contrary to an earlier-mentioned suggestion, solidarity and subsidiarity stand not as opposing principles, but as integrally related concepts, two sides of the same coin. The full intelligibility of the one concept depends upon an understanding of the other. Cut-off from its taproot in solidarity, one cannot wonder that subsidiarity, both in concept and in practice, has failed to achieve full comprehension or to thrive in its application.

Getting a grasp of the idea of solidarity presents substantial challenges of its own, because the concept ultimately involves one of life's deepest mysteries: friendship. The term, solidarity, incidentally, is rather new. It first began to creep into use in France in the wake of the Revolution. It is a loan word, drawn from the Roman law, where an *obligation in solidum* refers to a situation where a group of people share common and indivisible liability for, or entitlement to, the whole of a debt. Nell-Breuning refers to the solidarity principle as the "law" of construction (*Baugesetz*) and as the structural principle and principle of being (*Seinsprinzip*) of human community. Solidarity might be thought of as a principle of reciprocity. To our very possible disappointment, like it or not, we are our brother's keeper (and he is ours as well). In describing the "duty of solidarity", Nell-Breuning remarks that, "each and every individual in the community has responsibility both for its well-being and its troubles and has the duty to stand up to them."[7] The duty is non-delegable. We can ignore it, but only at the eventual cost of self-rule and the slow collapse of anything that resembles a healthy society.[8]

---

[5] *Oswald von Nell-Breuning*, Baugesetze der Gesellschaft: Solidarität und Subsidiarität (Freiburg/Basel/Wien: Herder 1990), 114.

[6] *Nathan Glazer*, Foreword to: The New Social Question: Rethinking The Welfare State by Pierre Rosanvallon, translated by Barbara Harshaw (Princeton: Princeton Univ. Press 2000), ix.

[7] *Nell-Breuning*, Baugesetz (note 5), 16.

[8] For a lovely and deeply sophisticated series of reflections on the meaning of the solidarity principle by the eminent philosopher and chaplain for the Polish Solidarity trade union

One could write a book about the story and significance of the idea of solidarity and why the concept is unfamiliar to Americans. (In fact, I'm in the middle of doing so.) Culture stands as one key reason we find the notion so foreign. Our famous American individualism rests on a bedrock foundation of nominalism. We are the children of Thomas Hobbes and especially, John Locke. We regard community as an expression of the will, the product of a compact among like-minded individuals. We also understand all associations, of whatever description, as limited in time and purpose. As sovereign individuals, we recognize as legitimate only those claims to which we have agreed. The idea of pre-existing, non-negotiable obligations, duties or responsibilities sounds totalitarian to us. Our insistent claims of autonomy stoutly resist the pretentious assertions of heteronomy, from whatever source they might emanate. We might update Luther by saying: "Hier stehe ich, um Gottes willen lass mich doch in Ruhe."[9]

Classical and pre-modern political thought insisted that a specifically political form of friendship provided the basis for community, and that without it, no form of community, political or otherwise, could truly exist. As Aristotle observes, in a community, "the extent of their association is the extent of their friendship, as it is the extent to which justice exists between them".[10] In contrast, for the moderns, including Locke, political community arises out of force, not friendship. Reason, reduced to the status of a calculative and instrumental ability, drives us out of need and fear into community, whose legitimate claims upon us are strictly circumscribed. Friendship not only has nothing to do with the creation or the maintenance of community, but the activity of friendship (for friendship must be practiced to be actual) in any transcendent sense is impossible in the modern account. All relationships ultimately are self-seeking. Sir Dennis Robertson's statement captures the modern's understanding. In response to his self-posed question: "What does the economist economize?", he responded: "Love."[11]

The most perceptive early observers of and commentators on modernity noticed the transformations in attitudes and mores that were taking place. In *Democracy in America,* for example, Alexis de Tocqueville, writing in the 1830 s, describes "a patriotism which mainly springs from the disinterested, undefinable, and unpondered feeling that ties a man's heart to the place where he was born". He characterizes this sort of patriotism as "an instinctive love".[12] He further observes that in modern times, this sort of love, this sort of "disinterested patriotism has fled beyond recall".[13] In this

---

movement, see, *Jósef Tischner*, The Spirit of Solidarity, translated by Marek B. Zaleski/Benjamin Fiore, S.J. (San Francisco: Harper & Row 1982).

[9] "Here I stand, and for the love of God, leave me alone!"

[10] Nicomachean Ethics, IX, 1159b26–30, translated by W. D Ross, in: Basic Works of Aristotle, edited by Richard McKeon (New York: Random House 1941).

[11] *D. H. Robertson*, What Does the Economist Economize?, in: Economic Commentaries (London: Staples, 1956), 147 at 154.

[12] *Tocqueville*, Democracy in America (note 1), 235.

[13] *Tocqueville*, Democracy in America (note 1), 236.

era of the "universal collapse" of established mores, where "beliefs are giving way to arguments, and feelings to calculations", he suggests that the idea of rights must replace love. He warns that "if you do not succeed in linking the idea of right to personal interest, which provides the only stable point in the human heart, what other means will be left to you to govern the world, if not fear?"[14]

The term solidarity came into use at a time when the ideas of love and friendship, particularly in the political sense, had lost their meaning. The term seeks to capture the idea of integrated social unity, without the loss of individual status that had gone missing in the new order. The political theorist, J.E.S. Hayward, notes that "it was amongst the Roman Catholic social theologians ... that the idea of solidarity first achieved its pivotal social significance",[15] further observing that "Roman Catholicism remained an immensely powerful opponent" of the individualism that characterizes modern political and social thought.[16]

Subsidiarity completes solidarity by providing a principle, a practical framework, for the latter's realization. The idea of supplying assistance – *subsidium* – rests at the heart of the subsidiarity principle. The principle guides our thinking about the arrangements that will best permit individuals to engage in the most human of activities: deliberating, judging, choosing, and valuing. Structuring the arrangements that permit the greatest possibility for meaningfully engaging in these activities in all spheres of our lives expresses friendship in its most serious form. Subsidiarity requires us to aim at the best for another person for their own sake, in a disinterested fashion. It encourages authentic self-government and responsibility at both the individual and the social level. Through social and political structures that require people to work together, to engage, face-to-face, in the praxis of discussing and deciding the best way to live in concrete situations, the principle also encourages the spread of the bonds of what Augustine called "social sympathy", allowing them to act as "a binding force over a greater area".[17]

Properly understood, subsidiarity involves far more than an exercise in administrative reduction. It involves structuring a web of overlapping institutions that both encourage and permit authentic self-determination. Properly assisting (*subsidium*) requires the exercise of real prudence in creating, grounding, and sustaining the mutually supporting "networks of solidarity", as John Paul II called them.[18] This means that the state has the positive obligation to encourage, enhance, and protect the existence and functioning of mediating associations. Community in the proper sense exists for individuals, to facilitate their well-being and proper flourishing. Subsidi-

---

[14] *Tocqueville*, Democracy in America (note 1), 239.

[15] *J.E.S. Hayward*, The Idea of Solidarity in French Social and Political Thought in the Nineteenth and Early Twentieth Centuries, Ph.D. diss., University of London, 1958), vi-vii.

[16] *Hayward*, The Idea of Solidarity (note 15), xl.

[17] *Augustine*, Concerning the City of God against the Pagans, translated by Henry Bettenson (London: Penguin Books, 1972), 623.

[18] *John Paul II*, Centesimus annus, # 49.

arity puts the human at the center. It seeks to encourage full human development, not some version of economic or administrative efficiency, though, as the economy of Germany demonstrates, a system that encourages subsidiarity hardly is incompatible with economic growth. Consequently, the prescriptions of subsidiarity may run head-on against those recommended by instrumental notions of rationality.

The necessity for structuring subsidiarity, through law, through administrative schemes, through the encouragement of certain habits, typically escapes the American mind. Again, for reasons outlined above, culture plays an enormous role here. The distrust of what Rousseau called "factions" and "partial associations" united all the moderns, including Hobbes, Adam Smith, and James Madison, to name a few. "To be attached to the subdivision, to love the little platoon we belong to in society", Edmund Burke instructed us, "is the first principle (the germ as it were) of public affections. It is the first link in the series by which we proceed towards a love to our country and to mankind."[19] Thomas Hobbes, on the other hand, described such bodies as an "infirmaty ... which are as it were many lesser Common-weaths in the bowels of the greater, like worms in the entrayles of a natural man", which "tend to the dissolution of the state".[20]

Americans tend to have deeply ambivalent attitudes toward mediating institutions. We celebrate them, and in some cases, revere them. At the same time, we increasingly don't join them, and we tend to regard them as "special interest groups". In our rhetoric, we speak about them like Burke, but we tend to act towards them like Hobbes. The tremendous individualist undertow built into modernity is hard to escape. It conditions our attitudes in countless ways, and because life is not static, the shift in attitudes sets trends that admit of no easy reversal and that progressively reinforce themselves.

Part of what has gone missing in all this is an appreciation of the crucial role of habit. No mediating institution stands or flourishes on its own. We either have a habit – a disposition – for forming or joining them and understanding their purpose, or we do not. I like John Paul II's description of these bodies as "connected vessels"[21] because the activities and attitudes that enliven them pour over from each of these institutions directly into to the others. The point often seems to go overlooked, but the decline of families, religious institutions, civic groups, unions, fraternal associations and the like has not occurred in isolation from one another. The erosion of each has been part of a piece that has affected all the others. No place in the developed world is free of these trends, although their progression probably is most advanced in the United States.

---

[19] *Edmund Burke*, Reflections on the Revolution in France, edited by Conor Cruise O'Brien (London: Penguin Books 1986) (1790) 135.

[20] *Thomas Hobbes*, Leviathan, edited by C. B. MacPherson (London: Penguin Books 1981) (1651) 375.

[21] *John Paul II*, Laborem exercens, # 21.

If I have one point to make, it is that subsidiarity represents a far more subtle and complex principle than Americans typically understand it to be. Properly understood, solidarity and subsidiarity admit of no easy syncretism with the categories of modernity. These principles are not Locke, Smith – or Rousseau – tricked out with a rosary. Frequently heard prescriptions that involve simply transferring matters, whether they involve care of the elderly, the destitute, or whatever else, in the name of subsidiarity, to voluntary associations, religious congregations, or other local bodies, without the sort of institutional structures I have been discussing, will result in failure. Indeed, the very mediating institutions on which one would rely today struggle for their own existence. Their sadly depleted and enervated condition precludes, in most cases, making much further demand of them.

I am not calling for an omni-competent state, or more top-down structures. Far from it. Instead, I am urging that we must give serious consideration about the true significance of the principle of subsidiarity and take the steps necessary for it to flourish. Despite some presumptions to the contrary, libertarianism and subsidiarity proceed from very different starting points, rooted in very different understandings of human anthropology. No true conservative thinks that a state of harmony and the sort of friendship on which political association rests arises or sustains itself spontaneously. Habits matter.

The solidarity and subsidiarity principles, of course, are not religious doctrines, but expressions of insights into human character and of practical reason.[22] Many years ago, Josef Pieper remarked that subsidiarity was simply an ancient German legal principle. That makes sense. In contrast to England or France, Heinrich August Winkler points out, Germany's political development occurred on a territorial basis. Writing when Henry VIII ruled England and Louis XII reigned over France, Machiavelli observed that "The cities of Germany are very free and obey the emperor when they want to; they do not fear him or any other power around ..."[23] Perhaps this characteristic led Montesquieu to claim that the English "borrowed the idea of their political government" from the Germans, who invented it "first in the woods".[24] The corporatism that Americans find so striking about German legal, social, and economic arrangements represent, with varying degrees of success, expressions of, or attempts at, subsidiarity.

The same sort of individualism that has turned America from what Tocqueville called "a nation of joiners" into a nation of loners, poses an equal threat to Germany and its subsidiary structures, and to the institutions of civil society in every other de-

---

[22] John Coleman. S. J. notes that subsidiarity stands as "neither a theological nor even really a philosophical principle, but a piece of congealed historical wisdom". See: Development of Church Social Teaching, in: Readings in Moral Theology No. 5, 183.

[23] *Niccolò Machiavelli*, The Prince, translated by Harvey C. Mansfield, Jr. (Chicago and London: University of Chicago Press, 1985), 43.

[24] *Montesquieu*, The Spirit of the Laws, translated by Thomas Nugent (New York: Hafner, 1949), 237.

veloped democracy. Likewise, globalization and the transfer of decision-making authority (or the *de facto* ability to effectuate determinations) to transnational actors and to large market actors, poses severe threats to any attempts at subsidiarity, self-regulation, and self-determination.[25] Additionally, as Pope Francis has observed in his apostolic exhortation, *Evangelii Gaudium:* "Indeed, it is becoming increasingly difficult to find local solutions for enormous global problems which overwhelm local politics with difficulties to resolve."[26]

These long-term trends pose a crisis for solidarity and subsidiarity, and thereby, a crisis for human flourishing as well. Increasingly, the ability to engage in any authentic and effectual self-determination slips from the grasp of individuals at every level of society, and in every nation, regardless of political arrangements. A serious reconsideration of subsidiarity, and the arrangements necessary to realize the principle, would refocus our attention on the person. Subsidiarity represents far more than a principle of federalism or of administrative reduction. Ultimately, making our world and its ordering structures more human represents the very goal of the subsidiarity principle.

---

[25] On this point, see *Thomas C. Kohler*, Comparative Law in a Time of Globalization: Some Reflections, 52 Duquesne L. Rev. 101 (2014).

[26] *Francis*, Evangelii Gaudium, # 206.

Subsidiarity and the Multinational Corporation

Nicholas T. Pinchuk

I. Overview

The principle of subsidiarity is an essential element of today's society. From some perspectives, the contemporary world is comprised of an array of overlapping contiguous communities, many of which are made up of sub-divisions, entities in themselves. All of these are in turn populated by independent individuals. Subsidiarity is one of the primary protocols by which these social organisms function together with positive effect.

The Oxford definition of subsidiarity is that it is the organizing principle by which a community of any form should perform only those tasks which cannot be performed at a local or individual level. Russell Hittinger seconds this essential nature of subsidiarity in a contemporary context, saying that "the complexity and scale of modern states practically guarantees that the sovereign must make concessions."[1] From a multinational corporate perspective, this, in effect, means driving decision making down as close to the customer as possible. In today's society, this concept of individual responsibility and range of action is widely accepted as essential.

Despite the importance of delegation, however, every organization or community must retain some central level of responsibility or axes of action, from which it will create value that cannot be generated by sub-entities or the individuals that inhabit them. This reality is also widely recognized in all orbs of today's society from the commercial, to governmental, to religious, to social.

The primary question, therefore, is not whether the principle of subsidiarity should be embraced. It's accepted almost everywhere. The real question is, how subsidiarity should be applied given the circumstances. No one disputes that organizations should delegate to the lowest possible level practical. The difficulty is how to actually apply the principle to maximize both the potential of the individual and the power of the collective.

In this paper, we attempt to construct such a framework by studying the application of subsidiarity in multinational corporations. By viewing the positives and neg-

---

[1] *Russell Hittinger*, Society, Subsidiarity and Authority in Catholic Social Thought, in: Civilizing Authority: Society, State, and Church, edited by Patrick McKinley Brennan (Lanham, MD: Lexington Books, 2007), 126.

atives of various approaches from corporation to corporation and how they change over time, we seek to create insight as to how subsidiarity can be applied in a broader context. In fact, looking at companies such as Ford, Danaher, Snap-on and others, it appears that the effective application of subsidiarity includes four essential elements: value, choice, engagement, and belief. Indeed, when this framework is then considered in the context of subsidiarity as applied by nations, such as the U.S., France, China, and Singapore it appears to be valid even in this broader context.

The following pages are an explanation of what I see as the relevant considerations in applying the principle of subsidiarity in real world situations. It's based on my experience as an executive in various multinational corporations and as a direct participant in their efforts to create value for all their constituents in a variety of situations, and to decide the most effective way to assign responsibility across their organizations. In so doing, I have tried to describe events that I have witnessed, and related episodes that have been passed on to me by credible sources. I've mixed these anecdotes with analyses of the various situations and set forth conclusions that I've drawn. There are, of course, alternative views of the implications. I can only offer my personal interpretation in the hope that it is both persuasive and helpful.

II. Subsidiarity: Hierarchical Function

The principle of subsidiarity is often characterized as governing the relationship between higher levels of an organization and its smaller elements. This hierarchical application of subsidiarity exists within all major communities and even within organizations. For example, the modern state will include several levels: federal, province, county, city, and neighborhoods. Application of subsidiarity among these levels, in fact, has been a challenging element of effective governance for centuries. England famously created a framework for a kind of subsidiarity between the King and its nobles when it enacted "The Magna Carta" in 1215, but only after substantial conflict. The United States constitution was set in the late eighteenth century and a primary question was the division of power between the federal government and the various states. The framework lasted until 1861 when a great civil war was fought over redefining the boundaries of that subsidiarity inherent in the American constitution. Even today, there is much debate in the U.S. over the limits of the federal government's role versus the state and local government. In other words, subsidiarity is necessary in hierarchical organizations, but it is not easy to decide on appropriate boundaries, and the conventions once determined can change over time.

A corporation is typically considered a primary intermediary between the individual and the state. The state, according to the principle of subsidiarity, cedes to intermediary organizations, like corporations, the functions or areas of operation which are not an essential part of the government's higher level purpose and are better accomplished by those subdivisions or by individuals. At the same time, corporations are expected to submit to the laws of a state, to pay tax and to support the national agenda, while adhering to the requirements of the state in which it is a subsidiary member. In the same manner, an individual surrenders to the collective organization some of his or her freedom of action in order to achieve benefits only attainable through coordinated activity. For example, an employee must dedicate a significant portion of the day to corporate activity, sacrificing the pursuit of other interests while adhering to the requirements of the higher order organization, such as a corporation, in which he or she wishes to participate as a member.

Within such corporations, subsidiarity is an essential ingredient for effective execution. This is well recognized and universally applied. The difficulty is, again, choosing the boundaries, that is, deciding which elements are best equipped to be vested with a particular responsibility. This most usually depends on the particular strategy and structure of the corporate entity. A monolithic organization like the Ford Motor Corporation, where success depends on a relatively few major car designs, would tend to hold substantial power in the center. On the other hand, an organization such as Otis Elevator, whose success depends on excellence in installation and service, vests more responsibility and authority in its periphery where these high-value functions are delivered. The allocation of that power, however, is not often so easily determined, as evidenced by the many organizations that have been weakened by too much centralization or, conversely, by a failure to coordinate its various elements for sufficiently competitive scale advantage.

One definition of subsidiarity is that it's a principle by which we arrange the relationship among social and commercial entities and individuals to maximize the value that accrues for those individuals, in particular, and for society in general. In this context, value has a broad meaning which depends on the circumstances. The larger the entity, the broader the concept of value. A government provides order, safety, and opportunity for prosperity. It makes the railroads run, provides for a common defense, and sets a kind of secular ethical tone. A church provides the guidelines for moral behavior, the path to salvation, and a nurturing relationship with God. A corporation provides an opportunity for financial prosperity. If it is functioning correctly, however, the corporation also creates a sense of relevance, that is, fulfillment based on service to others and society, a sense of friendship, a moral compass in the conduct of commercial affairs, and a guide for ethical treatment of colleagues, who after all, are one's partners in the enterprise for the better part of the waking day.

Value, therefore varies greatly from organization to organization, from community to community. It can range from strictly tangible financial gain to a psychological feeling of fulfillment; from a provision for the common defense to the prescription for salvation. Whatever the particular definition of value, however, it's clear that those various organizations or communities arise out of the need/demand for such benefits that cannot be accomplished by individuals or even by smaller entities. In the parlance of today, collective organizations do create value and, in particular, corporations do enable the existence of rewarding and satisfying roles. At the same time, each organization must apply subsidiarity both to create collective scale and to maximize the contribution of participating individuals in achieving the common goal.

The central question which inhabits the common hierarchical application of subsidiarity is the proper allocation of responsibility by a large entity to the smaller organisms that comprise it. What power should a federal government delegate to a province? What, in turn, should be left to county and city jurisdictions? In a corporate world, the analog is the distribution of responsibility from the corporate headquarters to the divisions and on to the individuals which comprise the collective membership. The same applies to a church between the various levels of its leadership, for example, from Holy See to the diocese and on to the parish. Some argue that broad value, however it is defined, is best created if decision making and power is driven down as close to the individual as possible. This is consistent with the general view of subsidiarity which holds that as much responsibility as possible should be vested in individuals. This libertarian perspective has natural advantage in that it best tailors power to the specific conditions at hand. It also serves to empower individuals in a way which is extraordinarily motivating, generating substantial energy in the accomplishment of task. The decentralized approach works well in many places, and organizations which are comprised of focused, highly motivated small groups can be among the most powerful and effective. The strength of focused, small squads is demonstrated from guerilla warriors to businesses like global accounting firms who are an array of relatively loosely bound national partnerships.

On the other hand, "small squads" held together by a few common principles, cannot capture the power of scale that is available to big battalions. Large organizations with multitudes working together in close cooperative coordination generate substantial strength and can accomplish tasks not achievable by smaller, disparate, loosely aligned entities. In fact, more than one successful general has celebrated the superiority of these "big battalions". In the realm of nations, it's clear that the biggest group of reasonably aligned citizens creates the most prosperity. In the early 90's, the three largest populations of reasonably aligned and enabled citizens were found in the United States, Japan, and Germany, taking them in order of size. Not coincidently, the three highest GDP's, the three largest economies, the greatest prosperity among significant countries, and the most vibrant areas in terms of technological advance were in the United States, Japan, and Germany, in that same order – thus, demonstrating the power of scale. Further, it's no coincidence that the economic order of those days is now being challenged as more of China's massive 1.2 billion population becomes enabled with infrastructure and education. In the corporate world, there is a similar ascendance of scale in certain situations. For example, the years have seen consolidation of the auto and the aircraft industries into relatively few participants. This reflects the advantage that size brings. Larger groups of individuals working together in a relatively few mega-entities have simply provided better vehicles and more advanced aircraft. The complexity of the fundamental value created, namely the vehicles and airplanes, makes scale a great, perhaps essential, advantage. The interlocking nature of the designs, the precision upon which the development must be timed, and the "just-in-time" nature of the multi-step manufacturing all require that all individuals be tightly coordinated. Such examples demonstrate that in some situations, big battalions are preferable to smaller squads, which is to say. scale provides significant and, perhaps, necessary advantage. Conversely, in other situations, such as the local service of accounting firms, its best to vest power in small squads. It depends on the challenge engaged.

In the end, therefore, the effective structuring of subsidiarity is dependent on the situation. One can make no general rule. Big battalions or focused squads can each create value when used in the appropriate situation. To be effective, we must correctly assess the situation and choose the allocation of power and application of subsidiarity accordingly.

III. The Corporations as a Model for Subsidiarity

Corporations are similar to other social organisms that have formed around the opportunity to create value for individuals by bonding together for a common purpose. Many spring to life as amplifiers of an innovation, a new product, or a needed service. The collective efforts of the individuals combine to amplify the power of the idea and bring it to its appropriate audience, namely the broad population who can benefit. The examples of this are legion, from large companies such as Ford and General Electric to small enterprises like a local restaurant or an independent car repair shop. There are, therefore, countless situations, structures, and variations for the corporation, which is an organization genus with considerable variety.

The foundation for other types of communities, whether states, churches, social club, honor societies, or professional groups, can also be characterized as formations around an opportunity for creating value, just like corporations. All these collectives are similar in that they organize the creation of value, and all have a need to apply the principle of subsidiarity in order to fulfill their purpose.

As in a laboratory, it's likely we can learn about the functioning of subsidiarity for social organisms by studying its use in actual real-life situations. In so doing, we can seek to form some framework for broadly applying the principle across a variety of situations. In this context, it may be useful to focus first on corporations as such laboratories. The advantage to this approach is that multinationals encounter substantial changes in conditions and environments with rapidity. Within a decade, corporations can proceed from recession to expansion and back again. They can see their products go from breakthrough to obsolete, see the makeup of their workforce change either through retirement or accelerated attrition, encounter major changes in government regulations, and, often, they must manage this rapid variation over multiple countries and cultures.

On the other hand, when speaking of nations or churches, the changes are almost always very gradual. The time constants in the life of a corporation are simply shorter, by orders of magnitude, than those for states and religions. In terms of change, a decade for a multinational can often be the equivalent of a century for a state. In effect, corporations are similar to the other organizations in their structure and purpose, but the ability to observe their evolution and, therefore, the effects of concepts like subsidiarity, is much greater.

Based on the concept of the corporation as a laboratory, we'll observe a few commercial examples and attempt to derive guidance for the application of subsidiarity. We will then consider that framework against the reality existing today in various nations. Using those state-based observations, we will draw conclusions with regard to the validity of the corporate-guided lessons in subsidiarity to a wider range of communities and organizations.

The Ford Motor Corporation was formed out of the opportunity to create affordable mechanized transportation for a broad slice of Americans. As it grew, it built scale benefiting from the power of being what might be called a "big battalion", and in the process helped establish the U.S. auto industry and brought the opportunity for prosperity, fulfillment, and satisfaction to the millions who over the years enlisted in its endeavors. Ford, today, is a massive organization with thousands of employees all focused on producing an effective line of vehicles for the world. An auto company is a monolith that has relatively few products, and a large array of employees dedicated to a narrow, but extremely important, purpose. Further, there is a natural centripetal force urging such a corporation to centralize in order to make the most of the possibilities for scale. In fact, the conventional wisdom in this industry is that ascendance is achieved by raising the number of units sold per individual vehicle platform. You can see this force over the life of the auto industry in the 20th century which saw a continuous consolidation of companies and brands, all in search of scale. In fact, it's clear that in structuring subsidiarity for an automaker, it's indeed appropriate to vest the major share of responsibility at the center. Having said that, the challenge for Ford has recently been where to draw the line between those decisions that should be centralized, and those that should be allocated to subsidiarity organizations. Coordination and scale did bring economic advantage to that corporation. It worked well up through the early seventies, a period in which styling, appearance, and panache were the primary variables in vehicle-buying decisions. This approach, however, tended to reduce the contribution, active involvement, and the discretion of smaller sub-entities including factories, sales offices, parts and service centers and, of course, individuals throughout the organization. The capability for self-actualization at lower levels tended to atrophy and employees tended to act, in some ways, like drones, following the direction of the center. Nevertheless, the scale-based approach created enormous progress and prosperity … for a time. Starting in the mid-seventies, however, the changing environment created new bases of competition in areas such as quality, fuel economy, safety, and vehicle handling, to name a few. The centralized nature of Ford was not well organized to execute on the details in so many new areas. Ford, however, did eventually recognize the problem and launched programs like its Blue Ribbon redistribution panels as an attempt to redefine the concept of subsidiarity by engaging thousands of employee-led groups across the company to reallocate responsibility. The Blue Ribbon program did work. A new set of foci and processes were established using the power of individuals. The resulting engagement did restore Ford to the competitive force it is today. Damage, however, had been done by the changing circumstances. Ford lost substantial market share. The Company and its employees suffered because of it. Simply put, in the new environment, Ford's original, relatively centralized, application of subsidiarity was no longer effective. Ford needed to rethink and reformulate its choices regarding subsidiarity before it could restore its competitive effectiveness. It did so, but not quickly enough to avoid damage to its market position and to the prosperity of its stakeholders.

The challenges of General Electric in the current day include taking full advantage of growing international markets and restoring its shareholder value to the levels of the late 20th century. These tasks are somewhat rooted in application of subsidiarity across the GE global organization. The modern incarnation of G.E. was built on a clear set of principles: enter only those businesses in which it would be one of the top two competitors; embrace the newly founded credit company to provide a competitive advantage in financing the sale of its products; educate/train its management cadre through its corporate university in New York, and pursue common, global scale as a natural competitive advantage. In effect, G.E. was following Tom Friedman's assertion: that "the world has been flattened by the convergence of major political events, innovations, and companies"[2] and was using that concept as a guide for managing the distribution of responsibility across its operation. GE understood that as a mega organization its structure should wield size as an advantage and the structure of its subsidiarity should lean toward centralization. This view drove clear choices toward common market positions, global products, shared services, common commercial funding, and a management team whose views were forged into a relatively common perspective. GE's CEO at the time was particularly adept at articulating and selling this approach to the investor community. The situation, however, was vaguely reminiscent of the story regarding the Emperors Clothes. It was a view that was maintained as much by the energy and persuasiveness of the man at the top, as by the value actually generated by the strategic approach. When a new CEO was installed and deep recession brought a more careful scrutiny of the corporation, investors questioned that the value of the GE corporate center was bringing to its disparate divisions. In short, was the G.E. jet engine business and the GE appliance business worth more as part of a single parent corporation than they would be on their own as stand-alone entities? The costs of restricting the divisions' degrees of freedom to stay within the subsidiarity structure of the parent corporation might be too high, and the value of the GE Corporation as a whole might not be as great as that for the sum of its divisions. Under this scrutiny, the value of GE's stock dropped significantly reflecting these questions. One conclusion is that in looking at G.E's application of subsidiarity, investors and many customers, recognized that the world

---

[2] *Thomas L. Friedman*, The World is Flat: A Brief History of the Twentieth-first Century (New York: Farrar, Straus and Giroux, 2005), 48.

may be flat, but it's not the same. Friedman was only half right. In the competition to take advantage of growth in places like India, China, and Russia, the company's centralization and dependence on American management styles imprinted by its academy in New York, might be quite limiting, restricting the ability to meet the special requirements of a wide ranging customers base in various industries and countries. In effect, G.E's size necessitates a structure of subsidiarity that is sufficiently centralized to add value that is not achievable by the individual divisions. At the same time, however, it must find a way to apply subsidiarity differently, making new choices on what to control centrally and what to delegate, so as not to impede growth in the differing markets across the world. Choosing this appropriate approach is never straight forward, but it's especially difficult following decades of centralization. While G.E. has made strides in redefining itself, the corporation's contribution to its divisional parts is still in question and its value is still well below its former level. It has more work to do in redesigning its choices regarding subsidiarity.

United Technologies (UTC) is a company comprised of major divisions many of which represent the founding organization within their respective technologies: Otis Elevators, founded by Elisha Otis, the inventor of the elevator; Carrier, founded by Willis Carrier, the inventor of air conditioning, and Sikorsky Helicopters, founded by Igor Sikorsky, the builder of the first of those flying machines. In effect, the corporation was created around a profile of leading technologies for products that are central to modern society. This was its defining principle guiding the execution and expansion of its activities. As a condition of remaining within the UTC whole, each division maintained technological leadership in its respective product lines. The forward pace of the technology was delegated to the divisions, but the position of preeminence was to be maintained as a condition of corporate membership. The Company also adopted a clear multinational culture. In other words, even though UTC and its divisions were headquartered in the United States, it did not impose an American culture on its operations in other countries. Its management, even at the top levels, was comprised of a variety of nationalities. It represented a truly multinational organization. According to its application of subsidiarity, UTC found scale in technology, but optimized other characteristics around local practice. As a consequence, UTC is quite effective doing business in any international environment; it attracts the strong local talent, and tends to flourish even in places like China, India, or Russia. UTC divisions became so blended into local landscapes that the prime minister of Singapore once remarked, after observing Carrier's subsidiarity in that country for several decades, that he thought Carrier was actually a local Singapore company. In fact, Carrier was founded and based in America, but it was so internationalized that it appeared to be Singaporean within that jurisdiction. A technology-leading conglomerate comprised of multiple localized entities defined the nature of UTC and it worked reasonably well.

In this construct, however, there did remain a question as to whether a common concept of technology leadership was enough to justify the existence of UTC as a corporation. Did the center's leadership on this subject create enough value to offset the expenses of, for instance, reporting, legal compliance, common accounting, that always accompany membership in a multinational even in a highly decentralized culture. Similar to GE, investors were asking if the various divisions, Otis, Carrier, Sikorsky etc., were more valuable as individual, stand-alone entities than they were as part of the UTC whole. Faced with this question and the associated challenge to stock price, The UTC center needed to alter its application of subsidiarity to add more value.

UTC struggled for some time trying to solve this problem by applying a common financial structure, experimenting with the GE practice of extensive corporate training, and combining purchasing activities across the corporation to create a more corporate scale. None of these were fully effective. UTC eventually found the solution in a productivity program it called Accelerating Competitive Excellence (ACE). Focusing significant energy on improving execution each day, everywhere, in design, manufacturing, selling, distribution, service, and administration is a powerful concept. Further, it can be applied with equal rigor across all businesses and country boundaries without interrupting the multinational character of UTC's intense attention on local customers. ACE improved both UTC efficiency and execution, raising profit margins, gaining market share, and increasing volumes. In changing the application of subsidiarity by increasing the responsibility of the center to include the ACE program and by requiring sub-divisions and individuals to participate, UTC increased its value and its constituents recouped the benefits in the form of higher stock value and greater job stability. In effect, the value of the center increased to be clearly greater than the sum of the divisions simply because of a new approach to subsidiarity. The corporation's overall value increased substantially because it had found a better balance in the application of subsidiarity and the full range of UTC constituents benefited as a result.

Two multibillion dollar examples of a unique application of the principle of subsidiarity are Danaher and Illinois Tool Works (ITW). These are corporate entities that have been built through acquisitions of various smaller operations. They're quite similar in that they are comprised of multiple and varying individual businesses, each of which have corporate structures of their own. At one time, ITW had over 600 divisions each of which acted as an independent profit center. They're also similar in their approach to subsidiarity. In both parent corporations, the center requires minimal reporting and compliance from the divisions. They, however, do demand substantial and almost religious zeal dedicated to specific, unique improvement systems. In the case of Danaher, it's the Danaher Business System (DBS), a comprehensive focus on continuous improvement, similar to UTC's ACE program. For ITW, the central concept is "80/20" which is a system that creates strong focus on the 20 % of activity which generates 80 % of the benefits; it's a powerful way to build efficiency and generate cash. These systems don't necessarily generate growth at the individual divisions, but the cash generated from efficiency improvement makes it possible for Danaher and ITW to grow through acquisitions of additional companies. At both corporations, the parent gives their subsidiaries substantial freedom of action. At the same time, they rigorously imprint their central expertise in those powerful systems on the divisional operations making them substantially more valuable than they were on their own. The adoption and promulgation of a common productivity process as a requirement of membership in a corporation is quite powerful, but its ability to drive an upward trend eventually diminishes and cannot be the only basis of collective value. Dedication to efficiency, regardless of the actual business or the customer base, can improve operations almost with certainty. Such a focus, however, does not provide a guide for expansion. Because all of the various division operations were in unrelated businesses, there was little or no advantage for membership in Danaher or ITW from the perspective of expansion. Gradually, this became more evident as the positive effects of DBS or 80/20 diminished, and the value of both these multi-nationals waned. Beyond the signature improvement systems, there was little corporate community synergy to help the divisions interact in pursuit of growth. Faced with this evolution, Danaher has worked hard to manage the problem by adopting clear common technologies for portions of its business. It has amalgamated large groups of companies around dental devices and environmental solutions, allowing for growth synergies across those sectors of their portfolio. In effect, Danaher has redefined its value, restructuring the definition of the requirements for membership. It now includes a focus on certain select industries, technologies, and customer bases. This has created a basis for furthering corporate value through strategic scale and synergy. On the other hand, ITW has struggled to find a common strategy around which to create synergistic axes. The world has recognized this difference and has maintained Danaher's strong value, while ITW has fallen somewhat out of favor, while it searches to recalibrate its self-definition and to build a revised approach to subsidiarity.

Snap-on is a manufacturing company that has created value by deciding clearly on its strategy and tactics, adopting an approach to subsidiarity that fits those choices and amplifies their power. First and foremost, the Snap-on scale comes from a common idea. All its efforts are based on amplifying the pride and dignity that its customers hold in their work. A condition of membership in the Snap-on family is that all actions conform and reinforce this concept. This affirmation of "What We Do" is required for any individual who seeks to be part of the corporation's constituency. Snap-on's primary function reflects its customers who depend on its products and derive pride from their use,

The corporation and its constituents also have a strong sense of "Who We Are"; it's a set of behaviors that reinforce the dignity of work, and at the same time, create economic progress or value. These are also prescribed by the corporate center as requirements for membership in the Snap-on family. The first of these is that all Snap-on activity will focus on making work easier for serious professionals who perform critical tasks. In other words, Snap-on products will enable productivity, creating value through utility. The second is that Snap-on will sell only to professionals, eschewing the much larger amateur "do-it-yourself" customer base, emphasizing the essential nature of its products and the seriousness of its customers. The Corporation's range of activity is restricted to those areas where the mission is critical, where the consequences of failure is high, and, therefore, where the responsibility of the worker to assure success is intense. The corporation's divisions are given great range of motion in their everyday activities, but they must hold within the envelope of "What We Do" and "Who We Are" as prescribed by the corporate center. All of these conditions of membership create a unique feeling of specialness in being associated with Snap-on.

The corporation also requires the adherence to a strategic system of improvement it calls "Snap-on Value Creation". This system engages and amplifies individual behavior to upgrade operations on a daily bases by a focus on safety, quality, customer connection (market intelligence), innovation, and continuous improvement. Applying Snap-on Value Creation to any existing division, new location, or acquisition will improve the subsidiary operations. In this respect, it is similar to the ACE system at UTC, DBS at Danaher or 80/20 at ITW.

Finally, Snap-on also requires, as a condition of membership, that individuals conduct themselves with truth, respect, teamwork, and integrity and that they listen carefully to those with whom they interact. This "ethical/moral" code governs the behavior of Snap-on people in interacting among themselves and with others. While it is not a direct influence on commercial activities either at the center or the periphery, it is essential to the corporate definition. Snap-on believes that such behavior brings value in that it aids long term efficiency and, no less important, it nurtures the positive self-image the individuals develop by virtue of being part of the Snap-on community.

The combination of "Who We Are" and "What We Do" applied in an ethical framework, and the engine of improvement associated with Snap-on Creation processes, create value sufficient to justify the corporate collective. While individuals have considerable range for initiative, they consistently adhere to the collective requirements for membership. It's also clear that Snap-on people are energized by this approach to subsidiarity and believe in the choices inherent in its framework.

The Snap-on approach to subsidiarity is to define it by clear choices of focus: celebrate the dignity of professional work; solve only critical tasks; behave ethically, and improve everyday through Snap-on value creation. These concepts make up a moral glue which defines the Corporation and creates the engagement within which individuals can operate and contribute.

There is one final aspect of the Snap-on entity which differentiates it and makes it particularly effective: its constituents believe strongly in the value of the corporation. Customers wear jackets and shirts with the Snap-on logo, making the corporation's name their own; employees and franchisees often speak of the value their efforts create for others, and communities in which the corporation resides embrace it with pride.

These qualities amplify the contribution of individuals to the corporate community. They make the value of the Snap-on Corporation much greater than its divisions would ever achieve as stand-alone endeavors, and all of this is underpinned by Snap-on's application of subsidiarity.

IV. A Framework for Subsidiarity – Value, Choice, Engagement, and Belief

From a review of the various corporate examples, we can configure a framework for determining the structure of subsidiarity and for executing on that construct in a practical world of individuals and organizations. In that regard, there appears to be four common elements necessary in applying subsidiarity across any community. These are: value, choice, engagement, and belief. Each involves important considerations when constructing the power relationship among the collective center, its subsidiaries, and individuals and when effectively balancing the responsibilities of individuals with that of the corporate collective.

Every community develops around an ability of individuals or small organizations to cooperate or coordinate in pursuit of unique benefit not achievable by the constituents themselves acting independently. For a corporation, these benefits typically include prosperity, prospects, and stability for all involved.

Ford has demonstrated that creation of value for some time. First by establishing an entire industry and, subsequently, turning out vehicle model after vehicle model, the company developed large value which could not be duplicated by the individuals or small entities. Ford's ability to execute and bring the value to reality may have fluctuated over the years, but from a subsidiarity perspective, the company has always been a successful creator a massive value because the power of its corporate scale has remained an essential ingredient in building a credible vehicle product line up.

Using other examples, we see that Danaher and ITW, do not have a common character rooted at the center. They do not depend on collective scale. There is very little required to be part of those entities. There is not a common strategy, marketing, R&D, or human resources policy. Both of these corporations are defined only by their signature operating system – the DBS or 80/20 – imprinted on each entity across its organization. As a result, when all constituent divisions have been converted and have fully adopted those systems, there is little scope for further advancement. In other words, this fully decentralized system has limited life in terms of value. This is starting to be apparent in both these corporations and, as a consequence, their existence is being questioned with more regularity. Ford, Danaher, and ITW demonstrate the essential requirement of assuring ongoing value creation in effectively constructing an application of subsidiarity.

Michael Porter, who some have termed the Aristotle of business metaphysics, has characterized strategy as the ultimate act of choice. So it is! As Thomas C. Kohler observed: "What makes men distinctly human is their capacity for reflection and choice." [3] The first step in applying the strategic principle of subsidiarity is choosing and clearly articulating the responsibilities of the organization's center and the cascade of power down to the individual.

UTC and Snap-on have both been decisive in making those choices. UTC clearly chose its common corporate characteristics, evident in their maintaining high technologies and adopting a unique international approach, eschewing its American roots. Further, when it found that this commonality was not creating sufficient value, it then added a third central characteristic, the ACE program, that is, the drive for continuous improvement. It decided on this change relatively quickly and clearly, imposing new requirements on its divisions and on the individuals within the corporation. Partly because of the clarity regarding that choice, the program was adopted rapidly at all levels. The company's value rose as a result. Snap-on has also made clear choices and communicated them without ambiguity to the organization. Its envelope of operations is to provide products that make work easier: its customers are professional and their work operates only in arenas of criticality where the penalty for failure is high. In so doing, Snap-on divisions would not pursue the much larger do-it-yourself market. In Snap-on, among the commandments is: "Do not sell to amateurs." In all that matters, the company made a choice. And it communicated it clearly. In Snap-on, individuals know the limits of their activity and their role in the coordinated corporate effort. As a result, subsidiarity has functioned well and the value of the collective has prospered.

Danaher and ITW gave substantial responsibility to their various divisions. The hallmark of those two corporations is delegation to the divisions and the individuals that inhabit their corporate communities. In fact, the DBS system for Danaher and the 80/20 system for ITW, the cores of those corporate entities, are each rooted in individual activity. The system works well primarily because it encourages and demands engagement from all members of the community to improve operations according to those systems. The approach has proved quite powerful and Danaher and ITW succeeded for many years basing their principles of subsidiarity solely on that engagement. Snap-on's value creation and UTC's Ace program are also examples of where engagement has served the organization well. Each of these corporations benefited from allowing substantial range of responsibility for the individuals throughout the organization, and the resulting engagement has paid off. When the energy of an individual can be fully utilized through engagement, substantial power is achieved across any organization.

The final ingredient in the framework for applying the principle of subsidiarity is belief, which is to say, engendering a feeling across the corporation that participation makes a difference to society. This is an extremely powerful, but elusive, creator of

---

[3] *Thomas C. Kohler*, In Praise of Little Platoons: *Quadragesimo anno (1931)*, in: Building a Free Society: Democracy, Capitalism, and Catholic Social Teaching, edited by George Weigel/Robert Royal (Grand Rapids, MI: Eerdmans, 1993), 39.

organizational power. It can greatly reinforce the prosperity and stability of the collective. A clear example can be seen in Snap-on, an organization whose people are fortified by the realization that what they do means so much to so many. This is rooted in the focus chosen by the center. Snap-on is the company that makes work easier – but it's also the brand that gives working men and women the means to display pride in their work. There are ideas in which belief is natural and the associated commitment generates a differentiating energy across the corporation. It's not by accident that customers, and employees, commonly wear Snap-on shirts and jackets, aspiring to identify with the corporation's name and the ideas for which its stands. This contagious application of subsidiarity is an extraordinarily effective and strong force for prosperity and stability.

In summary, the corporate examples clearly demonstrate a framework for applying subsidiarity: Value – Ford Motor; Choice – UTC; Engagement – Danaher, and Belief – Snap-On.

V. Nations – Subsidiarity in Practice

It might be informative to consider the application of subsidiarity on a national level. In the subsequent section, we will consider an array of countries to determine if the framework of value, choice, engagement, and belief are valid beyond the corporate environment. For study, we've chosen the U.S. and France, two large mature democracies, the People's Republic of China, a large communist nation evolving to modernize its governance model, and Singapore, a small democracy. By considering a wide range of national applications of subsidiarity, we seek to disprove, revise, or confirm our hypothetical corporate-derived framework.

In the 18th century, the United States was formed by combining the various colonial governments that had already existed on the North American continent for well over a century. It was one of the greatest experiments in democracy that the world had seen to that point, and the principle of subsidiarity was central to its formation. The constitution of the U.S. made clear choices in identifying powers that were assigned to the federal government. The center of the nation was to establish justice, ensure domestic tranquility, provide for the common defense, promote the general welfare, and secure the blessings of liberty for the then current generation and for posterity. From these words in the founding document, the powers of the center and those delegated to the states and localities, such as a policing, local commerce, and education were laid out in a fairly clear prescription. In effect, the founding fathers of the U.S. made clear choices when applying subsidiarity.

The uniting of the states also created significant value. The new government was capable of accomplishing things that were not easily achieved by individuals or even the states acting independently. One such value was a common defense which was tested shortly after the nation's founding in the War of 1812. In that conflict, the

U.S. was victorious proving the value of the collective, and demonstrating its essential role in areas such as creating a protected atmosphere which did indeed promote the general welfare and make liberty secure.

The new government, however, left substantial range of action for its citizens. In fact, it was understood that each citizen was free to make his own way, choose a profession, get an education, attain free land in the west, and build a life. It became well understood that Americans were rugged individualists. The government created the opportunity, but individuals built their own lives, and the broad American population aggressively engaged its energy in that endeavor. Finally, the citizenry has, and always has had, strong belief in the special nature of the nation and its role in human society. It's a nation of immigrants dedicated to the proposition, that all men are created equal and endowed by their creator with certain inalienable rights, and among these are life, liberty, and the pursuit of happiness. In fact, absent common ancestry, a particular religious belief, or a stable boundary, it's this belief that defines individuals as Americans. Value, choice, engagement, and belief: America has all of the aspects at its core for successful application of subsidiarity and, as such, the principle has been the underpinning of one of the most successful nations of our day.

Today, however, the American application of subsidiarity is becoming less effective. The allocation of power among the federal government, the states, and the individuals is becoming less clear. It's under continuous challenge in the supreme court of the land. The role of the federal in health care, in education, and in personal behavior is a source of much conflict and distraction. Because of this uncertainty, the appropriate level of engagement for local governments and more importantly, for individuals, has become blurred, causing some to severely doubt the value of the federal government. Bruce Katz and Jennifer Bradley in their book, *Metro Revolution*, summarize this feeling saying: "Mired in partisan division and rancor, the federal government appears incapable of taking bold action."[4] Some American leaders have even reinforced this uncertainty by proclaiming to various groups that "the cards are stacked against you" implying that they cannot hope to succeed without greater support from the federal government. In the parlance of subsidiarity, this view asserts that the individual cannot find full prosperity unless the American center chooses to transfer more responsibility from these individuals to the center. All of this raises new questions regarding choice and engagement. While a new subsidiarity may or may not be appropriate in the current environment, the turbulence created by this period of uncertainty and blurred allocation of responsibility has reduced the societal value of the contemporary government. The economy, domestic tranquility, the pursuit of happiness, and individual prosperity have all been compromised as a result of this change in the application of subsidiarity.

France is a country which does add value and radiates belief. What Frenchman is not proud of his heritage, seeing his country as an intellectual leader of Europe and the world? The French gave the world the thinking of Montesquieu, the metric sys-

---

[4] Washington D. C.: Brookings Institute, 2013, p 3.

tem, and many other societal innovations. At the same time, the French Republic has created value not achievable by individuals, as evidenced by the economic and military leadership of France over the years. Further, having risen in revolt to create its republic, the French population remains quite engaged today. The spirit of the barricades lives on in contemporary French social action. So, the French application of subsidiarity shows clear value, the energy of strong belief and the power of broad engagement. Yet France, today, is mired in economic and social difficulty. Its GDP is demonstrating among the weakest trends in Europe. And it's struggling as a society with ethnic minorities, especially the Muslim immigrant population, and the situation is not improving. In fact, as Christopher Caldwell indicates on France in his book, *Reflections on the Revolution, Immigration, Islam and the West*, "young Muslim men are not successfully assimilating, in fact, they are rapidly dissimilating".[5] Further, while other European economics are recovering from recession, France seems to be weakening with even more pessimistic views on its future. One of the underlying reasons for this is that France has never been able to choose a stable, workable application of subsidiarity. In some ways, France is still influenced by the words of the Marseillaise: "To arms citizens, form your battalions." and, at the same time, the nation is still devoted to the motto: "*Liberté, Égalité, Fraternité.*" In other words, France is caught between the competing ideas of revolution and liberty. It cannot easily decide how much liberty to grant individuals or choose clearly how much collective power it needs to maintain at the center in order to keep revolutionizing society. This has resulted in parochial unions taking power, marching to their own self-serving barricades, in sectors such as transit, trucking, refuse collection, or air traffic control, and thereby disrupting the life of the nation to the economic detriment of the whole. The government cannot curb such destructive action because it has not yet been able to firmly choose its application of subsidiarity and set clear minimum behaviors necessary for the French common good. Beyond the unions, this can also be seen in the state's dealings with Muslims. Various ghettos of Muslims seem to be engaging in a continuing creep on French sovereignty, refusing entry for local officials, imposing alternative school calendars and syllabi that are substantially different than those prescribed by the French government, and even harboring groups and individuals who advocate political and physical unrest. Most of this also proceeds from the nebulous French application of subsidiarity, not being able to choose and demand adherence to the necessary collective behaviors that are minimum requirements of citizenship. It's clear that in a variety of situations, from union behavior to the management of immigration, if France is to solve its problem, it must find a better balance between revolution and liberty. It must make clearer choices regarding subsidiarity.

When the People's Republic of China was formed as a communist nation, the application of subsidiarity was clear. There was value in the collective population cooperating to move China forward from the turbulence and deprivation of the late

---

[5] New York: Doubleday 2004, p 133.

Qing, the colonial, and the warlord periods. The government made decisive choices gathering power to the center. While many were victimized, the vast majority of the population became engaged and believed in the restoration of preeminence for the great Chinese civilization and its people. The National Anthem for the People's Republic says it well: "Bravely struggle to protect the Motherland." There were, of course, great negatives, but over time, the society improved, stabilized, and started to enter the modern world in the mid-seventies. Since then, China has been changing faster than any country in the history of the planet. In this frenetic environment, as you might expect, China struggles to adjust its application of subsidiarity as it evolves, with the central government ceding more responsibility to subset organizations/communities and to individuals. Having said that, however, the center still clearly adds enormous value. Citizens are engaged and working to a level of prosperity and world relevance that China has not seen since the early 19th century. The population, while raising more questions, still believes in the "brave struggle" to drive the ascendance of the Chinese people.

There are, of course, problems and they are associated with choice. Just how much responsibility should the central government now hold after having enabled so many individuals with prosperity, education, and capability? There is also a question of engagement. There are still many in China who are dependent on the iron rice bowl of state-owned enterprises that are not functional in the current environment and must be phased out. The future of China, turbulent or smooth, will depend how well its choices on subsidiarity evolve. The nation is struggling with the question. It does get many things right. For example, the government retains enough control responsibility to build projects such as the Three Gorges Dam on the Yangtze, relocating well over a million people to achieve collective value. In the other direction, the center was quite savvy in delegating substantial economic license to its provincial and city governments. In effect, each subsidiary community is responsible for tailoring an economic approach to the unique needs of its special jurisdiction. The policy has authored considerable success and generated great economic growth city by city. Contemporary China is a story that borders on an economic miracle in part because of that balanced policy. In other areas, China is still evolving. It struggles in its relationship with churches, holding too much power regarding these matters in the government center when it adds no noticeable value and contradicts the policies which work so well in almost all effective modern societies. The government also struggles with transitioning workers in its state-owned industries to private enterprise. In addition, it has great variance in economic prosperity from cities to the countryside where life can still be difficult. If it is to engage and enrich its full population, these issues must be addressed. So, China has come far, but it has more to accomplish. In this regard, the future of China will depend on how deftly and effectively its approach to subsidiarity evolves as it goes forward.

Singapore is another great success story rooted in a proper application of subsidiarity. The value of its government is clear. It has accomplished much and continues to achieve progress that individuals could not summon on their own. In the immediate post World War II era, one British official described Singapore as a disaster, "the world's worst slum". It was an accurate description. When Singapore became independent in 1965, not so long ago, it was a very humble area, with much of the population living in "Kampong" housing, wearing flip-flop sandals, and generally poor by any standard. Today, the city-state is a gleaming garden island of steel, glass, and green space, with one of the world's most economically advanced populations. The government, a Confucian democracy, has made clear choices regarding subsidiarity. Its focus centers on providing the collective framework for building the economy and widespread prosperity. It has created effective schools, established efficient transportation, and made attractive housing available to all. Beyond those areas, it has delegated other choices to the individual, allowing an entrepreneurial spirit to grow and creating the opportunity for anyone to rise to riches based on his or her individual efforts. For its part, the citizenry is clearly engaged in the economic endeavor from top to bottom, from young to old, all across the island state. Singaporeans also believe strongly in what they're accomplishing. Having come so recently from poverty, the pursuit of prosperity takes on an almost religious zeal. "Majulah Singapura" – Forward Singapore" is the national motto and Singaporeans widely believe in it. But, the risk for Singapore moving forward lies in its belief. Prosperity as an inspirational idea, as a cause bigger than the individual, as an idea in which citizens wish to enlist is a powerful concept at this point. As the spectra of poverty fades into the distant past, however, the pursuit of prosperity may no longer be sufficiently inspiring. Without a strong belief and urgency in the nation's need for more prosperity, individuals may become less willing to eschew their particular preferences in exchange for collective advancement. Singaporeans may start to question their common purpose and pressure the government for a different application of subsidiarity, one which diminishes central power and cedes more range to the individual. It's not easy to predict how this could play out or whether it would compromise the national quality of life in the future. For now, however, Singapore represents a clear eyed application of subsidiarity, and the prosperity of the nation and the satisfaction of the citizenry confirms it.

VI. Conclusion

The principle of subsidiarity is essential to society and recognition of that need is generally accepted across the world. It's the construction of an effective application of the principle that makes the difference between success and failure. In that effort, the corporate-derived framework of value, choice, engagement, and belief can be a useful and effective guide.

Looking at subsidiarity in various corporations, we can see the essential framework for effective application of the principle. The example of the Ford Motor Company with its changing policy on centralization and the accompanying disruption, highlights the stabilizing importance of making a clear choice on the assignment of responsibility and the difficulty in adjusting that decision. The dual examples of GE and UTC demonstrates the importance of value and the need to alter the application of subsidiarity if the value created by the collective ceases to be sufficient. Danaher and ITW with their systems, DBS and 80/20, show us the power of engagement. Everyone in these companies is focused on little else than employing these systems, and the organization created value and benefit for some time simply on that basis. Finally, Snap-on shows the tremendous power of belief. Snap-on people are enlisted in celebrating and enabling the "dignity of work". They're part of something greater than themselves. Toiling in an effort, and a cause, that generates significant benefit to general society. Their belief serves to multiply the value they create, confirm the choices they make, and amplifies the energy with which they engage, all factors signifying effective application of subsidiarity.

The circular framework of value, choice, engagement, and belief appears to create an effective application of subsidiarity. This is confirmed when we look at subsidiarity through the lens of that framework in the case of various nations. The United States has created great value at the federal level and has chosen clearly what responsibility it delegates to the states and to individuals. It's engaged its population. They are rugged individuals but they fervently share extraordinary belief in life, liberty and the pursuit of happiness. As a result, America has been an ascendant nation. But, its preeminence is now challenged. Much of its current trouble can be traced to the nation now wavering on assignment of responsibility between individuals and government; it's learning away from its effective, historical application of subsidiarity. France has many positives, but it has difficulty choosing between revolution and liberty, between collective action and individualism; it has been compromised because of it. China has performed economic miracles rooted in the effective application of subsidiarity and the evolution of its approach as its environment has changed. It does, however, face further challenges moving forward, and its success will depend on continual deftness. Singapore has been effective in creating benefits for its population. It has value, choice, engagement, and belief, but its belief is based on collective advancement. It's not clear how long that will be sufficient as the memory of poverty fades from the nation.

Subsidiarity – the assignment of responsibility across an organization – is an essential component of our society. A study of corporations and nations show that the essential elements of successfully applying the principle are: *values:* creating benefit sufficient to justify the existence of a community; *choice:* deciding who will bear what responsibility and how much is assigned to the center; *engagement:* eliciting energy and focus from the individuals involved, and *belief:* creating the fulfillment associated with being part of something relevant to society and being a part of something bigger than oneself. And this is the most important aspect of any successful application of subsidiarity.

Solidarität nicht ohne Subsidiarität

Überlegungen zur Währungsethik für Europa

Elmar Nass

In den Wirtschafts- und Währungskrisen der vergangenen Jahre wartete man vergeblich auf sozialethische Orientierungen der Kirche. Dabei bietet die Katholische Soziallehre mit ihrem Verständnis von Menschenwürde, Gerechtigkeit und Freiheit (den Werten) und Personalität, Solidarität und Subsidiarität (Prinzipien) veritable Ziele und Instrumente, die als gut begründete kohärente Systematik auf die drängenden Ordnungsfragen anwendbar sind. Das Schweigen hat zwei Konsequenzen: (1) Die Marginalisierung christlicher Orientierung für die Gestaltung der Gesellschaft. Dem setze ich gute Gründe für das Bekenntnis zum Bekenntnis entgegen. Die ausdrückliche Offenlegung der christlichen Wertbasis entspricht der Forderung Max Webers nach wissenschaftlicher Redlichkeit. Mit dieser Transparenz fordert es die darauf verzichtenden und nur vermeintlich neutralen Sozialethiken auf, selbst auf diesen Boden der Wissenschaft zurückzukehren. (2) Die selektive Entfremdung der Sozialprinzipien von ihrer Wertbasis und deren unterkomplexe Adoption durch fremde Sozialethiken. Die Subsidiaritätsvergessenheit neo-sozialistischer Rezeption und die damit verbundene Ent-Aristotelisierung des mit der Katholischen Soziallehre übereinstimmenden humanistischen Befähigungsgedankens sind aufzuheben. Dagegen steht eine Rekontextualisierung, die der Sinnbestimmung der Prinzipien entspricht.

Zunächst werde ich diese beiden Herausforderungen mit entsprechenden Bekenntnissen diskutieren, bevor in einem dritten Schritt auf dieser Gerechtigkeitsgrundlage exemplarisch eine subsidiaritätssensible Anwendung auf die aktuelle Währungskrise in Europa erfolgt.

I. Entideologisierung der christlichen Sozialethik?

Wer von Solidarität oder Subsidiarität spricht, hat heute meist nicht nur die christliche Verwurzelung dieser Prinzipiendualität vergessen. Vielmehr werden diese Prinzipien jeweils singulär und von jeglicher Wertbasis entwurzelt. Was vermeintlich als aufgeklärt befreiende Entideologisierung der Sozialethik verkauft wird, bedeutet in Wahrheit ihre Entsystematisierung, was der Willkür zur Deutung von Werten und Prinzipien Tor und Tür öffnet. Das Verhältnis von Solidarität und Subsidiarität macht dies besonders deutlich.

Unter dem Deckmantel einer vermeintlichen wissenschaftlichen Werturteilsfreiheit werden vor allem religiöse Begründungen der (Sozial-)Ethik mit dem Vorwurf des Dogmatismus zunehmend an den Rand gedrängt. Philosophische Disziplinen haben im Sinne von Auguste Comtes Drei-Stadiengesetz die Menschen ‚befreit' von dem vermeintlich vormodernen Festhalten an transzendenten oder auch transzendentalen Objektivitäten. Die so an die Wand gedrängte christliche Sozialethik erliegt schnell der Versuchung, sich unter diesem Druck als irgendwie doch noch anschlussfähig an säkulare Ethiken beweisen zu wollen. Damit macht sie sich kleiner als sie ist. Denn der ihr gegenüber geäußerte Ideologieverdacht ist selbst eine Ideologie. Was die vermeintlich Neutralen verschweigen: Jede – und damit auch ihre – Ethik fußt auf weltanschaulichen Postulaten zum Menschenbild, die jeweils der Ausgangspunkt (sozial-)ethischer Reflexion sind. Das gilt also auch für kontraktualistische, sozialistische, ökonomische oder alle anderen möglichen Formen aufgeklärter Sozialethik. Mit falscher Bescheidenheit macht sich eine christliche Position ohne Grund überflüssig für sozialethische Meinungsbildung.

1. Ein gut gemeinter, aber unzureichender Versuch

Die beiden großen Kirchen in Deutschland stellen sich in einem Papier „Gemeinsame Verantwortung für eine gerechte Gesellschaft"[1] dieser Herausforderung. Sie wollen – ausgehend vom Doppelgebot der Liebe – ausdrücklich christliche Orientierungen für eine soziale Verantwortung anregen. Das eigentliche Ziel gerät schnell aus dem Blick. Die Ableitung von Eigen- und Nächstenliebe aus der Gottesliebe ist ein religiöses Bekenntnis. Daraus wird ein Programm sozialer Verantwortung entworfen, den Willen Gottes in soziale Verantwortung zu übersetzen. Es soll das religiöse Fundament mit gesellschaftlicher Relevanz wieder zutage treten. Verschiedene Wege sind möglich, dies zu entfalten. Der gemeinsame Text der Kirchen wählt dazu den Vorrang des Weltbezuges. Die christliche Idee des Sozialen soll in der pluralen Gesellschaft verstanden werden, damit sie überzeugen kann. Biblische Bezüge, die Rede von Gott und Transzendenz treten zur Seite. Das dreifache Liebesgebot wird zugespitzt auf die Nächstenliebe. Die Botschaft vom Heil wird fokussiert auf die Immanenz in der Welt. Der Weg zu Gott ist verstanden als der Weg zu den Menschen. Das können alle Menschen guten Willens verstehen. Verzichtet wird auf den Anspruch christlicher Wahrheit etwa zum Wesen des Menschen, aus dem Werte, Prinzipien und Tugenden abgeleitet werden. Stattdessen wird der politische Diskurs als Methode akzeptiert, über den Inhalt von Legitimität und Menschenwürde zu urteilen. Damit soll das Christliche anschlussfähig gemacht werden für die Welt von heute. Kein Platz ist für Unaufgebbares oder ewig Gültiges, so ist bei Jürgen Habermas, dem Vordenker der Diskursethik, nachzulesen: „Menschenrechte mögen moralisch noch so gut begründet werden können. Sie dürfen aber einem Souverän nicht gleichsam paternalistisch übergestülpt werden. Die Idee der rechtlichen Autonomie der Bürger verlangt ja, dass sich die

---

[1] Vgl. DBK/EKD (2014).

Adressaten des Rechts zugleich als dessen Autoren verstehen können."[2] Vielmehr gilt das als legitim, was unter Einhaltung bestimmter Regeln im Diskurs beschlossen wurde. So kann der dogmatische Ballast über Bord geworfen werden, der den Kirchen bisweilen den Vorwurf des Vormodernen eingebracht hat.

„Etsi deus non daretur" – Stellen wir uns vor, es gebe Gott nicht: unter dieser Prämisse des methodologischen Atheismus können sich nun auch Säkulare und Andersgläubige die kirchlichen Gedanken zur sozialen Verantwortung zu Eigen machen. Das klingt attraktiv. Der Text der Kirchen will eine ethische Orientierung geben, wie wir das nun konkret verstehen sollen. Dazu sind bestimmte Werte gesetzt wie Würde, Gerechtigkeit, Gemeinwohl und Freiheit, Prinzipien wie Personalität, Solidarität und Subsidiarität und als Tugenden neben der sozialen auch die Eigenverantwortung, Vertrauen und soziales Miteinander. Freiheit, Eigenverantwortung und Subsidiarität bleiben dabei aber inhaltlich blass. Viel Wert wird dagegen auf eine inhaltliche Bestimmung von Gerechtigkeit gelegt. Offenbar wird hier ein besonderer Orientierungsbedarf gesehen. Solidarität im Sinne des Teilens von Vermögen und Einkommen, der Bekämpfung von Armut und Arbeitslosigkeit schaffe Vertrauen und soziales Miteinander. Trotz des Bekenntnisses zur Sozialen Marktwirtschaft wird eine neue Wirtschafts- und Sozialordnung gefordert, die einmal eine ökologische Rahmung erhält, ein andermal als vorsorgender Sozialstaat verstanden wird. Das Misstrauen gegenüber dem Markt ist spürbar. Menschendienlichkeit versteht sich als Ausbau von Sicherheit und Versorgung. Kurzum: Heil in der Welt bringt der Primat der Politik über den Markt, der vor allem durch steuerpolitische Reglementierung und Umverteilungen so in seine Grenzen gewiesen wird. Das Programm setzt politische Akzente, denen viele Christen und Nicht-Christen zustimmen können. Woher aber kommen nun diese Orientierungen, da sie doch weltanschaulich neutral verstanden werden wollen? Es ist ein gedachter Homo distributivus, der subsidiaritätsvergessen die Inhalte und Wertschätzungen von Werten, Prinzipien und Tugenden im Sinne seiner ausgleichenden Logik der Gerechtigkeit als versorgende Umverteilung vorgibt.

Analog dazu könnte auch ein Programm entworfen werden, welches den Homo distributivus durch einen Homo oeconomicus ersetzt, der mit gleichem Anspruch nunmehr die Inhalte der Werte, Prinzipien und Tugenden ganz anders, nämlich ökonomisch im Sinne des Marktes definiert. Dann stehen Freiheit, Eigenverantwortung und Subsidiarität im Mittelpunkt. Die Entfaltung individueller Kreativität wird als Menschenrecht herausgestellt. Gerechtigkeit erzielen wir dann dadurch, dass keine knappen Ressourcen verschwendet werden. Und so dient der Markt dem Menschen mehr als politische Reglementierungen. Vertrauen bildet sich nun aus einem geteilten Geist der Leistungsbereitschaft. Das zusammen konstituiert eine alternative Sichtweise sozialer Verantwortung. Beide Programme sind anschlussfähig an den politischen Diskurs, weil sie genau hier ihre Argumente und Gründe finden und nicht in der Religion.

---

[2] *Habermas* (1996), S. 301.

Die konkreten Inhalte der verschiedenen Ethiken sind durch den jeweils gewählten politischen Standpunkt vorgegeben. Die Beantwortung sozialer Fragen unterliegt dem Primat der Politik. Die Rolle des Christlichen beschränkt sich schnell auf einen Paralleldiskurs nicht mit, sondern neben politischen Programmen sozialer Verantwortung und Ordnung. Zur Gestaltung sozialer Verantwortung ist es dann überflüssig.

2. Christliche Sozialethik in Gott verankert

Als Christ kann man mit guten Gründen verschiedene politische Programme unterstützen. Bleibt der religiöse Kern in sozialen Fragen nur ein Anhängsel an politische Programme, verdunstet er, und eine christliche Sozialethik wird überflüssig. Ich schlage deshalb vor, aus dem Doppelgebot der Liebe den Inhalt sozialer Verantwortung ausdrücklich christlich abzuleiten.

Dreh- und Angelpunkt christlicher Sozialverantwortung ist unser Glaubensbekenntnis. Unter der Prämisse des ‚Deus etsi daretur' richtet sich dann der Blick zunächst auf die Gottesliebe, aus der das zweite Gebot erst abgeleitet ist. Dieses Bekenntnis befreit, das Leben und soziale Verantwortung aus der Brille des Homo religiosus zu sehen. Der Christ als Homo religiosus macht Gottesliebe und Gottesrede zur Quelle und zum ausdrücklichen Bezugspunkt seiner (sozialen) Orientierung. Er macht sich das Geschenk von Gottes Liebe bewusst und spürt, was das heißt: Gott schenkt mir und uns Würde und Freiheit, Er stiftet Gemeinschaft mit uns in Seinem Bund und der Kirche, Er vertraut uns die Schöpfung an. Als moralische Menschen haben wir deshalb zuerst eine Verantwortung gegenüber Gott, vor dem wir alle einmal stehen werden. Aus diesem Bekenntnis leitet sich unmittelbar unsere Verantwortung gegenüber uns selbst und dem Nächsten ab. Regeln und Ordnung müssen die Übernahme dieser dreifachen Verantwortung ermöglichen. Das ist christliches Bekenntnis zur Gerechtigkeit, die sich nie auf eine bestimmte Gesellschaftsordnung beschränkt.

Der Logik des Diskurses entgegen vertritt das Christentum unaufgebbare ethische Positionen. Die Entfaltung jedes Menschen als die uns von Gott gegebene Aufgabe fordert immer eine Balance zwischen Solidarität und Subsidiarität. Sie steht unbedingt für die gleiche Würde jedes menschlichen Lebens ein, vom Anfang bis zum Ende. Sie schätzt die Individualität jedes Menschen in seiner Verantwortung und wendet sich gegen Gleichmacherei und Kollektivismus.[3] Sie fördert einen Geist des Miteinanders aller Menschen als Geschöpfe Gottes. Die Option für die Armen ist nicmals konfrontativ. Sie ist ein Bekenntnis zum Einsatz gegen jede Form der Not, gerade auch der seelischen. Das alles ist christlich, nicht weil es politisch korrekt ist, sondern der Auftrag Christi.

---

[3] Vgl. Psalm 139,14.

II. Das Christentum der Humanität

Das Bekenntnis zum christlichen Bekenntnis setzt sich in einer weder selektiven noch synkretistischen, sondern ganzheitlichen Rezeption christlich sozialethischer Systematik fort, wie sie die Katholische Soziallehre vorlegt. Die Soziale Marktwirtschaft fußt auf einer naturrechtlichen Legitimation, die einem christlich begründeten Menschenbild folgt. Die gegenseitige Verpflichtung der Individuen wird dabei unmittelbar aus der Natur des Menschen hergeleitet. Ausgangspunkt einer legitimen Ordnung ist das Verstehen der menschlichen Natur. Normative Grundlage der Gerechtigkeit ist die Rückbindung von Rechten an das Kriterium der Humanität.[4] Eine ordoliberale Wettbewerbspolitik orientiert sich an den Zielen von Marktfreiheit und damit verbundener Effizienz. In dieser Neutralität wacht der Staat über den Markt mit einem Regelwerk, das die Funktionen und Defekte des Marktes kennt und reguliert. Eine solche Normativität ist Mittel zum Zweck der Wettbewerbseffizienz. Ein „Wohlfahrts-" als „Versorgungsstaat" wird abgelehnt, da er eine Anspruchsmentalität fördert, die dem Leistungsprinzip (und damit der menschlichen Natur) widerspricht und die Wettbewerbseffizienz durch Autoviktimisierung u. a. desavouiert. Denn ein solcher Staat tötet die Eigenverantwortlichkeit ab und versklavt den Menschen.[5] Dagegen setzt die Soziale Marktwirtschaft auf eine Stärkung der Individualfürsorge, weil Humanität als positive Freiheit die Eigenverantwortung einfordert.

Dem Subsidiaritätsprinzip zufolge sollen Individuen und kleine Gebilde befähigt werden, tatsächlich die ihnen zumutbare Verantwortung übernehmen zu können.[6] Eingriffe des Staates sind begründungspflichtig, aber als subsidiäre Assistenz legitimiert, während eigenverantwortliches Handeln als Grundvoraussetzung zur Entfaltung individueller Persönlichkeit angesehen wird. Die Subsidiarität schafft also reale Freiheit und kann damit aus dem Würdeprinzip abgeleitet werden. So muss die jeweils höhere Ordnung seine Glieder aus einer Versorgungsmentalität herausführen. Andererseits muss sie die Entfaltung, die zur Leistungserbringung notwendig ist, ermöglichen und einfordern. Es bestehen objektive, verteilungsrelevante Ansprüche: (1) auf die Entfaltung der individuellen Eigenverantwortlichkeit und (2) auf die Existenzsicherung derjenigen, die zu eigenverantwortlichem Handeln nicht fähig sind.

1. Die Stärkung der Eigenverantwortung

Der nicht christliche begründete neo-aristotelische Befähigungsansatz, wie er vor allem von A. Sen und in Abstrichen auch von M. Nussbaum vertreten wird, sucht die grundrechtliche Garantie realer Eigenverantwortlichkeit einzulösen. Wegen der gemeinsamen aristotelischen Wertbasis und den damit aus der moralischen Natur des Menschen gut begründeten unbedingten humanen Rechten und Pflichten ist er in

---

[4] Vgl. *Müller-Armack* (1974), S. 212.
[5] Vgl. *Erhard* (1990), S. 8.
[6] Vgl. *Lampert/Althammer* (2004), S. 450 ff.

hohem Maße kompatibel zur ganzheitlichen Systematik Katholischer Soziallehre, die eine Subsidiaritätsvergessenheit verbietet.[7]

Eine Ablösung des Befähigungsgedankens von seinen aristotelischen Wurzeln zum Zwecke etwa einer neo-sozialistischen Taufe entfremdet diese Gerechtigkeitsidee von seinem Begründungskontext, der ihm Stringenz und Kohärenz verleiht. Wer von Befähigungsgerechtigkeit spricht, darf Sens Systematik nicht willkürlich sezieren. Das Grundansinnen des Ansatzes zielt auf die Beantwortung der Frage nach dem Umfang einer human begründbaren Gleichheit. Dazu leitet Sen vorpositiv das Grundrecht auf die Entfaltung von grundlegenden Fähigkeiten wie Gesundheit, Kreativität, persönliche Verantwortung oder soziale Integration ab, die den Menschen als Person ausmachen.[8] Diese Grundfähigkeiten sind Ausdruck der Freiheit, sie entsprechen dem absoluten Standard der Lebensqualität, der jedem Menschen zusteht.

Die Herstellung von objektivierter Lebensqualität fordert, dass die Individuen die langfristig wirksame, der Natur gemäße Freiheit in der Realität umzusetzen befähigt werden. Die objektive Referenz dieser Legitimität kann nicht aus dem aktuellen Wünschen der Individuen abgeleitet werden, vielmehr wird sie als naturrechtlich gegeben postuliert. Die Selbstbestimmung ist dabei als ein Entscheidungsraum konzipiert, welcher jedem Menschen zur Stärkung seiner Eigenverantwortung natürlich zusteht.[9] Naturgemäße Freiheit setzt die Entfaltung individueller Eigenverantwortlichkeit voraus. Sie ist verstanden als individueller Optionsraum verantwortlichen Entscheidens, der angemessene Wahlmöglichkeiten zwischen Alternativen erlaubt. Der Befähigungsegalitarismus bindet die Legitimität von Rechten an die Schaffung eines individuellen Freiheits- als Verantwortungsraumes. Ein Versorgungsstaat ist dagegen illegitim, weil er die menschliche Natur verkennt. Er führt zu einer ‚Denaturierung', einer ‚Dekonstruktion der Natur' bzw. zu einer die Individuen enteignenden ‚Gerechtigkeit'.[10] Gerechtigkeit fordert, dass die Individuen zu einer solchen positiven Befähigungsfreiheit zu befreien sind, indem der Staat die Hindernisse der Entscheidungsfreiheit beseitigt. Soziale Rechte verpflichten den Staat darauf, allen Individuen die Wahlmöglichkeiten zur Entfaltung der wesentlichen menschlichen Grundfunktionen mit entsprechenden Bildungs- und Gesundheitseinrichtungen bereitzustellen. Dies setzt einen allgemeinen Zugang zu einem Mindeststandard der Wahlmöglichkeiten voraus. Die Bereitstellung von Wahlmöglichkeiten allein optimiert erst dann den Verantwortungsraum, wenn die Individuen selbst in der Lage sind, eigenverantwortlich entscheiden zu können. Aufgabe der übergeordneten Ordnungseinheit muss es danach sein, die Glieder zur Verantwortlichkeit gegenüber ihrer Natur zu befähigen.[11] Da dabei die Entscheidung zur konkreten Entfaltung

---

[7] Vgl. *Nass* (2006).
[8] Vgl. *Sen* (1993), S. 31.
[9] Vgl. *Kersting* (2000), S. 345 f.
[10] *Kersting* (2002), S. 53, 63, 69.
[11] Vgl. *Nussbaum* (1988), S. 115.

der Grundfähigkeiten bei den Individuen liegt, wird die Eigenverantwortung herausgefordert. Wie der Einzelne die im Schulwesen ihm angebotene Bildung annimmt, ob der Kranke die ihm offen stehenden Krankenhäuser nutzt, das liegt in der Verantwortung der Individuen. Die Befähigung zur Nutzung des Freiheitsraumes ist eine Grundvoraussetzung so verstandener positiver Freiheit.

Den Anspruch auf Selbstbestimmung, der Eingriffe in das Verfügungsrecht legitimiert, verbrieft ein Grundrecht auf die natürliche Entfaltung der Personalität: das heißt auf biologische Existenzsicherung einerseits (Suffizienz), auf die Ermöglichung freiheitlicher Lebensführung (Befähigung) andererseits. Die angestrebte positive Freiheit der Selbstbestimmung als Ermöglichungsraum fordert und ermöglicht eine Verantwortung den schwächeren Gliedern des Gemeinwesens gegenüber, welche sich an der Natur des Menschen orientiert und deshalb Unfreiheit entgegen wirkt. Eine derartige Solidarität verpflichtet und befähigt unbedingt auf eine subsidiäre Suffizienzsischerung. Das Befähigungsrecht ist ein soziales Grundrecht, auf das jeder einen Anspruch hat. Umverteilungen können aufgrund dieses Rechtes aber nur geltend gemacht werden, wenn die Bedürftigkeit des Einzelnen nachgewiesen ist. Es besteht also keine unbedingte Bringschuld des Staates, sondern eine Nachweispflicht des Empfängers. Wenn dieser nun belegen kann, dass er ohne eigenes Verschulden an der Entfaltung seiner Natur gehindert ist, erwächst ihm aus dieser Mangelsituation ein Anspruch auf öffentliche Bereitstellung der zur Befähigung notwendigen Ressourcen, deren Finanzierbarkeit vorausgesetzt. Die unterstellte Objektivität gilt als Maßstab legitimer Verteilung. Damit bietet der Befähigungsansatz ein Rationierungskriterium an, das die individuelle Verantwortung ernst nimmt. So kommt das Verursacherprinzip zur Anwendung, und zwar nicht allein für die Vermeidung von moral hazard, sondern auch schon in der Entscheidung um die öffentliche Bereitstellung knapper Leistungen.

Gleichheit meint Chancengleichheit im Sinne der Befähigung. Als Suffizienz ist neben der Sicherung eines Mindestbedarfs die Schaffung eines Verantwortungsraumes der Freiheit zu verstehen, die den Individuen die Entwicklung ihrer Talente ermöglicht, ihnen bei selbst verursachter Auslassung dieser Chancen aber keine sozialen Rechte auf einen Ausgleich der so entstandenen Ungleichheit zuspricht (Verursacherprinzip). Es wird also an sozialmarktwirtschaftlichen Grundprinzipien wie Marktkonformität, Subsidiarität und Leistungsgerechtigkeit festgehalten. Die Abkehr von einem kompensierenden Egalitarismus, das Verursacherprinzip sowie die Beschränkung der Fairness auf eine Chancengleichheit der Befähigung korrespondieren mit diesen Prinzipien.

Das Bekenntnis zur christlichen Wertbasis und zu einer daran anschlussfähigen aristotelischen Gerechtigkeitsidee der Befähigung konstituiert transparent eine schlüssige sozialethische Systematik zum rechten Verständnis von Solidarität und Subsidiarität, das nun auf die aktuellen Herausforderungen der europäischen Währungskrisen angewendet wird.[12]

---

[12] Vgl. *Nass* (2012).

2. Grundsätzliche Verortung der Geldpolitik

Das europäische Stabilitäts-Gebot der Budgetdisziplin mit gegenseitigem Haftungsausschluss scheint nur auf den ersten Blick ein unsolidarischer Schutzmechanismus der Starken gegenüber den Schwachen zu sein. Bundesbankpräsident Jens Weidmann erklärt eine zweistufige „Conditionality" zu einem zentralen Prinzip für die ausnahmsweise Vergabe finanzieller Hilfen an hoch verschuldete Länder. Die jeweilige Regierung, in deren Verantwortung die Fiskalpolitik liegt, muss danach ex ante ein überzeugendes Konsolidierungsprogramm vorlegen, welches ex post konsequent umzusetzen ist: „If a country fails to do so, further support should no longer be taken for granted and the country should be prepared to bear the severe consequences."[13] Diese vermeintliche Härte folgt bei einer genaueren Betrachtung den Ideen der vorgestellten Befähigungsgerechtigkeit, wo Solidarität und Subsidiarität eng miteinander verzahnt sind und wo auch das Verursacherprinzip zum Zuge kommt. Die Legitimität einer Ordnung wie der Währungsunion bemisst sich daran, inwieweit in ihr die natürliche Befähigung eingelöst werden kann.[14] Jeder hat im Sinne so verstandener Solidarität einen rechtlich verbrieften Anspruch darauf, dass er – so weit ihm dies physisch und psychisch möglich ist – befähigt wird, Eigenverantwortung zu übernehmen. Wer die durch die Gemeinschaft zur Verfügung gestellten Befähigungsräume nicht nutzt, hat die entsprechenden Konsequenzen zu tragen. Die verantwortete Verletzung von Freiheit ist „ein Vergehen, das wir mit gutem Grund als etwas an sich Schlechtes verwerfen"[15].

Wer wissentlich die Gefährdung der Handlungsfreiheit eines Landes etwa durch eine unsolide Fiskalpolitik in Kauf nimmt, muss im Ernstfall dafür die Verantwortung übernehmen. Eine solche bewusste Verletzung der eigenen Handlungsfreiheit erfüllt die Bedingung eines Sanktionskriteriums. Wer offensichtlich unverantwortlich handelt, kann im dadurch ursächlich bedingten Krisenfall nicht die bedingungslose Haftungsübernahme durch die Solidargemeinschaft erwarten. Hilfe ist nach dieser Gerechtigkeitsidee also an die Bedingung geknüpft, dass der Verantwortliche wissentlich verursachter eigener Unfreiheit diese mit allen Mitteln beheben muss. Solidarität versetzt danach in die Lage, diesen Befreiungsschlag überhaupt durchzuführen und verpflichtet zugleich auf die Übernahme von Eigenverantwortung. Hilfe ist auf die Hilfe zur Selbsthilfe beschränkt. Wer diese Selbsthilfe nicht leistet, hat im Sinne so verstandener Gleichheit die von Weidmann angesprochenen Konsequenzen zu tragen.

Die Umsetzung dieses Zusammenspiels von Solidarität und Subsidiarität hat Konsequenzen für die Kultur des Zusammenlebens. Dazu ein Beispiel: Im Verlauf der letzten großen Wirtschafts- und Finanzkrise hatte sich bei niedrigem Zinsniveau und gleichzeitiger Suche nach neuen lukrativen Anlageformen auf dem Finanzmarkt

---

[13] *Weidmann* (2011a), S. 8.
[14] Vgl. *Goldschmidt/Lenger* (2011).
[15] *Sen* (2000), S. 83.

vor allem durch die praktizierte Greenspan-Doktrin der Eindruck verfestigt, „dass die Geldpolitik im Krisenfall eingreifen und die Risiken begrenzen werde. (...) Allein schon die unwidersprochene Annahme eines solchen Versprechens der Geldpolitik fördert kollektives moralisches Risiko und führt zum Anstieg des Kreditvolumens, der Vermögenspreise sowie des Verschuldungsgrades (...) im Finanzsystem – und letztlich zum Aufbau systemischer Risiken".[16] Auch Europa befindet sich nun in einer solchen Falle. Nicht allein mit Blick auf Deutschland hält Weidmann es für dringend geboten, die in der letzten Finanz- und Wirtschaftskrise vorgenommenen, von der Politik eingeforderten und damals wohl hilfreichen Sondermaßnahmen – wie die Sicherung der Liquidität des Bankensystems, die Stabilisierung angeschlagener Banken und eine hinreichende Bargeldversorgung – konsequent zurückzufahren. Die Perpetuierung solcher Maßnahmen verzerrt den Wettbewerb unter den Banken und erweckt den Eindruck, ein angesichts der früheren Krise weit ausgedehnter Begriff von Geldpolitik, der sich mit der Finanz- und Fiskalpolitik vermischt, sei die Regel.[17] Eine EZB, die als verlängerter Arm der Politik zuverlässig die Risiken von privaten oder staatlichen Finanzgeschäften oder auch Fiskalentscheidungen sozialisiert, schafft Anreize für die Übernahme verantwortungsloser Risiken an den Finanzmärkten und in der Haushaltspolitik. Muss die EZB immer wieder die Ausfallbürgschaft für die Fehler unverantwortlicher Finanzjongleure (2008) oder Politiker (2011) übernehmen, wird damit nicht nur ihre Autonomie verletzt und ihre Aufgabe, die Preisstabilität zu sichern, unterspült. Sie setzt damit auch Anreize zu einer Kultur fortlaufender Verantwortungslosigkeit: „Indem umfangreiche zusätzliche Risiken auf die Hilfe leistenden Länder und deren Steuerzahler verlagert werden, hat der Euro-Raum aber einen großen Schritt hin zu einer Vergemeinschaftung von Risiken im Falle unsolider Staatsfinanzen und gesamtwirtschaftlicher Fehlentwicklungen gemacht. Dies schwächt die Grundlagen der auf fiskalische Eigenverantwortung bauenden Währungsunion."[18] Dieses Argument Weidmanns betont das Subsidiaritätsprinzip, das aus sozialethischer Sicht berücksichtigt werden muss.

Aufgabe europäischer Fiskal- und Geldpolitik muss es sein, in den Regierungen, bei den Banken und bei den Anlegern nicht eine Mentalität der finanziellen Maß- und Zügellosigkeit zu fördern. Denn eine begünstigte Sorglosigkeit entfesselt schnell Verschwendungssucht aus kurzfristigen wahltaktischen Gründen. Sie kann bei den Akteuren in der Finanzwelt den Blick für den bloßen Dienstcharakter des Geldes verstellen. Sie tötet das Gespür für kreative Eigenverantwortung und einen Geist sozialer Verantwortung gerade auch gegenüber den nachfolgenden Generationen ab. Subsidiarität fordert dagegen auch eine Kultur der Eigenverantwortung ein, die gerade das gegenseitige Vertrauen zwischen Starken und Schwachen fördert. Denn die Starken können sich darauf verlassen, dass die Schwachen ihren Beitrag leisten. Und die Schwachen können sich darauf verlassen, dass sie im Notfall so viel Unterstützung

---

[16] *Weidmann* (2011), S. 14.
[17] Vgl. *Weidmann* (2011c).
[18] *Weidmann* (2011b).

finden, dass sie sich wieder selbst helfen können. Nationale Egoismen treten in den Hintergrund. Dieses Miteinander von Subsidiarität und Solidarität stärkt sowohl das Selbstwertgefühl als auch das europäische Wir-Gefühl. Voraussetzung dafür ist die Bereitschaft, Verantwortung auch zu übernehmen. Die konsequente Umsetzung der normativen Befähigungsidee korrespondiert also mit einer Kultur der Verantwortung.

Das Ziel der Preisstabilität hat eine ökonomisch begründete sozialethische Qualität, da sie am Markt die Verschwendung knapper Ressourcen verhindert und weil sie der Altersarmut durch eine Absicherung von Ersparnissen und Rentenansprüchen entgegenwirkt. Eine Aufgabe des Vorrangs zugunsten einer politischen Zielabwägung im magischen Viereck ist nur mit einer Aufgabe der geldpolitischen Autonomie der EZB denkbar. Die Preisstabilität wird dann zwangsläufig den für wahltaktische Zwecke populäreren Zielen geopfert.

Normative Grundlage einer christlich begründeten sozialethischen Orientierung ist die Idee der Befähigungsgerechtigkeit, nach der bei einer gleichberechtigen Zusammenspiel von Solidarität und Subsidiarität eine Kultur der Eigen- und Mitverantwortung geschaffen werden soll.

3. Wirtschaftsethische Begründung

Die stabilitätsorientierte Währungsunion hat eine nicht nur ökonomische Legitimation, die aus Sicht katholischer Sozialethik vertretbar ist. Das Szenario sozialisierter Schulden im Namen der Solidarität wiederholt die Fehler kollektivistischer Wirtschaft, welche die Eigenverantwortung des Menschen und damit seinen natürlichen Anspruch auf die materiale Entfaltung seiner Freiheit unterschätzt hat. Politisch versorgende Regulierung schafft zwar theoretisch zunächst ein Plus an Sicherheit. Sie widerspricht aber der Idee der Befähigung, entmündigt Staaten und Wirtschaftsakteure, erstickt mittelfristig eine Kultur von Vertrauen und Eigenverantwortung und macht die Wohlfahrtseffekte von Markt und Preisstabilität zunichte.

Verlockend klingt eine föderale Struktur der Währungsunion nach Vorbild der Bundesrepublik, wo es zu DM-Zeiten trotz konjunktureller Divergenzen der Regionen eine einheitliche und weitgehend stabile Währung gab. Die Geldpolitik allein kann diese Einheit aber nicht leisten. Voraussetzung für einen solchen Föderalismus ist die politische Einheit, in der Steuer- und Sozialsysteme einander angeglichen werden. Damit ginge zwingend die Fiskalpolitik in eine zentralistische europäische Gewalt über, so dass kein Land nach Belieben (oder ‚nach Bedarf') Schulden machen kann auf Kosten anderer. Dies wiederum erfordert eine Disziplinierung zu einer gemeinsamen fiskalpolitischen Verantwortung, von der wir derzeit weit entfernt sind. Das langfristige Ziel ist eine solche auch zunehmend politische Union mit Budgetdisziplin, in der nationale Egoismen, Unredlichkeiten und Alleingänge keinen Platz mehr haben. Ich vermute, dieser Weg wird aber noch steinig sein.

Die stabilitätsorientierte Währungsunion ohne fiskalpolitische Union muss sich auch im Status als krisengeschütteltes Provisorium daran messen lassen, inwieweit sie schon jetzt in der Lage ist, auf Grundlage der Befähigungsgerechtigkeit eine Kultur des Vertrauens und der Verantwortung zu verwirklichen. Können die Krisenländer im Sinne solcher Gerechtigkeit zur Selbsthilfe überhaupt befähigt werden? Diese Frage etwa aus kulturellen Gründen grundsätzlich zu verneinen, wäre diskriminierend. Es kommt darauf an, ohne populistische Rhetorik die richtigen Schritte für eine nachhaltige Befähigung zu bedenken und sie dann gemeinsam konsequent zu gehen. Wer nicht bereit ist, durch eine Rückkehr oder eine Einführung der Solidität subsidiär seine Befähigung zu entfalten, verliert den Anspruch auf die solidarische Befähigung. Diese Konsequenz muss gezogen werden, nicht zum Schutz der Starken, sondern dem Gerechtigkeitsgebot der Befähigung entsprechend.

Eine Kultur von Vertrauen und Verantwortung wird im Zustand des Provisoriums wohl immer wieder von politischen Manövern attackiert. Die Geldpolitik aber kann auf der Grundlage des EG-Vertrages ihre Kompetenzen bestimmter als bisher abstecken. Hierfür bietet sich eine aktuelle Gelegenheit der Bewährung: In den USA führte in den Jahren 2000–2008 der von der FED durch eine expansive Geldpolitik initiierte Anstieg der Geldmenge um 100 % (gegenüber einem realwirtschaftlichen Wachstum von 20 %) bei gleichzeitiger Lohnzurückhaltung zu einem fortlaufenden Preisanstieg der Vermögenswerte (Immobilien).[19] Die so genannte Greenspan-Doktrin einer geldpolitischen Strategie des Abwartens war aus heutiger Sicht ein Fehler, weil dem Entstehen der Blase durch zügige, restriktive Maßnahmen hätte entgegengewirkt werden müssen. Der Kreditzins war günstig, weitere Preisanstiege wurden erwartet, die Immobilienmakler wurden nach dem von ihnen umgesetzten Kreditvolumen entlohnt. Und so wurden auch hohe Risiken zum Immobilienerwerb in Kauf genommen. Die Banken verkauften mit den attraktiv verzinsten verbrieften Hypotheken auch ihre Haftung auf dem Markt weiter. Da international das Zinsniveau niedrig war, bestand ein großes Interesse an diesen Papieren, bis dann die Refinanzierung der Banken teurer wurde und gleichzeitig die Wertsteigerungen ins Stocken gerieten. Neben dem ‚moral hazard' der Banken und Makler sowie anderer ungünstiger Faktoren hat eine zu expansive Geldpolitik der FED das Entstehen einer solchen Blase erst ermöglicht.[20] Die EZB steht nunmehr unter besonderer Beobachtung, ob sie es nun in der aktuellen Krise besser macht. „The question of what to do once a bubble bursts remains. But it should come only second, in case the evolution of a major bubble in spite of all efforts could not have been prevented."[21] Europa steht aktuell vor der Gefahr, dass sich hier eine Blase in der Bewertung von Staatsanleihen bilden könnte. Die Spekulation auf weitere politisch gewollte Aufkäufe von Staatsanleihen vor allem kriselnder Länder durch diese oder die EZB treibt deren Preis in die Höhe. China etwa hält selbst schon einen hohen Anteil solcher Anleihen und ist an dieser

---

[19] Vgl. *Starbatty* (2011).

[20] Zur Komplexität der Ursachen vgl. *Weidmann* (2011a), S. 3.

[21] *Issing* (2011).

Entwicklung interessiert. Wenn der Zins in die Höhe geht, fallen die Kurse und eine mögliche Blase würde platzen – mit ungeahnten Folgen nicht nur für die anlegenden Banken, sondern auch für die Rentenkassen, die viel Geld in Staatsanleihen investiert haben. Was ist zu tun, um das Entstehen einer solchen Blase zu verhindern? Ein weiterer politisch geforderter Ankauf von faulen Staatspapieren ist unverantwortlich. Auch dürfen solche Papiere nicht als Scheinsicherheiten für eine Refinanzierung der Banken herhalten. Staatsgarantien starker Länder sind nur eine schwache Hilfe, weil dadurch der Wert der Papiere künstlich hoch gehalten wird. Eine erzwungene Laufzeitverlängerung von Staatsanleihen verschiebt die Rückzahlung und senkt zugleich das Vertrauen in die Anleihen anderer Länder, weil auch dort in Zukunft entsprechender Zwang erwartet werden müsste. Auch wird eine solche Verlängerung gerade in den betroffenen Ländern Liquiditätsprobleme bei den Banken auslösen, die solche Staatspapiere halten. Und der Druck wird sich erhöhen, diese Papiere bei der Zentralbank zu beleihen. Das aber soll gerade verhindert werden.

4. Das Targetproblem

Ein weiteres geldpolitisches Problem wird in Expertenkreisen heiß diskutiert: die Targets. Target ist einfach ein Saldo, der sich etwa nach der Abwicklung eines internationalen Zahlungsgeschäftes auf dem Konto einer davon betroffenen Zentralbank bei der EZB ergibt, die für solche Geschäfte als Clearingstelle fungiert. Bedrohlich erscheint es, dass dieses Konto der Bundesbank bei der EZB etwa am 31. 3. 2013 eine Forderung von knapp 589 Mrd. Euro ausweist. Ihren Höchststand hatte sie 2012 sogar bei 750 Mrd. Euro. Woher kommen diese Außenstände? Und wie sind sie abgesichert? Bei den EZB-Konten der Zentralbanken strauchelnder Euro-Staaten stehen dagegen immense Verbindlichkeiten zu Buche. Der wesentliche Grund dafür hat eine ethische Dimension: Herrscht Misstrauen gegenüber der Bonität etwa von spanischen Geschäftsbanken, so werden diese sich nicht mehr über Interbankengeschäfte Geld auf dem Markt besorgen können.[22] Daraus folgende Liquiditätsengpässe gefährden den nationalen Zahlungsverkehr in Spanien. Und da jede nationale Zentralbank den Auftrag hat, diesen zu gewährleisten, können sich die Geschäftsbanken nun Liquidität bei ihrer Zentralbank besorgen. Damit wird auch sichergestellt, dass weiter Kredite an spanische Unternehmen vergeben werden, die damit Waren im Ausland kaufen. Das sichert den internationalen Handel ebenso wie den Lebensstandard im Inland. Die nationale Zentralbank vergibt dieses Geld an ihre Geschäftsbanken gegen Sicherheiten, deren Standard sie weitgehend selbst bestimmt. Das an die Banken fließende Geld kann sie aber nicht einfach aus dem Nichts erschaffen. Vielmehr wird dafür ihr Konto bei der EZB belastet. Diese wiederum gleicht das aus, indem sie etwa der Bundesbank eine Forderung in gleicher Höhe zuschreibt. Denn die Bundesbank hat den Luxus eines Liquiditätsüberschusses, da die deutschen Geschäftsbanken ihr Geld ja nicht mehr im Interbankenhandel auf dem Markt an spanische o. a.

---

[22] Vgl. *Starbatty* (2013) und *Nass* (2013).

Geschäftsbanken verleihen, sondern es lieber bei der Bundesbank sicher anlegen. Am Ende dieser Aktion entspricht dann eine Buchforderung der Bundesbank gegenüber der EZB einer Verbindlichkeit der spanischen Zentralbank gegenüber der EZB. Im Grunde ist buchungstechnisch deutsches Geld nach Spanien geflossen, mit dem in Spanien der Zahlungsverkehr aufrechterhalten wird. Die deutsche Seite hat dafür eine Buchforderung erhalten, die aber nicht etwa direkt gegenüber Spanien oder seiner Zentralbank, sondern gegenüber der EZB besteht.

5. Wirtschaftsethische Einschätzung

Eine wirtschafsethische Bewertung liegt bislang nicht vor. Unter Anwendung des subsidiaritätssensiblen Befähigungsgedankens ergeben sich folgende Aspekte:

(1) Der Interbankenhandel ist ein Marktgeschäft. Geschäftsbanken, denen dort kein Vertrauen entgegengebracht wird, stehlen sich aus dem Mechanismus des Marktes, indem sie sich auf eine Ersatzfinanzierung verlassen können. Anreize zur eigenen Konsolidierung, die wieder Vertrauen auf dem Markt schaffen könnte, bestehen dann nicht. Dies sind planwirtschaftliche Mechanismen am Markt vorbei, die damit sowohl ordnungsethisch wie vom Gesichtspunkt des Vertrauensprinzips her ethisch bedenklich sind. Vom vergessenen Subsidiaritätsprinzip ganz zu schweigen.

(2) Die Kreditvergabe an die Geschäftsbanken geschieht unter Hinweis auf den rechtlich abgesicherten Auftrag der nationalen Zentralbank, den Zahlungsverkehr im Inland aufrecht zu erhalten. Mit dieser zunächst einleuchtenden Erklärung wird die Tugend der Ehrlichkeit verletzt. Denn es geht eigentlich um etwas ganz anderes. Marode Banken wurden und werden durch solche verdeckte öffentliche Unterstützung am Leben erhalten. Dazu wurden in kriselnden Ländern auch die Standards der bereitzustellenden Sicherheiten für einen Liquiditätszufluss an Geschäftsbanken deutlich abgesenkt. Das aber wird öffentlich nicht kommuniziert.

(3) Je mehr dieses Sicherheitsrisiko steigt, umso unwahrscheinlicher wird die Einlösung der Verbindlichkeiten bei der EZB. Die bisweilen vertretene These, trotz hoher Targetsalden bleibe ein Euro schlichtweg ein Euro unabhängig davon, welche Zentralbank sie in Umlauf bringt, ist zunächst nicht falsch. Doch wenn aus ursprünglich sicherem Geld in Deutschland durch solche Umbuchungen nun letztlich zweifelhafte Buchforderungen werden, deren Einlösung immer unwahrscheinlicher wird, so wurde aus gutem Geld schlechtes. Mit diesem schlechten Geld wird auf dem Markt gute Ware gekauft. Und das ist nicht nur volkswirtschaftlich, sondern auch ethisch fragwürdig. Monetäres Vertrauen wird gegen Misstrauen eingetauscht und die ethisch wünschenswerten Allokationsergebnisse des Marktes verzerrt.

(4) Bedenklich dabei ist vor allem, dass das Solvenzrisiko ohne demokratisches Mandat von den Steuerzahlern eines Landes auf die Steuerzahler eines anderen

Landes übertragen wird. Viel Geld für den Erhalt des spanischen Zahlungsverkehrs stammt letztlich vom deutschen Steuerzahler. Die Konditionen zur Sicherung einer Rückzahlung werden aber in Spanien festgelegt. Dies widerspricht einem demokratischen Grundverständnis und kann bis zu einer Form der Enteignung führen, die als Eingriff in die persönliche Freiheit rechtsstaatlich nicht legitimiert ist.

(5) Das Risiko der Einlösung von Forderungen trägt zuerst nicht die Bundesbank, sondern die EZB. Kommt es tatsächlich zu einem Forderungsausfall, wenn etwa ein Land aus dem Euroraum austritt und trotz Hilfsmaßnahmen seinen Verbindlichkeiten nicht weiter nachkommen kann, so müssen die nationalen Zentralbanken entsprechend ihres Kapitalanteils bei der EZB einspringen. Und dann ist Deutschland naturgemäß immer vorne mit dabei. Wenn die anderen Eigentümer aufgrund eigener Krisen nicht mehr mit einspringen können, kann sich der für den deutschen Steuerzahler dann zu tragende Beitrag schnell in Richtung der schwindelerregenden Höhe der Targetsalden annähern. Im Sinne der Solidarität könnte man sagen, das sei auch nur gerecht. Doch wenn unter Berücksichtigung der Saldensummen damit auch die deutsche Wirtschaft in den Abgrund gezogen wird, ist zu fragen, ob Solidarität sich im gemeinsamen Untergang aller realisieren muss, ohne jede Rücksicht auf das Verursacherprinzip.

(6) Nicht zu unterschätzen ist auch die Sorge um den sozialen Frieden in Europa. Die immensen Targetsalden zeigen, dass die deutschen Steuerzahler jetzt schon Lebensstandard und Zahlungsverkehr in Krisenländern mit finanzieren. Dafür gibt es keinesfalls Dank. Stattdessen aus Neid nur Verachtung mit anhaltenden Nazivergleichen. Da in Zukunft ohnehin die Einlösung beträchtlicher Forderungsanteile nicht mehr zu erwarten ist, hätte Deutschland in der Vergangenheit womöglich besser direkt aus Steuergeldern Subventionen an solche Länder überweisen sollen. Das hätte mehr Transparenz für geleistete Unterstützung geschaffen und damit ein anderes Bewusstsein für die geleisteten Unterstützungen. Beträchtlich geleistete Hilfe ist aber schon wirksam. Aus Gründen der Fairness und zum Erhalt eines europäischen Geistes des friedlichen Zusammenhalts muss erwartet werden, dass bei den berechtigten deutschen Forderungen nach Solidität und Subsidiarität die bereits erbrachte deutsche Solidarität gegenüber den Krisenländern nicht verschwiegen wird. Dass wider besseres Wissen Deutschland zum Sündenbock gemacht wird, der die europäische Solidarität untergrabe, ist absurd und nicht weiter hinnehmbar.

6. Und die Konsequenzen ...

Was folgt daraus im Sinne der Befähigungsgerechtigkeit? Schuldenstaaten können nicht einfach aus dem Euro entlassen werden, weil so deren Verbindlichkeiten obsolet werden, zumal mit einer eigenen, weichen Währung. Und auch Deutschland kann nicht einfach aus dem Euro-System aussteigen, weil die Zukunft der Bundesbank-Forderungen an die EZB damit noch ungewisser wird. Das müsste aber keine dramatische Schlechterstellung gegenüber dem Ist-Zustand bedeuten. Denn schon jetzt ist die Begleichung fraglich. Und zumindest rechtlich blieben Forderungen wie Verbindlichkeiten auch mit den dann wieder eingeführten eigenen Währungen bestehen. Ein zumindest temporärer Ausstieg von Krisenländern, flankiert von finanziellen Hilfen zur volkswirtschaftlichen Gesundung, würde den Euro-Raum nicht in den Abgrund ziehen. Auch die Denkmöglichkeit einer Rückkehr zur D-Mark ist nicht von vorne herein abwegig. Da ich grundsätzlich eine gemeinsame europäische Währung, wenn sich denn Politik und EZB endlich entsprechend der Vorgaben des Mastrichtvertrages verhalten würden, indem Finanz- und Gelpolitik sauber getrennt, Konvergenzkriterien und Nichthaftungsklausel eingehalten, Autonomie der EZB und Primat der Preisstabilität als deren oberstes Ziel geachtet würden, für eine gute Idee einer europäischen Friedensordnung halte, und weil der Euro ohne Deutschland keine Zukunft hat, möchte ich diese Konsequenz trotz mancher Sorge noch nicht ziehen.

Die hohen Targetsalden sind nicht die Wurzel, sondern das Resultat einer tiefen Vertrauenskrise. Deshalb ist der Aufbau einer Kultur neuen Vertrauens das Gebot der Stunde. Die ethischen Bewertungen markieren verschiedene Handlungsansätze. Neues Vertrauen in das Bankensystem von Krisenländern zu schaffen, hat dabei Priorität. Was dabei ehrlich gesagt werden muss: Manche Banken werden nicht überleben. Doch bei einem Großteil angeschlagener Kreditinstitute könnten so genannte Bad Banks ausgegliedert werden, deren Verbindlichkeiten dann nicht über die europäische Geld-, sondern die Finanzpolitik abzuwickeln sind. Das entspräche nicht nur der vertraglich festgelegten Aufgabenverteilung zwischen EZB und den Staaten, sondern auch den Geboten von Transparenz und politischer Solidarität. Die verbleibenden Good Banks müssten im Sinne der Subsidiarität materiell wie personell zu nachhaltiger Solidität befähigt werden. Dann sind sie dauerhaft wieder marktfähig für den Interbankenhandel. Und wenn dies dann als Zeichen einer wieder prosperierenden Wirtschaftskraft und funktionierender Märkte verstanden wird, verschwindet auch das Target-Problem.

Literatur

Deutsche Bischofskonferenz/Rat der EKD (2014): Gemeinsame Verantwortung für eine gerechte Gesellschaft (= Gemeinsame Texte 22), Bonn/Hannover.

Erhard, L. (1990): Wohlstand für alle, 2. Aufl., Düsseldorf.

Goldschmidt, N./*Lenger*, A. (2011): Teilhabe und Befähigung als Schlüsselelemente einer modernen Ordnungsethik, in: zfwu 12 (2), S. 295–313.

Habermas, J. (1996): Über den inneren Zusammenhang von Rechtsstaat und Demokratie, in: ders., Die Einbeziehung des Anderen, Frankfurt a.M., S. 293–305.

Issing, O. (2011): Lessons for Monetary Policy: What Should the Consensus Be? IMF Working Papers 11/97, April 2011.

Kersting, W. (2000): Theorien der sozialen Gerechtigkeit, Stuttgart/Weimar.

– (2002): Kritik der Gleichheit. Über die Grenzen der Gleichheit und der Moral, Weilerswist.

Lampert, H./*Althammer*, J. (2004): Lehrbuch der Sozialpolitik, 7. Aufl., Berlin u. a.

Müller-Armack, A. (1974): Genealogie der Sozialen Marktwirtschaft. Frühschriften und weiterführende Konzepte, Sozioökonomische Forschungen, Bd. 1, Bern/Stuttgart.

Nass, E. (2006): Der humangerechte Sozialstaat, Tübingen.

– (2012): Die Kirche und das Euro(pa)dilemma, Frankfurter Allgemeine Zeitung vom 17. 8. 2012, S. 12.

– (2013): Alternative für Europa: Vertrauen. Sozialethische Bemerkungen zur Target-Diskussion, ORDO (64) 2013, S. 487–491.

Nussbaum, M. C. (1988): Die Natur des Menschen, seine Fähigkeiten und Tätigkeiten: Aristoteles über die distributive Aufgabe des Staates, in: dies. (1999), Gerechtigkeit oder Das gute Leben, aus dem Amerikanischen von I. Utz, Frankfurt a.M., S. 86–130.

Sen, A. K. (1993): Capability and Well-Being, in: M. C. Nussbaum/ders. (Hrsg.) (2002), The Quality of Life, 8th ed., Oxford, S. 30–53.

– (2000): Der Lebensstandard, Hamburg.

Starbatty, J. (2011): Geld verdirbt den Charakter. Wie es zu den Exzessen in der Welt des Geldes gekommen ist. Vortrag zum Studium generale vom 12. Januar 2011 an der Universität Tübingen (unveröffentlichtes Manuskript).

– (2013): Tatort Euro, Berlin.

Weidmann, J. (2011): Aktuelle Herausforderungen für Zentralbanken – Betrachtungen im Licht der Finanz- und Wirtschaftskrise. Rede beim Center for Financial Studies in Frankfurt a.M. am 20. Juni 2011, hrsg. von der Pressestelle der Deutschen Bundesbank, Frankfurt a.M.

– (2011a): Concluding remarks at the Banque de France/Deutsche Bundesbank Spring Conference on „Fiscal and Monetary Policy Challanges in the Short and Long Run" am 20. Mai 2011 in Hamburg, hrsg. von der Pressestelle der Deutschen Bundesbank, Frankfurt a.M.

– (2011b): Erklärung zu den Ergebnissen des Europäischen Rates, Pressenotiz der Deutschen Bundesbank vom 22. Juli 2011.

– (2011c): Keine weiteren Risiken!, Gastbeitrag zur Schuldenkrise in Griechenland, in: Süddeutsche Zeitung vom 14. Juni 2011.

Subsidiarity and the National Economy

Jeffrey J. Langan

I. Friedrich List and Trade Unions

In April 1819, Friedrich List, a government official from the principality of Württemberg, went to the Easter Fair in Frankfurt. He sought to petition the German Federal Assembly to abolish all internal tariffs in the recently reorganized German federation. He did so as a representative of the Handels-Verein or trade union.[1] For List, economic legislation was an important step for building a modern nation in Germany. List considered himself a "born Republican" and as a result "a lifelong champion of representative institutions, and a powerful opponent of absolutism and servile bureaucracies".[2]

As List made his proposal, he saw himself as deeply conflicted about recent German history. Like Fichte, List was a devout German nationalist and therefore opposed to the French occupation. His opposition to Napoleon, however, did not throw him into the English camp. He saw Napoleon, and especially the continental economic system which he established in Germany in the wake of his conquest, as the bearer of Enlightenment ideals with which he felt a deep sympathy. List also thought that Napoleon's claim that any country which allowed its economy to be run according to the principles of free trade "would be ground to dust" had proven prophetic.[3]

For List, the years 1814 to 1819 were rather difficult, and pregnant with tension. In 1814, the German federation still had large amounts of debt that it accrued during the Napoleonic Wars. The various states reacted in a three seemingly contradictory ways. One, they exercised excessive decentralization. Two, they implemented tariffs against their fellow German states. And, three, they tended to lift tariffs and open their markets to inexpensive English goods, all in the name of free trade. By 1819

---

[1] *Margaret E. Hirst*, Life of Friedrich List and Selections from his Writings (London: Smith, Elder, & Co., 1909), 137, quoted in: *E. Michael Jones*, Barren Metal: A History of Capitalism as the Conflict between Labor and Usury (South Bend: Fidelity Press, 2014), 899. This paper follows the discussion in: Barren Metal, 891–1000.

[2] *W. O. Henderson*, Friedrich List: Economist and Visionary 1789–1846 (London: Frank Cass, 1983), 2, quoted in: Jones, Barren Metal, 900.

[3] *Friedrich List*, National System of Political Economy (New York: Garland Publishing, Inc., 1974), 144, quoted in: *Jones*, Barren Metal, 903.

the economy collapsed. In 1819 and subsequent years, thousands left the German states due to increased economic instability and famine.[4]

List, like his American counterpart Alexander Hamilton and his Catholic counterpart in Germany, Adam Mueller (1779–1829), objected to free trade. List did so because it debilitated "the ideal of a self-sufficient and independent state".[5] List, however, neither thought of himself as a Whig nor as a Romantic. Instead of the Middle Ages and guilds, he sought to create a "progressive capitalism".[6] To make this possible, Germany had to first achieve a level of economic parity with the English. England had exploited its victory over Napoleon by flooding the continent with cheap manufactured goods, which undercut the prices of local producers and destroyed the productive power of the economy.[7]

To protect itself from free trade economics, in April 1819, List petitioned the German Federal Assembly on behalf of the Union of German Merchants and Manufacturers, asking "for the removal of all custom-duties and tolls in the interior of Germany and the establishment of a universal German system founded on the principle of retaliation against foreign states."[8] His efforts to advance this petition led to a series of political and legal events that resulted in List going into exile in America in 1825.

II. Friedrich List and the American System

In the summer of 1825, Lafayette introduced List to the United States' most prominent citizens. In addition to meeting President John Quincy Adams, Henry Clay, Daniel Webster, W. H. Harrison, and Chief Justice Marshall, during his almost 15 year stay in the United States, he became a businessman, writer, and political advisor, both endorsing and critiquing elements of Andrew Jackson's presidential policies. By 1826, he had made the acquaintance of influential leaders of the Philadelphia business community, a group of people decidedly protectionist. He helped them to synthesize their ideas and create the Pennsylvania Society for the Protection of Manufactures and the Mechanic Arts.[9]

List sensed that many similarities existed between Germany and elements he saw in the young nation of the United States, eventually likening Germany to the State of New Jersey, which Benjamin Franklin described as "a cask tapped at both ends, the contents being drawn off by her neighbours".[10] Both countries, he thought, faced the

---

[4] *Jones*, Barren Metal, 902–5.

[5] *Roman Szporluk*, Communism and Nationalism: Karl Marx versus Friedrich List (New York: Oxford University Press, 1988), 100, quoted in: Jones, Barren Metal, 900.

[6] *Roman Szporluk*, 100, quoted in: Jones, Barren Metal, 900.

[7] *Jones*, Barren Metal, 901–2.

[8] *Hirst*, Life of Friedrich List, 137, quoted in: Jones, Barren Metal, 904.

[9] *Jones*, Barren Metal, 911.

[10] *List*, National System of Political Economy, 458, quoted in: Jones, Barren Metal, 963.

same questions about development, taking into account the challenges posed by the English system and where they found themselves in the early 1800s with respect to developing into full-fledged nations. The American response was labeled the American System. One of its leaders in Philadelphia was an Irish émigré by the name of Matthew Carey. He, like List, was exiled for his criticisms of the English system as it was applied in his native land, in this case, Ireland. By 1784 Carey was exiled to America, where he became committed to helping the former colony organize into a nation along anti-English economic lines. He first did so as a publisher in Philadelphia. Among his first published books was the first American edition version of the Catholic Douay-Rheims Bible. His son, Henry Carey, became an economist of distinction in the 19th century in his defence of the Philadelphia version of the American system.

Matthew Carey, being a publisher, enabled List's first significant publication on economics. To be sure, by 1826 List was both a practical and theoretical man. He owned a coal mine and railroad, and he worked as a journalist, writing articles on political economy. In the same year, Thomas Cooper, a professor of economics at Columbia University, published an extensive defence of the capitalist system of Adam Smith in his *Lectures on the Elements of Political Economy*. The school of Adam Smith had many disciples among intellectuals like Cooper, as well as the cotton and tobacco planters of the southern states.

Cooper's defence of unbridled capitalism could not be left unchallenged. So, List put forward a critique of capitalism and began to set out his own positive economic principles. On July 10, 1827, List wrote a public letter to Charles J. Ingersoll, a Philadelphia lawyer and Democratic member of the U. S. House of Representatives representing Pennsylvania, attacking "the fundamental errors ... of Adam Smith, & Co"[11] which Cooper had advanced in his book. This letter, and ten more that followed were widely distributed in newspapers throughout the United States. Then, Carey gathered together the letters and published them. He gave them the title: *Outlines of American Political Economy* in a series of letters to Charles J. Ingersoll, Esq.

In this work, List explains why he started out as a free trader, and how his practical experience and common sense judgments led him to conclude that the doctrine of free trade had become outdated. Smith confected his free trade version of capitalism during the halcyon days of the Enlightenment when "Freedom throughout the whole world, eternal peace, rights of nature ... were the favorite subjects of the philosophers and philanthropists."[12] But List thought that Smith's understanding of freedom was little better than a cliché: "let it alone" required neither "great talents nor great exertions". It amounted to a series of sayings that a skeptic could resort to in order to defend the reality of large percentages of wealth remaining in the hands of the wealthy.

---

[11] *Jones*, Barren Metal, 930.

[12] *Hirst*, Life of Friedrich List, 182, quoted in: Jones, Barren Metal, 930.

For List, one of the greatest ironies of Smith's thought is that Smith "had entirely forgotten what the title of his book, *Wealth of Nations*, promised to treat",[13] that is, the importance of the nation as an economic and political reality. This lacuna leads the followers of Smith to form utopias in which they imagine all of mankind "united by a general law and by an equal culture of mind".[14] But, if utopic conditions existed everywhere, then "there would be no national interest, no national law contrary to the freedom of the whole race, no restrictions, no wars. All would flow in its natural current."[15] But for List, we do not live in an imaginary utopia. We live in a real world, with real nations. And so, if the theories of Smith were truly applied to a nation, it "would lead this nation to ruin, to suicide".[16]

List does more than simply critique Smith, he also provides what would become a fundamental insight for advancing the possibility of subsidiarity in the emerging international financial system, the importance of the nation. List argued that in order to avoid ruin, politicians and economists would be helped by seeing the economy from another point of view:

> the object of political economy ... is not to gain matter in exchanging matter for matter as it is in individual and cosmopolitical economy, and particularly in the trade of a merchant. But it is to gain productive and political power by means of exchange with other nations, or to prevent the depression of productive and political power by restricting that exchange.[17]

With his insight into the importance of the nation, List enabled the possibility for politicians and economists to open up to an entirely new subfield of economics, Volkswirtschaft, or ethno-economics or national economy, which

> teaches by what means a certain nation, in her particular situation, may direct and regulate the economy of individuals and restrict the economy of mankind, either to prevent foreign restrictions and foreign power, or to increase the productive powers within herself.[18]

List's reasoning is as follows. There has to be such a thing as a national economy because:

> The idea of a national economy rises with the idea of nations. A nation is the medium between individuals and mankind, a separate society of individuals, who possessing common government, common laws, rights, institutions, interests, common history and glory, common defence and security of their rights, riches, and lives, constitute one body, free and independent, following only the dictates of its interests as regards other independent bodies, and possessing power to regulate the interests of the individuals, constituting that body, in

---

[13] *Hirst*, Life of Friedrich List, 150, the following are quoted in: Jones, Barren Metal, 931–33.

[14] *Hirst*, Life of Friedrich List, 152–53.

[15] *Hirst*, Life of Friedrich List, 153.

[16] *Hirst*, Life of Friedrich List, 216.

[17] *Hirst*, Life of Friedrich List, 187.

[18] *Hirst*, Life of Friedrich List, 215.

order to create the greatest quality of common welfare in the interior and the greatest quantity of security as regards other nations.[19]

List's intellectual interest in critiquing Smith's ideas and Smith's school did not end with his stay in America. Later in life, he would take the main ideas and principles from these letters and publish them in a more mature book form in German in 1841. He titled this book: *Das Nationale System der Politischen Oekonomie*. In his letters and books, he recovered a balanced notion of the state, seeking to avoid both the absolutist form of the revolutionary state that he experienced during the French occupation as well as the anarchical version of the state, or the non-existence of the state, which would be the conditions where Smith's brand of capitalism led. List obtained his philosophical categories from Fichte, which enabled him to think about life, politics, and economics in a mode that was clearly distinct in its principles and aims from the English school of classical economics, which by the 1840s was busy refining the principles which it had inherited from Smith to what List saw as their *reductio ad absurdum* in the case of Ireland.

By the middle of the 19th century, List and others had gained confidence from Kant's efforts to rehabilitate the power of human reason. List could draw from Kant, as well as Fichte's efforts to explain the form and function of a state, and argue that "the highest association of individuals now realized is that of the state, the nation".[20] Beyond the state or outside of the state, men ran the risk of losing their common humanity:

> The association of individuals for the prosecution of a common end, is the most efficacious mode toward ensuring the happiness of individuals. Alone and separated from his fellow creatures, man is feeble and destitute. The greater the number of those who are united, the more perfect is the association, and great and the more perfect is the result, which is the moral and material welfare of individuals.[21]

And so, List, no matter the errors that were mixed into his thought, took a positive step in the direction of reintegrating economics back into the philosophical field of moral philosophy, as part of a genuine form of moral and creative human action. List intuitively sensed that Smith and the classical school had freed economics from the limits of morality because, through their efforts, economics began to look more and more like pseudo-physics under the guidance of moral Newtonianism. But economics was not pure science. List reasoned that: "Political economy must rely upon Philosophy, Policy and History."[22] The way to measure the success of an economy is not simply by measuring its wealth, but to measure the productive power of a nation. By introducing the concept of productive power to the heart of his economic system, List defuses the conflict between the state and the individual which plagued the classical system by showing that the relationship be-

---

[19] *Hirst*, Life of Friedrich List, 162, quoted in: Jones, Barren Metal, 932.

[20] *List*, National System of Political Economy, 70, quoted in: Jones, Barren Metal, 958.

[21] *List*, National System of Political Economy, 70–71, quoted in: Jones, Barren Metal, 958.

[22] *List*, National System of Political Economy, 63.

tween the state and the individual is reciprocal because "individuals owe the greatest part of their productive power to the political organization, and to the power of the country in which they reside".[23]

List realized that Smith had oversimplified economic reality, treating all nations as if they were the same. But each nation confronts different circumstances. In fact, "nations are as different in their conditions as individuals are. There are giants and dwarfs."[24] If there is to be a true economics, it should start from principles that allow for the various national economies to reflect those differences as well as to make use of tools that are appropriate to the conditions of the national economy. It would, therefore, be disastrous for the American economy to model itself on the English national economy because the latter

> has for its object to manufacture for the whole world, to monopolize all manufacturing power, even at the expense of the lives of her citizens, to keep the world, and especially her own colonies in a state of infancy and vassalage by political management as well as by the superiority of her capital, her skill and her navy.[25]

The classical school often erred because they had not integrated a sufficient possibility of variety and commensurate political or state authority to account for this variety.

The classical school failed to understand and explain central ideas such as the reality of and the productive power of the nation. The classical school of laissez-faire capitalism

> presents three essential defects: firstly, a chimerical cosmopolitanism, which does not comprehend nationality, and which has no regard for national interests; secondly, a dead materialism, which regards everywhere the exchangeable value of things taking account neither of the moral nor of the political interests of the present nor of the future, nor of the productive power of the nation; thirdly, a separatism, a disorganizing individualism, which disregarding the nature of social labor and the working of associative power towards its highest results merely describes or depicts individual industry.[26]

Heinrich Pesch would build on List's insight, to give its full description of the dangers of the principles of the classical school if applied within the context of the international economy:

> "A single, world-wide republic, with one common general welfare as the purpose of the all-encumbering state, or do they hold fast to the independence of their nation and their state? In the latter case there is a specific general welfare for each state, and the solidarity of the citizens of the state among one another ranks far higher than international solidarity, which is

---

[23] *List*, National System of Political Economy, 107.

[24] *Hirst*, Life of Friedrich List, 258, quoted in: Jones, Barren Metal, 933.

[25] *Hirst*, Life of Friedrich List, 258, quoted in: Jones, Barren Metal, 933.

[26] *List*, National System of Political Economy, 262, quoted in: Jones, Barren Metal, 960–61.

based on world trade. That is because the state as society is in fact a far narrower, firmer, higher society than that which one chooses to call the society of humanity. ...

The dissolution of the national economy involves itself in the ruin of nations. ... An economic system which eventually can only deal in terms of high finance, big capital and servile proletarians — such a theory does not have even a remote idea of what the happiness and wealth of nations is supposed to mean. It signifies ... only retrogression to the most brutal forms of competition. The 'surviving' mercantile exploitative nations, however, would eventually have to protect themselves with weapons in hand against the unhappy, the desperate nations whose well-being they have destroyed. The end of the song would be international mayhem and a total decline of humanity into barbarism."[27]

III. Critique

While List accurately saw the importance of the role of the state in forming and preserving the national economy, he does for the tariff what the physiocrats did for free trade. He turns it into "a universal panacea, capable of curing all the evils of humanity",[28] including labor, monetary policy, banking, or the problems with usury.

List also failed to provide any lengthy or profound conception of the importance in labor and the function of labor in a national economy. Because of an apparent obsession with the tariff, List, like Adam Smith, limited himself to admitting that labor played a role in the economy, but neither Smith nor List meditated or thought through what this meant on a practical level. List understood that: "Adam Smith's fundamental error is that he ascribes to capital alone a productive power which, in fact, can be created only by labor in association with a large or a small amount of capital."[29]

But List's treatment of the issue stops here. After mentioning labor, he moves on to other themes. This move seemed typical of many 19th century approaches to labor, and so, Leo XIII could rightly speak of the labor problem.

In addition to publishing, List's life involved ceaseless activity. As he aged, he travelled more frequently in order to promote his favorite political-economic cause, the trade union. After leaving the United States, he promoted railroads and tariffs in Germany, Austria and Hungary. In 1846, he even went to England, to promote a German-English free trade zone against what he thought would be the next two great powers of the world, Russia and the United States. None of his projects came to fruition, and he died in early December 1846.[30]

---

[27] *Heinrich Pesch*, Lehrbuch der Nationaloekonomie, translated by Rupert J. Ederer (Lewiston, ME: Edwin Mellon Press, 2003), Vol. IV, Book 2, 227, quoted in: Jones, Barren Metal, 822.

[28] *List*, National System of Politica Economy, 419, quoted in: Jones, Barren Metal, 961.

[29] *List*, National System of Political Economy, 245, quoted in: Jones, Barren Metal, 935.

[30] *Jones*, Barren Metal, 960–65.

IV. Conclusion

List, by either discovering or rediscovering the importance of the national economy, provided an important insight for understanding the role of the nation in the international economy. He provided basic ideas for critiquing internationalism in its capitalist and marxist forms. Later in the 19th century, Heinrich Pesch used List's insights to develop a mature political economy. One insight that Pesch formulated is paradoxical, that the state is necessary in the sense that it is needed to require a sacrifice of business. That sacrifice is to pay higher wages to its workers. This sacrifice, thinking in a strictly materialist capitalist calculus, does not make sense. Driving down wages could be seen as a way of reducing expenses. But, the apparent sacrifice that the state asks results in benefits for all. The worker who can support a wife and children, can also contribute to a national economy in a way that the worker living on subsistence wages cannot.

In the case of the United States, after the Civil War as America became a great nation, the American System, that List helped promote, by the late 19th century gave way to an embrace of a version of the English system. The internal contradictions of the Whigs who promoted the American system perhaps pre-determined the outcome. But, as the medieval thinkers taught, when an economy is governed by usury it eventually leads to the end of the economy. And so, after the crash of 1929, with the rise of the influence of Catholics in political life, with the publication of *Quadragesimo Anno*, with a series of Catholic intellectuals who sought to explain and apply its principles rather than simply explain them away, and the spiritual conversion of leading political and economic figures, Robert Wagner among them, the creative power of the state reasserted itself, approximating something like the paradox that Heinrich Pesch proposed. Regulations were put into place that enabled subsidiarity with respect to the worker and his family. After the war, with regulations in place, the middle class grew.

As far back as Plato's *Republic*, we see the need to update the laws, especially with respect to economics, as for every law that the legislature passes, those who are driven by the desire of money-making seek multiple ways to subvert that law. This updating needs to take place approximately every forty years. During the 1970s and 1980s, the time when the updating needed to take place in the United States, it did not happen. Instead, the Americans re-confected a form of the English system. Now, if it has not already happened, there is at the very least the threat of a significant part of the population falling from the middle class into poverty. What is needed now is a re-articulation in our own time and circumstances of the principles that bring to light the moral importance of the creative power of the state as a creative power that can establish the conditions of subsidiarity. This is a reflection of the way in which man exercises a providential role in overseeing creation.

My sense is that in the late 1990s, John Paul II began asking whether a re-articulation of Catholic social teaching in our times was needed. He did not bring that objective to its full completion. Francis, it seems from his speeches and addresses that speak on economics and politics,[31] would like to bring to fruition a project that John Paul II envisioned.

---

[31] *Pope Francis*, Message of Pope Francis to the Executive Chairman of the World Economic Forum on the Occasion of the Annual Meeting at Davos-Klosters, 17 January 2014, Vatican Website, http://w2.vatican.va/content/francesco/en/messages/pont-messages/2014/documents/papa-francesco_20140117_messaggio-wef-davos.html (accessed on 26 June 2014).

Subsidiarity and the Management of Associations

Robert G. Kennedy

Scripture tells us that there is nothing new under the sun and perhaps in some respects this is true. Still, the modern age presents us with a variety of new things and new challenges, many of which are not matters of technology and engineering. One such new thing is the emergence, for the first time in history, of a staggering number of private associations, some of them quite large and multi-national, that may endure for generations, well beyond the lives of their founders. Some are businesses, some are organized for specific charitable objectives or social purposes, and some exist simply because people prefer to engage in activities with others and not in isolation. In developed societies, these private associations touch virtually every aspect of life and it is a rare person who can make a living or even live in a community without interacting with many of them on a daily basis. I submit that one of the distinguishing marks of modern society is the number and variety of private associations – no previous society has seen anything like this.[1]

It really is curious, therefore, that the Church, which has devoted so much attention to matters of politics and economics over many centuries, has had virtually nothing to say about the nature of these private associations and their internal life and management. Given the roles they play, or might play, in both developed and developing societies, it is past time that scholars in the Catholic social tradition devote some attention to them.

But there are signs of change. This oversight has been partly remedied in 2012 by the publication from the Pontifical Council for Justice and Peace of a document: "The Vocation of the Business Leader."[2] Probably for the first time in a document issued by a Vatican dicastery, the occupation of business is called a true Christian vocation and some detailed analysis is offered of the duties of a Christian business leader. The very existence of this short document suggests that the Catholic social tradition may have powerful resources to offer for the understanding and healthy functioning of private associations.

One such resource may be the idea of subsidiarity, which was originally applied to the relationship of various elements of civil society but which is deeply rooted in a

---

[1] See *Peter Drucker*, The New Society of Organizations, in: Harvard Business Review, 70 (Sep/Oct 1992), 95–105.

[2] "The Vocation of the Business Leader," Pontifical Council for Justice and Peace (Vatican City: Libreria Editrice Vaticana, 2012).

vision of the dignity of the human person and, by implication, a conception of the structures required to nurture and sustain this dignity. However, I submit that the richness of the idea of subsidiarity has never been adequately applied to the situation of business organizations (or, for that matter, to non-profit organizations).

My purpose in this paper is to make a beginning at the application of subsidiarity to business. To do this we will need to be clear, in a general way, about what subsidiarity really means, about the deeper insights into human persons and their flourishing from which subsidiarity is derived, and about the ways in which private associations are and are not similar to civil societies. We also need to consider the principal implications of and obstacles to the application of subsidiarity to private associations.

I. The Meaning of Subsidiarity

In the Christian vision, communities and associations normally have an organic character.[3] Human persons are social, not solitary, by nature. In this they are faint images of the Trinity, which is itself a society. But, like the persons of the Trinity, human persons do not lose their identity or their distinctiveness by participating in communities and associations, at least not as long as these groups are healthy. Furthermore, healthy communities and associations, like healthy organisms, naturally require and encourage different parts to perform different functions. At times these functions, or roles, follow naturally or spontaneously from the abilities or situations of individuals and at other times they are deliberately assigned.[4] The idea of subsidiarity derives from this notion of healthy human associations as organic.

The principle of subsidiarity (or "subsidiary function", to use Pius XI's language)[5] has generally been employed in Catholic social doctrine to describe the relationship that ought to exist in a healthy society between individual persons, families or private associations and civil authorities. At times it has also been used to describe the proper relationship between lower, more local and less comprehensive units of civil authority to higher, more remote and more comprehensive units. Subsidiarity, therefore, is about order, about determining in the concrete what order is appropriate to different sorts of communities and what actions are required to establish, sustain and protect that order.

---

[3] See St Paul's First Letter to the Corinthians, 12.12–30, in which he introduces the image of the Church as the body of Christ, with a variety of proper functions, on the analogy of the human body, which constitutes one organism despite its many parts.

[4] In families, for example, different responsibilities tend to be "assigned" somewhat spontaneously according to the abilities of the members, while in business we often seek to "place" employees in positions in which their interests and talents can serve the objectives of the organization.

[5] See Pope *Pius XI*, Quadragesimo anno, #80.

Subsidiarity is sometimes misunderstood to be little more than a principle of decentralization or devolution whereby, to borrow a phrase from management, decision-making is deliberately driven down to the lowest possible operational level. While this view has a certain appeal – many decisions are indeed well made by persons close to the situation – it is incomplete. Subsidiarity, as a quality of communities, is a much richer concept, one that is deeply embedded in a Catholic anthropology.

In the first instance, subsidiarity, as a principle of order, specifies the common good of a civil society. That is, the common good of a civil society is established and enhanced when this order is present, respected and protected but diminished when that order is weakened, neglected or assaulted. It has two basic elements, which we might call negative and positive.

The negative element requires a liberty, that persons, families and private associations be free to exercise their proper and legitimate functions. To put it another way, this element requires that others in society, particularly but not only civil authorities, do not impede or absorb these functions.[6]

The positive element entails a duty, which requires that others in society, particularly but not only civil authorities, stand ready to offer appropriate assistance (*subsidium*) in cases where persons, families or private associations are unable to perform their proper functions. (The habitual willingness to offer such assistance is an aspect of the virtue of solidarity.) By extension, these two elements have also been applied to the relationship between different levels of civil authority in the same society and between civil authorities in different societies.

But all this is not simply a practical principle of efficiency and effectiveness, even if it may indeed yield both in many cases. Subsidiarity is instead derived from what the Catholic social tradition believes to be the truth about human persons and what is necessary to promote and protect their flourishing.

II. The Human Person, Human Flourishing and Human Communities

Catholic social doctrine understands human persons to be made in the image of their creator, which is to say that they are intelligent, free, and social. Possessing these characteristics, and having been made for their own sake (and not merely as instruments for other purposes), each person also possesses an irreducible value or dignity.[7] Very generally, then, the tradition understands that human flourishing fundamentally

---

[6] For a careful discussion of the idea of proper function in relation to subsidiarity, see *Russell Hittinger*, Social Pluralism and Subsidiarity in Catholic Social Doctrine, in: Annales theologici 16 (2002), 385–408.

[7] Second Vatican Council, Pastoral Constitution on the Church in the Modern World (Gaudium et spes), #24.

consists in the active exercise of these capacities: knowing, choosing, and acting, and doing so in community with other persons. It does not consist in being acted upon or in being merely the instrument of another person's energies (though individuals are not necessarily harmed by being passive recipients or instruments). Indeed, flourishing is impeded if action is frustrated and individuals are prevented from being anything more than the tools of others, regardless of how worthy the goals of these others may be. In important ways, human persons are made to be agents, initiators and self-determining beings.

The tradition also acknowledges that each person has a calling from the Creator, a *vocation*, for which purpose he or she has been given a set of capacities or talents suited to that vocation. Each person, in a fallen world, faces the challenge of discerning the details of that vocation. In most cases, during the course of a lifetime, each person discerns and embraces a variety of *munera*, or functions, from being a parent to holding a public office to contributing in some particular way to the well-being of others in the community.

Since human persons are social, their knowing, choosing and acting quite naturally take place in community with others, whether this community is a family, a private association or a society. In general, the requirements of human flourishing determine the characteristics of good communities or, more precisely, the (instrumental) common good of such communities. Very broadly, a good society must create opportunities for its members to exercise their deepest capacities as well as to perform the functions which constitute their vocations. A question for us is whether this description also applies to private associations.

Catholic social doctrine assumes that, like all of creation, human communities are inclined to order, though experience and observation tell us that the order of a particular community may be good or bad. The failure to respect subsidiarity is only one way in which the order of a community might be defective. The realization that persons in community have vocations and proper functions also leads the tradition to insist that well-ordered communities will be *organic*. That is, they will evidence a variety – at times a very rich variety indeed – of proper functions among their members. Subsidiarity is ordered precisely to respect for the organic nature of communities.

III. Civil Societies and Private Associations

Because the Catholic social tradition has given so much attention to civil societies, there is a temptation to assume that private associations are merely small versions of civil societies. Or if not that, we may be tempted to think of them as large and extended families. However, to do so is to make a mistake. While private associations share many characteristics with all human communities, they are distinct in important ways that condition the relevance of the concept of subsidiarity.

By private associations, I mean communities that are neither families nor civil societies, which might include villages, cities, provinces and nation states. Private associations may be businesses, clubs of all sorts, universities, charitable and non-profit organizations but not, for reasons outside the scope of this paper, the Church.[8] While it is natural for human persons to form communities, rather than live and act in isolation, private associations are deliberate and more artificial than families and civil societies, and which may sometimes seem to us not to be human inventions at all.

Nevertheless, like other communities, private associations — we might also call them specialized associations — are ordered and often organic. They typically have a deliberate structure and some degree of hierarchical leadership. Often, though not always, different persons within the association have different proper functions (*munera*) which must be coordinated in order to achieve common goals.

They differ in significant ways, however, from families and societies. We might call families and societies *complete communities*, by which I mean communities whose ultimate objective is the comprehensive flourishing of their members. That is, no aspect of human well-being is outside the scope of their concern, even if they may not have the resources at their disposal to address every aspect. By contrast — and this is the most important distinction — private associations are *incomplete communities*. They are organized to pursue specific goods, whether this is bringing a product to market, educating part of the population or merely enjoying a game or hobby. In principle, they do not take responsibility for every aspect of the flourishing of their members, even if resources are available, but instead address those dimensions of human well-being that relate to the achievement of their goals. Thus a business tries to ensure its employees' readiness and ability to do their jobs but typically stops short of intervening in their private lives. Similarly, the members of a tennis club focus on playing the game and do not, *qua* members of the club, help one another with personal problems.

As a consequence, the common goods of a private association are different from the common goods of a civil society. The objective, or potential common good, of a civil society is the flourishing of each member of the society.[9] Leadership in a civil society should be focused on this goal and, in a perfect world, it would serve to align the activities of every member of the community, instantiated in individuals as the virtue of solidarity. What we are likely to speak of as the common good of a society, *simpliciter*, is instrumental. As in Pope John XXIII's famous definition, it is that set of conditions in a society which enables each and every member to flourish, which is to

---

[8] In its own self understanding, the Church is properly considered to be a special form of society.

[9] A potential common good is a good that is not yet shared but the possibility of realizing such a good serves as a motivation for collaboration and a goal for the activities of the members of an association.

say that set of conditions which makes possible the achievement of the overall objective.[10]

Private associations, however, are organized to pursue specific, limited, morally-sound objectives, not the comprehensive well-being of their employees, customers or supporters. In the case of businesses, for example, the goals that constitute the potential common goods of the organization and which align the activities of its employees, may be such things as bringing particular goods or services to the market, providing stable employment and income to workers, creating wealth for investors, and so on. The instrumental common good of the company is that set of conditions that makes it possible for the employees to pursue those goals efficiently and effectively.

Or, to put it another way, the instrumental common good of a business (or, for that matter, of a not-for-profit organization) is not a set of conditions that provides for the comprehensive flourishing of its employees but rather a set of conditions that makes their work productive and successful in achieving the organization's morally legitimate goals.

This means that the well-being of employees, while a legitimate goal in principle, is not in practice a primary objective but is instead subordinated to the morally sound goals of the company. This is not to say that the well-being of employees may be rightly undermined so that the business can achieve its profit targets. Private associations should never use harm to an employee as a means of reaching their goals. But management may sometimes require employees to perform tasks they find boring or distasteful, to forgo possible occasions for growth, or sacrifice some personal benefit they might otherwise legitimately pursue for the sake of the good of the whole, which is the successful achievement of its objectives.

IV. Subsidiarity and the Management of Private Associations

The responsibility for establishing and sustaining subsidiarity as a quality of human communities belongs first of all to those who hold authority in such communities but secondarily to those who participate in them (which responsibility, as mentioned above, is an entailment of the virtue of solidarity). In the case of private associations, this responsibility falls on managers. Before moving on to suggest some specific sorts of things managers can and ought to do to respect subsidiarity, I would like to discuss briefly what they ought to aspire to create and why some common approaches to management impede that aspiration.

---

[10] "[The common good] embraces the sum total of those conditions of social living, whereby men are enabled more fully and more readily to achieve their own perfection." Pope St *John XXIII*, Mater et magistra, #65.

C S Lewis reminds us that the tragedy of human life is not that we demand so much but rather that we are willing to settle for so little.[11] Surely this is at the heart of the Gospel message but it is also an insight that ought to affect our daily lives. With respect to private associations, Christians in management should not aspire merely to shape organizations to achieve objectives efficiently and effectively; they should seek to make them true communities of work in which, to paraphrase Pope Pius XI, the raw materials of production leave ennobled and transformed *and* employees are developed and fulfilled through their work.[12]

Modern thinking about management, however, discourages this aspiration because of its focus on efficiency and effectiveness in the short term. This focus, in turn, has given rise to several visions about the purpose of management which have been influential, though often unexamined with regard to the vision of the human person upon which they are founded, and which stand in opposition to the aspiration to create a community of work.[13] What is common among these visions is that employees are not seen in their humanity as collaborators or partners in a common project but rather as instruments or factors of production. They need have no interest at all in the objectives of the organization, except insofar as cultivating an interest in these objectives among employees promotes productivity. Management's task is to ennoble the raw materials but not necessarily to enhance the humanity of the tools.

Perhaps I fail in this description to acknowledge the many ways in which organizations do honor the humanity of their employees. Surely many good things do happen in a variety of private associations but I still suggest that the inclination to focus on productivity (to say nothing of the personal ambitions of managers and executives) stands in the way of creating and sustaining true communities of work. In such communities performance objectives need not be diminished but instead the goal of promoting genuine collaboration and human development can also pursued. An understanding and respect for subsidiarity is part of this pursuit.

---

[11] "Indeed, if we consider the unblushing promises of reward and the staggering nature of the rewards promised in the Gospels, it would seem that Our Lord finds our desires, not too strong, but too weak. We are half-hearted creatures, fooling about with drink and sex and ambition when infinite joy is offered us, like an ignorant child who wants to go on making mud pies in a slum because he cannot imagine what is meant by an offer of a holiday by the sea. We are far too easily pleased." *C. S. Lewis*, The Weight of Glory, in: The Weight of Glory and Other Addresses (New York: Macmillan, 1949), 1–2.

[12] "And so bodily labor, which was decreed by Providence for the good of man's body and soul even after original sin has everywhere been changed into an instrument of strange perversion: for dead matter leaves the factory ennobled and transformed, where men are corrupted and degraded." Pope *Pius XI*, Quadragesimo anno, #135.

[13] One thinks here of Frederick Taylor's theory of scientific management, of Max Weber's emphasis on bureaucracy, and of the assumption in theories of finance that the purpose of a business is merely to maximize the wealth of owners, among many others.

V. Subsidiarity and the Christian Manager

By contrast, Christian managers, who take seriously their duty to respect subsidiarity, may reasonably take a different view of common management tasks.[14] Most fundamentally, their approach to management would be shaped by an aspiration to make their organizations true communities of work, that is, collaborative communities of "persons who seek to satisfy their basic needs while serving the larger society."[15] With this as a starting point, let me suggest five areas in which attention to subsidiarity might make a difference.

1. Alignment

Even if we think about employees as mere instruments, the fact remains that tools do not have free will and employees do. Managers realize this and often try to align employee behaviors with the goals of the organization through a combination of incentives and punishments. However, these are poor substitutes for a genuine commitment to organizational objectives. Indeed, the underlying assumption here is that genuine collaboration, which is grounded in free choice, is impossible to achieve. Instead, a kind of unity of action directed to an organization's goals is generated by factors external to the individual persons. But true community, and the effective collaboration that results, always follows upon a mission to which the individuals in an organization can freely commit themselves. Only such a genuine commitment will truly bring an employee's behavior into alignment with the common goods of the organization on a daily basis.

To achieve this, managers must first of all ensure that the objectives of the organization are morally worthy and practically possible. Then they must communicate this to employees and help them to understand how achieving the objectives will benefit them, the persons the objectives serve and perhaps others in the larger community. Finally, managers must be clear about how the contributions of employees, in their various capacities, support one another and serve the objectives. Or, to put it in language we have used before, both managers and employees must understand the proper functions of each within the organization and why it is important that they perform well. If this is done, employees can be prepared to collaborate as persons in the activities of the organization and not merely as tools.[16]

---

[14] Needless to say, a concern for subsidiarity and the human dignity of workers is not a substitute for necessary technical competence in the management of organizations and the operation of businesses.

[15] Pope St *John Paul II*, Centesimus annus, #35.

[16] It would be good for organizations of all kinds to recover a commitment to the dignity of their members and of the importance of personality, which is to say a recognition that the members of the organization are genuinely persons. It is ironic, to say the least, that modern organizations have almost universally substituted departments of "Human Resources" for departments of "Personnel". Employees are not merely one more factor of production, like raw material or energy, but are in fact the persons who compose the organization.

2. Job Design

Since the 19th century the dominant management approach to job design has been a mechanistic model. That is, we design jobs by focusing primarily on the required outputs and only secondarily, if at all, on the effects of the job on the worker. In the worst cases, we tolerate actual harms to workers as a predictable cost of sustaining efficiency. These harms, by the way, may include not only physical injury but boredom, frustration, and a range of damaging personal and psychological impacts. We have designed jobs as if the people doing them were machines and no account needed to be taken of the impact of our designs on human beings.

The alternative, which has been the subject of considerable experimentation in recent decades, is to consider the needs of the person along with the requirements of the task. It is to ask not how a machine or robot might do this but how should a human being do this. At times it is to ask whether a person should be doing this at all or, if so, how the job should be structured to make it worthy of a person. The connection with subsidiarity here is that job design ought to take into account the capacities that persons bring to their work and consider how those capacities can be respected and encouraged.

There are also implications here for compensation. If we design jobs so that the tasks are simple and repetitive, the output of any particular job makes only a small contribution to the productivity, and the revenue, of the organization. As a consequence, the job has quite limited value for the organization and justifies only very limited compensation. But human beings are capable of much more than the simple jobs we often design and if they were permitted to do more, the compensation they need would be more easily justified.

3. Placement and Training

One entailment of thinking about employees as machines is that managers come to regard them as undistinguished and interchangeable. As a consequence, if we give any attention at all to the particular characteristics of individuals in job placement, it tends to be focused on whether an individual is suited to the job, not whether the job suits the individual.

Attention to subsidiarity would move managers to give more consideration to the development of the individual and what sort of task or assignment would promote that development while at the same time supporting the operations of the organization. The manager would also ensure that *subsidium* is available, which is to say training and support for that individual in that job.

4. Entrusting, not Delegating

Subsidiarity requires us to pay attention to a distinction we often overlook: the distinction between delegating a task and entrusting someone with a task. When a manager delegates a task to an employee, she gives that employee a responsibility that is properly hers. In a sense, the responsibility is merely lent to the employee, to be recalled at the will of the lender. Furthermore, the delegating manager may define the task and the way the task is to be performed, holding the employee responsible not only for achieving the objective but also for doing it in the prescribed manner.

Entrusting a responsibility to an employee, however, is quite different. When a manager does this, she gives something to the employee and it becomes properly his. The manager takes on a risk in doing so and part of the risk is a consequence of the commitment, entailed in entrusting, not to recall the task. Entrusting also implies respect for the freedom of the employee to accomplish the task in his own way, which enables the employee to bring his own capacities to the task and to make it one of his proper functions within the organization. Respect for subsidiarity would move managers to seek opportunities to entrust responsibilities to employees and thereby to increase genuine collaboration.

5. Evaluation and Accountability

If one part of subsidiarity is offering help where it is needed, then evaluation and accountability are necessary management tasks. A manager cannot make a judgment about where help might be needed without engaging in performance evaluation. But this performance evaluation cannot be remote or after the fact. It must be current without being intrusive or oppressive. It ought to focus on the performance required, which may mean that it pays considerably less attention to the way in which the job is done than to the result. This respects the capacities of the individual employee and allows space for the growth and development of the employee.

At the same time, a manager has a duty to the other employees of the organization to ensure that all of the collaborators in the enterprise are performing at satisfactory levels. Help must be offered as necessary but on occasion individual employees must be transferred or even terminated for poor performance. This is not a violation of subsidiarity but a requirement of it, a form of indirect support for other employees that removes an impediment to performance of their proper functions.

VI. Summary

As it has developed in Catholic social doctrine, subsidiarity is a principle of order, described first for civil societies, in which the liberty of individuals and groups to perform proper functions (*munera*) is recognized and respected by civil authorities, who also stand ready to provide assistance, as needed, so that these proper functions can be performed well. By extension, this concept can be applied to private associations, especially those that are productive in character, for example, businesses and many non-profit organizations. Respect for subsidiarity can help to move private associations to become true communities of work.

Tugendethische Voraussetzungen der Subsidiarität

Andreas Püttmann

I. Die unterbelichtete Tugendethik

Bei der Würdigung von Leistungen der Katholischen Soziallehre wird meistens auf die Inspiration politischer Sozialreformen, die Gründung gesellschaftlicher Verbände oder die institutionalisierte Caritas verwiesen; außenpolitisch vielleicht noch auf Beiträge zur Europäischen Integration, zum osteuropäischen Transformationsprozess oder zur internationalen Entwicklungszusammenarbeit – kurzum: auf strukturelle Reformen und Innovationen, politische Impulse und Prozesse, die „Geschichte gemacht" haben. Im Vordergrund stehen dabei Prinzipien, Werte, Normen und Institutionen, meist auf Gerechtigkeitsfragen in der Wirtschaft bezogen. Unterbelichtet ist die immer noch -zigmillionenfache Wirkung christlicher Ethik auf individuelle Lebenssituationen, auf Herzen und Gewissen von Menschen, auf soziale Entscheidungen in Familie, Beruf und Gesellschaft, die in kein Geschichtsbuch eingehen, aber den Zustand des bonum commune, der res publica wohl mehr prägen als manche große „Haupt- und Staatsaktion" auf der politischen Bühne.

Insbesondere katholischerseits dominieren sozialethische Strukturfragen über individualethische Sozialfaktoren. Man denkt Ordo-fokussiert und nähert sich dem Konzept einer guten Gesellschaft institutionenethisch. Dahinter steht wahrscheinlich das Kalkül: Den Menschen kann man sowieso nicht ändern – und die historischen Erfahrungen des Tugendfurors mahnen –, also muss eine maßvolle Steuerung von außen und oben Vorrang haben. Der Mensch brauche einfach das richtige soziale Korsett, und das sei eine politische Aufgabe. „Überlassen wir die Politik den Katholiken", meinte denn auch der EKD-Ratsvorsitzende Otto Dibelius[1], der 1933 den Machtantritt Hitlers begrüßt hatte, in Anerkennung der politischen Urteilskraft und Gestaltungsdynamik des deutschen Katholizismus. Dem Protestantismus der letzten 100 Jahre wird man dies auch kaum bescheinigen können. Zwischen Obrigkeitshörigkeit und Innerlichkeitsanarchie durch Deutschlands politische Systeme taumelnd, lebte er sein staatskritisches Potential in den Demokratien aus, blieb in den Diktaturen aber mehrheitlich angepasst.

---

[1] Zit. n. *Frederic Spotts*, Kirchen und Politik in Deutschland. Mit einem Nachwort zur deutschen Ausgabe von Friedrich Weigend-Abendroth, Stuttgart 1976, 103.

Doch nicht nur der katholische Primat der Ordnung trägt dazu bei, dass man über tugendethische Voraussetzungen des Subsidiaritätsprinzips in der einschlägigen Literatur kaum etwas findet. Auch der säkulare, utilitaristische Zeitgeist neigt dazu, unter Subsidiarität eine bloße Soziotechnik zur Effizienzsteigerung gesellschaftlicher Abläufe zu verstehen, und dabei den personalen Faktor zu übersehen. Subsidiarität dient aber, teleologisch betrachtet, den „bestmöglichen strukturellen Voraussetzungen für eine freie Entfaltung der menschlichen Person" und setzt „die neuzeitliche Wende zum Subjekt voraus"[2]. Auch aus verfassungsrechtlicher Sicht ist das Subsidiaritätsprinzip „also seiner Intention nach keine bloß organisationstechnische, sondern eine ethische Maxime"[3]. Dies gilt allerdings im doppelten Sinn: Die menschliche Person ist nicht nur Zielobjekt der Subsidiarität, sondern sollte auch als Weg, als Subjekt zur Gestaltung einer subsidiären Gesellschaft in den Blick genommen werden.

Nach einem oft zitierten Wort Oswald von Nell-Breunings kann man Prinzipien „nicht melken". Er wollte damit zum Ausdruck bringen, dass der Rückgriff auf Sozialprinzipien uns nicht schon in die Lage versetzt, Ordnungsprobleme quasi mechanisch im Schnellverfahren mit Patentrezepten zu lösen. Sozialprinzipien, so möchte ich dieses Diktum verstehen, wirken nicht voraussetzungslos, sondern wesentlich durch konkrete Menschen mit einem bestimmten Ethos und Habitus. Die Jurisprudenz weiß längst: Auch noch so kluge Verfassungsnormen hängen faktisch von Verfassungsvoraussetzungen ab, ohne die sie keine Verfassungswirklichkeit formen können[4].

Während die Geschichtswissenschaft sich seit einigen Jahrzehnten verstärkt der Sozial- und Alltagsgeschichte zugewandt hat und den Geist einer Zeit sowie die Lebensrealität gleichsam aus der Graswurzelperspektive zu beschreiben sucht, scheint die Kirche und die ihrem Sinnhorizont verpflichtete Sozialwissenschaft die gesellschaftliche Relevanz des Christentums immer noch hauptsächlich staatskirchenrechtlich, politisch, finanziell und sozialstrukturell zu bemessen. Das heißt: Verfassungsrecht, Einfluss auf Regierung und Parteien, Beteiligung an öffentlichen Zeremonien, Kirchensteuereinnahmen, die Trägerschaft sozialer Dienste, Präsenz in Medien, Schulwesen und Wissenschaft werden zu Gradmessern der eigenen Bedeutung erhoben. In der Außenperspektive der säkularen Gesellschaft dominieren diese Kriterien noch mehr, in der kirchlichen Binnenkommunikation viel zu sehr.

Hier soll dagegen von etwas die Rede sein, das für die Geschichtsbücher nicht taugt und doch geschichtsmächtig ist: von der verhaltensprägenden Kraft der Reli-

---

[2] *Ursula Nothelle-Wildfeuer*, Die Sozialprinzipien der Katholischen Soziallehre, in: Handbuch der Katholischen Soziallehre, hrsg. von Anton Rauscher, Berlin 2008, 143–163, hier: 160, 161.

[3] *Josef Isensee*, Subsidiaritätsprinzip und Verfassungsrecht. Eine Studie über das Regulativ des Verhältnisses von Staat und Gesellschaft, 2. Aufl., Berlin 2001, 339 f.

[4] Dazu *ders.*, Grundrechtsvoraussetzungen und Verfassungserwartungen an die Grundrechtsausübung, §115 in: 353–483.

gion, von ihren tugendethischen Impulsen, speziell für die Wirkung des Subsidiaritätsprinzips. Die seit Mitte des 20. Jahrhunderts entwickelten Instrumente der Meinungsforschung bieten inzwischen eine gute empirische Quellenbasis. Davon wird leider fast nur in quantitativer Betrachtung Gebrauch gemacht – also in der Erhebung von Meinungen über Glaube und Kirche –, aber noch kaum in qualitativer Analyse der sozialethischen Wirkung christlicher Religiosität. Mit dem Blick hierauf soll zugleich für eine stärkere Akzentuierung der Tugendethik im Spektrum der christlichen Sozialethik geworben werden, auch wenn manchem Fachvertreter dies altmodisch, unpopulär oder müßig anmuten mag.

Menschliche Tugend mag zwar eine operativ schwer zu beeinflussende soziale Größe sein, doch zumindest als Analysekategorie für Aufstieg, Prosperität und Degeneration von Staaten und Gesellschaften hat sie Relevanz. Friedrich Schiller schrieb 1793 angesichts des Verlaufs der französischen Revolution über die Vision einer freiheitlichen Verfassung, dass man „diesen herrlichen Bau nur auf dem festen Grund eines veredelten Charakters aufführen werde"[5]. Das menschenrechtliche Experiment sei am Fehlen einer fundamentalen Voraussetzung gescheitert: an der sittlichen Reife des Volkes zur Freiheit. Ähnliches könnte er heute über den „arabischen Frühling" sagen und leider auch über die politische Kultur Russlands – den Beitrag der orthodoxen Kirche eingeschlossen.

Der spanische Philosoph José Ortega y Gasset bezeichnete die öffentliche Meinung 1930 als „Grundgewalt, durch die in den menschlichen Gesellschaften die Erscheinung des Herrschens entsteht", und definierte: „Der Staat ist der Status, die Statik, die Gleichgewichtslage der Meinungen"[6]. Dass auch einer subsidiären Gesellschaft von unten her, aus Überzeugungen und Verhalten vieler Individuen erst Vitalität zuwächst, und dass sie nicht einfach bloß von oben durch eine Elite kluger Verfassungs- und Gesetzgeber implementiert werden kann, ist hier zu zeigen.

II. Tugenden für eine subsidiäre Gesellschaft

Was für Haltungen und Verhaltensweisen braucht es also für eine subsidiäre Gesellschaft, und zwar sowohl 1. im kritisch abwehrenden Sinn der subsidiären Kompetenz und Reduktion als auch 2. im solidarisch intervenierenden Sinn der subsidiären Assistenz?

1. Einen ersten Hinweis auf die Relevanz von Tugenden für die Subsidiarität findet sich im Katholischen Weltkatechismus (KKK 1884): „Das Verhalten Gottes bei der Weltregierung, das von so großer Rücksichtnahme auf die menschliche Freiheit zeugt, sollte die Weisheit derer inspirieren, welche die menschliche Gesellschaft re-

---

[5] Brief an den Herzog Friedrich Christian von Augustenburg vom 13. Juli 1793, in: Fritz Jonas (Hrsg.), Schillers Briefe, 1893, 327 sowie 333, 336f.

[6] Der Aufstand der Massen (1931). Mit einem Nachwort von Michael Stürmer, Stuttgart 1993, 135.

gieren. Sie haben sich als Diener der göttlichen Vorsehung zu verhalten". Vom Vorbild der Rücksichtnahme Gottes und von notwendiger Weisheit der Regierenden ist hier die Rede. Rücksichtnahme auf die Freiheit anderer setzt zunächst die Zügelung egoistischer Macht-, Geltungs- und Selbstverwirklichungsansprüche voraus. Insofern kann die Subsidiarität auch als ein „asketisches Prinzip" identifiziert werden, das den größeren und stärkeren Akteur zur „Selbstbescheidung" und „sinnvollen Beherrschung seiner eigenen Kräfte führt"[7]. Für staatliche Gewalten und große gesellschaftliche Verbände ist damit „ein Verzicht auf bürokratischen Perfektionismus verlangt. Die Eigengesetzlichkeiten von Bürokratie, Technologie, Wissenschaftsgläubigkeit und Reformeuphorie stehen solchem Denken oft im Wege"[8].

Neben dieser negativen Dimension der Zügelung eigener Machtinteressen und Gestaltungsimpulse gibt es positive Dimensionen der Rücksichtnahme: kognitiv als Respekt vor der Würde und Freiheit der Person, emotional als Einfühlung dafür, was die Einschränkung der Autonomie anderer für diese bedeuten würde.

Letztlich ist die Bejahung der Freiheit insbesondere eines kleineren und schwächeren Partners Ausdruck der Liebe. Wahre Liebe will ja nicht beherrschen, sondern die freie Entfaltung der geliebten Person ermöglichen und fördern, so wie aus christlicher Sicht Gott den Menschen nicht als seine Marionette, sondern als freies Wesen erschuf und in Jesus Christus erneuerte: „Zur Freiheit hat uns Christus befreit! So steht nun fest und lasst euch nicht wieder in das knechtische Joch fangen!", schreibt Paulus an die Galater (5, 1). Auch ein Jesuswort aus dem Evangelium nach Matthäus (20, 25–26) passt durchaus zu unserem Thema: „Ihr wisst, dass die Herrscher der Völker den Herren spielen über sie und die Großen sie ihre Macht spüren lassen. Nicht so soll es sein unter euch; sondern wer groß sein will unter euch, der sei euer Diener". Der Größere soll nicht Macht spüren lassen, sondern dienen, und das kann doch wohl nur heißen: die Entfaltungschancen der Kleineren, der untergeordneten Einheiten zu fördern.

Auch die Kirche ist gemäß Papst Benedikts XVI. Freiburger Rede nicht dazu in der Welt, „um die Menschen für eine Institution mit eigenen Machtansprüchen zu gewinnen, sondern um sie zu sich selbst zu führen" – dies freilich theologisch verstanden, „indem sie zu dem führt, von dem jeder Mensch mit Augustinus sagen kann: Er ist mir innerlicher als ich mir selbst (vgl. Conf. 3, 6, 11)". Sicher umschreibt keines dieser Zitate das Subsidiaritätsprinzip; aber sie sind alle drei Ausdruck einer Geisteshaltung, die die Würde und freie Entfaltung der Person und der menschlichen Gemeinschaften gegen Fremdbestimmung verteidigt.

Allerdings kann man die Liebe nicht nur für ein Nichteinmischungsgebot in Anspruch nehmen, sondern auch, im Gegenteil, als Antrieb zur Einmischung. Um nun zwischen erforderlicher Hilfe im Sinne des Subsidiums und einer unangebrachten

---

[7] *Albert Beckel*, Subsidiaritätsprinzip, in: Katholisches Soziallexikon, hrsg. im Auftrag der Katholischen Sozialakademie Österreichs, Innsbruck 1964, 1202–1208, hier: 1206.

[8] *Lothar Roos*, Staat – Gesellschaft – Kirche. Fragen der politischen Ethik. Vorlesungsmitschrift SS 1981, hrsg. von Dietmar Prielipp, 47.

Zwangsbeglückung differenzieren zu können, genügt es nicht, auf den erklärten Wunsch der Person oder der kleineren Einheit zu rekurrieren. Denn manche hilfsbedürftige Menschen oder Gruppen verkennen ihre objektive Notlage oder schämen sich für sie. Denkbar ist auch, dass, wie in manchen Familien, Clans oder religiösen Sekten, die dort bestimmenden Kräfte auf eine Autonomie pochen, die schwere Missstände bestehen ließe, unter denen die von ihnen beherrschten Abhängigen leiden.

Damit kommt die zweite im Katechismus genannte Tugend ins Spiel: die Weisheit. Vielleicht darf man sie auch mit der Kardinaltugend Klugheit in Verbindung bringen. Sie befähigt dazu, in Zielkonflikten oder bei unklaren Zweck-Mittel-Relationen das Geeignete, Erforderliche und Verhältnismäßige zu erkennen und zu tun. Wie eine Kompetenzverteilung auszusehen hat, ist ja nicht einfach aus dem Subsidiaritätsgedanken in „Quadragesimo anno" zu deduzieren, der allgemein zu Gerechtigkeits- und Opportunitätserwägungen ermahnt. Die Regelung im Einzelfall ist „dem im politischen Meinungsbildungsprozess zu ermittelnden Abwägungsurteil überantwortet, das die jeweils konkreten historischen, gesellschaftlichen und kulturellen Umstände zu berücksichtigen hat"[9]. Hierbei, vor allem bei interkultureller Entwicklungszusammenarbeit oder europäischer Integration, nützt die Wissbegier, aber auch die Tugend der Demut, damit der eigene kulturelle Erfahrungshorizont nicht zum Maß aller Dinge wird.

Dem Recht des einzelnen, die von ihm selbst lösbaren Aufgaben auch selbst zu lösen, korrespondiert allerdings auch eine Pflicht dazu. Hier sah eine von Joseph Höffner eingeleitete „Kurzgefasste Katholischen Soziallehre" schon 1962 das Hauptproblem: „Vielleicht sollte man gerade in unserer heutigen Zeit auf diesen zweiten Aspekt des Subsidiaritätsprinzips hinweisen. Der einzelne scheut sich allzu oft vor der eigenen Verantwortung, es fehlt ihm an eigener Initiative, er ist zu bequem selbst zu handeln, er lässt sich gerne seine eigenen Aufgaben vom Staate lösen"[10]. Statt eines Tugendkatalogs der Subsidiarität könnte man also auch die plastischere Variante eines Untugendenkatalogs wählen: „Verantwortungsscheu, Faulheit, Bequemlichkeit, übertriebene Erwartungen an den Staat sind jene Untugenden, die dem Subsidiaritätsprinzip entgegenstehen"[11].

Positiv gewendet: Die Bereitschaft zur Eigenverantwortung verlangt neben der Freiheitsliebe auch genügend Fleiß, die Anspannung der verfügbaren Kräfte, Gewissenhaftigkeit und die Relativierung der eigenen Probleme anhand jener von anderen Gliedern der Gemeinschaft. Die Tugend der Ehrlichkeit ist gefragt, wenn es darum geht, nach einer gelungenen Hilfe zur Selbsthilfe wieder von den Subsidien der größeren Gemeinschaft Abschied zu nehmen und Vergünstigungen oder Subventionen nicht als Besitzstand zu verteidigen, wenn man auch ohne sie erfolgreich wirtschaften und auskömmlich leben könnte.

---

[9] *Nothelle-Wildfeuer*, Sozialprinzipien (Fn. 2), 158.

[10] *Bernhard Külp*, Kurzgefasste katholische Soziallehre, Köln 1962, 57.

[11] *Roos*, Staat – Gesellschaft – Kirche (Fn. 8), 47.

„Wo das Individuum ein Vakuum lässt, stößt die übergeordnete Gemeinschaft vor"[12]; oft dürfte es daher schon im Interesse der eigenen Freiheit liegen, nicht durch das Laster der Trägheit eine Fremdbestimmung zu provozieren. Doch soll durch das Subsidiaritätsprinzip nicht nur der Einzelne geschützt werden, sondern auch der Staat: Er muss nach Pius XI. von Aufgaben untergeordneter Bedeutung entlastet bleiben. Der „Respekt vor der Aufgabe des Staates, das Gemeinwohl garantieren zu müssen, alle anderen gesellschaftlichen Kräfte zu mobilisieren und dabei die eigene Kraft haushälterisch einzusetzen"[13], die „Anerkennung der für das Gemeinwohl nötigen Klammerfunktion des Staates"[14] gehört damit auch in unseren Tugendkatalog. Nur eine bürgerliche Staatsgesinnung kann einen „Staatsinfarkt"[15] verhindern. Zur Staatsgesinnung gehören insbesondere der Rechtsgehorsam, die Steuerehrlichkeit, die Bereitschaft zum staatsbürgerlichen Engagement und zum öffentlichen Amt.

Um im Gegenzug als Vertreter einer größeren Einheit die subsidiäre Kompetenz Kleinerer respektieren zu können, bedarf es eines Grundvertrauens in die Bereitschaft und Fähigkeit des Individuums oder der Gruppe, ihre Angelegenheiten gemeinwohlkompatibel zu regeln. Vertrauen wurde auch als wichtiges „Schmiermittel" einer Volkswirtschaft bezeichnet. Vertrauen ist zwar keine Tugend, sondern ein Vermögen, das sich wesentlich aus Erfahrung und einem vernünftigen Kalkül speist. Allerdings setzt der stets bleibende Rest Ungewissheit eine Vertrauensbereitschaft voraus, die dem „good will" zugeordnet werden kann: einer Bereitschaft, Vertrauen zu *schenken*, einen Vorschuss an Vertrauen zu geben, der aus einem tiefer liegenden Wohlwollen gegenüber dem Anderen erwächst. Dieses Wohlwollen und die Bereitschaft, sich lieber enttäuschen und schädigen zu lassen als von vornherein keine Chance zu geben, sind den Tugenden der Menschenfreundlichkeit, der Großzügigkeit, der Nachsicht und der Opferbereitschaft zuzuordnen.

2. Durch die subsidiäre Assistenz sind die jeweils größeren gegenüber den kleineren Einheiten „zur Hilfestellung und Förderung angehalten"; hier ist die Verknüpfung „mit dem Solidaritätsprinzip offenkundig"[16]. Die „Entlastung des einzelnen von der Überanspruchung seiner Kräfte"[17] verlangt zunächst eine Achtsamkeit, der die Not anderer nicht entgeht, sowie Empathie, die wir schon als Freiheit begründend bei der subsidiären Kompetenz eingeführt haben.

Neben diese auf die konkreten Hilfsbedürftigen bezogenen Tugenden tritt eine übergeordnete Größe: Der Weltkatechismus (KKK 1880) definiert Gesellschaft

---

[12] *Külp*, Soziallehre (Fn. 10), 57.

[13] *Beckel*, Subsidiaritätsprinzip (Fn. 7), 1204.

[14] *Lothar Roos*, Demokratie als Lebensform (Abhandlungen zur Sozialethik, hrsg. von Wilhelm Weber/Anton Rauscher, Bd. 1), München/Paderborn/Wien 1969, 117.

[15] *Manfred Hättich*, Droht der Staatsinfarkt?, in: Herder-Korrespondenz 7/1988 (42. Jg.), 324–329.

[16] *Nothelle-Wildfeuer*, Sozialprinzipien (Fn. 2), 159.

[17] *Beckel*, Subsidiaritätsprinzip (Fn. 7), 1203.

als „eine Gruppe von Personen, die organisch durch ein Einheitsprinzip verbunden sind, das über den einzelnen hinausgeht". Subsidiäre Assistenz kann und soll demnach auch durch „Ausrichtung auf das Gemeinwohl"[18] motiviert sein. Es ist nicht nur ein Gebot der sozialen Liebe, sondern wiederum der Klugheit, schwächere Glieder der Gesellschaft nicht einfach sich selbst zu überlassen, sondern alle Talente, auch solche, die nur unzureichend entwickelt oder verkümmert sind, zu entdecken und sich entfalten zu lassen.

Nützlich ist hierbei ein wohltemperierter Patriotismus. Zwar relativiert die Frohe Botschaft des Christentums alle irdischen Bindungen und Behausungen, wenn es im Philipperbrief (3, 20) heißt: „Unsere Heimat aber ist im Himmel". Doch spricht der Katechismus der Verbundenheit mit dem Heimatland tugendethische Qualität zu: „Die Heimatliebe und der Einsatz für das Vaterland sind Dankespflichten und entsprechen der Ordnung der Liebe" (KKK 2239).

Die „organische" Sicht des Gemeinwesens erinnert an Paulus' berühmtes Gleichnis von den vielen Gliedern in einem Leib im ersten Korintherbrief. Darin werden – allerdings auf die Christengemeinde bezogen – die geistgewirkten Gaben des Einzelnen dem „Nutzen aller" (1 Kor 12, 7) zugeordnet. Keiner könne zum anderen sagen: „Ich brauche dich nicht" oder: „Ich brauche euch nicht", und es seien gerade „die Glieder des Leibes, die uns die schwächsten zu sein scheinen, die nötigsten" (12, 21–22). Dass von einer solchen religiösen Grundlage her dem Sozialprinzip der Subsidiarität besondere Legitimität zuwächst, braucht wohl nicht eingehender ausgeführt zu werden.

III. Christliche Beiträge zu einem die Subsidiarität begünstigenden Ethos

Wie steht es aber konkret um die christliche Mitgift für eine subsidiäre Gesellschaft? Haben die verkündeten Prinzipien auch jenseits kirchlicher Lehre einen „Sitz im Leben" der Gläubigen? Was tragen diese im gesellschaftlichen Alltag bei zu den hier genannten Tugenden? Die empirische Sozialforschung förderte zur Beantwortung dieser Frage in den letzten Jahrzehnten zahlreiche Befunde zutage. Allerdings stößt man dabei fast nie auf begriffliche Bezüge zu Sozialprinzipien der katholischen Soziallehre, und wenn doch, dann meistens auf solche zur Solidarität oder zum Gemeinwohl.

1. Der Subsidiarität im Sinne subsidiärer Kompetenz begegnet man in einem sozialethischen Kommentar zu einer Jugendstudie von Gerhard Schmidtchen 1992. Aus ihren Daten folgert Lothar Roos, „dass eine am christlichen Menschenbild orientierte Erziehung weniger den larmoyanten Typ hervorbringt, der lediglich über die Verhältnisse klagt, statt sein Leben selbst in die Hand zu nehmen und auch die eigenen Fehler und Versäumnisse einzugestehen. Die im Kontext der kirchlichen Sozi-

---

[18] *Nothelle-Wildfeuer*, Sozialprinzipien (Fn. 2),161.

allehre vertretene Theorie einer subsidiären Gesellschaft, die zunächst die Aktivierung der eigenen Kräfte verlangt, bevor man nach dem Staat ruft, zeigt sich hier als besonders wirksam"[19].

Roos bezieht sich hier auf Schmidtchens Entdeckung: „Je höher die Bildung und je schwächer die kirchliche Bindung, desto eher wird ein politisches Konzept attraktiv, das den Staat zum Instrument eines neuen Individualismus machen will. (...) Herrisches Verlangen nach Förderung im Einzelnen geht Hand in Hand mit der generellen Forderung nach Abbau von Kontrollen (was wiederum die individuelle Beweglichkeit erhöht) und nach Abbau übermächtiger und belastender Strukturen"[20]. Die einseitig konsumtive statt auch investive Haltung gegenüber dem sozialen Rechtsstaat bei gleichzeitiger Reizbarkeit gegenüber seinen obrigkeitlichen Zumutungen kritisiert Josef Isensee als „bequeme Verfassungsmoral" des Weigerns und des Forderns; ausgerechnet die „bescheidenste Staatsform der Weltgeschichte" erscheine dem angeblich mündigen Bürger „wie eine fremde Eroberer- und Kolonialmacht, zu der man – rechtsstaatlich – auf Distanz geht, die man – sozialstaatlich – ausbeutet und auf die man demokratisch-partizipatorisch – Einfluss nimmt, aber der zu dienen ehrenrührig ist"[21].

Hier mobilisiert das christliche Ethos gleich in mehrfacher Hinsicht Gegenkräfte, zunächst durch eine investive Einstellung gegenüber dem Gemeinwesen. Die anspruchsvolle Aussage: „Ich will nicht fragen: Was tut der Staat für mich, sondern: Was tue ich für den Staat" wurde in einer Allensbacher Umfrage bei Einsatz eines Altersfilters (nur unter 40-Jährige) von kirchennahen Katholiken fast doppelt so häufig geteilt wie von Konfessionslosen (29:15 %)[22].

Auf die Frage: „Was empfinden Sie dabei, wenn sie Steuern zahlen?" wählten 51 Prozent aller Katholiken, aber nur 38 Prozent der Konfessionslosen die Antwort: „Ich leiste einen Beitrag für die Allgemeinheit"; die Konfessionslosen tendierten etwas häufiger zu den Antwortalternativen: „Ich muss auf etwas verzichten" (17:24 %) oder „Man nimmt mir etwas weg" (22:24 %)[23]. Berücksichtige man neben der bloßen Konfessionszugehörigkeit auch die Kirchennähe, fiele der Unterschied sicher noch größer aus. Darauf weist eine Allensbacher Umfrage zur Permissivität hin: Über Steuerhinterziehung sagten 58 Prozent der kirchennahen Christen:

---

[19] *Lothar Roos*, Jugend, Gesellschaft, Glaube, Ethos. Kulturethische und pastoralsoziologische Überlegungen zu einer repräsentativen Untersuchung über Moralbilder und Wertkonflikte junger Menschen, in: Gerhard Schmidtchen, Ethik und Protest. Moralbilder und Wertkonflikte junger Menschen, Opladen 1992, 241–312, 295 f.

[20] *Schmidtchen*, Ethik und Protest (Fn. 19), 53 f.

[21] *Josef Isensee*, Die verdrängten Grundpflichten des Bürgers, in: DÖV 1982 (35. Jg.), Heft 15, 609–618, 618.

[22] *Andreas Püttmann*, Ziviler Ungehorsam und christliche Bürgerloyalität. Konfession und Staatsgesinnung in der Demokratie des Grundgesetzes (Politik- und Kommunikationswissenschaftliche Veröffentlichungen der Görres-Gesellschaft, Bd. 9, hrsg. von Hans Maier u. a., Paderborn u. a. 1994, 314.

[23] Allensbacher Archiv, IfD-Umfrage 5089 vom Januar 1994.

„Das darf man unter keinen Umständen tun" (Stufe 1 einer Zehnerskala), aber nur 31 Prozent der Konfessionslosen. „Krankengeld, Arbeitslosenunterstützung oder andere soziale Vergünstigungen, auf die man kein Recht hat, in Anspruch (zu) nehmen", lehnten 76 Prozent der kirchennahen und 52 der konfessionslosen Bürger mit Entschiedenheit ab.[24]

Auch jenseits der finanziellen Bürgerpflichten „bewerten kirchlich stärker Engagierte die Rücksicht auf das Gemeinwohl und die öffentliche Ordnung höher"[25] als Nichtgläubige. Danach gefragt, „was im Leben wichtig ist", wählten religiöse junge Deutsche (14–29-Jährige) fast dreimal so oft wie areligiöse die Antwort: „Aktive Teilnahme am politischen Leben, politisch aktiv sein" (14:5 %) und sprachen sich auch signifikant häufiger für „möglichst viel Eigenverantwortung, nicht mehr Staat als nötig" aus (39:31 %); „Viel leisten" erschien 42 Prozent der Religiösen und 30 Prozent der Nichtreligiösen als wichtiges Lebensziel; bei „Verantwortung für andere übernehmen" betrug der Vorsprung der Religiösen sogar fast 20 Prozent (47:28 %). Diejenigen, denen Religion nicht wichtig ist, äußern (etwas) höhere Zustimmung zu den Lebenszielen „viel Spaß haben" (81:75 %), „starke Erlebnisse, Abenteuer, Spannung" (55:47 %), „hohes Einkommen, materieller Wohlstand" (46:42 %) und „Risikobereitschaft" (23:19 %), neigen also im Vergleich zu den Religiösen tendenziell mehr zu materialistischen und hedonistischen und weniger zu altruistischen, idealistischen und gemeinwohlbezogenen Wertorientierungen.

Übrigens machen sich religiöse junge Leute auch bildungsbezogene Wertorientierungen, die moralisch zunächst neutral anmuten, häufiger als nichtreligiöse zu Eigen: „gute, vielseitige Bildung" (72 zu 55 %), „immer Neues lernen" (66:55), „kreativ sein" (48:34), „viel über andere Kulturen lernen" (40:21). Dies entspricht den oben genannten, subsidiaritätsrelevanten Tugenden der Wissbegier, der Leistungsorientierung und der Demut (und Toleranz) im Umgang mit Menschen anderer Milieus und Kulturen.[26]

Die höhere intrinsische Leistungsmotivation und das Pflichtgefühl, sich im Leben bewähren zu sollen, spiegeln sich auch in einer Allensbacher Frage zur Sinnorientierung der persönlichen Existenz wider: „Zwei Menschen unterhalten sich über das Leben. Der erste sagt: ‚Ich möchte mein Leben genießen und mich nicht mehr abmühen als nötig. Man lebt schließlich nur einmal, und die Hauptsache ist doch, dass man etwas von seinem Leben hat'. Der Zweite sagt: ‚Ich betrachte mein Leben als eine Aufgabe, für die ich da bin und für die ich alle Kräfte einsetze. Ich möchte in meinem

---

[24] *Püttmann*, Ziviler Ungehorsam (Fn. 22), 277.
[25] *Ingrid Lukatis/Wolfgang Lukatis*, Protestanten, Katholiken und Nicht-Kirchenmitglieder. Ein Vergleich ihrer Wert- und Orientierungsmuster, in: Karl-Fritz Daiber, Religion und Konfession. Studien zu politischen, ethischen und religiösen Einstellungen von Katholiken, Protestanten und Konfessionslosen in der Bundesrepublik Deutschland und in den Niederlanden, Hannover 1989, 17–71, 69.
[26] Allensbacher Werbeträgeranalyse 2007, Auszählung bei *Andreas Püttmann*, Gesellschaft ohne Gott. Risiken und Nebenwirkungen der Entchristlichung Deutschlands, 4. Aufl., Asslar 2013, 158 f.

Leben etwas leisten, auch wenn das oft schwer und mühsam ist'. Was meinen Sie: Welcher von diesen beiden macht es richtig, der erste oder der zweite?" Eine große Mehrheit der kirchennahen Christen (Katholiken: 59 %, Protestanten: 47 %) machte sich die Einstellung: „Leben als eine Aufgabe" zu eigen; die hedonistische Einstellung: „genießen und nicht mehr abmühen als nötig" bevorzugten nur 17 Prozent der katholischen und 27 Prozent der evangelischen Kirchgänger. Unter den Konfessionslosen wurden beide Positionen gleich oft vertreten[27].

2. Eine durch die Bewährung vor Gott inspirierte Bürgeraktivität schafft nicht nur Voraussetzungen dafür, dass das Prinzip der subsidiären Kompetenz im gesellschaftlichen Leben „greifen" kann. Durch das Ethos der Empathie, Solidarität und Hilfsbereitschaft wird auch die Legitimität und praktische Verwirklichung subsidiärer Assistenz gestützt. So finden es Gottgläubige (51 %) viel häufiger als Atheisten (35 %) „gut, dass wir Menschen aufeinander angewiesen sind und uns gegenseitig helfen können"; nach dem „Wichtigsten im Berufsleben" gefragt, rangiert das Motiv: „Anderen Menschen mit meiner Arbeit zu helfen" für Gläubige (35 %) ebenfalls höher als für Atheisten (26 %)[28].

„Menschen helfen, die in Not geraten", zählen 72 Prozent der religiösen und 44 Prozent der nichtreligiösen Deutschen im Alter von 14 bis 29 Jahren zu dem, „was im Leben wichtig ist"; auch „soziale Gerechtigkeit" (67:52 %) und „für die Familie da sein, sich für die Familie einsetzen" (84:66 %) ist religiösen jungen Leuten wichtiger als nichtreligiösen[29]. Kurzum: Soziale Sensibilität und uneigennützige Einsatzbereitschaft profitieren vom christlichen Glauben. Und der Staat profitiert mit, weil er entlastet und unterstützt wird bei der sozialen Fürsorge.

Auch Daten aus dem Familiensurvey 2000 des Deutschen Jugendinstituts[30] zeigten: Je häufiger die Befragten Gottesdienste besuchen oder je mehr Wichtigkeit sie „Gott in ihrem Leben" zusprechen, desto positiver stehen sie sozialem Engagement gegenüber. Zu der Aussage: „Ich bin bereit mich in sozialen Organisationen für andere zu engagieren", konnte mittels Positionierung auf einer Skala von 1 („trifft überhaupt nicht zu") bis 6 („trifft voll und ganz zu") persönlich Stellung bezogen werden. Befragte mit der Kirchgangsfrequenz „mindestens einmal in der Woche" erreichten dabei den Durchschnittswert 4.3; wer „nie" den Gottesdienst besuchte, positionierte sich durchschnittlich bei 3.3. Ähnlich differierten die Werte zwischen denen, die Gott als „sehr" oder „ziemlich wichtig in ihrem Leben" erachten und jenen, für die er „völlig unwichtig" ist.

---

[27] Allensbacher Archiv: IfD-Umfrage 6038 (1996); hier: 16–59jährige; Auszählung für Verf.

[28] *Klaus-Peter Jörns*, Die neuen Gesichter Gottes. Was die Menschen heute wirklich glauben, München 1997, 131 und 129.

[29] Allensbacher Werbeträgeranalyse 2007, Auszählung bei *Püttmann*, Gesellschaft ohne Gott (Fn. 26), 158 f.

[30] Siehe http://surveys.dji.de/index.php?m=msw,0&sID=5#top.

Eine Studie des Deutschen Instituts für Wirtschaftsforschung (DIW) 2008 ergab: „Es sind vor allem die beiden großen Konfessionen in Deutschland, welche es vermögen, ihre Mitglieder in zivilgesellschaftliche Strukturen zu integrieren. (…) Vor allem die aktive und regelmäßige strukturelle Einbindung in Form des Gottesdienstbesuchs ist der Generierung und Aufrechterhaltung sozialer Beziehungsnetzwerke förderlich. Für alle betrachteten religiösen Gruppen gilt, dass öffentliche religiöse Praxis mit einem größeren Freundschaftsnetzwerk und einer regeren Soziabilität einhergeht und damit eine bedeutende Quelle sozialer Integration darstellt"; eine bloß „subjektive Religiosität ist demgegenüber von geringerer Bedeutung".[31]

Auch der Bertelsmann-Religionsmonitor 2012 sieht in den Kirchen wichtige „Motoren" sozialen Vertrauens und sozialen Engagements; der Glaube habe „einen positiven Einfluss auf die Ausbildung sozialen Kapitals"; anders als bei islamischen Bevölkerungsgruppen wirke „das aufgebaute soziale Kapital im Christentum (…) als sogenanntes Bridging Capital, nicht nur als Bonding Capital – es überbrückt die Distanz zur weiteren Gesellschaft, führt aber nicht dazu, dass sich die religiösen Gemeinschaften und Milieus einigeln und nach außen hin abgrenzen"[32].

Die DFG-geförderte Forschungsgruppe „Religion und Gesellschaft" von Sozialwissenschaftlern und Theologen der Universitäten Tübingen, Bonn, Heidelberg und Dortmund sowie der Hochschule St. Georgen kam 2010 zu der Erkenntnis, „dass christliche Religiosität einhergeht mit einem höheren Vertrauen in Personen und Institutionen". Vertrauen trage zum Zusammenhalt der Gesellschaft bei und sei ein wichtiger Teil ihres „Sozialkapitals"[33].

Mit der Nähe zur Kirche wächst auch nach Allensbacher Umfragen die Bereitschaft, den Mitmenschen einen Vertrauensvorschuss zu geben. Auf die Indikatorfragen: „Glauben Sie, dass es mehr böswillige als gutwillige Menschen gibt?" und „Glauben Sie, dass man den meisten Menschen vertrauen kann, oder kann man da nicht vorsichtig genug sein?", wählen kirchennahe Christen zu zehn bis fünfzehn Prozent häufiger als Kirchenferne die optimistische Antwort[34]. Von höherem Ver-

---

[31] *Richard Traunmüller*, Religion als Ressource sozialen Zusammenhalts? Eine empirische Analyse der religiösen Grundlagen sozialen Kapitals in Deutschland (SOEPpapers on Multidisciplinary Panel Data Research, 144), Berlin 2008, 20 f.

[32] *Detlef Pollack/Olaf Müller*, Religionsmonitor. Religiosität und Zusammenhalt in Deutschland (hrsg. von der Bertelsmann-Stiftung), Gütersloh 2013, 50. Die Autoren verweisen hier auch auf *Robert Putnam*, Bowling Alone. The Collapse and Revival of American Community, New York 2000.

[33] Pressemitteilung Nr. 282 der Universität Heidelberg vom 22.11.2010. Dass solche Vertrauensbereitschaft bei Christen auch eine gewisse Berechtigung hat, zeigt eine im Nachrichtenmagazin „Focus" (Nr. 12/1997) veröffentlichte US-Umfrage über das Verhalten am Arbeitsplatz: Danach gaben „sehr religiöse" Menschen seltener als bloß „schwach religiöse" an, „zu spät gekommen" zu sein (36 zu 45 Prozent), „ein bisschen gelogen" (22:33), „Arbeitsplatzausrüstung für private Zwecke verwendet" (21:33) oder „während der Arbeitszeit Privates erledigt" zu haben (11:19).

[34] Allensbacher Archiv: IfD-Umfrage 2287 (1990); Auszählung bei *Püttmann*, Ziviler Ungehorsam (Fn. 22), 300.

trauen profitiert sowohl die Bereitschaft Hilfsbedürftige zu unterstützen als auch die Bereitschaft, Individuen und kleinere Einheiten ihre Angelegenheiten selbständig regeln zu lassen.

IV. Zur sozialen und missionarischen Relevanz christlicher Bürgertugend

Angesichts all dieser Befunde wundert es nicht, dass religiösen Einflussfaktoren gerade in den Wirtschaftswissenschaften wachsende Aufmerksamkeit zuteil wird. Friedrich Heinemann vom Zentrum für Europäische Wirtschaftsforschung (ZEW) in Mannheim berichtete 2009 im „Rheinischen Merkur": „Inzwischen widmet sich sogar eine Teildisziplin dem Thema ‚Ökonomie der Religion'. In internationalen Fachzeitschriften und auf eigenen Kongressen diskutieren Fachleute den Zusammenhang zwischen Religiosität und wirtschaftlichem Wohlergehen. Dabei kommen sie zu dem Ergebnis, dass Religiosität messbare positive Wirkungen haben kann, ob es um wirtschaftliche Entwicklung, Kriminalität oder den Gesundheitszustand geht." Insgesamt seien Verhaltensweisen religiöser Menschen „vergleichsweise stark durch Selbstdisziplin gekennzeichnet, längst nicht nur bei den gesundheitlich relevanten Aktivitäten. (…) Die Fähigkeit, durch Ersparnis auf unmittelbaren Konsum zu verzichten, ist von großer Bedeutung für Entwicklungsländer, die auf Ersparnis und Investitionen angewiesen sind, um der Armut entwachsen zu können."[35]

In Politik und Massenmedien sind die Entdeckungen der Religionsforschung bisher kaum angekommen. Teilweise werden sie auch, selbst von namhaften christlichen Sozialwissenschaftlern wie Hans Joas[36], ausdrücklich negiert. Ministerpräsidentin Hannelore Kraft (SPD) würdigte bei einer Kirchentagung am 16. Juni 2014 im Landtag von Nordrhein-Westfalen zwar die Bedeutung der Zusammenarbeit mit den Kirchen, meinte aber am Ende ihrer Rede im Blick auf die zunehmende Säkularisierung anmerken zu müssen: „Es gibt mehr Menschen, die sich entschlossen haben, keiner Religion anzugehören, und wir müssen das respektieren … es sind keine besseren oder schlechteren Bürger."[37] Woher sie das zu wissen meint, blieb offen.

---

[35] *Friedrich Heinemann*, Beste Stressbewältigung. Neue Studien beweisen: Gläubige Menschen leben gesünder, in: Rheinischer Merkur vom 1.10.2009, 12.

[36] In den empirischen Belegen „erstaunlich mager" (FAZ vom 30.10.2012) der Vorabdruck seines Buches: Glaube als Option. Zukunftsmöglichkeiten des Christentums (Freiburg/Basel/Wien 2012), als Aufsatz: Führt Säkularisierung zu Moralverfall? Einige empirisch gestützte Überlegungen, in: Stimmen der Zeit, 230.Bd, 137. Jg., Heft 5/2012, 291–304. Dagegen *Andreas Püttmann*, Führt Säkularisierung zum Moralverfall? Eine Antwort auf Hans Joas, Bonn 2013; Kurzfassung: Führt Säkularisierung zu Moralverfall?, in: George Augustin/Horst Köhler (Hrsg.), Glaube und Kultur (Theologie im Dialog, Bd. 11), Freiburg 2014, 139–160.

[37] Zit. n. *Jan Hochbruck*, Besuch einer Lobbyveranstaltung, https://mummpizz.wordpress.com/tag/exklusivitat/

Origines war anderer Meinung. Gegen Celsus (VIII, 74) erhob er den Anspruch: „Die Christen erweisen ihrem Vaterland mehr Wohltaten als die übrigen Menschen. Denn sie sind erzieherische Vorbilder für die anderen Bürger." Ihm standen noch keine sozialwissenschaftlichen Befunde für seine Apologetik zur Verfügung, er behauptete einfach. Heute haben wir mehr Möglichkeiten eines „Controllings" gegenüber den sozialen Früchten der christlichen Lehre. Zwar hat es einer Kirche zuerst um die Annahme ihrer Wahrheit, nicht um die Anerkennung ihrer Nützlichkeit zu gehen. Zwar kann man nicht oft genug betonen, dass sie vor allem Glaubensgemeinschaft und nicht Moralanstalt oder Sozialagentur ist. Doch

ist vom Stifter der christlichen Religion selbst der hohe Anspruch überliefert: „Ihr seid das Licht der Welt. Eine Stadt, die auf dem Berg liegt, kann nicht verborgen bleiben. Man zündet auch nicht ein Licht an und stülpt ein Gefäß darüber, sondern man stellt es auf den Leuchter; dann leuchtet es allen im Haus. So soll euer Licht vor den Menschen leuchten, damit sie eure guten Werke sehen und euren Vater im Himmel preisen" (Mt 5,13–16).

Für Christen besteht demnach kein Grund zu moralischer Mimikry oder allergischer Überreaktion gegen „Werkgerechtigkeit". Biblisch gilt: Der Lebenswandel der Gläubigen soll zum Indiz für die Existenz ihres Gottes werden und ein Grund zu seinem Lobpreis sein. *„An ihren Früchten* werdet ihr sie erkennen (…). Jeder gute Baum bringt gute Früchte hervor, ein schlechter Baum aber schlechte. Ein guter Baum kann keine schlechten Früchte hervorbringen" (Mt 7,16–18).

Das sozialwissenschaftliche Institut der EKD hat jüngst mit der Studie: „Gott im Gemeinwesen. Sozialkapitalbildung in Kirchengemeinden"[38] demonstriert, dass man die eigenen „gemeinwesendiakonischen" Dienste und Verdienste nicht aus falsch verstandener Demut und apologetischer Skrupulanz beschweigen muss. Stolz verweisen die Autoren auf „Statements politischer Mandatsträger", die für ein potentiell auch gesamtgesellschaftlich „hoffnungs- und erwartungsvolles Interesse" gegenüber der Kirche stünden. Diese dürfe sich nicht „in erster Linie als Opfer gesellschaftlicher Bedingungen" sehen, sondern solle „ihre Bedeutung für die soziale und politische Entwicklung" selbstbewusst annehmen. Im Dialog vor Ort habe „die Bürgergesellschaft der Parochie längst erkannt (…), dass die Christengemeinde ihr Gegenüber und zugleich ihre starke Partnerin ist"[39].

Man mag über diese Argumentationsfigur als moderne, demokratisierte Variante des deutsch-protestantischen Modells von „Thron und Altar" schmunzeln. Doch man könnte sie auch als Herausforderung katholischer Sozialwissenschaftler verstehen, diesem wichtigen Aspekt staatskirchenrechtlicher Legitimation und missionarischer Überzeugungskraft der Kirche selbst mehr Aufmerksamkeit zu widmen. Hans Joas' Behauptung: „Niemand kann aufgrund rationaler Einsicht in diese Zusammenhänge

---

[38] *Martin Horstmann/Heike Park*, Gott im Gemeinwesen. Sozialkapitalbildung in Kirchengemeinden (Protestantische Impulse für Gesellschaft und Kirche, SI konkret 6), Berlin 2014.
[39] Ebd., 106.

zum Glauben kommen"[40], erscheint in ihrer Apodiktik für einen Wissenschaftler unangemessen. Denn wieso sollte die Glaubhaftigkeit einer religiösen Lehre beim vernunftbegabten Menschen nicht auch von „rationaler Einsicht" in ihre heilsamen Wirkungen für das individuelle und soziale Leben abhängen?

Insofern gehört in einer Zeit der Vertrauenskrise[41] der katholischen Kirche nicht nur das Subsidiaritätsprinzip als „Kronjuwel"[42] der katholischen Soziallehre[43] zur notwendigen „Leistungsschau" der gefühlten Minderheitskonfession[44] im Mutterland der Reformation. Noch attraktiver als das Freiheit und Solidarität fein austarierende Sozialprinzip als solches leuchtet aus soziologischer Perspektive das ihm korrespondierende, Subsidiarität erst ermöglichende Tugendethos im Leben christlicher Bürger auf. Die Befunde der empirischen Sozialforschung bestätigen die 1953 geäußerte Überzeugung des evangelischen Christdemokraten und zweiten Bundestagspräsidenten, Hermann Ehlers: „Der Staat lebt nicht nach den Weisungen der Kirche, aber von den Früchten ihrer geistlichen Existenz."[45]

---

[40] *Joas*, Säkularisierung (Fn. 36), 293.

[41] Bei einer Umfrage von TNS Infratest 2012: „Wie groß ist Ihr Vertrauen in die katholische Kirche?" wählten auf einer Skala von 1 (gar kein Vertrauen) bis 7 (großes Vertrauen) nur drei Prozent der Befragten die Stufe 7, fünf Prozent die Stufe 6 und zehn Prozent die Stufe 5; also bekundete kaum jeder Fünfte in Deutschland sein Vertrauen, deutlich weniger als der Katholikenanteil im Lande. Der größte Prozentsatz (27 %) entschied sich für Stufe 1 „gar kein Vertrauen"; insgesamt sprachen fast 60 Prozent der katholischen Kirche ihr Misstrauen aus; http://de.statista.com/statistik/daten/studie/274382/umfrage/vertrauen-in-die-katholische-kirche/.

[42] *Jan Roß*, Der Papst. Johannes-Paul II. – Drama und Geheimnis, Berlin 2000, 154.

[43] In Evangelischen Lexika firmierte das Schlagwort „Subsidiarität" (oder „Subsidiarismus") bis in die 80er Jahre hinein nur mit Verweis auf den Artikel „Katholische Soziallehre", etwa im Evangelischen Soziallexikon (hrsg. im Auftrag des Deutschen Evangelischen Kirchentages von Friedrich Karrenberg), 4. vollst. neu bearb. Aufl. 1963, 1227. Im Evangelischen Staatslexikon von 1954 gab es das Stichwort überhaupt nicht. Siehe *Louise Bielzer*, Perzeption, Grenzen und Chancen des Subsidiaritätsprinzips im Prozess der Europäischen Einigung. Eine international vergleichende Analyse aus historischer Perspektive, Münster 2003, 58 ff.

[44] „In der Hackordnung der öffentlichen Wertschätzung stehen wir inzwischen, in den Medien täglich erfahrbar, so tief, dass unter uns niemand mehr kommt außer Hare Krishna und Scientology. (…) Ob es uns passt oder nicht, wir sind ‚kognitiv minoritär' geworden." *Hans Conrad Zander*, Zehn Argumente für den Zölibat. Ein Schwarzbuch, Düsseldorf, 3. Aufl. 1997, 147.

[45] Zit. n. *Johannes Singhammer*, Religion nicht ausgrenzen, in: merkur-online.de vom 29.8.2008, http://www.merkur-online.de/aktuelles/leserbriefe/politik/religion-nicht-ausgrenzen-91438.html.

Aufbruch in die digitale Medienwelt

Wolfgang Bergsdorf

Auch einer Beschäftigung mit den sozialen Kommunikationsmitteln tut eine „Rückbesinnung auf das Subsidiaritätsprinzip" gut. Denn es sind die Medien, die den Einzelnen befähigen können, sich an der Gestaltung der Gesellschaft zu beteiligen. Jeder, der an Politik, Kultur, Wirtschaft teilhaben soll, benötigt das „subsidium" der Medien, um sich über den aktuellen Lauf der Ereignisse zu unterrichten. „Was wir über unsere Gesellschaft, ja über die Welt, in der wir leben, wissen, wissen wir durch die Massenmedien", macht Niklas Luhmann klar.[1] Die Medien werden so zu unseren Augen, mit dem wir das wahrnehmen, was sich jenseits unserer unmittelbaren visuellen Wahrnehmungsmöglichkeit abspielt. Unser Bild von Staat, Wirtschaft, Gesellschaft, Kultur und natürlich auch von Kirche basiert wesentlich auf den Informationen, die uns die Medien präsentieren. Insofern ist die Medienproblematik auch eine geistige und geistliche Herausforderung für die Kirche.

So hat schon der Heilige Papst Johannes Paul II. 1991 in seiner Enzyklika „Centesimus annus" vor allem bei den Trägern der Kommunikationsmittel ein hohes Maß an Verantwortungsbewusstsein angemahnt, das sich vom christlichen Menschenbild ableiten lässt.[2] Sein Nachfolger, Papst Benedikt XVI. erinnert in seiner Botschaft zum 40. Welttag der sozialen Kommunikationsmittel an das Dekret des Zweiten Römischen Ökumenischen Konzils über die sozialen Kommunikationsmittel „Inter Mirifica", das die Macht der Medien anerkennt, die gesamte menschliche Gesellschaft zu beeinflussen[3]. Heute sei es notwendig, „jene Macht im Interesse der gesamten Menschheit zu zügeln", indem die Medien als ein „Netzwerk begriffen und entwickelt werden müssen, das Kommunikation, Gemeinschaft und Kooperation ermöglicht"[4]. Die technologischen Fortschritte der Medien hätten Zeit und Raum erobert und Kommunikation zwischen Menschen auch im Falle größerer Entfernungen, zum selben Zeitpunkt und ohne Zeitversetzung unmittelbar möglich gemacht. „Diese Entwicklung", so sagt Benedikt, „stellt ein enormes Potenzial für den Dienst am Gemeinwohl dar ... Gleichwohl werden wir täglich daran erinnert, dass die Un-

---

[1] *Niklas Luhmann*, Die Realität der Massenmedien, Opladen 1996, S. 9.

[2] *Johannes Paul II.*, Enzyklika Centesimus annus, 36: AA S. 83 (1991), 838–839.

[3] Dekret über die Sozialen Kommunikationsmittel „Inter Mirifica", in: Peter Hünermann, Die Dokumente des Zweiten Vatikanischen Konzils, Herder, Freiburg/Basel/Wien, 2004, S. 57 ff.

[4] *Papst Benedikt XVI.*, Die Medien – ein Netzwerk für Kommunikation, Gemeinschaft und Kooperation, in: Communio Socialis, Heft 2, 39. Jahrgang, 2006, S. 193 ff.

mittelbarkeit der Kommunikation nicht notwendig Entwicklung der Zusammenarbeit und Gemeinschaft in der Gesellschaft heißt."[5] Er fordert die Medienschaffenden auf, „nicht unter dem Gewicht der Informationsfülle müde zu werden und sich auch nicht mit partiellen oder provisorischen Wahrheiten zufriedenzugeben. Im Gegenteil, es ist notwendig, sich um letzte Begründung und Bedeutung menschlicher, persönlicher und sozialer Existenz zu bemühen und dies zu verbreiten."[6]

Er ruft die Medien auf, „Vorkämpfer der Wahrheit und Förderer des Friedens, der daraus folgt, zu sein" und erinnert an seinen Vorgänger, Johannes Paul II., der für den Dienst der Medien am Gemeinwohl drei Schritte gefordert hatte: Erziehung, Teilhabe und Dialog. „Erziehung zum verantwortungsvollen und kritischen Gebrauch der Medien hilft den Menschen, diese intelligent und angemessen zu benutzen. Die tiefe Wirkung auf den Sinn neuer Worte und Bilder, die besonders die elektronischen Medien so leicht in die Gesellschaft einführen, kann nicht hoch genug eingeschätzt werden. Eben weil die zeitgenössischen Medien die Kultur der Menschen prägen, müssen sie ihrerseits jeder Versuchung zur Manipulation, vor allem der Jugend, widerstehen und stattdessen dem Anliegen folgen, zu erziehen und zu dienen [...] Teilhabe an den Medien entsteht aus ihrer Natur als ein Gut, das für alle Menschen bestimmt ist, als eine öffentliche Dienstleistung erfordert soziale Kommunikation einen Geist der Zusammenarbeit und Mitverantwortung zusammen mit strenger Verantwortlichkeit im Gebrauch öffentlicher Ressourcen und der Wahrnehmung einer öffentlichen Treuhänderrolle [...] Drittens, schließlich, bieten die Förderung des Dialogs durch den Austausch im Lernen, der Ausdruck von Solidarität und der Einsatz für den Frieden eine große Gelegenheit für die Massenmedien, die erkannt und wahrgenommen werden muss. Auf diese Weise werden sie einflussreiche und geschätzte Ressourcen zur Entwicklung der Zivilisation der Liebe, wonach sich alle Völker sehnen."[7]

Auch Papst Franziskus unterstreicht in seiner Botschaft zum 48. Welttag der Sozialen Kommunikationsmittel die positiven Möglichkeiten der Medien, ein „neues Gefühl für die Einheit der Menschheitsfamilie (zu) entwickeln, das uns zur Solidarität und zum ernsthaften Einsatz für ein würdigeres Leben drängt ... die Kultur der Begegnung macht es erforderlich, dass wir bereit sind, nicht nur zu geben, sondern auch von den anderen zu empfangen. Die Medien können uns dabei behilflich sein, besonders heute, da die Kommunikationsnetze der Menschen unerhörte Entwicklungen erreicht haben. Besonders das Internet kann allen größeren Möglichkeiten der Begegnungen und der Solidarität untereinander bieten, und das ist gut. Es ist ein Geschenk Gottes."[8]

---

[5] Siehe Fn. 4.
[6] Siehe Fn. 4.
[7] Siehe Fn. 4., S. 195.
[8] *Papst Franziskus*, Im Dienst einer authentischen Kultur der Begegnung, Botschaft zum 48. Welttag der Sozialen Kommunikationsmittel, in: communicatio socialis, 47. Jahrgang, 2014, Heft 1, S. 112 f.

Die Charakterisierung des Internets als Geschenk Gottes durch Papst Franziskus ist eine Ermutigung für alle, die sich mit den Möglichkeiten und Grenzen der digitalen Medienwelt auseinandersetzen. Die Digitalisierung hat die Medienwelt in einer Weise revolutioniert, dass die Gewissheiten und Gewohnheiten von gestern beiseite gelegt und durch völlig Neues ersetzt wurden. Man kann die These aufstellen, dass die Gutenbergsche Revolution der mittelalterlichen Medienwelt in der Digitalisierung eine zeitgenössische Entsprechung findet.

Die Deutsche Bischofskonferenz hat 2011 ein Papier unter dem Titel „Virtualität und Inszenierung – unterwegs in der digitalen Mediengesellschaft" herausgebracht, in dem die medienethischen Konsequenzen der digitalen Revolution untersucht werden.[9] Das Papier unterstreicht die gewachsene Bedeutung der Medien und Kommunikationskompetenz in der digitalen Mediengesellschaft. Als zentrale Elemente einer solchen Kompetenz, die auch an einen theologisch fundierten Kommunikationsbegriff zurückgebunden werden muss, werden genannt erstens, „die Fähigkeit, Medien als Instrumente der individuellen und sozialen Kommunikation wahrzunehmen und zu nutzen. Medien dienen dem gegenseitigen Austausch und sind dialogischer Natur. Kein Medium transportiert Sinn an sich, sondern es stiftet Sinn im Prozess der Kommunikation und erhält seinen Sinn aus diesem Prozess zurück. (Zweitens,) die Fähigkeit, Medien als Schnittstelle zu begreifen. Medien sind Zugänge zu Vergangenem und Gegenwärtigem, zu realen wie virtuellen Welten. Sie vermitteln Nahwelt und globalen Bereich und stellen Verbindungen zwischen ihnen her. Medien bauen Brücken von der Wirklichkeit zum eigenen Ich und vom eigenen Ich zu anderen Personen. Deshalb haben sie eine Schlüsselfunktion im Aufbau einer toleranten und humanen Gesellschaft, in der man sich darüber verständigt, in welcher Realität der Mensch zu sich selbst kommt. (Drittens,) die Fähigkeit zu erkennen, dass Medien Ausdrucksphänomene sind und jedes Medium als Versuch einer Wirklichkeitserschließung und Wirklichkeitsdeutung verstanden und in seinem Verhältnis zu individuellen Lebensgestaltungen und kollektiven Deutungsmustern bestimmt werden kann. Medien- und Kommunikationskompetenz besitzt folglich derjenige, der Medien in ihrer ästhetischen, inhaltlichen und ethischen Dimension beurteilen kann."[10]

I. Funktion und Konsumption der Medien

Diese kirchlichen Stellungnahmen haben sich von der pessimistischen Skepsis verabschiedet, die Medien aufgrund ihrer Säkularität als inkompatibel mit dem Glauben zu bewerten. Gerade weil unser Bild von der Kirche von Medien abhängt, verbietet sich eine pessimistische Bewertung. Verlangt wird ein realitätsbezogener Umgang mit den einzelnen Medien und ihren Vertretern und auch eine Kenntnisnahme

---

[9] Publizistische Kommission der Deutschen Bischofskonferenz (Hrsg.), Virtualität und Inszenierung – unterwegs in der digitalen Mediengesellschaft, Bonn 2011.
[10] Siehe Fn. 9, S. 65 f.

der gesellschaftlichen Megatrends, die zu den Rahmenbedingungen der Medienentwicklung gehören. Die hierzu vorliegende Literatur ist mittlerweile fast unüberschaubar geworden. Im Anschluss an den Eichstätter Kommunikationswissenschaftler, Walter Hömberg, greife ich nur vier besonders markante Entwicklungslinien heraus, deren Plausibilität jedermann spüren kann:[11]

1. Globalisierung: Nationale Grenzen verlieren ihre Trennschärfe, die Wirtschaft, auch die Medienwirtschaft orientiert sich weltweit. Die Mobilität steigert sich nicht nur bei den young professionals, sondern auch im Tourismus und in der Migration.

2. Individualisierung. Mit der „Verflüssigung" sozialer Strukturen haben herkömmliche Sozialformen wie Ehe und Familie zu kämpfen. Die Bindungsbereitschaft geht zurück. Darunter haben auch Kirchen, Verbände, Parteien und Gewerkschaften zu leiden. Neue Netzwerke müssen individuell geknüpft werden.

3. Virtualisierung. An die Stelle der „wirklichen Wirklichkeit" tritt die Simulation. Mit Hilfe des Computers lassen sich Personen, Situationen, Landschaften und Gegenstände simulieren, virtuelle Gesprächskreise sind keine eigenständigen Institutionen, sondern Verbundeinrichtungen.

4. Fragmentierung. Die herkömmlichen sozialen Formationslinien, also Klassen, Schichten und Rollen, verlieren an Prägekraft. An die Stelle relativ fester Lebensverlaufsmuster treten flexible und volatile Lebensstile.

Neben diesen allgemeinen Entwicklungsverläufen können auch spezielle Medientrends beobachtet werden. Auch hier beschränke ich mich auf vier:

1. Digitalisierung: Die digitale Technik macht es möglich, Bild- und Tonfolgen in besserer Qualität zu produzieren, zu übertragen und zu empfangen. Wegen deutlich größerer Kanalkapazität ist eine Vervielfältigung des Angebotes, zum Beispiel von Fernsehprogrammen für spezielle Zielgruppen, realisierbar.

2. Kommerzialisierung. Das ökonomische Kalkül bestimmt in vielen Medien das publizistische Angebot. Die Grenzen zwischen redaktionell zu verantwortetem Inhalt und Werbung verschwimmen durch *sponsoring and product placement*. Ungefilterte public relations und parasitäre e-commerce-Einflüsse vermindern die Glaubwürdigkeit. Auch in Medienunternehmen steigt der Trend, aus Kostengründen Teile der Produktion auszulagern. Mit dem outsorcing wächst die Zahl der freien Mitarbeiter.

3. Entertainisierung. Neben Information und Meinungsbildung gehört die Unterhaltung zu den klassischen Funktionen der Medien. Unterhaltungselemente durch-

---

[11] Vgl. hierzu *Wolfgang Bergsdorf*, Macht der Medien, in: Karl Dietrich Bracher/Hanns Adolf Jakobsen/Volker Kronenberg, Oliver Spatz (Hrsg.), Politik, Geschichte und Kultur, Wissenschaft in Verantwortung für die Res Publica, Festschrift für Manfred Funke zum 70. Geburtstag, Bonn 2009, Seite 324 f.

dringen inzwischen allerdings immer stärker das inhaltliche Angebot, was zu Mischformen wie Infotainment and Edutainment führt.
4. Angesichts der Individualisierung und Fragmentierung der Gesellschaft wird die Ratgeberfunktion der Medien immer wichtiger. Das Publikum erwartet Orientierung in der Angebotsfülle von Waren, Dienstleistungen und Lebensstiloptionen. Die Bedeutung des Ratgeberjournalismus nimmt zu.

Entwicklungen wie die diskutierten provozieren häufig auch Gegenbewegungen. So hat die Globalisierung zum Beispiel das Aufblühen regionaler Kulturen bewirkt. Der Soziologe Robertson spricht von Glokalisierung. Insgesamt aber ist eine Entgrenzung festzustellen durch die Multicross-Medienangebote verschwimmen die Grenzen zwischen Text-, Ton- und Bildmedien. Die Trennungsregeln zwischen Journalismus und Werbung werden oft ignoriert und auch jene zwischen *fact* und *fiction* ist nicht immer zu identifizieren. Manches, was als Journalismus ausgegeben wird, bewegt sich bereits jenseits der *borderline*.

Wenn das Mediensystem in den Blick genommen wird, dann wird deutlich, dass es nicht nur vom politischen System abhängt, sondern dass es ebenso von Land zu Land unterschiedlich ausfällt. Für Deutschland ergibt sich folgendes Bild: Die zentrale Leistung der Medien besteht darin, Strukturen für die Öffentlichkeit bereitzustellen, in denen eine nationale, regionale, lokale oder sublokale Gesellschaft das Gespräch mit sich selbst führen kann. Die deutsche Medienlandschaft ist außerordentlich vielfältig und dezentralisiert. Der föderalistischen Struktur Deutschlands entsprechend ist die politische Hauptstadt Berlin nicht gleichzeitig die Hauptstadt der Medien. Die einflussreichsten Zeitungen und Wochenmagazine erscheinen in München (*Süddeutsche Zeitung* und *Focus*), in Frankfurt am Main (*Frankfurter Allgemeine Zeitung*), in Hamburg (*Die Zeit* und *Der Spiegel*). Ähnliches gilt für die elektronischen Medien. Die größten öffentlich-rechtlichen Sender haben ihre Standorte nicht in Berlin, sondern wie das Zweite Deutsche Fernsehen in Mainz, der Westdeutsche Rundfunk in Köln, der Norddeutsche Rundfunk in Hamburg und der Mitteldeutsche Rundfunk in Leipzig. Auch die privaten Sender haben außerhalb der Hauptstadt ihren Stammsitz, wie RTL in Köln und Sat1 in Mainz und München. Allein die europaweit größte Boulevardzeitung, die Bild-Zeitung, hat vor einiger Zeit ihre Zentralredaktion von Hamburg nach Berlin verlegt.

Die deutsche Zeitungslandschaft leidet unter Auflagenschwund. Die Zahl der Abonnenten ist seit 1991 von 20 auf 14,5 Millionen gesunken.[12] Ähnliches gilt für die so genannten publizistischen Einheiten, die als Zentralredaktionen oft für die Inhalte mehrerer Kopfblätter verantwortlich sind. Ihre Zahl ist im gleichen Zeitraum von 158 auf 130 geschrumpft. Explodiert hingegen ist in der gleichen Zeit die Zahl der Publikumszeitschriften von 565 auf 833. Ähnliches gilt für die Fachzeitschriften. Ihre Anzahl hat sich im gleichen Zeitraum von 903 auf 1126 vergrößert.

---

[12] Für diese und die folgenden Zahlen vgl. Media Perspektiven, Basisdaten, Daten zur Mediensituation in Deutschland 2013, Frankfurt am Main 2013

Seit der Zulassung privater Rundfunkveranstalter 1984 liefern sich die öffentlich-rechtlichen Rundfunkveranstalter und die privaten einen scharfen Wettbewerb um die Aufmerksamkeit des Publikums. Der Gesetzgeber hat die öffentlich-rechtlichen Anstalten zur Informationellen Grundversorgung verpflichtet, um so die Legitimität der Rundfunkgebühren zu sichern, die von der Europäischen Union immer wieder in Frage gestellt werden. Mittlerweile sind sie durch Rundfunkbeiträge ersetzt worden. Der öffentlich-rechtliche Rundfunk hat 7,448 Milliarden Euro (2012) als Rundfunkbeiträge eingenommen. Hinzu kommen dreihundert Millionen Euro an Nettowerbeeinnahmen. Die privaten Fernsehveranstalter haben rund 18 Milliarden Euro (2012) an Werbeeinnahmen zu verzeichnen gehabt, wobei der größte Teil auf die Senderfamilien RTL und Sat1-ProSieben entfällt.

Während 1970 72 Prozent aller Haushalte über Fernsehgeräte verfügten, ist die Reichweite mittlerweile auf 91 Prozent angestiegen. Ähnliches gilt für den Hörfunk. Auch er erreicht heute mehr als neunzig Prozent der Haushalte. Klarer Verlierer dieser Entwicklung ist die Tageszeitung. 1970 erreichte sie 70 Prozent aller Haushalte, Höhepunkt der Reichweite von Tageszeitungen war das Jahr 1980 mit 76 Prozent. Danach sank die Reichweite beschleunigt ab und lag 2010 bei 44 Prozent. Das Internet startete 2000 mit zehn Prozent, erreichte 2005 28 Prozent und liegt jetzt bei 83 Prozent.

Die Mediennutzung insgesamt lag 2005 bei 600 Minuten pro Tag und Konsument in Deutschland. Bis 2010 ging die Mediennutzung leicht auf 583 Minuten zurück. Während der Fernsehkonsum gleich blieb, ging die Zuwendung zum Radio von 221 auf 187 Minuten zurück. Die Lektüre der Tageszeitung ist auf 28 Minuten gesunken. 1980 waren es noch 38 Minuten. Auf die Lektüre von Zeitschriften und Büchern wurden 2012 sechs beziehungsweise 22 Minuten verwandt. CDs, Schallplatten, Kassetten, Videos kommen auf 40 Minuten.

II. Journalisten

Journalisten sind die Verwalter unserer Neugier. Sie wollen und sollen uns über das unterrichten, was Tag für Tag geschieht, mit Relevanz für unser Leben und für unsere Orientierung in Politik, in Wirtschaft und Gesellschaft, in Kultur und Wissenschaft und in der regionalen und lokalen Nachbarschaft. Ihren Entscheidungen vertrauen wir die knappste unserer Ressourcen an, unsere Aufmerksamkeit.

In Deutschland arbeiten 60.000 Journalisten, davon sind 43.000 festangestellt. Der Beruf der Journalisten ist offen, er ist rechtlich ungeschützt. Artikel 5 Grundgesetz erlaubt es jedermann, sich als Journalisten zu bezeichnen. Aber auch historische Gründe wie das NS-Schriftleitergesetz von 1933 und ähnliche Regelungen in der DDR sind Motive für den Mangel an Rechtsschutz für die Bezeichnung Journalist.[13]

---

[13] *Wolfgang Donsbach*, Artikel „Journalist", Fischer Lexikon Publizistik und Massenkommunikation, Frankfurt am Main 2003.

Journalisten sind in der Regel abhängig beschäftigt. Deshalb stellen die jeweiligen Zielvorgaben ihres Arbeitgebers einen wichtigen Einflussfaktor auf ihre Arbeit dar. Dabei lassen sich grob inhaltliche (redaktionelle Tendenzen) und kommerzielle Zielvorgaben unterscheiden. Es kommt im deutschen Journalismus relativ selten zu direkten Einflussnahmen der Geschäftsleitung auf die redaktionellen Inhalte. Die vor allem bei Tageszeitungen zum Teil deutlich ausgeprägten redaktionellen Linien dürften aber dazu führen, dass bereits bei der Personalrekrutierung auf beiden Seiten auch politisch-ideologische Erwägungen eine Rolle spielen und später entsprechende Sozialisationsprozesse stattfinden. Auf einer Sieben-Punkte-Skala sieht nur jeder dritte deutsche Journalist eine Distanz von mehr als einem Skalenpunkt zwischen der eigenen Links-rechts-Einordnung und der seines Mediums. Dies erklärt, warum das so genannte politisch-publizistische Spektrum, also die Verteilung der wichtigsten Nachrichtenmedien auf einem Links-rechts-Spektrum in Deutschland über Jahre hinweg relativ stabil geblieben ist. Offensichtlich haben die einzelnen Redaktionen inhaltlich relativ viel Freiheit, über ihre Ausrichtung bei konkreten Themen zu entscheiden.

Ein zweiter Einflussfaktor auf der Seite der Medieninstitutionen sind deren kommerzielle Interessen. Durch den verschärften Wettbewerb im Mediensektor hat die Bedeutung des wirtschaftlichen Erfolgs als Leitlinie für die journalistische Arbeit zugenommen. Im internationalen Vergleich mit britischen und amerikanischen Journalisten haben zwar die deutschen Journalisten immer noch deutlich geringere Beschränkungen ihrer Arbeit durch wirtschaftliche Erwägungen zu erdulden. Aber auch bei ihnen geraten zwei ökonomische Ziele zunehmend in Konkurrenz zu publizistischen: die Erhöhung der Reichweite durch Bedienung des Publikumsgeschmacks und die Erhöhung des Werbeumsatzes durch Bedienen der Interessen von Anzeigenkunden. Die Ablösung eher inhaltlich-publizistischer Verlegerpersönlichkeiten durch anonyme, rein nach ökonomischen Kriterien geführte Konzerne trägt zu dieser Entwicklung bei.

Vor allem bei den Nachrichten haben Journalisten die schwierige Aufgabe, in einem fort Auswahlentscheidungen treffen zu müssen, für die es kaum objektivisierbare Kriterien gibt. Bei der Faktenbewertung müssen sie Wahrheitsentscheidungen treffen, bei der Bedeutungszumessung von Fakten haben sie bei Nachrichten Wertentscheidungen zu treffen, und bei Werturteilen Bewertungsentscheidungen. Dies alles geschieht unter Wettbewerb und damit unter Zeitdruck und im Bewusstsein, dass diese Entscheidungen öffentlich sind, also für jedermann erkennbar. Bei ihren Entscheidungen orientieren sie sich an ihren Berufskollegen. Das ist der Grund, weshalb bei Journalisten die Orientierung an der eigenen Berufsgruppe stärker ist als bei anderen Berufsgruppen. Deshalb gehören Journalisten zu den eifrigsten Konsumenten von Medien. Journalistische Leitmedien sind die Magazine *Spiegel*, *Stern*, *Focus* und die überregionalen Tageszeitungen *Süddeutsche Zeitung* und *FAZ*. Am häufigsten in anderen Medien werden zitiert *Spiegel*, *Bild*, *FAZ* und *Focus*. Dies führt zu einer auffälligen Kumulation und Konsonanz. Nur so ist zu erklären, dass die Medien für die Politik zentrale Themen wie die Überdehnung der

Sozialsysteme infolge der demographischen Entwicklung jahrzehntelang der öffentlichen Aufmerksamkeit entziehen konnten, obwohl Fachleute schon in den siebziger Jahren des vergangenen Jahrhunderts darauf aufmerksam machten.

Das Rollenverständnis von Journalisten ist auch im internationalen Vergleich ausreichend erforscht, so dass sich belastbare Aussagen treffen lassen. Die Ergebnisse zeigen im Vergleich vor allem mit angelsächsischen Journalisten, dass ihre deutschen Berufskollegen ihr eigenes Rollenverständnis stärker praktisch-partizipativ und advokatorisch definieren. Dies gilt noch einmal stärker für die Journalisten in den neuen Bundesländern, die ihren Beruf als politische Rolle verstehen, hinter die eine um Neutralität bemühte Vermittlerrolle zurückzutreten hat. Wenn auch zu vermuten ist, dass dieser „missionarische Journalismus" (Renate Köcher) durch die gewachsene Kommerzialisierung der Medien in Deutschland eingedämmt wird, so fallen die Unterschiede doch sehr deutlich aus. So gaben bei einer international vergleichenden Umfrage 21 Prozent der amerikanischen Nachrichten-Journalisten, aber 70 Prozent ihrer deutschen Kollegen an, es sei ihnen an ihrem Beruf sehr oder ziemlich wichtig, sich für bestimmte Werte und Ideen einzusetzen. Aus der gleichen Untersuchung geht hervor, dass sich 70 Prozent der deutschen Journalisten und 87 Prozent der amerikanischen Kollegen dem Neutralitätsmodell verpflichtet fühlen. Hingegen hängen 3 Prozent der amerikanischen, aber 18 Prozent der deutschen Kollegen einem anwaltschaftlichen Berufsethos an.[14]

In Deutschland gibt es keine staatlich geregelte Journalistenausbildung. Zwei Königswege führen zu diesem Beruf: Erstens ein normalerweise dreijähriges Praktikum (Volontariat) in einer Redaktion, das – falls der künftige Journalist ein akademisches Studium absolviert hat – auf zwei Jahre oder weniger reduziert werden kann. Zweitens eine studienbegleitende Journalistenschulung, die von den großen Stiftungen wie der KAS, von Universitäten und Fachhochschulen oder von Journalistenschulen der großen Medienhäuser (Springer, Bertelsmann) und von der katholischen und evangelischen Kirche angeboten wird. Dort spielt die Beschäftigung mit Fragen der Medienethik eine große Rolle. In jüngerer Zeit entstanden sowohl bei den Zeitungen wie auch in den elektronischen Medien spezielle Rubriken, die sich mit medienethischen Fragen beschäftigen und die Berichterstattung anderer Medien kritisch hinterfragen.

Von den Medien wird einerseits die Erfüllung ihrer öffentlichen Aufgabe und damit die Auswahl ihrer Inhalte auch nach demokratietheoretischen Erwägungen darüber erwartet, was die Staatsbürger wissen sollten, um sich kompetent eine Meinung zu bilden. Andererseits handelt es sich bei ihnen um überwiegend privatwirtschaftliche Unternehmen, deren Gewinne in der Regel umso größer sind, je mehr Publikum sie erreichen.

Damit wird der Publikumsgeschmack zu einem natürlichen Entscheidungskriterium für die Inhalte. Eine Folge dieser Entwicklung ist die zu beobachtende zuneh-

---

[14] Siehe Fn. 13.

mende ‚Boulevardisierung' der Zeitungen, das heißt zum Beispiel die Angleichung von inhaltlichen und formalen Merkmalen der so genannten ‚seriösen' Presse an die Straßenverkaufszeitungen. Ähnliches gilt auch für die öffentlich-rechtlichen Sender, die sich in manchen Programmen den Formaten der privaten Veranstalter annähern. Wolfgang Donsbach hat dies detailliert erläutert und spricht von einer Banalisierung der Politik, die durch die Medien in Gang gesetzt wurde und werde. Sie werde von den Politikern durch eine Banalisierung der Politik beantwortet.[15] Diese doppelte Bewegung bewirke einen Verlust des Markenkerns von Medien und Politik und führe vor allem bei jüngeren Menschen zu einem Rückzug von der Politik. All dies bewirke einen Verlust des öffentlichen Raumes.

Das deutsche Mediensystem ist ein zentraler Bestandteil der politischen Kultur und wie diese einem permanenten Wandel unterworfen. Wie auch in der Gesellschaft insgesamt, differenziert es sich immer deutlicher. Der Abschied von den politischen, sozialen, kulturellen und religiösen Milieus hat längst stattgefunden. Konformität und möglichst großer Konsens sind abgelöst worden durch die Bereitschaft, Dissenz und Konflikte auszuhalten und Kompromisse anzustreben. In den Medien zeigt sich dieser Paradigmenwechsel ebenso im Pochen auf Unabhängigkeit wie auch in der oft heftigen Kritik an anderen Medien.

III. Ethische Herausforderungen

Die Ubiquität und Omnipräsenz der Medien ist der Grund dafür, dass Medien in der heraufkommenden Wissensgesellschaft mehr noch als zuvor als ihr zentrales Nervensystem Geltung beanspruchen können. Die explosionsartige Vervielfältigung der technisch erreichbaren Informationsmöglichkeiten verlangt vom Mediennutzer ein viel größeres Maß an souveräner Entscheidungskompetenz. Aufklärung heute kann deshalb verstanden werden als eine Befreiung von den Fesseln fremdbestimmter Kommunikation. Die Transparenz des Mediensystems und seine Inpflichtnahme durch ethische Mindestnormen sind deshalb die erste Forderung der Rezipienten an die Medienproduzenten. Die technologische Modernisierung der Medien und ihre Globalisierung verschärfen das Spannungsfeld zwischen journalistischer Praxis und den Anforderungen der Medienethik.

Jedem, der sich als Konsument oder gar Produzent mit Medieninhalten beschäftigt, drängt sich die Frage auf, ob künftig allein der Markt die Moral definiert, ob allein die Botschaft, die beim Publikum ankommt – gemessen an Einschaltquote oder Auflagenhöhe – die moralischen Standards der Wissensgesellschaft bestimmen soll. Es geht um die Möglichkeiten und Begrenzungen der Verantwortung der Produzenten von Medienangeboten ebenso wie um den verantwortlichen Umgang mit Medieninhalten bei den Konsumenten.

---

[15] *Wolfgang Donsbach*, Weimar 3.0. Über den Verlust des öffentlichen Raumes, in: Heinrich Oberreuter (Hrsg.), Am Ende der Gewissheiten, München 2011, S. 226 ff.

Es ist schwer vorauszusagen, welche Entwicklungen die Zukunft der Medien bestimmen werden. Vieles wissen wir noch nicht, aber die Richtung lässt sich erkennen, in die der Aufbruch in die digitale Medienwelt erfolgt. Diese „künftige Entwicklungen", so fordert es das von der publizistischen Kommission der Bischofskonferenz verabschiedete Medienpapier[16], „sind seitens der Kirche genau zu beobachten, zu reflektieren, in entsprechende Medienarbeit zu investieren und die Entwicklung medientheologisch zu begleiten. Nur so kann die Kirche flexibel auf den Medienwandel reagieren. Es muss ein kirchliches Medienangebot geschaffen werden, das „unseren Glauben auch in Gegenwart und Zukunft *authentisch* vermitteln" kann. Die Geschehnisse in der Welt sollen so dargestellt und weitergegeben werden, damit sie aus der Perspektive des christlichen Glaubens eingeordnet und bewertet werden können. „Bei allem, was wir auf dem Gebiete der medialen Kommunikation tun, sollten wir auf eine Stärke setzen, die uns zu Eigen ist: die Authentizität unseres Glaubenszeugnisses. In einer digitalen Welt, in der das Virtuelle die Realität vertreibt und Täuschung und falsche Verheißungen vielfach vorhanden sind, werden Stimmen, die glaubwürdig sind und ein Interesse am Heil des Menschen und der Gesellschaft zum Ausdruck bringen, Aufmerksamkeit finden. Virtuelle Fluchtwelten können Zeitvertreib für ein paar Stunden bringen, nicht aber können sie die existenziellen Fragen beantworten und schon gar nicht Erlösung bringen. Wir sind auf neuem, oftmals noch unsicheren Wegen, aber wir beschreiten sie getragen von der Hoffnung, dass sich gute Inhalte tragfähige Wahrheiten und Frohe Botschaft dabei behaupten können."[17]

---

[16] Vgl. Fn. 9, Seite 83 f.
[17] A.a.O.

Autorenverzeichnis

Aretz, Dr. phil. Jürgen, Historiker, Staatssekretär a. D., Bonn

Bergsdorf, Professor Dr. Wolfgang, Präsident der Universität Erfurt von 2000 bis 2007, Präsident der Görres-Gesellschaft, Bonn

Casey, Dr. Michael A., Senior Advisor Church Policy, Australian Catholic University, Sydney, Australia

Dougherty, Prof. Dr. Richard, Department of Politics, University of Dallas, Irving, TX

Ferber, MdEP, Markus, Vorsitzender der CSU Schwaben, Augsburg

Frank, Prof. Dr. William A., Department of Philosophy, University of Dallas, Irving, TX, Director of Leo XIII Center for Philosophy and Social Issues

Hittinger, Prof. Dr. John, Department of Philosophy, The University of St. Thomas, Houston, TX

Kahl, Ministerialdirektor Dr. Bruno, Leiter der Abteilung Privatisierungen, Beteiligungen und Bundesimmobilien im Bundesministerium der Finanzen, Berlin

Kennedy, Dr. Robert G., Chair, Department of Catholic Studies, University of St. Thomas, MN

Kerst, Andreas, Referent der Abteilung Privatisierungen, Beteiligungen und Bundesimmobilien im Bundesministerium der Finanzen, Berlin

Kohler, Prof. Dr. Thomas C., Concurrent Professor of Law and Philosophy, Boston College Law School, Boston

Koons, Prof. Dr. Robert C., Department of Philosophy, University of Texas at Austin, Austin, TX

Langan, Prof. Dr. Jeffrey J., Päpstliche Universität Santa Croce, Rom

Mückl, Prof. Dr. Stefan, Päpstliche Universität Santa Croce, Rom

Nass, Prof. Dr. Dr. Elmar, Professur Wirtschafts- und Sozialethik, Wilhelm Löhe Hochschule, Fürth

Pell, Cardinal George, Prefect of the Secretariat for the Economy, Rome

Pestritto, Prof. Dr. Ronald J., Charles and Lucia Shipley Chair in the American Constitution and Professor of Politics and Dean of Graduate School of Statesmanship, Hillsdale College, MI

Pinchuk, Mr. Nicholas T., Chairman and Chief Executive Officer of Snap-On, Inc., Kenosha, WI

Püttmann, Dr. Andreas, Publizist, Bonn

Rauscher, Prof. Dr. Dr. h. c. mult. Anton, em. Professor für Christliche Gesellschaftslehre an der Universität Augsburg, Direktor der Katholischen Sozialwissenschaftlichen Zentralstelle (KSZ) Mönchengladbach von 1963 bis 2010

Roos, Prof. Dr. Dr. h. c. Lothar, em. Professor für Christliche Gesellschaftslehre und Pastoralsoziologie an der Universität Bonn

Ryan, Mr. Douglas, Regional Development Director, Southwest U.S., Catholic Relief Services, Chula Vista, California

Spieker, Prof. Dr. Manfred, Professor für Christliche Sozialwissenschaften an der Universität Osnabrück

Stüwe, Prof. Dr. Klaus, Professor für Politische Systemlehre und Vergleichende Politikwissenschaft an der Katholischen Universität Eichstätt-Ingolstadt